नेहरू बनाम सुभाष

नेहरू बनाम सुभाष

रुद्रांक्षु मुखर्जी

प्र
प्रभात प्रकाशन

प्रकाशक

प्रभात प्रकाशन प्रा. लि.

4/19 आसफ अली रोड, नई दिल्ली–110002

फोन : 011–23289777 • हेल्पलाइन नं. : 7827007777

इ–मेल : prabhatbooks@gmail.com ❖ वेब ठिकाना : www.prabhatbooks.com

संस्करण

2026

अनुवाद

आनंद अभय

पेपरबैक मूल्य

पाँच सौ रुपए

मुद्रक

नरुला प्रिंटर्स, दिल्ली

NEHRU BANAM SUBHASH
by Shri Rudrangshu Mukherjee

Published by **PRABHAT PRAKASHAN PVT. LTD.**
4/19 Asaf Ali Road, New Delhi-110002
by arrangement with Penguin Books India

ISBN 978-93-5266-050-6

₹ 500.00 (PB)

रेबती और तारा भूषण मुखर्जी
तथा
रेहान और एस.बी. (मन्टू) दत्ता
को समर्पित

परिचय

मेरा जन्म भारत को आजादी मिलने के पाँच साल बाद कलकत्ता में हुआ था और मैं जवाहरलाल नेहरू तथा सुभाषचंद्र बोस के जीवन-काल में ही पला-बढ़ा था। इसमें से एक तो भारत के प्रथम प्रधानमंत्री ही थे और मेरे बचपन में वे भारत के एक महत्त्वपूर्ण व्यक्ति के रूप में जाने जाते थे। दूसरे व्यक्ति का नाम बंगाल के राजनीतिक महापुरुषों में बहुत ही आदर के साथ लिया जाता है। आम चर्चाओं और अनौपचारिक बातचीत में इन दोनों ही महत्त्वपूर्ण व्यक्तियों को अकसर परस्पर विरोधी के रूप में ही देखा जाता था और बहुत से बंगालियों की यह धारणा है कि इन दोनों ही व्यक्तियों में सुभाष बहुत ही महान् थे और जवाहरलाल नेहरू, जो कि हमेशा गांधीजी के ही आदेशों का पालन करते थे, ने जान-बूझकर उनके राजनीतिक भविष्य पर ग्रहण लगा दिया था। सुभाष के प्रशंसक भी यह प्रामाणिक रूप से मानते हैं कि भारत को आजाद कराने में उनका प्रमुख योगदान था। एक बच्चे और एक युवक के रूप में मुझे शुरू से ही इस तरह के दृष्टिकोण को महत्त्वहीन समझना सिखाया गया था, जिसमें सुभाष को जवाहरलाल और गांधी की कीमत पर महिमामंडित किया जाता था। मैंने यहाँ जान-बूझकर 'सिखाया' शब्द का इस्तेमाल किया है, क्योंकि यह मेरे पिता के द्वारा सिखाया गया एक अनौपचारिक ऐतिहासिक विषय का एक महत्त्वपूर्ण तथ्य था। मेरे पिता, जिनका मेरे कॉलेज जाने के पहले तक मुझपर एक विशेष बौद्धिक प्रभाव था और वे सुभाष के कभी भी प्रशंसक नहीं रहे। वे उनकी देशभक्ति के तो कायल थे, पर उन्हें दिग्भ्रमित भी मानते थे; क्योंकि उन्होंने सन् 1940 में वैश्विक ताकतों के ध्रुवीकरण के समय हिटलर के साथ गठबंधन की चाहत की थी। मेरे पिता फासीवाद और स्टैलिनवाद के खिलाफ थे तथा स्वयं को बिना किसी शर्मिंदगी के नेहरूवादी के रूप में देखते थे। उनके अनुसार, जवाहरलाल के विचार और दृष्टिकोण बिल्कुल सही थे। इस

स्थिति में घर पर मिली मेरी इतिहास की शिक्षा का झुकाव सुभाष की तरफ न होकर जवाहरलाल की तरफ था।

कॉलेज और विश्वविद्यालय में इतिहास के एक छात्र के रूप में भारतीय राष्ट्रीय आंदोलन में सुभाष के प्रति तटस्थता का भाव भी पढ़ाया गया था। उन्हें मुख्यधारा से जुड़ा हुआ नहीं देखा गया था। इस समय तक मेरी सन् 1930 और 1940 के फासीवाद एवं यूरोपीय इतिहास की समझ भी विकसित हो चुकी थी तथा मेरे पिता के द्वारा मेरे दिमाग में भरा फासीवाद और एक दलीय भावना का विरोध भी सुदृढ हो चुका था। यह भी स्पष्ट ही है कि मेरी इस सोच ने अपरिहार्य रूप से सुभाष के प्रति मेरे मन में प्रशंसा का भाव नहीं बढ़ाया था, बल्कि लोगों के अनुसार जापानियों के साथ मिलकर भारत को स्वतंत्र कराने की उनकी कोशिश भी अदूरदर्शी और त्रुटिपूर्ण थी। ईमानदारी से कहा जाए तो भारतीय राष्ट्रीय आंदोलन में सुभाष की भूमिका के प्रति मेरी बढ़ती असहजता की प्रमुख वजह उनके समर्थकों का दृष्टिकोण ही था; जैसे—लोगों का उनके प्रति उपासना का भाव रखना, उनके विवाह को स्वीकार न करना तथा यह भी न मानना कि उनकी एक बेटी भी थी और सबसे अधिक तो यह कि उन लोगों का अस्पष्ट विश्वास कि सुभाष अभी तक जीवित थे और हिमालय की किसी कंदरा या दूर साइबेरिया में हैं तथा किसी दिन शीघ्र ही अपनी दुःखदायी स्थिति से निकलकर भारत में आएँगे और बताएँगे कि उनकी इस स्थिति के लिए जवाहरलाल और कांग्रेस जिम्मेदार थी। मेरी तार्किक समझ के अनुसार सुभाष किसी विषम दृष्टिकोण या अपने समर्थकों की विश्वसनीयता के साथ नहीं प्रकट होंगे; परंतु यह मेरी बेईमानी होगी कि मैं यह न मानूँ कि उनके समर्थकों के दृष्टिकोण ने सुभाष के प्रति मेरे आकलन को प्रभावित नहीं किया था।

इसीलिए मेरे लिए इस पुस्तक को लिखना आसान नहीं था और इसके ऐतिहासिक दस्तावेजों को पढ़ते व लिखते समय मैं सावधान था; साथ-ही-साथ अपने स्वयं के पूर्वग्रहों, धारणाओं और अपनी बौद्धिक गठरी के खिलाफ भी संघर्ष कर रहा था। वैसे, यह वास्तविकता सिर्फ सुझाव के लिए नहीं, बल्कि जवाहरलाल के लिए भी नहीं थी। जवाहरलाल के प्रति मेरा यह दृष्टिकोण केवल मेरे पिता के उनके प्रति लगाव और प्रशंसा की वजह से नहीं था, बल्कि मेरे शिक्षक सर्वपल्ली गोपाल भी इसकी वजह थे, जो कि बाद में मेरे मित्र भी बने तथा उन्होंने जवाहरलाल की जीवनी भी लिखी है। वह गोपाल ही थे, जिन्होंने मुझे कई वार्त्ताओं के दौरान मना लिया था कि जवाहरलाल के बारे में आलोचनात्मक दृष्टिकोण से

सोचना चाहिए था और यही वे अपनी भावी संतति से चाहते भी थे। जब मैं अपनी आयु के मध्य तक पहुँच रहा था, तब नेहरू के प्रति मेरा दृष्टिकोण काफी हद तक सूक्ष्म अर्थभेद-युक्त और जटिल हो चुका था, जो कि मेरी शुरुआती उम्र, यानी बीस से कम के समय से कुछ अलग ही था। यह पुस्तक कई तरह से मुझे इस तथ्य पर यकीन दिलाती है कि मैं इन दोनों महत्त्वपूर्ण व्यक्तियों की मौजूदगी से स्वयं को बचा नहीं सकता था और इसकी वजह मेरा स्थान व समय विशेष पर पैदा होना भी था।

यह पुस्तक एक ऐसी मित्रता की कहानी है, जिसे पूरी तरह से विकसित होने का मौका नहीं मिला था। यह जीवन के उपरांत एक संक्षिप्त विवेचना के लिए ही मुरझा गई थी। यह भी एक विलक्षणता ही थी कि जवाहरलाल और सुभाष का जीवन समानांतर रूप से कितना पास-पास था। दस साल से कम के अंतर के साथ दोनों का जन्म अति संपन्न परिवारों में हुआ था। दोनों ही कैंब्रिज पढ़ने गए। दोनों ने ही सम्मानित पेशों को छोड़ा और गांधी के नेतृत्व में भारतीय राष्ट्रीय आंदोलन में शामिल हो गए। यूरोप और एशिया में जो कुछ भी हो रहा था, दोनों ही उस घटनाक्रम से परिचित थे और दोनों के ही विचारों में वहाँ के सुधारवादी विकास का प्रभाव था। दोनों ही स्वयं को वामपंथी तथा समाजवाद से आकर्षित मानते थे। इन पृष्ठभूमियों के साथ यह आश्चर्यजनक नहीं था कि वे दोनों एक-दूसरे की तरफ आकर्षित हुए थे। सन् 1930 के कुछ वर्षों तक वे इतने नजदीक थे कि उन्हें मित्र कहा जा सकता था; जैसे—उनकी वैचारिक साझेदारी, एक ही तरह की पुस्तकों का पढ़ना, राष्ट्रीय आंदोलन में समान कारणों के लिए संघर्ष आदि। किंतु सन् 1930 के अंत तक इन दोनों ही व्यक्तियों के बीच बढ़ती राजनीतिक दूरी बिल्कुल स्पष्ट थी। दोनों के वैचारिक अंतर की वजह से उनमें असहयोग बढ़ा और इसकी वजह वाकई राष्ट्रीय आंदोलन के दौरान गांधी के प्रति उनके दृष्टिकोण की भिन्नता होने के साथ-साथ फासीवाद के प्रति उनके दृष्टिकोण और भिन्न मानसिक धरातलों पर उनका बने रहना ही था। सन् 1940 की शुरुआत तक उनके बीच की मित्रता बीते जमाने की बात हो चुकी थी; मगर सुभाष की अचानक और असामयिक मृत्यु होने पर भी जवाहरलाल उनके और अपने उस बंधन को न भुला सके, जो उन्होंने आपस में साझे किए थे। इसके साथ ही उन्होंने आजाद हिंद फौज और सुभाष के प्रति अपने दृष्टिकोण को भी संशोधित किया। यह भी कितना दुःखद था कि सुभाष अपनी मृत्यु के बाद जवाहरलाल की उस भावना को नहीं देख सकते थे, जो उन्होंने सुभाष की मृत्यु के तुरंत बाद लिखकर व्यक्त की थी।

जवाहरलाल और सुभाष के संबंध मधुर न होकर बहुत ही दुःखद थे। हालाँकि इतिहासकारों ने इन संबंधों पर बहुत प्रकाश नहीं डाला, जिसके कि ये वाकई हकदार थे। विचारों के इस अभाव ने मुझे इनकी मित्रता एवं इसके सुलझाए जाने पर पुनर्विचार करने के लिए विवश कर दिया था। इस पुस्तक का प्रमुख केंद्रबिंदु उनके आपसी संबंध हैं तथा इसमें उनके समृद्ध जीवन की संपूर्ण कहानियों को बताने का प्रयास नहीं किया गया है। यह पुस्तक इन दोनों ही व्यक्तियों की जीवनी के रूप में भी नहीं ली जानी चाहिए।

इन दोनों ही व्यक्तियों के संबंधों की पृष्ठभूमि वाकई राष्ट्रीय आंदोलन ही था। इसी ने सन् 1920 की शुरुआत से स्वतंत्रता के ठीक पहले तक इनके विचारों एवं कार्यों को आकार दिया था। वह समय कोलाहलपूर्ण था, जिसमें गांधीजी ने कांग्रेस को उस जन-समूह के पास ला दिया था, जिसने उनकी पुकार पर असहयोग आंदोलन और फिर सविनय अवज्ञा आंदोलन का रूप ले लिया था। जवाहरलाल और सुभाष दोनों ने ही इस राष्ट्रीय उत्तेजना का अनुभव किया और इसमें हिस्सेदारी निभाते हुए भारतीय राष्ट्रीय कांग्रेस की कार्य-सूची पर दृढतापूर्वक कार्य करते हुए ब्रिटिश शासन से भारत को पूर्ण स्वराज दिलाने के लक्ष्य तक पहुँचाया। सन् 1920 के आखिर से लेकर 1930 तक उन लोगों का इस लक्ष्य पर बहुत अधिक जोर था, जिसमें अंग्रेज, जो कि भारत पर अपना प्रभुत्व बनाए रखने के लिए संवैधानिक सुविधा हेतु भारत के प्रभावशाली वर्ग से सहयोग चाहते थे। जवाहरलाल और सुभाष दोनों ही उनके इस बहकावे में नहीं आए और पूर्ण स्वराज की अपनी माँग पर अड़े रहे। इसमें दोनों को ही कांग्रेस के भीतर उन लोगों का विरोध करना पड़ा, जो प्रांतीय सरकारों में अधिकार प्राप्त करने की संभावना से ललचाए हुए थे। उनके इस संघर्ष में हमेशा जीत ही नहीं हुई और असफलता के उनके प्रत्युत्तर भी काफी भिन्न थे। इसने एक को तो अति दृढआग्रही और दूसरे को बहुत अधिक स्वीकार करनेवाला बना दिया था।

वैसे, यहाँ निराशा की और भी वजहें थीं। गांधी के असहयोग आंदोलन और सविनय अवज्ञा आंदोलन से अपना हाथ खींच लेने से ये दोनों ही सुधारवादी युवक प्रसन्न नहीं थे। आंदोलन की इस नाजुक स्थिति में वे उनके सामाजिक उत्थान और चरखे पर जोर देने के कारण बेचैनी महसूस कर रहे थे। वे दोनों ही आगे बढ़कर ब्रिटिश शासन के खिलाफ संघर्ष करना चाहते थे; जबकि गांधी पूरे वर्ष 1930 में जन-आंदोलन के आह्वान के प्रति अनिच्छुक थे तथा न तो कांग्रेस और न ही जनता इसके लिए तैयार थी। कांग्रेस के भीतर जो लोग गांधी के समीप

थे, उन्होंने अकसर ही उन युवा नेताओं को दूर रखने की राजनीति की थी, जो कि कांग्रेस पर उनके और गांधी के नियंत्रण को चुनौती दे सकते थे। जवाहरलाल और सुभाष दोनों ही इस तरह की राजनीति के कई बार शिकार बने थे; पर इस तरह के हथकंडों पर उन्होंने अलग-अलग तरह से व्यवहार किया। जवाहरलाल ने तो समझौता किया और सुभाष विद्रोही बने। उनकी यही भिन्न प्रतिक्रियाएँ गांधी और भारतीय स्वतंत्रता आंदोलन में उनकी भूमिका के प्रति उन लोगों का विषम दृष्टिकोण दरशाती हैं। ये दोनों ही व्यक्ति गांधी की प्रशंसा और सम्मान करते थे; परंतु सुभाष गांधी के प्रभाव व नियंत्रण के सामने पूरी तरह से समर्पित नहीं थे। जवाहरलाल गांधी की आलोचना तो करते थे, पर वे उनपर निर्भर थे। इसके साथ ही गांधी ने जवाहरलाल को अपने चयनित उत्तराधिकारी के रूप में ही देखा। जबकि सुभाष एक विद्रोही होने के साथ-साथ एक ऐसे पुत्र थे, जिनके मन में गांधी के प्रति बहुत ही आदर था। जवाहरलाल और सुभाष की मित्रता इन सभी प्रभावों से न बच सकी तथा उनके आपसी संबंध बने और खराब भी हुए।

यह पुस्तक इन सभी विषयों पर दृष्टि डालने के साथ ही उन दोनों ही व्यक्तियों के विरोधी व्यक्तित्व एवं उनकी बौद्धिक मौलिकता पर भी ध्यान आकर्षित करती है। वे दोनों आपस में मित्र तो थे, परंतु उनमें आपसी भावनात्मकता और अंतरंगता का अभाव था। उनकी मित्रता निजी लगाव के बजाय राजनीति के द्वारा ही निर्मित थी और यह राजनीति की ही वजह से टूटी भी थी। यह ऐसा संबंध नहीं था, जो कि राजनीतिक मतभेदों को दूर कर सका। फिर भी, जहाँ तक मौजूदा दस्तावेजों से पता चलता है कि उनमें किसी भी तरह की दुश्मनी नहीं थी। यह पुस्तक उन दोनों ही व्यक्तियों की उस उलझी हुई कहानी को बताने का प्रयास करती है, जिसमें एक कोलाहलपूर्ण काल में उनका आपसी विरोध होने के साथ-साथ यह भारत और इसकी स्वतंत्रता के लिए ही समर्पित था।

आभार

मैं शुरू-शुरू में जवाहरलाल नेहरू और सुभाषचंद्र बोस की मित्रता की छानबीन को एक लंबे निबंध के रूप में पेश करना चाहता था; किंतु रामचंद्र गुहा और अवीक सरकार ने मुझे समझाया कि मुझे इसे एक पुस्तक का रूप देने के बारे में सोचना चाहिए। मैं वाकई इन दोनों व्यक्तियों का शुक्रगुजार हूँ कि इन्होंने मुझे मेरी शुरुआती सोच को बदलने और एक महत्त्वाकांक्षी कार्य को करने के लिए सोचने पर मजबूर किया। इसके अलावा दो और भी ऐसे लोग हैं, जिनके बिना इस पुस्तक का पूरा हो पाना संभव नहीं था। यहाँ तक कि इनमें से किसी को भी यह नहीं पता था कि मैं इस पुस्तक को लिख रहा था। इनमें से पहले व्यक्ति सर्वपल्ली गोपाल हैं, जो नेहरू के जीवनी लेखक तथा 'नेहरूज सेलेक्टेड वर्क्स' के प्रथम संपादक भी रहे हैं तथा दूसरी सुगाता बोस, जो सुभाष की जीवनी लेखिका और 'बोसेज कलेक्टेड वर्क्स' की सह-संपादक थीं। इन दोनों ही विद्वानों के द्वारा प्रस्तुत विवेचनाओं में अंतर होने के बावजूद यह पुस्तक इन्हीं के कार्यों का सहारा लेती है और इसके लिए मैं इनका ऋणी हूँ।

लाइब्रेरियों में काम करनेवाले समर्पित स्त्री व पुरुष भी मेरे लिए दुनिया के बेहतरीन विद्वान् मित्रों के रूप में ही थे। ए.बी.पी. लाइब्रेरी के लाइब्रेरियन शक्तिदास राय ने मेरी आवश्यकतानुसार मुझे अपने अथक प्रयासों से पुस्तकें और लेख उपलब्ध कराए थे। इसके साथ ही लाइब्रेरी ऑफ सोशल साइंसेज, कोलकाता के सहयोग का भी मैं आभारी हूँ। नेहरू म्यूजियम, नई दिल्ली के पांडुलिपि विभाग के स्टाफ का भी मैं आभार प्रकट करता हूँ। मेरे लिए इंडिया ऑफिस लाइब्रेरी, जो अब ब्रिटिश लाइब्रेरी का एक हिस्सा है, में जाकर काम करना काफी सुखद रहा है। मैं इंडिया इंटरनेशनल सेंटर, नई दिल्ली की लाइब्रेरी स्टाफ का भी आभारी हूँ।

अशोक सेन, जोफ्रे वार्ड, मेथिल गुहा, पार्थ चटर्जी, राम गुहा और रणजीत

गुहा के द्वारा इस पुस्तक के अध्यायों को पढ़ा गया और इस पर इन्होंने अपने परामर्श व टिप्पणियाँ भी दीं। साथ-ही-साथ यह सभी इसकी त्रुटियों और विवेचनाओं में नहीं उलझे। इनके अलावा और भी कई पाठकों ने भी इसे पढ़ा और इसकी पांडुलिपि में सुधार का सहयोग प्रदान किया। टी.एस. इलियट का अनुसरण करते हुए मैं सार्वजनिक रूप से निजी शब्दों को बचाता चला गया हूँ।

अनुक्रम

1
विकास की यात्रा

इस पुस्तक के दोनों ही नायकों का जन्म लगभग आठ साल के अंतराल से हुआ था। जवाहरलाल नेहरू 14 नवंबर, 1889 और सुभाषचंद्र बोस 23 जनवरी, 1897 को पैदा हुए थे। इनमें से किसी का भी बचपन विकसित होते औपनिवेशिक शहर जैसे कलकत्ता, बंबई या मद्रास में नहीं बीता था। जवाहरलाल ने अपने शुरुआती वर्ष इलाहाबाद में बिताए, जो उन दिनों यूनाइटेड प्रॉविंस में आता था और सुभाष का जीवन उड़ीसा के कटक शहर में बीता था। दोनों का जन्म समृद्ध परिवारों में ही हुआ था। उनके पिता मोतीलाल नेहरू और जानकीनाथ बोस क्रमशः इलाहाबाद और कटक में सफल वकील थे। यह सच है कि जानकीनाथ की समृद्धि मोतीलाल जितनी नहीं थी; परंतु सुभाष जब बड़े हो रहे थे, तब उन्हें किसी भी तरह की कमी नहीं थी। हालाँकि उनके पास जवाहरलाल की तरह टेनिस कोर्ट और स्वीमिंग पूल वाला वैभवशाली घर नहीं था, जो कि मोतीलाल ने ही खरीदा था और उसे आधुनिक रूप भी दिया था।

जवाहरलाल के शुरुआती ग्यारह वर्ष अकेले बच्चे के रूप में बड़े लाड़-प्यार से ही बीते थे। उनके माता-पिता और नौकरों ने उन्हें बहुत ही दुलार दिया था और वे शायद ही कभी झिड़के गए थे। सुभाष का भी बचपन बहुत ही खुशहाल था। वे अपने नौ भाई-बहनों में से एक थे। इस बात का भी प्रमाण नहीं मिलता है कि वे एक बिगड़ैल बच्चे थे।[1] इन दोनों ही परिवारों में शिक्षा ही सबसे बड़ी प्राथमिकता थी, खासतौर से सर्वोत्तम अंग्रेजी शिक्षा। जवाहरलाल ने अपने जीवन के शुरुआती पंद्रह सालों तक घर पर ही शिक्षा प्राप्त की थी। उनके लिए दो अंग्रेज गवर्नेंस रखी गई थीं और फिर एनी बेसेंट के द्वारा प्रस्तावित एक युवा आयरिश-फ्रांसीसी थियोसॉफिस्ट एफ. टी. ब्रूक्स की देखरेख में उनकी शिक्षा हुई थी। दूसरी तरफ

सुभाष पाँच साल की उम्र में बापटिस्ट चर्च द्वारा चलाए जा रहे प्रोटेस्टेंट यूरोपियन स्कूल में पढ़ने भेज दिए गए थे। सुभाष ने वहाँ सात साल बिताए और अंत में वहीं से लिखे उनके पत्र की पंक्तियाँ थीं, ''क्या मुझे अप्रसन्नता की धुँधली अनुभूति और मेरे वातावरण के प्रति मेरी अनुकूलहीनता थी ?''[2] उस पत्र की एक वजह यह भी थी कि यह स्कूल अंग्रेज और एंग्लो-इंडियन लड़के-लड़कियों के लिए था। भारतीय छात्र का प्रतिशत यहाँ सिर्फ 15 था। वहाँ की शिक्षा का माध्यम लैटिन था और कोई भी भारतीय भाषा वहाँ नहीं पढ़ाई जाती थी। सात सालों के बाद सुभाष पढ़ने के लिए रावेनशा कॉलेजिएट स्कूल चले गए। इस संस्थान में अधिकतर शिक्षक और छात्र उड़िया और बंगाली थे।

यदि सुभाष बारह साल की उम्र तक बंगाली भाषा लिखना-पढ़ना नहीं सीख सके तो उधर जवाहरलाल के निजी संस्कृत शिक्षक प्रसिद्ध संस्कृत विद्वान् गंगानाथ झा भी जवाहरलाल को यह शास्त्रीय भारतीय भाषा सिखाने में असफल रहे। किंतु ब्रूक्स ने जवाहरलाल का अंग्रेजी साहित्य के प्रति प्रेम अवश्य जगा दिया था। जवाहरलाल के शब्दों में, ''लुइस कैरोल की पुस्तकें और 'द जंगल बुक्स एंड किम' के साथ गुस्ताव डोर से लेकर डान किग्जाट व फ्रिटजाफ नॉनसेन की 'फॉरदेस्ट नॉर्थ' ने मेरे लिए रोमांच का एक नया क्षेत्र खोल दिया था। मुझे याद है कि मैंने स्कॉट, डिकेंस एंड थैकरे, एच.जी. वेल्स, मार्क ट्वेन और शरलक होम्स की कहानियाँ पढ़ी हैं। मुझे 'प्रिजनर ऑफ जेंडा' और जेराम के. जेराम की 'थ्री मेन इन बोट' को पढ़कर बहुत मजा आया था। मुझे जो अन्य पुस्तकें याद हैं, वे ड्यु मौरियर की 'ट्रिलबर्ड' और 'पीटर इबेटसन' हैं।''[3] (जीवनी) जवाहरलाल की पीढ़ी और इनके बाद भी किसी को भी प्राप्त होनेवाला अंग्रेजी शिक्षा का यही मानक था। जवाहरलाल का प्रेम कविताओं के प्रति भी बढ़ा और इसका असर काफी हद तक उनपर पड़ा भी था।[4] ब्रूक्स ने जवाहरलाल की रुचि विज्ञान में भी जगा दी थी और अपने शुरुआती जीवन में वे थियोसॉफी के प्रति भी आकर्षित हुए तथा एनी बेसेंट की थियोसॉफिकल सोसाइटी में शामिल होने के लिए अपने पिता की अनुमति भी माँगी थी। मोतीलाल नेहरू ने खुशी से इसकी अनुमति दे दी और जवाहरलाल को एनी बेसेंट ने स्वयं ही इसमें शामिल किया था। किंतु थियोसॉफी की सनक उनमें बहुत ही कम समय के लिए थी और जब ब्रूक्स ने उन्हें पढ़ाना छोड़ा, तब वह गायब भी हो चुकी थी। आध्यात्मिक रूप से—''मैंने धर्म और दूसरी दुनिया को ध्यानपूर्वक जान-बूझकर समझना शुरू कर दिया था।''[5] (जीवनी) वे कहना चाहते थे कि यह युवा जवाहरलाल के गंभीर महत्त्व का हिस्सा नहीं था।

सुभाष की युवावस्था के साल काफी अलग तरह के थे। रावेनशा कॉलेजिएट स्कूल में सुभाष ने अपना आगमन एक आजादी के रूप में देखा था। उन्होंने स्वयं में एक आत्मविश्वास पैदा किया और बहुत से मित्र बनाए। उन्हें वहाँ बेनी माधव दास जैसे हेडमास्टर भी मिले, जिनके लिए उनके मन में श्रद्धा भी थी। सुभाष को उनसे काफी प्रेरणा भी मिली। वे सिर्फ हेडमास्टर न होकर प्रकृति-प्रेमी भी थे। वे प्रकृति से केवल सौंदर्य रूप में ही नहीं, बल्कि नैतिक रूप से भी प्रेम करते थे। उनकी इसी भावना ने युवा सुभाष को प्रकृति की उपासना सिखा दी थी—"मैं डूबते सूर्य के मनोहर प्रकाश में नदी तट या पहाड़ी पर या निर्जन मैदान में भी सुंदरता के बिंदु ढूँढ़ लूँगा और ध्यान का अभ्यास करूँगा।"[6] (जीवनी) पाँच या छह साल तक चले अपने इस समय के बारे में सुभाष के विचार—"यह मेरे भौतिक जीवन का झंझावातों से भरा समय था।"[7] उन्होंने इस समय न केवल मानसिक तनाव ही सहा, बल्कि उनका ध्यान स्कूल की पढ़ाई से भी उचट गया था। उनका आकर्षण अपनी काम-वासना के प्रति बढ़ गया था और वे इसे अप्राकृतिक एवं अनैतिक मानते थे।[8] उनकी तलाश का केंद्रबिंदु वह अवसर था, जिसके सहारे उन्होंने अपने संपूर्ण जीवन में विचलन न होने देने का दृढ संकल्प किया था।[9] उनकी यह खोज और बेचैनी संभवतः विवेकानंद के लेखन पर जाकर समाप्त हो गई थी। विवेकानंद एक बंगाली साधक थे, जिन्होंने सन् 1893 में शिकागो के धर्म सम्मेलन में दिए अपने संबोधन से बहुत से भारतीयों को प्रेरणा प्रदान की थी। उनकी मृत्यु सन् 1902 में मात्र 39 वर्ष की आयु में ही हो गई थी। अपनी मृत्यु से पहले ही उन्होंने कलकत्ता के पास वेलूर में एक मठ की स्थापना कर दी थी। विवेकानंद के लेखन को पढ़कर युवा सुभाष ने विवेकानंद के सिद्धांत 'आत्मनो मोक्षार्थं जगद्धित्याय', यानी अपनी स्वयं की मुक्ति एवं मानवता की सेवा का अनुसरण किया। इस तलाश के समय सुभाष की उम्र सिर्फ पंद्रह साल ही थी और शायद यह ईश्वर की कृपा ही थी। उन्हीं के शब्दों में, "सबकुछ उलट-पुलट हो गया था।"[10] सुभाष का स्वामी विवेकानंद के गुरु रामकृष्ण परमहंस की तरफ आकृष्ट होना स्वाभाविक ही था और उनकी शिक्षाओं व सादगी भरे जीवन से ही सुभाष में त्याग की भावना उत्पन्न हुई थी। परिवर्तित हो चुके युवा सुभाष ने विवेकानंद के संदेश से कुछ और भी हासिल किया। वे मातृभूमि के लिए भी प्रतिबद्ध हो गए, खासतौर से विवेकानंद की उस पुकार को सुनने के बाद, जिसमें उन्होंने "नंगे भारतीयों, अनपढ़ भारतीयों, ब्राह्मण भारतीयों और अछूत भारतीयों को अपना भाई कहा

था।'' उनकी यह पुकार सुभाष के लिए समानता का संदेश ही नहीं था, बल्कि राष्ट्रीय आत्म-स्वीकृति के रूप में उनका स्वयं में विश्वास भी था।

रामकृष्ण और विवेकानंद के पठन-पाठन तक ही सुभाष की रुचि नहीं थी। उन्होंने उनके जीवन, लेखन और शिक्षाओं पर चर्चा के लिए छात्र का एक समूह बनाया। उन्होंने महसूस किया कि उनकी आत्मा प्रज्वलित हो चुकी थी और वे मानवता की सेवा के द्वारा अपनी स्वयं की मुक्ति के लिए आवश्यक कदम उठाना चाहते थे। अपने माता-पिता के आज्ञाकारी होने की वजह से वे देवी माँ की पूर्ण भक्ति की तरफ मुड़ गए। इसी वजह से उनके घर पर कुछ समस्याएँ खड़ी हो गईं। 'पर सुभाष घर से दूर होकर भी घर जैसा ही महसूस करते थे। वे योग और साधुओं की तरफ भी खिंचे चले गए'।[11] अपने उन दिनों को याद करते हुए उन्होंने लिखा था— ''मुझे याद है कि मैं भिखारियों, फकीरों और साधुओं के प्रति बहुत उदार हो गया था और जब कभी उनमें से कोई भी मेरे घर आता, तब मैं उनकी अपनी सामर्थ्य भर सहायता करता था। मुझे उन्हें कुछ देकर एक खास तरह की संतुष्टि मिलती थी।''[12] उन्हें शीघ्र ही यह महसूस हुआ कि मानवता की सेवा, जिसमें देश-सेवा भी शामिल है, अति महत्त्वपूर्ण थी। सुभाष जब सोलह वर्ष के थे, 'तब उन्हें पहली बार ग्रामीण जीवन के अनुभव प्राप्त हुए थे'।[13] वे अपने मित्रों के साथ गाँव की एक प्राथमिक पाठशाला में पढ़ाने पहुँचे और वहाँ के लोगों द्वारा प्राप्त आदर-सत्कार देखकर वह बहुत अभिभूत हुए। परंतु जब वे एक अन्य गाँव में पहुँचे, तब वहाँ उन लोगों को संदेह की दृष्टि से तथा दुश्मन के रूप में देखा गया। वहाँ उन्हें इसकी वजह समझने में बहुत देर नहीं लगी कि जब भी गाँव में कोई ठीक-ठाक ढंग से कपड़े पहनकर आता था, तब गाँववाले उसे लगान लेनेवाला था,[14] इसी प्रकार का व्यक्ति समझते थे और उनके इसी व्यवहार ने उनके बीच बहुत दूरी बढ़ा दी थी। सुभाषचंद्र बोस की भारत की खोज अब शुरू हो चुकी थी।

जब सुभाष ने अपनी 15 वर्ष की किशोरावस्था में आध्यात्मिकता की तलाश में पहला कदम रखा, तब जवाहरलाल हैरो में अपनी स्कूली शिक्षा पूरी करके ट्रिनिटी कॉलेज, कैंब्रिज से अंडरग्रेजुएट डिग्री प्राप्त कर चुके थे। जब सुभाष सुदूर कटक में विवेकानंद के लेखन के माध्यम से स्वयं से परिचय प्राप्त करने में लगे थे, तब जवाहरलाल (जीवनी लेखक के शब्दों में), 'लंदन के भँवरजाल में फँसे थे।'[15] जवाहरलाल सन् 1905 के बाद दो सालों तक हैरो में रहे। अपने हैरो-प्रवास के दौरान सिवाय वहाँ के जीवन के प्रति समर्पित रहने के जवाहरलाल के साथ कुछ विशेष घटित नहीं हुआ था। सन् 1930 में जब वे जेल में थे, तब उन्होंने अपनी स्कूल की

डायरी में चिपकाए गए हैरो के कवियों और राजनीतिज्ञों की फोटो की सूची के बारे में उल्लेख किया है।[16] जवाहरलाल बहुत प्रतिभाशाली छात्र नहीं थे; हालाँकि अक्तूबर 1906 की उनकी स्कूल की रिपोर्ट में उनके हेडमास्टर ने लिखा था कि, 'लड़के के पास दिमाग है।'[17] स्कूल के बाहरी कार्य-कलापों यानी ब्रिटिश राजनीति में उनकी बहुत ही रुचि थी खासतौर से भारत से आनेवाली खबरें उन्हें बहुत उत्तेजित करती थीं। उन्होंने स्वदेशी और बंगाल बहिष्कार पर लाला लाजपत राय व अजीत सिंह के निर्वासन तथा तिलक के कार्यकलापों के बारे में भी सुन रखा था।[18] स्कूल में अच्छे काम के लिए उन्हें बतौर इनाम गैरीबाल्डी पर जी.एम. ट्रेवेल्यान की पुस्तकें दी गई थीं। वे उसके दो अन्य खंड भी ले आए तथा इटली के इस बहादुर ने उन्हें बहुत प्रेरित किया। उन्हीं के शब्दों में, "स्वतंत्रता की पराक्रम पूर्ण लड़ाई के लिए वैसे ही कार्यों की कल्पना-दृष्टि मेरे सामने आ चुकी थी।"[19] उन्होंने हैरो अपनी स्वयं की इच्छा से ही छोड़ दिया, क्योंकि उन्हें लगने लगा था कि स्कूल भी उनके आनेवाले विचारों में बाधा बन रहा था। वे अब विश्वविद्यालय के विस्तृत परिक्षेत्र में जाना चाहते थे।[20] इसीलिए उन्होंने सन् 1907 में माइकेल्मस में ट्रिनिटी कॉलेज, कैंब्रिज का चयन किया और उसी साल वसंत में उसकी प्रवेश परीक्षा भी पास कर ली थी।

हैरो की ही भाँति कैंब्रिज में भी जवाहरलाल की कोई विशेष पहचान नहीं बनी थी। उन्होंने प्राकृतिक विज्ञान में दाखिला लिया तथा कैंब्रिज के अन्य कार्य-कलापों में स्वयं को लगाने का प्रयास किया। वे कॉलेज की वाद-विवाद सभा मैग्पी और स्टंप में भी शामिल हुए; परंतु वे सिर्फ एक ही बार बोले थे। उन्हें संस्था के नियमों की अनदेखी यानी बोलने में असफलता के लिए जुर्माना भी भरना पड़ा था। वे ट्रिनिटी के बोट क्लब में भी गए, पर वहाँ भी बहुत सफल नहीं रहे। उन्होंने निरंतरतापूर्वक घुड़सवारी की तथा टेनिस खेला।[21] वे मजलिसों में बार-बार जाते रहे, पर वहाँ भी वे मुश्किल से ही बोलते थे। उन्होंने अपनी झिझक और शंकालु स्वभाव के बारे में भी लिखा है।[22] कैंब्रिज में उन्होंने अपना जीवन एक सौंदर्य-प्रेमी व शौकीन के रूप में जिया तथा वे वॉल्टर पीटर एवं ऑस्कर वाइल्ड से भी प्रभावित रहे। अपनी जीवनी में उन्होंने अपने इसी दृष्टिकोण के बारे में लिखा है और स्वीकार किया है कि वे सिर्फ सतही स्तर पर थे[23] तथा किसी भी चीज में गहराई तक नहीं पहुँचे थे। सन् 1910 में उन्होंने कैंब्रिज से द्वितीय श्रेणी में ऑनर्स की डिग्री प्राप्त की और फिर इनरटेंपल से कानून की पढ़ाई करने लगे। उनके माता-पिता नहीं चाहते थे कि वे इंडियन सिविल सर्विस में जाएँ और जानी-मानी नौकरी में रहकर तबादलेवाली नौकरी करें। वे चाहते थे कि उनका बेटा इतने लंबे समय तक घर से दूर रहने के बाद अब उनके पास ही रहे।[24]

जवाहरलाल के इंग्लैंड के दिनों में केवल एक ही महत्त्वपूर्ण घटना घटी थी और इसके बाद वे तुरंत ही यूनिवर्सिटी वापस आ गए थे। नॉर्वे में छुट्टियों के समय वे और उनके मित्र एक तेज जलधारा वाली नदी में कुछ धो रहे थे कि तभी उनका पाँव फिसला और वे ठंडे जमा देनेवाले पानी में गिरकर बहने लगे। पर तभी उनके मित्र ने किसी तरह उन्हें बाहर निकाला। उन्हें बचाने की यह प्रक्रिया बहुत ही समय से थी, क्योंकि तकरीबन दो या तीन सौ गज आगे ही वह पहाड़ी जलधारा ऊँची पहाड़ी से नीचे की तरफ गिरकर एक झरने का रूप ले रही थी।[25]

जवाहरलाल जब भारत लौटे, तब उन्होंने इस बारे में थोड़ा कठोरता से लिखा कि उस समय वे थोड़े दंभी थे[26] और अपने कैंब्रिज के दिनों के बारे में वे लिखते हैं कि वह समय उनका बिना किसी व्यवधान के आरामतलबी के साथ धीमे-धीमे बीत रहा था।[27] उन दिनों भारत में चल रहे राजनीतिक संघर्ष से वे अवश्य व्यथित होते थे, खासतौर से तिलक और अरविंद घोष के क्रिया-कलाप और दृढता उन्हें अधिक परेशान करती थी। उन्होंने स्वयं को इंग्लैंड में बैठा हुआ कांग्रेस के एक अतिवादी व्यक्ति के रूप में देखा था।[28] इस विषय पर वह आज्ञाकारी पुत्र अपने पिता से भिन्न था। उन्होंने मोतीलाल पर छद्म नरमपंथी होने का दोषारोपण तक किया। जब उनके पिता ने विपिन चंद्र पाल पर तिरस्कारपूर्ण ढंग से बैरिसाल के लिए टिप्पणी की, तब उन्होंने विपिन चंद्र पाल का जोरदार ढंग से समर्थन भी किया था।[29] इस प्रकार जवाहरलाल भारत में चल रही राजनीतिक हलचल के प्रति पूरी तरह से अनभिज्ञ नहीं थे। वास्तविकता यह भी है कि उनके बचपन और युवावस्था में ऐसा कुछ भी नहीं था, जिससे उनके भविष्य के जीवन में आए बदलाव का पूर्वाभास होता। ऐसा इसलिए भी है कि उनके जीवनी लेखक ने उनके इस काल को 'अनगढ़े साल' के रूप में विवेचित किया है।[30]

किंतु क्या वे साल वाकई ऐसे थे, जिन्होंने उन्हें गढ़ा नहीं था? अपने इस विकास के वर्षों में जवाहरलाल को पढ़ने और कविताओं से प्यार हो चुका था और यह उनके साथ जीवन भर बना रहा। हैरो और ट्रिनिटी यानी इतनी दूर रहकर भी वे भारत में चल रही राजनीतिक गतिविधियों से परिचित थे और यही वह पहली हलचल थी, जो उन्हें वयस्क साबित करती थी। अपने स्कूल और विश्वविद्यालय के दिनों से ही शिक्षा और जीवन के प्रति उनका विशेष दृष्टिकोण विकसित हो चुका था। उन्होंने अक्तूबर 1911-में अपने पिता को लिखा—"मैं एक बच्चे के साथ-साथ एक वयस्क में भी यकीन रखता हूँ और अति कल्पनाशील भी हूँ तथा जिस व्यक्ति में इसका पूर्णतया अभाव हो, उनकी तुलना में अधिक गलत नहीं हो सका

हूँ। यह सच है कि अति कल्पनाशीलता किसी के लिए भी बुरी हो सकती है; परंतु मैं कल्पनाशील होना ही अधिक पसंद करूँगा।''[31] अप्रैल 1912 में अपनी शिक्षा पर प्रतिक्रिया व्यक्त करते हुए उन्होंने लिखा—''मेरे अनुसार, शिक्षा सिर्फ इम्तिहान पास करना या अंग्रेजी अथवा गणित जानना ही नहीं है। यह एक मानसिक स्थिति है और यदि ऐसा नहीं हुआ, तब व्यक्ति चाहे जितने भी इम्तिहान पास कर ले, कोई मायने नहीं रखता है।''[32] यही वे दृष्टिकोण थे, जो उनके साथ बने रहे। इन्हीं विचारों के साथ वे इंग्लैंड से भारत लौटे तथा ब्रिटेन और अंग्रेजी के साथ उनका एक खास तरह का लगाव बना रहा। यही वे स्थायी प्रभाव थे, जो उनके साथ जीवन भर रहे और उन्होंने जो भी निर्णय लिये या नीतियाँ बनाईं, उनपर उनका कम प्रभाव नहीं पड़ा था।[33] इन्हीं सह्य निरंतरताओं और स्वयं को एक दंभी के रूप में स्वीकार करनेवाले व्यक्ति के बावजूद उनका अति लोकप्रिय व्यक्ति के रूप में परिवर्तन तथा भविष्य का प्रधानमंत्री होना अप्रत्याशित व पूर्व निर्धारित नहीं था।

जवाहरलाल के छात्र जीवन में बड़ी घटनाएँ नहीं थीं, जबकि सुभाष की स्थिति बिल्कुल ही विपरीत थी। वे एक बहुत ही मेधावी छात्र थे। मार्च 1913 में मैट्रिक के इम्तिहान में वे कलकत्ता विश्वविद्यालय में दूसरे स्थान पर आए थे। उस समय कलकत्ता विश्वविद्यालय ही इस परीक्षा का संचालन करता था। वहीं से सुभाष की अगली यात्रा शुरू हुई और उन्होंने कटक से निकलकर कलकत्ता के प्रेसीडेंसी कॉलेज में दाखिला ले लिया। सुभाष के अनुसार, यह कॉलेज उन दिनों कई तरह के छात्र समूहों का केंद्र था। उनमें अध्ययनशील, धनी, गुप्त क्रांतिकारी गतिविधियों में लिप्त समूह और ऐरो छात्र भी थे, जो स्वयं को रामकृष्ण एवं विवेकानंद का आध्यात्मिक उत्तराधिकारी भी मानते थे।[34] चूँकि सुभाष की रुचि कटक से ही विकसित हो चुकी थी, अत: वे अंतिम वाले समूह की तरफ ही आकर्षित थे। उनका यह समय बौद्धिक विकास का था। उनके साथ शामिल होनेवाले सभी लोग दर्शन व इतिहास की पुस्तकों के अच्छे पाठक होने के साथ-साथ उत्साहपूर्वक राष्ट्रीयता पर नए विचारों का आपस में आदान-प्रदान करते थे। किंतु राजनीतिक रूप से यह समूह आतंकी गतिविधियों और षड्यंत्रों का विरोधी था। अध्यात्म पर ही इसका विशेष बल था। सन् 1913 की शीत ऋतु में इस समूह ने कलकत्ता में शांतिपुर में एक शिविर लगाया था, जहाँ सभी युवक साधुओं की तरह भगवा वस्त्रों में ही रहते थे। उन्हीं दिनों उस शिविर पर पुलिस ने धावा बोला; पर सौभाग्य से कोई गंभीर दुर्घटना नहीं घटी थी।[35]

सुभाष के जीवन का यह समय बौद्धिक उथल-पुथल का था। वे बंगाल के पूर्व

ब्रिटिश इतिहास को जानने के लिए मुर्शिदाबाद गए थे और सन् 1914 में रवींद्रनाथ टैगोर से मिलने शांतिनिकेतन भी पहुँचे। रवींद्रनाथ टैगोर को साल भर पहले ही साहित्य के क्षेत्र में 'नोबेल पुरस्कार' भी प्राप्त हुआ था। दक्षिण अफ्रीका में चलाए जा रहे गांधी के सत्याग्रह आंदोलन पर कलकत्ता के टाउन हॉल में हो रही सभा में भाग लेने भी वे गए। वहाँ उस सभा को सुरेंद्रनाथ बनर्जी ने संबोधित किया था, जिनकी भाषण देने की कला का सुभाष के मन पर बहुत असर पड़ा। इसके साथ ही सुभाष गुरु की तलाश में कई तीर्थ-स्थलों और साधुओं के पास भी गए थे। उस समय सुभाष के ऊपर सबसे अधिक प्रभाव अरविंद घोष का पड़ा था। सुभाष उनकी तरफ उनके रहस्यवाद के नाम की वजह से आकर्षित नहीं हुए थे, बल्कि वह 'आर्य' जर्नल में उनके लेखों से प्रभावित थे, जिनका संपादन अरविंद ने ही किया था। यह अरविंद का ही दर्शन था, जिसने सुभाष को एक नया मार्ग दिखाया, जो कि उन दिनों शंकर के माया के सिद्धांत से पीड़ित थे और यह उनके शरीर में एक काँटे की तरह गड़ा हुआ था। "मैं इसे सह भी नहीं पा रहा था और इससे छुटकारा भी नहीं पा रहा था। मुझे इसके स्थान पर किसी अन्य दर्शन की आवश्यकता थी।"[36] रामकृष्ण और विवेकानंद की शिक्षाओं ने उन्हें बहुत प्रभावित किया था; परंतु इससे उन्हें 'माया' के जाल से निकलने में सहायता नहीं मिली थी। अरविंद के लेखन ने उन्हें मुक्ति की प्रक्रिया में आत्मा, पदार्थ, ईश्वर और रचना पर अतींद्रिय रूप से समन्वय स्थापित करने एवं सत्य की तलाश में सहायता प्रदान की, जिसे वे योग का नाम देते थे।

मातृभूमि के प्रति अरविंद की भावना और जुनून से भी वे बहुत प्रभावित थे। शब्दों के रूप में उनकी प्रस्तुति कुछ यूँ थी—"मैं तुममें से कुछ लोगों को महान् बनता हुआ देखना चाहता हूँ, सिर्फ अपने लिए महान् नहीं, बल्कि भारत को महान् बनाने के लिए, ताकि भारत माता दुनिया के स्वतंत्र देशों के बीच अपना सिर उठा सके। तुममें से जो लोग निर्धन या अंधकार में हैं, मैं चाहता हूँ कि तुम्हारी निर्धनता और मलिनता भारत माँ की सेवा के लिए ही समर्पित हो। काम ऐसा करो कि वह समृद्ध हो और कष्ट इसलिए सहो कि वह प्रसन्न हो।"[37] (पुस्तक से) युवा सुभाष के मन में आध्यात्मिक तलाश का ताना-बाना उनके अपने देश के प्रति प्रतिबद्धता एवं समर्पण के रूप में तैयार हो रहा था। उनकी यह देशभक्ति ब्रिटिश शासन के अंतर्गत भारतीयों के साथ नस्लीय भेदभाव की सजगता के द्वारा ही पोषित हुई थी।[38]

विकास के इन्हीं दिनों में एक पहलू और भी ध्यान देने योग्य है, हालाँकि इससे विवेचना की तारतम्यता थोड़ी अवश्य ही भंग होती है। जब सुभाष प्रेसीडेंसी कॉलेज के छात्र नहीं रह गए थे, यानी वर्ष 1917 के मध्य में वे इंडियाज टेरिटोरियल

आर्मी में भरती हो गए थे, जो कि भारतीय सेना की एक विश्वविद्यालयी टुकड़ी थी। सुभाष ने इसका प्रशिक्षण अति उत्साह से प्राप्त किया तथा यह प्रशिक्षण फोर्ट विलियम स्थित लिंकन्स रेजीमेंट के प्रशिक्षकों और अधिकारियों के द्वारा कलकत्ता के मैदान में दिया गया था। उस समय सभी सैनिक साधारण कपड़ों में थे और कुछ तो धोती ही पहने हुए थे; पर दो महीने में ही सबकुछ बदल गया और उन्हें मिलिट्री की वरदी तथा राइफलें दी गईं और उन्हें टेंटों में रहकर पी.टी. भी करनी पड़ती थी। इसके साथ ही उन्हें कलकत्ता के बाहरी इलाकों में जाकर राइफल शूटिंग और सैन्य-अभ्यास भी करना पड़ता था। सुभाष ने अपने जीवन में आए इन बदलावों को महसूस करते हुए अपनी जीवनी में लिखा था—"यह कैसा अद्भुत परिवर्तन था, जिसमें एकांत में बैठकर ईश्वर के बारे में ज्ञान प्राप्त करना और अपने कंधों पर राइफल रखकर खड़े होकर सेना के अधिकारी से आदेश प्राप्त करना था।"[39]

सुभाष ने उस सैन्य प्रशिक्षण का आनंद महसूस किया और अपने उस प्रशिक्षण के बहुत से अनुभवों को भी लिखा था। उन्होंने यह भी स्वीकार किया कि उनके मन में अपने अधिकारी कैप्टन ग्रे के प्रति बहुत ही निष्ठा का भाव था। एक सैनिक के रूप में उनमें बहुत ही आत्मविश्वास उत्पन्न हो चुका था। सैनिकों के रूप में सुभाष और उनके साथियों को वे अधिकार भी प्राप्त थे, जो कि आम भारतीयों को नहीं थे। उनके शब्दों में, "एक भारतीय के रूप में फोर्ट विलियम हमारी सीमा से परे था; पर एक सैनिक रूप में हमें वहाँ प्रवेश का अधिकार प्राप्त था। जब हम पहली बार फोर्ट विलियम में अपनी राइफलें लेने गए थे, तब हमें एक तरह की विचित्र आत्म-संतुष्टि का अनुभव हुआ था, जैसे कि हम किसी ऐसी चीज को हासिल करने जा रहे थे, जिसका हमें जन्मजात अधिकार तो था, परंतु हमें उसके लिए अन्यायपूर्वक वंचित किया गया था। शहरों में रूट मार्च करते समय हमें स्वयं को महत्त्वपूर्ण समझने की भावना से आनंद आया। हम उन पुलिस या सरकारी एजेंटों को टोक सकते थे, जिनसे भयग्रस्त रहने की हमारी आदत थी कि कहीं वे परेशान न करें।"[40] सैनिक के रूप में सुभाष को एक ताकत का बोध हुआ और इसी का उन्होंने आनंद भी उठाया। इसी ने उन्हें आंशिक रूप से ही उन लोगों के विरुद्ध तैयार भी किया, जो लोग सरकार के दमनकारी अंग थे और विचित्रता यही है कि वे यह सब सरकार के द्वारा दी गई वरदी को पहनने के बाद कर सके। सुभाष के शुरुआती जीवन में मिला सेना का प्रशिक्षण उनके बाद के भी जीवन में नजर आया।

इतिहास से पता चलता है कि सुभाष के जीवन में उनकी युवावस्था से ही विवादों का नाता रहा है। उनके जीवन का पहला विवाद तब आया, जब वे

प्रेसीडेंसी कॉलेज में पढ़ते थे। 10 जनवरी, 1916 को उन्होंने सुना कि उनके कॉलेज के इतिहास के प्रोफेसर ई.एफ. ओटेन ने उनके कुछ सहपाठियों पर हाथ उठाया था। अपनी कक्षा के प्रतिनिधि होने के नाते सुभाष कॉलेज के प्रिंसिपल हेनरी आर. जेम्स के पास यह माँग लेकर पहुँचे कि ओटेन को उन छात्रों से माफी माँगनी चाहिए। ओटेन ने कहा कि कुछ लड़के उनकी कक्षा से बाहर शोर मचा रहे थे, तब वह उन्हें हाथ पकड़कर ले गए थे; इस पर प्रिंसिपल ने कहा, ''इस स्थिति को न तो बेइज्जती और न ही पिटाई के रूप में देखा जा सकता है।'' इसके साथ ही ओटेन सरकारी शिक्षा सेवा के सदस्य भी थे, इसलिए प्रिंसिपल उन्हें छात्रों से माफी माँगने को बाध्य नहीं कर सकते थे। छात्रों ने अगले ही दिन से कॉलेज में हड़ताल कर देने का निश्चय किया। यह हड़ताल भी सफल रही तथा यह घटना केवल प्रेसीडेंसी में ही नहीं, बल्कि सारे शहर में अभूतपूर्व घटना के रूप में जानी गई। अधिकारियों को लगा कि इससे छात्रों में विरोध और अवज्ञा की भावना भी बढ़ी। ओटेन छात्रों के प्रतिनिधि से मिले और समस्या का समाधान किया; परंतु यह समझौतेवाला दिखावा तब अर्थहीन हो गया, जब अगले ही दिन उन्होंने बारह में से दस इतिहास के उन छात्रों को कक्षा से बाहर कर दिया, जो उस हड़ताल में भाग लेने गए थे।

15 फरवरी को कॉलेज में फिर इस खबर को लेकर हलचल थी कि ओटेन ने दोबारा रसायन-शास्त्र के प्रथम वर्ष के एक छात्र की पिटाई कर दी थी। उस समय छात्रों ने अलग तरह का काम किया। उन्होंने प्रोफेसर को कॉलेज की सीढ़ियों के नीचे पकड़ लिया और उनकी जमकर पिटाई कर दी। ओटेन ने बाद में कहा कि उन्हें कोई गंभीर चोट नहीं आई थी। पर सुभाष ने इस घटना के बारे में अपनी जीवनी में लिखा है कि ओटेन की जमकर पिटाई हुई थी।[41] ओटेन इस बारे में सुनिश्चित नहीं था कि उसपर हमला करनेवालों में सुभाष थे कि नहीं। इस विषय पर एक अर्दली ने सूचना दी थी कि उसने सुभाष और कुछ अन्य छात्रों को घटनास्थल से जाते देखा था। सरकार ने इस हमले को गंभीरता से लिया और कॉलेज को अनिश्चित काल के लिए बंद कर दिया था। उसके प्रिंसिपल को निलंबित भी कर दिया गया था, परंतु निलंबन से पहले उन्होंने सुभाष को 'बहुत ही परेशान करनेवाला व्यक्ति' बताते हुए कॉलेज से निलंबित कर दिया था। सुभाष ने किसी अन्य कॉलेज से अपनी पढ़ाई पूरी करने की अनुमति सरकार से माँगी; पर उन्हें इसकी अनुमति नहीं मिली परिणामतः वे कलकत्ता विश्वविद्यालय से निकाल दिए गए।

कलकत्ता विश्वविद्यालय के वाइस चांसलर आशुतोष मुखर्जी की अध्यक्षता में बनी कमेटी के सामने पेश होने पर सुभाष ने उस घटना में शामिल किसी भी

छात्र का नाम लेने से इनकार कर दिया था, जबकि अपनी जीवनी में उन्होंने स्वीकार किया था कि वह घटना उनके सामने ही घटी थी। कमेटी ने उनसे सीधा सवाल किया था कि क्या वे छात्रों पर की जानेवाली काररवाई को न्यायोचित ठहराते हैं ? सुभाष का जवाब था कि काररवाई न्यायोचित नहीं थी, क्योंकि छात्रों ने वह कार्य बहुत ही उकसाए जाने पर किया था। उन्होंने कमेटी को पिछले कई सालों से प्रेसीडेंसी कॉलेज में ब्रिटिशों द्वारा किए जा रहे दुर्व्यवहार के बारे में भी बताया। इस प्रकार कमेटी की रिपोर्ट में केवल सुभाष ही वह छात्र थे, जिनका नाम उसमें था। इस प्रकार उनका भविष्य अब मुहरबंद हो चुका था।[42]

अब सवाल उठता है—और शायद हमेशा बना रहेगा—कि क्या ओटेम पर हुए हमले में सुभाष सीधे तौर पर शामिल थे ? इस संदर्भ में उनके जीवनी लेखक ने दो घटनाओं का उल्लेख किया है। सन् 1921 में सुभाष ने अपने भाई शरत को पत्र लिखा था कि उन्हें इस हमलेवाली घटना में शामिल छात्रों का केवल नाम न बताने के बजाय उसकी जिम्मेदारी अपने ऊपर ले लेनी चाहिए। यह और भी स्पष्ट तो तब हुआ, जब बाद में उनके युवा भतीजों ने इस घटना पर उनसे पूछा, तब वे बिना जवाब दिए सिर्फ मुसकरा दिए।[43]

इन सभी घटनाओं का परिणाम हुआ कि सुभाष की शिक्षा में व्यवधान आ गया और कटक जाने के लिए उन्होंने कलकत्ता छोड़ दिया। कटक वापस आकर सुभाष ने अपना समय सामाजिक कार्यों में लगाना शुरू कर दिया और वहीं से उनकी तत्कालीन भारतीय समाज में फैले पूर्वग्रहों से परिचय हुआ। एक साल के बाद वे दोबारा कलकत्ता विश्वविद्यालय अपनी किस्मत आजमाने पहुँचे और आशुतोष मुखर्जी से मिले, जो कि उन दिनों कलकत्ता विश्वविद्यालय के निदेशक थे।[44] विश्वविद्यालय के आदेश का इंतजार करते हुए सुभाष ने 49वीं बंगाल रेजीमेंट में भरती होने की भी कोशिश की पर अपनी दोष-युक्त आँखों की वजह से वे उसमें असफल हो गए। सेना के प्रति आग्रह की सुभाष की उस एक और घटना थी। कलकत्ता विश्वविद्यालय के अधिकारियों का रुख नरम पड़ा और सुभाष ने दर्शन-शास्त्र के अध्ययन के लिए स्कॉटिश चर्च कॉलेज में दाखिला ले लिया। उन्होंने बी.ए. की परीक्षा में प्रथम श्रेणी लाकर विश्वविद्यालय में द्वितीय स्थान प्राप्त किया; किंतु उन्हें महसूस होता था कि उन्होंने अपने स्वयं के मानदंडों को हासिल नहीं किया था।[45] इस स्थिति में सुभाष के सामने एक अप्रत्याशित दरवाजा भी खुल गया था। उनके पिता और भाई शरत ने आपस में तय किया तथा सुभाष को आई.सी.एस. की तैयारी के लिए इंग्लैंड भेज दिया।

सुभाष अक्तूबर 1919 के अंत में इंग्लैंड पहुँचे और कैंब्रिज में फिट्ज विलियम हॉल में प्रवेश लिया। हालाँकि तब तक माइकेलमास का सत्र शुरू हो चुका था। उन्होंने नैतिक एवं मानसिक विज्ञान की शाखा चुनी और फिर आई.सी.एस. की तैयारी शुरू कर दी थी। उसमें आठ और नौ भिन्न-भिन्न विषयों का अध्ययन शामिल था। सुभाष ने कठिन परिश्रम किया और उन्हें उसका लाभ भी मिला। आई.सी.एस. की परीक्षा में वे मेरिट के अनुसार चौथे स्थान पर थे। यह उस व्यक्ति के लिए कोई छोटी उपलब्धि नहीं थी, जिसे परीक्षा की तैयारी करने के लिए सिर्फ छह या सात महीने ही मिले हों; परंतु इस सफलता की कीमत उनके विवेक का संकट भी था। उनके सामने बिल्कुल ही स्पष्ट था कि अपने पुराने जीवन को छोड़े बिना इस नौकरी को करना संभव नहीं था। इसके लिए उन्हें अपने सभी सपनों और आकांक्षाओं को दरकिनार करना पड़ता।[46] आई.सी.एस. की नौकरी में एक आरामदेह जिंदगी का आकर्षण था और उन्हें अपने माता-पिता के बारे में भी सोचना था, जिनकी उनसे बहुत अधिक अपेक्षाएँ भी थीं। वे तकरीबन सात महीनों तक इसी उधेड़बुन में रहे और अपने भाई शरत को चिट्ठियों में अपने मन की बातें लिखते रहे। उन्हें पता था कि आई.सी.एस. की नौकरी उन्हें सभी तरह के भौतिक आराम उपलब्ध करा देगी;[47] पर यह सभी कुछ उन्हें उनकी आत्मा की कीमत पर ही प्राप्त होगा। उन्हें महसूस होता था कि आई.सी.एस. की नौकरी की शर्तों की अधीनता के साथ व्यक्ति का अपने ऊँचे आदर्शों को बनाए रख पाना एक नाटक से अधिक कुछ भी नहीं है। उन्हें इससे भी इनकार नहीं था कि इस नौकरी को न करने पर उनका जीवन संघर्षों से भरा होगा; पर वे दृढतापूर्वक कहते थे कि जिस जीवन में संघर्ष नहीं होता, वह जीवन अपनी रोचकता खो देता है। वे अपना जीवन राष्ट्र की सेवा को समर्पित करना चाहते थे और यह नौकरी में रहकर संभव नहीं था।[48] उन्होंने अपने भाई शरत को लिखा था कि राष्ट्रीय और आध्यात्मिक आकांक्षाएँ आई.सी.एस. की शर्तों को मानते हुए पूरा करना संभव नहीं है। यह अरविंद घोष का ही उदाहरण था; जबकि आर.सी. दत्त एक ऐसे आई.सी.एस. थे, जो ब्रिटिश राज के अंतर्गत भारतीय अर्थशास्त्र पर आलोचनात्मक ढंग से लिखे अपने दो खंडों के लिए मशहूर थे।[49] सुभाष को इन्हीं लोगों से प्रेरणा मिली थी और वे पूर्ण प्रतिकूल भाव से एक अलग तरह से नौकरशाही की सेवा का भाव रखते थे।

सुभाष ने सेवा और निर्धनता के व्रत के पालन की अनुमति के लिए अपने माता-पिता को पत्र लिखा था। उन्होंने इसके लिए सी.आर. दास का उदाहरण दिया,

जिन्होंने अपनी परिपक्व उम्र में सभी कुछ त्याग दिया था।[50] उन्होंने श्री दास को भी पत्र लिखा था, जिसके जवाब में दास ने उन्हें लिखा था कि बहुत कम ही लोग मातृभूमि के प्रति समर्पित होते हैं। सुभाष को लगता था कि उनके लिए भारत में बहुत काम है। उनकी दृढता का आधार यही था कि "हमें राष्ट्र का निर्माण करना है और राष्ट्र का निर्माण हैंपडन एवं क्रॉमवेल से समझौता न करनेवाले आदर्शों से ही हो सकता है।[51] भारत में अब समय आ चुका था कि प्रत्येक भारतीय ब्रिटिश सरकार से अपने संबंध समाप्त कर ले।" इसका सबसे बेहतर तरीका था उससे स्वयं को अलग कर लिया जाना। "मैं ऐसा इसलिए नहीं कह रहा हूँ कि यह टॉलस्टाय का सिद्धांत था या गांधी ने ऐसा कहा था, बल्कि मुझे भी इस पर पूरा यकीन था।"[52] (जीवनी) इस प्रकार न तो अपने पिता की असहमति और न ही किसी दर्शन से प्रभावित होकर ही सुभाष ने अपना त्यागपत्र 22 अप्रैल, 1921 को भेज दिया था। उसके अगले ही दिन उन्होंने अपने भाई शरत को लिखा कि 'साँचा ढल चुका है।'[53]

सुभाष जुलाई 1921 में भारत वापस लौट आए; पर उनकी मानसिकता तकरीबन नौ साल पहले लौटे नेहरू से काफी अलग थी। इसकी एक वजह यह भी थी कि राजनीतिक रूप से भारत में सन् 1912 और 1921 में काफी बदलाव आ चुका था। वैसे इन दोनों ही व्यक्तियों के दृष्टिकोण में बहुत फर्क था। नेहरू एक धनी व्यक्ति के लड़के के रूप में हैरो पहुँचे थे और यह उनका पहला व अकेला स्कूल था। वे कैंब्रिज एवं इनरटैंपल से बिना किसी विशेष उपलब्धि के ही भारत लौटे थे और उनकी भविष्य के बारे में कोई निश्चित योजना भी नहीं थी। अपने पिता की समृद्धि और लगाव के कारण वे अनिर्णय की स्थिति का आनंद उठा सकते थे। उनमें कुछ बौद्धिक रुचियाँ भी बढ़ीं और फिर वे भारत में हो रहे राजनीतिक परिवर्तनों से भी परिचित हुए। किंतु उनकी इन रुचियों ने उन पर विशेष प्रभाव नहीं डाला और उन्हें न तो अपने विवेक या अपनी चेतना के प्रति गंभीर चुनौतियों का ही सामना करना पड़ा था। यदि वे बहुत संतुष्ट नहीं थे तो भी प्रसन्न मालूम पड़ते थे। जीवन का प्रवाह उन्हें जहाँ ले जा रहा था, इसके लिए उन्होंने अपने लिए 'खुद परस्त' शब्द का ही प्रयोग किया है। इंग्लैंड से भारत लौटने पर उन्हें निकट भविष्य में किसी तरह की उथल-पुथल नहीं नजर आई थी।

सुभाष की विकास यात्रा में उनका अलग ही मार्ग था। जब वे कटक छोड़कर प्रेसीडेंसी कॉलेज में कलकत्ता पहुँचे, तब तक उन्होंने अपने जीवन की दिशा तय कर ली थी। अपने उन्हीं दिनों को याद करते हुए उन्होंने अपनी जीवनी में लिखा था, "जब मैंने स्कूल छोड़ा, तब तय किया था कि मैं घिसे-पिटे रास्तों का अनुसरण

नहीं करूँगा और चाहे जो भी हो, मैं अपने आध्यात्मिक कल्याण एवं मानवता के उत्थान के अनुरूप ही जीवन जीऊँगा तथा सांसारिक पेशों को नहीं अपनाऊँगा।''[54] ओटेन की घटना—जिसमें उनका साहस, सम्मान और आत्मसम्मान भी शामिल थे ने उनमें एक नेतृत्व का पूर्वाभास भी कराया और इसमें उनका आत्मबलिदान भी था। उन्हें महसूस हुआ कि मैंने अपने लिए एक ऐसी नजीर पेश की है, जिससे मैं भविष्य में भी दूर नहीं हटूँगा।[55]

आई.सी.एस. की परीक्षा पास करने के बाद कैंब्रिज में लिया त्यागपत्र का कठोर निर्णय पहले से लिया निर्णय मालूम पड़ता था। यह विवेचना भी कठिन है कि आखिरकार सुभाष आई.सी.एस. के इम्तिहान के लिए कैंब्रिज जाने के लिए तैयार क्यों हुए थे? क्या वे सिर्फ अपने पिता को खुश करना चाहते थे, जिनकी अपने बेटे से बहुत उम्मीदें थीं और जो कलकत्ता विश्वविद्यालय का एक मेधावी छात्र भी था। ब्रिटेन जाने से पहले सुभाष ने अपने प्रोफेसर से कहा था, ''मेरे पिता चाहते हैं कि मैं दस हजार रुपए फेंक दूँ।''[56] सुभाष का यह कथन उस वरिष्ठ शिक्षाविद् के लिए था, जो कि सुभाष को आई.सी.एस. में जाने से रोकने की कोशिश कर रहा था। उस प्रोफेसर को लगता था कि वे शायद इस परीक्षा में भाग नहीं लेंगे; मगर क्या उनके इस कथन का मतलब कुछ और ही था? क्या सुभाष आई.सी.एस. में शामिल होने या न होने की दोहरी मानसिकता में थे? वे जानते थे कि उन्हें अपने तथा अपने पिता के लिए स्वयं को साबित करना था और इसीलिए वे परीक्षा में सफल हुए तथा चौथी रैंक तक आए। उन्होंने हमेशा से ही अपने विवेक का अनुसरण किया। माता-पिता और समाज की आकांक्षाएँ उन्हें उनके विवेक और कर्तव्य से विचलित नहीं कर सकीं। एक राष्ट्रवादी के रूप में सुभाष के विकास का प्रथम चरण मातृभूमि की सेवा का निर्णय ही था।[57]

चूँकि सुभाष ने नेहरू से काफी पहले ही अपने जीवन का मार्ग चुन लिया था, इसलिए इनमें कुछ असंगतियाँ नजर आती हैं। नेहरू ने अपने जीवन में कोई बड़ा निर्णय नहीं लिया था, इसलिए यह बहुत ही सरल-सा मालूम पड़ता था। अब सुभाष के शुरुआती विकास के जीवन में वे कौन से अंतर्विरोध नजर आते थे। सुभाष के जीवन में यह अंतर्विरोध उनके भविष्य के विकल्पों के चयन के संदर्भ में ही थे। आई.सी.एस. की नौकरी न करने के समय उन्होंने अपने भाई को पत्र लिखा था, ''प्रत्येक सरकारी नौकर, चाहे वह छोटा चपरासी हो या फिर प्रदेश का गवर्नर, वह केवल भारत में ब्रिटिश सरकार के स्थायित्व को सहयोग प्रदान करने में सहायता करता है।''[58]

हालाँकि सुभाष ने अपनी युवावस्था में तीन बार ब्रिटिश सेना की वरदी पहनने का प्रयास भी किया था। पहली बार कटक से कलकत्ता आने पर उन्होंने 49वीं बंगाल रेजीमेंट में भरती होने की कोशिश की और फिर स्कॉटिश चर्च कॉलेज के छात्र के रूप में वे इंडियन टेरिटोरियल आर्मी में भरती हो गए। उसके अनुभवों का उन्होंने आनंद भी लिया। इसके बाद कैंब्रिज में उन्होंने अन्य भारतीय छात्रों के साथ यूनिवर्सिटी ऑफीसर्स सैनिक प्रशिक्षण के लिए भी आवेदन किया था। वहाँ जब उनके आवेदन अस्वीकार कर दिए गए, तब छात्रों की तरफ से वे इस मामले को भारत के राज्य सचिव के पास तक ले गए। सुभाष ने उनसे कहा कि छात्र सेना में जाने के बजाय उसके प्रशिक्षण में अधिक रुचि रखते थे। यह भी अजीब था कि सुभाष को इसमें मौका नहीं मिला, जबकि वे तो पहले से ही राष्ट्रीयता के प्रति समर्पित थे। ब्रिटिश इंडिया की सैन्य इकाइयाँ और मोरचे भारत में ब्रिटिश संप्रभुता को बनाए रखने के उपकरण थे तथा इसके शासन के लिए अधिकृत भी थे। अतः इसमें शामिल होना आई.सी.एस. के इस्पाती ढाँचे में शामिल होकर सहायता व सहयोग करने के रूप में ही देखा जा सकता था। राज्य सचिव ने सुभाष को बताया कि चूँकि वे कलकत्ता मैदान में टेरिटोरियल सेना के प्रशिक्षण का आनंद ले चुके थे और इसी वजह से वे यहाँ इसकी तरफ आकर्षित हुए थे। उनका सेना के अनुशासन और प्रशिक्षण के प्रति आकर्षण ही वर्ष 1940 की शुरुआत में स्वतः ही विकल्प के रूप में नजर आया था। इस पर राष्ट्र के प्रति समर्पण, भारत की सेवा और सैन्य जीवन के प्रति आकर्षण ही सुभाष के शुरुआती जीवन के साँचे थे, जिनमें वे विकसित हुए थे।

इंग्लैंड जाने से पहले ही सुभाष ने लिखा था—"साँचा ढाला जा चुका है।" 16 जुलाई, 1921 को भारत पहुँचकर वे महात्मा गांधी से मिलने पहुँचे थे; जबकि उनके समकालीन थोड़े से ही वरिष्ठ जवाहरलाल जब भारत लौटे थे, तब तक उन्होंने जीवन की दिशा तय नहीं की थी। वे अपने पिता के बेटे ही बने रहे। उनके निर्माण की प्रक्रिया में राष्ट्रवाद की भूमिका तय नहीं हुई थी।

संदर्भ

1. दोनों ही व्यक्तियों के बचपन की सूचनाएँ उनकी लिखी आत्मकथाओं एन. ऑटोबायोग्राफी, जवाहरलाल नेहरू (लंदन 1936) और सुभाषचंद्र बोस, एन इंडियन पिलिग्रिम, नेताजी; कलेक्टेड वर्क्स, शिशिर बोस खंड-1 कलकत्ता से प्राप्त की गई हैं।
2. एन इंडियन पिलिग्रिम पृ. 26
3. एन ऑटोबायोग्राफी पृ.14

4. उपरोक्त पुस्तक से पता चलता है कि अपने जीवन के बाद के क्षणों में एक व्यस्त प्रधानमंत्री ने रॉबर्ट फ्रास्ट की कविता की उन मशहूर पंक्तियों, 'द वुड्स आर लवली, डार्क एंड डीप/बट आई हैव प्रॉमिसेस टू कीप/एंड माइल्स टू गो बिफोर आई स्लीप/एंड माइल्स टू गो बिफोर आई स्लीप। को अपनी मेज पर लिखकर रखा था, एस. गोपाल, जवाहरलाल नेहरू : ए बायोग्राफी।
5. एन ऑटोबायोग्राफी पृ. 15
6. एन इंडियन पिलिग्रिम पृ. 72
7. उपरोक्त पुस्तक, पृ. 34-35
8. उपरोक्त पुस्तक, पृ. 36
9. उपरोक्त पुस्तक,
10. उपरोक्त पुस्तक, पृ. 38
11. उपरोक्त पुस्तक, पृ. 40
12. उपरोक्त पुस्तक, पृ. 44
13. उपरोक्त पुस्तक, पृ. 44
14. उपरोक्त पुस्तक, पृ. 45
15. गोपाल, जवाहरलाल नेहरू खंड-1 पृ. 26
16. गोपाल, उपरोक्त पुस्तक, खंड-1 पृ. 20
17. उपरोक्त पुस्तक, पृ. 19
18. एन ऑटोबायोग्राफी पृ. 18, सन् 1905 में लॉर्ड कर्जन के बंगाल बँटवारे के निर्णय के उपरांत स्वदेशी आंदोलन भड़क उठा था। तिलक ने इस खिलाफत की वकालत की थी और उन्हें नरम दल कांग्रेस के नेताओं का विरोध भी सहना पड़ा था।
19. उपरोक्त पुस्तक, पृ. 19
20. उपरोक्त पुस्तक
21. गोपाल, जवाहरलाल नेहरू खंड-1, पृ. 22-25
22. एन ऑटोबायोग्राफी पृ. 21
23. उपरोक्त पुस्तक, पृ. 20
24. उपरोक्त पुस्तक, पृ. 24
25. उपरोक्त पुस्तक, पृ. 25-26
26. उपरोक्त पुस्तक, पृ. 26
27. उपरोक्त पुस्तक, पृ. 19
28. उपरोक्त पुस्तक, पृ. 21
29. गोपाल, जवाहरलाल नेहरू खंड-1, पृ. 22-23, जब पाल ने कैंब्रिज में श्रोताओं के एक छोटे से समूह के समक्ष हिंदू धर्म से संकीर्णता भरे दृष्टिकोण पर भारत को ईश्वर द्वारा चयनित और इसे भावनात्मक रूप से व्यवहार करने वाला कहा तब जवाहरलाल को बेचैनी महसूस हुई थी।
30. उपरोक्त दोनों शब्द गोपाल की जीवनी के प्रथम खंड के प्रथम अध्याय के शीर्षक हैं।

इसका प्रथम अध्याय हैरो और कैंब्रिज में जवाहरलाल के बचपन के दिनों की विवेचना करता है।

31. उद्धृत गोपाल, जवाहरलाल नेहरू खंड-1, पृ. 27
32. उपरोक्त पुस्तक, पृ. 28
33. उपरोक्त पुस्तक, पृ. 28
34. एन इंडियन पिलिग्रिम, पृ. 57
35. उपरोक्त पुस्तक, पृ. 60-65
36. उपरोक्त पुस्तक, पृ. 63
37. उपरोक्त पुस्तक, पृ. 64
38. उपरोक्त पुस्तक, पृ. 72-73
39. उपरोक्त पुस्तक, पृ. 91
40. उपरोक्त पुस्तक, पृ. 92
41. उपरोक्त पुस्तक, पृ. 77, ओएटन की घटना, 'हिज मेजेस्टिस आपोनेंट : सुभाषचंद्र बोस एंड इंडियाज स्ट्रगल अगेंस्ट एंपायर (हार्वड और दिल्ली) पृ. 28-31, सुगाता बोस ने संतुलित रूप से प्रस्तुत किया है।
42. एन इंडियन पिलिग्रिम, पृ. 78-79
43. सुगाता बोस, हिज मेजेस्टी··· पृ. 28 के अनुसार, सुभाष और ओयटन में सुलह हो गई थी तथा प्रेसीडेंसी कॉलेज में इस घटना पर उन्होंने सुभाष पर एक कविता भी लिखी थी।
44. एन इंडियन पिलिग्रिम, पृ. 88
45. उपरोक्त पुस्तक, पृ. 93
46. उपरोक्त पुस्तक, पृ. 106
47. उपरोक्त पुस्तक, पृ. 108
48. एन इंडियन पिलिग्रिम, पृ. 108-9
49. उपरोक्त पुस्तक, पृ. 111, रमेश दत्त की तुलना में अरविंद घोष को मार्ग मेरे लिए अधिक प्रेरणादायी, अधिक आदर्शवादी, अधिक ऊँचा होने के साथ-साथ अधिक कंटीला लगता है।
50. उपरोक्त पुस्तक
51. उपरोक्त पुस्तक
52. उपरोक्त पुस्तक
53. उपरोक्त पुस्तक,
54. उपरोक्त पुस्तक, पृ. 51
55. उपरोक्त पुस्तक, पृ. 80
56. उपरोक्त पुस्तक, पृ. 95
57. रंजीत गुहा, 'नेशनलिज्म एंड ट्रायल्स ऑफ बिकमिंग, रंजीत गुहा, द स्माल वॉयस ऑफ हिस्ट्री, कलेक्टेड वर्क्स एसेज (दिल्ली, 2009), पृ. 520-33
58. एन इंडियन पिलिग्रिम, पृ. 115

❑

2
राजनीति में दीक्षा

जवाहरलाल जब भारत आए थे, तब वे तेईस साल के थे और सुभाष की उम्र भारत लौटने के समय पच्चीस वर्ष की थी। राजनीतिक संस्कृति और गतिविधियों के संदर्भ में देखा जाए तो जब वे भारत लौटे थे, तब वे समान नहीं थीं। जब जवाहरलाल भारत लौटे थे—जैसा कि उन्होंने अपनी जीवनी में लिखा भी है—"उस समय भारत में राजनीतिक गतिविधियाँ बहुत ही धीमी थीं।"[1] उन्होंने स्वयं को कांग्रेस के क्रियाकलापों में संलग्न कर लिया था, जैसा कि उनके जीवनी लेखक ने लिखा है कि उन्होंने खासतौर से इलाहाबाद के उच्च-मध्यम वर्गीय परजीवी जीवन से पलायन के लिए ही ऐसा किया था।[2] जब वे सन् 1912 में बाँकीपुर कांग्रेस के सम्मेलन में एक प्रतिभागी के रूप में भाग लेने पहुँचे थे, तब उन्होंने देखा कि वहाँ माहौल अंग्रेजी जाननेवाले उच्च वर्गीय लोगों का था, जो कि अच्छी तरह से प्रेस किए हुए पैंट और कोट पहनकर आए थे। वैसे तो वह एक सामाजिक सभा थी, पर उसमें किसी भी तरह का राजनीतिक उत्साह या तनाव नहीं था।[3]

वैसे, अब यह सब परिवर्तित होने वाला था। दिसंबर 1915 में तिलक और उनके समूह को कांग्रेस में पुनः प्रवेश की अनुमति प्रदान की गई थी; परंतु कांग्रेस को एक राजनीतिक दल के रूप में आगे बढ़ाने के लिए उसकी कार्य समिति को उचित ढंग से तैयार करने का उनका प्रयास असफल हो गया था। परिणामस्वरूप तिलक ने विरोध हेतु होमरूल लीग की स्थापना के लिए कदम उठाया और उनके साथ एनी बेसेंट भी शामिल हो गई थीं। यह होमरूल लीग ही था, जिसने जवाहरलाल को अपनी तरफ खींचा और विशेष तौर से इसके प्रति उनका आग्रह एनी बेसेंट की वजह से ही हुआ, जिन्हें वह अपने बचपन से ही जानते थे। अब

राजनीतिक मामलों में उनकी रुचि अधिक बढ़ चुकी थी। सरकार ने जब एनी बेसेंट को हिल स्टेशन पर नजरबंद कर दिया, तब इस मामले की उत्तेजना और भी बढ़ गई थी। जवाहरलाल के अनुसार, इस मामले ने होमरूल आंदोलन को सारे भारत में जगा दिया था; परंतु अभी भी यह जन-समूह को स्पर्श नहीं कर पाया था।[4]

गांधी से उनकी पहली मुलाकात वर्ष 1916 में जाड़े के दिनों में लखनऊ कांग्रेस में हुई थी। गांधी पिछले ही साल भारत लौटे थे और भारतीय राजनीति में स्थापित होने की कोशिश कर रहे थे। वे युवा जवाहरलाल को एक अलग, अराजनीतिक और रूखे-से लगे। उनकी ये भावनाएँ उत्साह में तब परिवर्तित हुईं, जब उन्होंने चंपारण में नील उत्पादकों के खिलाफ किसानों के आंदोलन में गांधी की खबरें सुनीं। जवाहरलाल इलाहाबाद में हुए सरोजिनी नायडू के भाषणों और सन् 1916 में राजद्रोह के मुकदमों पर रोजर कैसमेंट्स के बेहतरीन भाषण से भी प्रभावित हुए थे। रोजर ने एक खास बिंदु को दरशाया था कि एक पराधीन देश के सदस्य को किस तरह से महसूस करना चाहिए। युद्ध के वर्षों में पीछे मुड़कर अपने राजनीतिक दृष्टिकोण के बारे में जवाहरलाल ने लिखा था—"राष्ट्रवाद और देशभक्ति के साथ मैं पूरी तरह से एक राष्ट्रवादी बन चुका था और अपने कॉलेज के दिनों के मेरे धुँधले समाजवाद के विचार अतीत में समा चुके थे।"[5] उनके मस्तिष्क को अब एक वजह मिल चुकी थी; हालाँकि अभी सक्रिय राजनीति की पुकार आनी बाकी थी।

सन् 1919 में आए रोलेट एक्ट और इसके परिणाम-स्वरूप भारत के कई शहरों में हुए सत्याग्रह, हिंसा और उपद्रव के बाद पुलिस की कारवाई तथा जलियाँवाला बाग के नर-संहार ने जवाहरलाल को सक्रिय रूप से राजनीति में आने पर विवश कर दिया था। वे हिंसा के मामलों को देखने के लिए कांग्रेस जाँच कमेटी का एक हिस्सा बन गए थे। जवाहरलाल को चित्तरंजन दास के साथ अमृतसर की घटना की जानकारी लेने की जिम्मेदारी सौंपी गई। उन्होंने जलियाँवाला बाग में जो कुछ भी देखा था, उसके बारे में विस्तार से लिखा।[6] अपने अवलोकन और जाँच के आधार पर उन्होंने 6 अक्तूबर, 1919 को 'द बॉम्बे क्रॉनिकल' में लिखा—"अमृतसर के सम्मानित नागरिकों की स्थिति दरशाती थी कि वे सिर्फ हाथों और घुटनों के बल ही नहीं, बल्कि साँपों और कीड़ों की तरह पेट के बल रेंगने को मजबूर कर दिए गए थे।"[7]

सत्याग्रह की पुकार पर जवाहरलाल ने पहली बार स्वयं की भावनाएँ और चाहत के बजाय गांधी की इच्छा के प्रति स्वयं को समर्पित किया था। जब उन्होंने

पहली बार सत्याग्रह के बारे में पढ़ा, तब वे तुरंत ही कानून तोड़ने या जेल भेजने के परिणाम को महत्त्व न देते हुए सत्याग्रह सभा में शामिल होना चाहते थे। किंतु उनके पिता इसके खिलाफ थे। उन्हें लगता था कि जेल जाना व्यर्थ है और वे अपने इकलौते बेटे के जेल जाने के विचार को ही नापसंद करते थे। पिता और पुत्र में गहरा अंतर्विरोध उत्पन्न हो चुका था। पुत्र के मन में सत्याग्रह में शामिल होने की भावना आ चुकी थी, जबकि इसी वजह से उनके पिता को तकलीफ भी पहुँच रही थी। इसी विषय पर मोतीलाल नेहरू के अनुरोध पर गांधी इलाहाबाद पहुँचे और दोनों में एक लंबी बातचीत भी हुई थी। गांधी ने जवाहरलाल को इस मामले में जल्दबाजी न करने और ऐसा कुछ भी करने से मना किया, जिससे उनके पिता को परेशानी हो। जवाहरलाल इस पर खुश नहीं थे, पर उन्होंने इसका विरोध भी नहीं किया।[8]

अपने उन दिनों के राजनीतिक क्रिया-कलापों और दृष्टिकोण के बारे में जवाहरलाल ने बहुत ही स्पष्टता के साथ लिखा है—"मेरी राजनीति मेरे वर्ग और मध्यम वर्ग के लिए ही थी। मैं कारखानों और खेतों में काम करनेवाले श्रमिकों के बारे में पूरी तरह से अनजान था।" वे गरीबी और दुःखों के बारे में तो जानते थे, पर इनसे उनका सीधा संपर्क नहीं था।[9] समृद्धि की बेड़ियों से दूर हटाने के लिए उनके अनुभव और सोच में एक नाटकीय परिवर्तन आया। जून 1920 में 300 से 500 किसानों का एक बड़ा समूह एक चलते-फिरते उपदेशक, जो कि स्वयं को 'बाबा रामचंद्र' कहते थे, के नेतृत्व में प्रतापगढ़ और जौनपुर से होता हुआ इलाहाबाद पहुँचा था। उनका उद्देश्य इलाहाबाद के प्रमुख राजनेताओं से अपनी तकलीफों पर ध्यान आकर्षित करना था। वे शायद गांधी को भी देखने आए थे।[10] इस मुलाकात में जवाहरलाल को अवध में पहली बार किसानों की दुःखद स्थिति और वहाँ के ताल्लुकेदारों के प्रभुत्व और शक्ति का भी पता चला था। वे किसान जवाहरलाल को अपने साथ गाँव ले जाना चाहते थे, ताकि वे स्वयं देखें और ताल्लुकेदारों के क्रोध से उन्हें बचाने की जाँच भी करें। वे जवाब में नहीं, नहीं चाहते थे। नेहरू ने उन लोगों से दो दिनों के बाद पहुँचने का वायदा किया और जब वे पहुँचे, तब रेलवे स्टेशन से गाँव काफी दूर थे, जबकि सड़कें पक्की थीं। उन्होंने जो कुछ भी देखा,[11] वह उनके लिए नया अनुभव था और ग्रामीण भारत तथा ग्रामीण लोगों से यह उनका पहला परिचय था।

वहाँ जवाहरलाल ने देखा कि संपूर्ण ग्रामीण क्षेत्र में उत्साह और एक विचित्र-सी उत्तेजना फैली हुई थी। उन्हें यह देखकर आश्चर्य हुआ कि लोगों के द्वारा सिर्फ

आपसी संदेश के माध्यम से इतने कम समय में इतना बड़ा जन-समूह किस तरह से इकट्ठा हो गया। एक गाँव से दूसरे और फिर तीसरे, इसी तरह गाँव से गाँव संदेश पहुँचा और फिर सारे गाँव खाली हो गए तथा बड़ी संख्या में आदमी, औरतें व बच्चे सभा-स्थल की ओर चल दिए। वे सभी सीता-राम...सीता-रा...म का नारा लगाते हुए दूर-दराज के इलाकों से चलकर आते उनकी अवाजें सुनकर और भी लोग उनके साथ शामिल हो रहे थे। उनमें से ज्यादातर आदमी व औरतें दयनीय चिथड़ों में थे; पर उनके चेहरे पर एक उत्साह था तथा उनकी आँखों में एक विचित्र सी खुशी की उम्मीद थी,[12] जो उनके लंबे दु:खों के बाद चमत्कारिक रूप से आई थी।[13]

जवाहरलाल ने जो कुछ भी देखा था, उनके द्वारा ही किसान आंदोलन की यह स्पष्ट विवेचना थी। जवाहरलाल ने देखा कि अवध के किसानों के विरोध आंदोलन की वजह ब्रिटिश नीति-निर्माताओं के द्वारा ताल्लुकेदारों को उनका स्वाभाविक नेता मानने के कारण था।[14] उन लोगों को ब्रिटेन ने विशेष दर्जा दे रखा था। उन ताल्लुकेदारों का मूल भिन्न-भिन्न था। वे स्थानीय राजा, अधिकारी, लगान एकत्रित करनेवाले भी थे तथा उन्होंने जमीन व लगान पर ब्रिटिश कानून 1856 के लागू होने के पहले से ही अपनी स्वतंत्र और मजबूत स्थिति बना रखी थी। उनमें से कुछ ऐसे भी लोग थे, जो सन् 1857 के विद्रोह में अंग्रेजों के वफादार थे तथा उन्हें विद्रोही ताल्लुकेदारों की जागीरें जब्त करके दे दी गई थीं। अवध का पाँच-तिहाई कृषि क्षेत्र इन ताल्लुकेदारों को शांति स्थापित होने के बाद दे दिया गया था।

अवध के ताल्लुकेदारों को मिले अधिकारों और उनकी भूमिकाओं के बारे में बहुत सी विवेचनाएँ उपलब्ध हैं, परंतु इस पुस्तक के उद्देश्य के लिए जवाहरलाल द्वारा लिये उद्धरण की प्रस्तुति आवश्यक है—"अवध के ताल्लुकेदार और बड़े जमींदार तथा बड़ी जमीनों के मालिक जो स्वयं को गर्व से लोगों का स्वाभाविक नेता भी कहते थे, वे सभी ब्रिटिश सरकार के बिगड़े हुए बच्चे थे; पर सरकार द्वारा उन्हें मिली या न मिली विशेष शिक्षा या पालन-पोषण भी उनकी एक वर्ग के रूप में पूर्ण बौद्धिक नपुंसकता को कम करने में असफल रही। उन लोगों ने अपनी जमीन के किराएदारों के लिए ठीक वैसे ही कुछ नहीं किया, जैसे कि दूसरे देशों के जमीन के मालिकों ने कभी-कभार थोड़ा-बहुत किया और फिर पूरी तरह जमीनों एवं लोगों पर परजीवी की तरह निर्भर बने रहे। उनका मुख्य काम स्थानीय अधिकारियों को संतुष्ट करना और उसके विशेष लाभ व सुविधाओं की सुरक्षा की माँग करते रहना था; क्योंकि बिना उनके सहयोग के वे लंबे समय तक नहीं बने रह सकते थे।"[15]

चूँकि प्रथम भूमि कर बंदोबस्ती व्यवस्था ताल्लुकेदारों के पक्ष में थी और उसने अवध के अधिकतर किसानों को स्वेच्छा से किराएदारी या भूमिहीन मजदूर के रूप में ला दिया था, जिसमें उनका जमीनों पर अधिकार नहीं था तथा उसका किसी भी तरह का अभिलेखन भी नहीं था। इसका असर मुख्य रूप से कुर्मियों और इसी तरह की अन्य खेतिहर जातियों पर ही पड़ा था, जो अवध में तकरीबन 10 लाख की संख्या में थे और वे सभी किराएदारी की स्थिति में आ चुकी थीं। उदाहरण-स्वरूप रायबरेली जिले में उनकी लगान में वृद्धि 30 से लेकर 40 प्रतिशत तक और कुछ स्थितियों में 100 प्रतिशत तक कर दी गई थी।[16] लगान की इन वृद्धियों के अलावा ताल्लुकेदार उन पर मनमाने ढंग से लेवी भी लगाते थे। इस विषय पर जवाहरलाल ने लिखा है—"इनके परिवारों में शादी, विदेशों में बेटे की पढ़ाई, गवर्नर के घर पर पार्टियाँ, कार या हाथी की खरीद पर भी खास नामों से कर लगाया जाता था; जैसे— मोटोरौना या हथुआना कर आदि।"[17] प्रतापगढ़ में कुछ किसानों ने सन् 1920 में डिप्टी कमिश्नर को बताया था कि मुर्दाफरोशी (शव की बिक्री) कानून पर भी कर था, जिसमें मृतक किराएदार की भूमि पर तुरंत कर लागू होता था। इसमें एक नए तरह का महाब्राह्मण (यानी ब्राह्मणों की सबसे नीच जाति, जो कि चिता के उपहारों पर अपना गुजारा करती है) अस्तित्व में आता है और ये लोग संक्रामक रोगों की प्रार्थना करते थे, ताकि वे मुर्दाफरोशी की एक बड़ी राशि प्राप्त कर सकें। किसानों ने बताया कि यह नए तरह का महाब्राह्मण भी भू-स्वामी था और चिता ठंडी होने से पहले इन्हें संतुष्ट करना आवश्यक था।[18]

उन्नीसवीं सदी के अंत तक छोटी जोत के किसानों की स्थिति जमीन पर जनसंख्या के बोझ और जीवन-यापन की लागत में वृद्धि से खराब होती गई। इसके परिणामस्वरूप कर्ज में भी वृद्धि होती रही। इसने किसानों के पास कीमती फसलों, जैसे गेहूँ व चावल पर निर्भर होने के अतिरिक्त और कोई विकल्प नहीं छोड़ा, जिसकी सहायता से वे अपना बकाया ऋण व ब्याज आदि चुका सकते थे और इसी वजह से इस क्षेत्र में गेहूँ व चावल की खेती भी बढ़ी। अपने स्वयं के जीवन-यापन के लिए ग्रामीणों की एक बड़ी संख्या, जो ज्वार, बाजरा जैसे मोटे अनाज पर ही निर्भर रहती थी। अत: जब इन मोटे अनाज की पैदावार वाले खेत कम होने लगे, तब उनकी माँग में भी वृद्धि होने लगी। इसी वजह से बीसवीं सदी के प्रथम दो दशकों में इन अनाजों की कीमतें गेहूँ और चावल से भी अधिक तेजी से बढ़ीं।[19] जब जवाहरलाल ने प्रथम विश्व युद्ध के बाद अवध का किसान आंदोलन देखा, तब वे सभी कारण पीछे छूट गए। सन् 1919 में प्रतापगढ़ में हुई इस किसान सभा

के साथ ही यह विरोध शुरू हो चुका था। सन् 1920 के मध्य तक इस आंदोलन को एक नेता बाबा रामचंद्र के रूप में मिल गया था। रामचंद्र महाराष्ट्रियन थे और फिजी में बँधुआ मजदूर के रूप में काम कर चुके थे तथा अब साधु होकर प्रतापगढ़, सुल्तानपुर और जौनपुर जैसी जगहों पर हिंदू धर्मग्रंथों के प्रवचन दिया करते थे। उन्होंने किसान सभाओं को संगठित करने और किसानों में एकता की समझ पैदा करने का काम किया था। वह बाबा रामचंद्र ही थे, जिनके नेतृत्व में किसान सभा इलाहाबाद पहुँची और जवाहरलाल को स्वयं ही आकर ग्रामीण संसार को देखने के लिए बाध्य किया था। यह आंदोलन जवाहरलाल के जागरूक होने से पहले ही अपना आधार बना चुका था। केवल प्रतापगढ़ जिले में ही 585 पंचायतें थीं तथा यहीं से सारे गाँव में हुई पहली किसान सभा में लगभग 1,00,000 किसान इस संगठन में पंजीकृत हुए थे।[20] जवाहरलाल ने यह भी ध्यान दिया था कि इस आंदोलन की शहरों में पूरी तरह से अनदेखी की गई थी और किसी भी अखबार में इसके बारे में नहीं लिखा गया था।[21]

वैसे, अब यह अनदेखी और अधिक संभव नहीं थी, क्योंकि रायबरेली जिले के फुर्सतगंज एवं मुंशीगंज बाजार में किसानों का बड़े स्तर पर प्रदर्शन हुआ और 6 व 7 जनवरी, 1921 को पुलिस ने उनपर गोलियाँ भी चलाई थीं। कुछ समय तक हिंसा की भी खबरें आती रहीं और रायबरेली में कुछ दुकानें भी लूटी गईं तथा जमींदारों की फसलों में आग भी लगा दी गई थी। 5 जनवरी को कुछ किसान नेताओं ने जवाहरलाल से उन्हें आकर रायबरेली के हालात देखने का अनुरोध किया। हालाँकि वे हाल ही में नागपुर में हुए कांग्रेस के सत्र से वापस लौटे थे, पर स्थिति की गंभीरता को समझने के बाद वे रात की ही गाड़ी से 7 जनवरी की दोपहर में रायबरेली पहुँच गए। वहाँ उन्हें पता चला कि कुछ ही दिनों पहले कुछ किसान नेताओं को गिरफ्तार कर लिया गया था और उन्हें वहीं की स्थानीय जेल में रखा गया था। किसानों की बड़ी संख्या ने जन-प्रदर्शन हेतु रायबरेली तक की पदयात्रा की। ऐसा इन्होंने इसलिए किया कि पिछले साल बसंत के महीने में जब कुछ किसान नेताओं को प्रतापगढ़ में गिरफ्तार कर लिया गया था, तब किसान प्रदर्शनकारियों ने मुकदमेवाले दिन न्यायालय परिसर को भर दिया था और मजिस्ट्रेट को वह मुकदमा कैमरे की सहायता से देखना पड़ा तथा सभी अभियुक्त रिहा कर दिए गए थे। किसानों ने इसे अपनी बड़ी विजय के रूप में महसूस किया था। जनवरी 1921 में रायबरेली में किसानों की इस भीड़ को देखकर अधिकारियों को प्रतापगढ़ वाली घटना के दोहराए जाने का डर हो गया था। किसान आंदोलन के

प्रमुख नेताओं को रायबरेली के बाहर सई नदी के किनारे रोक दिया गया था। वहाँ भी बड़ी संख्या में पुलिस और सेना के जवान तैनात थे। जवाहरलाल जिले के अधिकारियों के मना करने और रायबरेली से चले जाने के लिए कहने के बावजूद घटनास्थल पर पहुँच गए। जैसे ही वह नदी के पास पहुँचे, उन्हें गोलियाँ चलने की आवाजें सुनाई दीं और वे पुल पर ही सेना के जवानों के द्वारा रोक दिए गए। उन्हें तकरीबन 2,000 भयभीत किसानों ने घेर लिया था और फिर उन्होंने वहीं सभा भी की। उन्होंने उन किसानों को शांत करने की भी कोशिश की; पर वे कुछ ही दूरी पर अप्रत्याशित रूप से अपने भाइयों पर हो रही गोलीबारी से अनजान नहीं थे। सभी स्थानों पर सेना भी तैनात थी। पुलिस की इस गोलाबारी में बहुत से किसानों की मौत भी हो गई थी।[22] (जीवनी)

पुलिस की ज्यादतियों और किसान आंदोलन से सीधे परिचय ने जवाहरलाल को हिला दिया था। अपने अनुभवों को याद करते हुए कुछ दिनों के बाद उन्होंने लिखा था—''मुझे नहीं पता कि उन लोगों ने कैसा महसूस किया, पर मुझे अपनी भावनाओं के बारे में पता है। एक पल के लिए तो मेरा भी खून खौल उठा और मैं अहिंसा बिल्कुल भूल ही गया था; पर यह सब एक ही पल के लिए था। एक ऐसे नेता का विचार, जिसे ईश्वर की कृपा ने हमारे पास विजय के लिए भेजा था, मुझे आया और मैंने देखा कि किसान मेरे पास बैठे हैं और वे मुझसे कम उत्तेजित भी थे—और तब तक कमजोरी का वह पल जा चुका था। मैंने उनसे अहिंसा पर पूर्ण विनम्रता के साथ कहा, 'मुझे उनसे अधिक इस पाठ की आवश्यकता है और उन्होंने मुझपर ध्यान दिया तथा शांतिपूर्वक चले गए।' नदी के दूसरी तरफ लोग मरे हुए और मरती हुई हालत में पड़े हुए थे। यह एक ही तरह की भीड़, एक ही तरह के उद्देश्य के लिए थी। फिर भी, जाने से पहले उनका हृदय रक्त में सना हुआ था।''[23] आगामी कुछ दिनों तक जवाहरलाल उन्हीं क्षेत्रों में घूमते रहे और घायलों की हालत स्वयं ही देखते रहे।[24] किसान हिंसा अब धीरे-धीरे अन्य जिलों, जैसे—रायबरेली, फैजाबाद और सुल्तानपुर में भी फैल चुकी थी। वहाँ के बाजार लूटे जा रहे थे तथा जमींदारों और पुलिस पर आक्रमण हो रहे थे। यूनाइटेड प्रॉविंस के गवर्नर ने स्थिति की गंभीरता को देखते हुए मार्च 1921 में लिखा था—''मैंने दक्षिण अवध के तीन जिलों को देखा है। यह क्रांति जैसी स्थिति की शुरुआत है।''[25]

सन् 1920-21 में जवाहरलाल ने स्वयं को भी उन्हीं विरोध करनेवाले किसानों के बीच ही पाया था। वे उन्हीं की सभाओं में घूमते, उन्हीं की शिकायतें सुनते और उनसे वार्त्तालाप करते रहते थे। यह उनका ग्रामीण भारत से पहला

परिचय ही नहीं था, बल्कि गंभीर राजनीति में उनके शामिल होने की शुरुआत थी। यह राजनीति भारतीय राष्ट्रीय कांग्रेस के उस शीतकालीन सत्र से बिल्कुल अलग थी, जिसमें जवाहरलाल भाग लेने पहुँचे थे। जवाहरलाल ने इससे कुछ अनुभव भी प्राप्त किए थे। उन्होंने लिखा—"मैंने वह आवरण उठा दिया और भारतीय समस्या के उस मौलिक पहलू को खोलकर रख दिया, जिस पर राष्ट्रवादियों ने मुश्किल से ही कोई ध्यान दिया था।"[26] (जीवनी) इसने किसानों की दयनीय स्थिति से भी उनका परिचय कराया और उनके मस्तिष्क पर एक अमिट छाप भी छोड़ी। प्रतापगढ़ जाने के बाद से भारत के नंगे व भूखे जन-समूह का चित्र मेरे मन में बना रहता है।[27] भारत की नई तसवीर उनके सामने आ चुकी थी, जिसमें "नंगे, भूखे, दबे-कुचले व पीड़ित लोग थे।"[28]

किसानों के बीच घूमते रहने से उनमें एक राजनीतिक जन नायक भी विकसित हुआ। गाँवों में जाने के पहले वे किसी जनसभा को मुश्किल से ही संबोधित कर पाते थे और उन्हें इसकी संभावना से ही भय लगता था। परंतु उन किसानों ने मुझसे मेरी झिझक छीन ली और मुझे लोगों के बीच में बोलना सिखा दिया। अब मैं उन गरीब बनावट-विहीन लोगों से कैसे शर्म कर सकता था!" वे इन लोगों से एक वक्ता के रूप में नहीं, बल्कि आमने-सामने की तरह बातें करते और जो उनके मन या मस्तिष्क में रहता, उसे वे उनसे कहते थे। उनके ऊपर यह प्रभाव तकरीबन एक दशक के अनुभवों के बाद ही पड़ा था। उनकी तुरंत होनेवाली प्रतिक्रिया का उद्धरण आवश्यक है—"मुझे उनके साथ काम करने, मिलने-जुलने, उनकी कच्ची झोंपड़ियों में रहने तथा उनके निम्न स्तरीय भोजन में हिस्सा बँटाने का भी सौभाग्य प्राप्त हुआ और मैं, जो कि तलवार के सिद्धांत में यकीन रखता था, वह किसानों के द्वारा अहिंसा के सिद्धांत में बदल चुका है। मुझे यह विश्वास है कि उनमें अहिंसा भीतर तक है और यह उनके स्वभाव का हिस्सा है।...यह जन-समूह नहीं, बल्कि हम जो कि पश्चिमी माहौल में पले-बढ़े हैं, सहजतापूर्वक शांतिप्रिय तरीकों की कमी के बारे में बोलते रहते हैं। जनसमूह अहिंसा की ताकत से परिचित है।"[30] (नेहरू)

उपर्युक्त लेखांश मोतीलाल नेहरू द्वारा स्थापित अखबार 'दि इंडिपेंडेंट' में 22 जनवरी, 1921 को छपा था, यानी रायबरेली में 6 जनवरी को पुलिस की गोलीबारी वाली घटना में जवाहरलाल के मौजूद रहने के दो हफ्ते बाद इस लेखांश में यह स्वीकार किया गया है कि अहिंसा का सिद्धांत उनमें गांधी से मुलाकात के बाद नहीं, बल्कि अवध के किसानों के जीवन में उनके शामिल होने के बाद आया था। अहिंसा के

प्रति तात्कालिक से पूर्णरूप से उनका यह परिवर्तन उनकी बाद की प्रतिक्रियाओं और दूर हटता नजर आया। उनके राजनीतिक विकास में किसानों के प्रभाव का छिद्रान्वेषी स्मरण दरशाता है कि उन पर गांधी की छाया का भी असर था।

अवध के विद्रोही किसानों का समय और 1921 में गांधी के असहयोग आंदोलन से उनका जुड़ना भी अपरिहार्य हो गया था। इसी महीने में जब वे उत्तर प्रदेश आए, तब गांधी ने किसानों के क्षेत्र के लिए निर्देश भी जारी किए थे, जिनमें बिना इन निर्देशों का पालन किए स्वराज हासिल करना असंभव था। वे निर्देश इस प्रकार थे—

1. हम किसी को चोट नहीं पहुँचाएँगे। हम अपने डंडों का इस्तेमाल किसी के खिलाफ नहीं करेंगे। हम किसी पर अनावश्यक दबाव या गाली का इस्तेमाल नहीं करेंगे।
2. हम दुकानें नहीं लूटेंगे।
3. हम अपने विरोधियों को अपनी दयालुता से प्रभावित करेंगे तथा उन पर असर डालने के लिए उन पर न तो बल-प्रयोग करेंगे और न ही उनकी जल-आपूर्ति, नाई और धोबी की सुविधा रोकेंगे।
4. हम सरकारी कर या जमींदार का लगान नहीं रोकेंगे।
5. यदि जमींदारों के खिलाफ कोई शिकायत हो तो हम उसकी सूचना पं. मोतीलाल नेहरू को देंगे तथा उनके परामर्श का पालन करेंगे।
6. यह भी हमें अपने मस्तिष्क में रखना है कि हम जमींदारों को मित्र के रूप में परिवर्तित करना चाहते हैं।
7. हम इस समय सविनय अवज्ञा आंदोलन नहीं चला रहे हैं, अतः हम सभी सरकारी आदेशों का पालन करेंगे।
8. हम ट्रेनों को नहीं रोकेंगे और न ही उनमें बलपूर्वक बिना टिकट यात्रा करेंगे।
9. किसी घटना में अपने नेताओं के गिरफ्तार होने पर हम उनकी न तो गिरफ्तारी रोकेंगे और न ही उपद्रव करेंगे। सरकार द्वारा अपने नेताओं की गिरफ्तारी के बावजूद हम अपनी माँगें नहीं छोड़ेंगे; जबकि यदि हम हिंसा करेंगे, तब वे अवश्य ही छूट जाएँगी।
10. हम शराब, नशीली दवाओं और अन्य बुरी आदतों से दूर रहेंगे।
11. हम सभी स्त्रियों के साथ माताओं व बहनों की तरह व्यवहार करेंगे तथा उनका आदर और उनकी सुरक्षा करेंगे।

12. हम हिंदुओं और मुसलमानों के बीच भाईचारा बनाए रखेंगे।
13. हिंदुओं के बीच हम किसी को भी नीच या अछूत नहीं समझेंगे तथा सभी के साथ समानता व भाईचारे की भावना रखेंगे। हम सभी भारतवासियों को भाई-बहन के रूप में सम्मान देंगे।
14. हम जुआ नहीं खेलेंगे।
15. हम चोरी नहीं करेंगे।
16. हम कभी झूठ नहीं बोलेंगे और अपने सभी व्यवहार में सच्चाई बरतेंगे।
17. हम प्रत्येक घर के स्त्री व पुरुषों को चरखे से परिचित कराएँगे तथा खाली समय में सूत कातेंगे। लड़के व लड़कियों को प्रतिदिन चार घंटे के लिए सूत कातने और सीखने के लिए प्रेरित करेंगे।
18. हम विदेशी कपड़ों का बहिष्कार करेंगे तथा अपने द्वारा काते गए सूत से जुलाहों के द्वारा बनाए गए कपड़े पहनेंगे।
19. हम न्यायालय पर निर्भर नहीं रहेंगे, बल्कि अपने सभी मतभेदों को निजी मध्यस्थों के जरिए ही तय करेंगे। सबसे महत्त्वपूर्ण चीज जो याद रखने की है, हम क्रोध पर काबू रखेंगे और अपने प्रति हिंसा होने पर भी हिंसा या प्रतिहिंसा नहीं करेंगे।[31] (गांधी)

"इन्हीं निर्देशों के माध्यम से गांधी और कांग्रेस इस बड़े आंदोलन पर नियंत्रण बनाए रखने का प्रयास कर रहे थे, जो कि कांग्रेस और गांधी के नेतृत्व के बाहर शुरू हो चुका था।"[32] (रंजीत गुहा) इन निर्देशों से यह पता चलता है कि विरोध के दौरान गांधी का अहिंसा के महत्त्व पर विशेष बल था। किंतु जैसा कि इतिहासकार ज्ञानेंद्र पांडे इंगित करते हैं कि कुछ निर्देशों का संबंध दक्षिण अवध में हुई कुछ घटनाओं से भी है, जिसमें जवाहरलाल स्वयं ही किसानों के साथ थे। उदाहरण-स्वरूप निर्देश में लूटपाट से मना किया गया है; परंतु रायबरेली, फैजाबाद एवं सुल्तानपुर में किसानों ने बाजार लूटे थे और जमींदारों की फसलें जलाई थीं। निर्देश 9 का संबंध सन् 1921 की जनवरी में किसानों के रायबरेली में एकत्र होने से है, जिसके जवाहरलाल भी साक्षी थे, तभी कुछ किसान नेताओं को गिरफ्तार करने के बाद रायबरेली जेल में रखा गया था। इस घटना के बाद इस सभा में हिंसा भी हुई थी। गांधी इस तरह की हिंसात्मक घटनाओं को बचाना चाहते थे, जो कि अकसर तभी होती थीं, जब किसान एकत्र होकर विरोध करते थे और जब वे पुलिस की ज्यादतियाँ देखते थे। किंतु ऐसा करके वे किसानों के विरोध और उनके संगठन के मुख्य ढंग में एक को रोक रहे थे। वे नहीं चाहते थे कि किसान ऐसा कुछ भी

करें, जिसकी उन्हें अनुमति नहीं थी। इसीलिए ये निर्देश इन किसान गतिविधियों को नियंत्रित करने के लिए ही थे।[33]

दक्षिण अवध के किसानों की सहन-शक्ति और धैर्य की प्रशंसा के साथ-साथ जवाहरलाल इस विरोध में उनकी हिंसा की क्षमता से भी परिचित थे। अतीत की तरफ देखते हुए उन्होंने लिखा था—"भूमि संबंधी क्रांति हिंसात्मक रूप से भयावह है और अवध के कुछ हिस्सों के किसान बहुत ही बेचैन व आक्रोशित हैं। एक भी चिनगारी लपट का रूप ले लेगी; फिर भी वे आश्चर्यजनक रूप से शांति बनाए हुए हैं।"[34] जवाहरलाल के अनुसार, इस शांति का श्रेय कांग्रेस को जाता है—"जहाँ कहीं भी कांग्रेस के कार्यकर्ता पहुँचे, अहिंसा के सिद्धांत पर बल दिया गया था। इसे पूरी तरह से भले ही न माना जाए, पर इसने किसानों को हिंसात्मक होने से अवश्य ही रोका था।" (जीवनी) वे जब भी अवध के देहातों में कांग्रेस के एक कार्यकर्ता के रूप में गए, तब उन्होंने किसानों से बार-बार शांति बनाए रखने का ही अनुरोध किया था। उन्होंने जमींदारों के प्रति किसानों की घृणा को कम करने के लिए कहा तथा सन् 1921 में एक अवसर पर जमींदार-किसान एकता के बारे में भी कहा था। कॉलेज के दिनों में उनके दिमाग में बसा समाजवाद अब धुँधला हो चुका था।[35] उनके विवेक पर एक ही कल्पना हावी थी कि ईश्वर ने हमारे पास एक महान् नेता विजय की तरफ ले जाने के लिए भेजा था।"[36]

जवाहरलाल को तब तक यह नहीं पता था कि किसान आंदोलन में हिंसा को कम करने के कांग्रेस के प्रयास से सरकार वाकई खुश थी। सन् 1920-21 में यूनाइटेड प्रोविंस की प्रशासनिक रिपोर्ट में लिखा था—"यह किसान आंदोलन जितना गंभीर था, उससे यह और भी अधिक गंभीर हो सकता था, यदि इसके नेताओं ने यह न सोचा होता कि अभी इसे और उग्र रूप में ले जाने का समय नहीं आया है।[37] जवाहरलाल को सरकार कानून और व्यवस्था बनाए रखने में एक अनजाने सहयोगी के रूप में देखती थी।"

जवाहरलाल ने अपनी जीवनी में लिखा है कि "भारतीय किसानों के पास बहुत ही कम बरदाश्त और देर तक टिके रहने की क्षमता है।" उन्हें अवध में किसानों को एक लंबे समय तक विरोध करते देखकर आश्चर्य हुआ था। किंतु उन्हें चिंता होनी शुरू हो गई थी। वे कहते हैं कि "किसानों की इस परेशानी का कारण उनकी वह स्थिति थी, जिसमें रहने के लिए वे बाध्य कर दिए गए थे और दूसरी तरफ सरकार आंदोलन पर चोट करने का निश्चय कर चुकी थी।" उन्हें यह नहीं लगता था कि गांधीवाद के निर्देशों का बाध्यकारी प्रभाव आंदोलन की

गति को कम कर सकता था। जब आंदोलन अपने रूप में पुनर्जीवित हो गया, तब जवाहरलाल इस परिदृश्य में नहीं थे। असहयोग आंदोलन और राष्ट्रीय मंच दोनों ने ही उनका दावा किया था। जुलाई की शुरुआत में प्रतापगढ़ और रायबरेली की घटनाओं पर अदालत में साक्ष्य प्रस्तुत करते हुए उन्होंने कहा था, "मैं चाहता हूँ कि भारत का हर नागरिक असहयोग आंदोलन में शामिल हो।" उनसे काफी दूर उन्हीं के विश्वविद्यालय का तथा उनको न जाननेवाला एक और युवक समान रूप से ही इसके लिए प्रेरित हुआ था।

राष्ट्रीय संघर्ष में शामिल होने के लिए सुभाष इस तरह से उतावले थे कि 16 जुलाई 1921 को लंदन से भारत पहुँचकर उसी दिन दोपहर में वे गांधी से मिलने मणि भवन जा पहुँचे, जहाँ गांधी अकसर ठहरा करते थे। बहुत सालों बाद भी सुभाष को वह दृश्य याद था। वे जिस कमरे में घुसे, उसमें भारतीय कालीन बिछी हुई थी और गांधी दरवाजे की तरफ मुँह किए हुए अपने समर्थकों के साथ बैठे हुए थे। सुभाष को वहाँ थोड़ी सी झिझक हुई, क्योंकि वहाँ वे अकेले ही व्यक्ति थे, जिन्होंने विदेशी कपड़े पहन रखे थे, बाकी सभी लोग घर पर बनी खादी के कपड़ों में ही थे। सुभाष ने अपने कपड़ों के लिए क्षमा माँगी। गांधी की हार्दिक मुसकराहट से उन्हें शांति महसूस हुई थी। सुभाष का वहाँ जाने का मुख्य उद्देश्य इस अभियान के नेता से मिलना और उनकी परेशानियों को समझना था—"मैं महात्मा के मन और उद्देश्य को समझना चाहता था।" (सुभाष)

जैसे ही वार्त्तालाप शुरू हुआ सुभाष ने गांधी पर सवालों की बौछार कर दी, जिनका जवाब उन्होंने बड़े ही धैर्य के साथ दिया। सुभाष के दिमाग में तीन मुद्दे थे, जिनका वह समाधान चाहते थे। सबसे पहली चीज वह जानना चाहते थे कि इस अभियान के अंतिम स्तर पर कर न देने से इस आंदोलन के विभिन्न पहलुओं को किस तरह से इसके लक्ष्य तक पहुँचाया जा सकता था। दूसरा, कर-अदायगी न करना और सविनय अवज्ञा किस तरह से ब्रिटिश लोगों को देश छोड़कर जाने के लिए बाध्य कर सकती थी या भारत को स्वतंत्र करा सकती थी? तीसरा, गांधी ने एक साल में स्वराज लाने का वायदा किस तरह से किया था? सुभाष के पहले सवाल में गांधी के जवाब ने उन्हें पूरी तरह से संतुष्ट कर दिया था; पर वे उनके अंतिम दो जवाबों से संतुष्ट नहीं हुए थे। वे गांधी की वास्तविक उम्मीदों को समझ पाने में असमर्थ थे।[38] उन्हें लगता था कि गांधी का एक वर्ष में स्वराज लाना सिर्फ विश्वास की बात है। गांधी के जवाबों ने सुभाष को हताश और निराश किया था। गांधी उनको अपनी बात समझाने में असफल रहे।[39]

इस प्रकार, गांधी के प्रति सुभाष की शुरुआती प्रतिक्रिया नेहरू के बिल्कुल ही विपरीत थी। उन्हें लगता था कि गांधी उनसे थोड़ी दूर हैं; पर उनकी यह भावना शीघ्र ही भावनात्मक आदर में परिवर्तित हो गई थी। नेहरू के लिए गांधी एक ईश्वरीय देन थे, जबकि सुभाष के लिए गांधी एक मानव थे और गोल-मोल बात भी करते थे। सुभाष एक ऐसा नेता चाहते थे, जिसका वे अंधभक्त न होकर दृढतापूर्वक अनुसरण कर सकें परंतु उनकी मुलाकात एक ऐसे नेता से हुई, जिनमें सुभाष के युवावस्था के बोध के अनुसार, कल्पना-दृष्टि की स्पष्टता का अभाव था। गांधी के प्रति इन दोनों ही व्यक्तियों का शुरुआती दृष्टिकोण उनके बाद के भी जीवन में नजर आता रहा ।

गांधी के परामर्श पर सुभाष कलकत्ता में सी.आर. दास के साथ काम करने चले गए, जिनके साथ उनका कैंब्रिज से भी पत्राचार होता था। कलकत्ता वापस लौटकर सुभाष अपने भाई शरत के साथ रहने लगे और कांग्रेस के कार्यकलापों में शामिल हो गए। यहाँ वह गांधी से मिलकर निराश हुए थे। तब सी.आर. दास की मुलाकात ने उनमें प्रेरणा जगा दी थी। उन्हें महसूस हुआ कि 'दास ही वह व्यक्ति थे, जो जानते थे कि उन्हें क्या करना है और वे अपना सबकुछ समर्पित करने के साथ-साथ दूसरे जो कुछ दे सकते थे, उनसे वे प्राप्त कर सकते थे।'' इस तरह सुभाष को दास में वाकई एक नेता मिल गया था।[40] सुभाष को बंगाल प्रांतीय कांग्रेस कमेटी के प्रचार की जिम्मेदारी सौंपी गई थी और वे हाल ही में शुरू हुए नेशनल कॉलेज के प्रिंसिपल भी नियुक्त कर दिए गए थे। उन्होंने राष्ट्रवादी मुद्दों पर लिखना भी शुरू कर दिया था। वैसे, यह समय बंगाल के साथ-साथ भारत के सभी हिस्सों में एक बड़ी उथल-पुथल का था।

जुलाई 1921 के अंत में ऑल इंडिया कांग्रेस कमेटी की बैठक बंबई में हुई और तय हुआ कि जनवरी में शुरू हो चुका असहयोग आंदोलन आगे भी जारी रहेगा, जिसमें विदेशी कपड़े सामूहिक रूप से जलाए जाएँगे तथा नवंबर में भारत आ रहे प्रिंस ऑफ वेल्स का बहिष्कार किया जाएगा। गांधी ने अपने स्वयंसेवकों से जेल भरने का भी आह्वान किया। हालाँकि कर अदा न करने का अति उग्र कदम अभी टल गया था, परंतु अब आंदोलन बौद्धिक वर्ग से आमजन तक पहुँच चुका था।

17 नवंबर, 1921 को जब प्रिंस ऑफ वेल्स बंबई पहुँचे, तब सारे भारत की हड़ताल ने उनका स्वागत किया। उस दिन कलकत्ता पूरी तरह से बंद था। उस बहिष्कार का नेतृत्व सुभाष ने किया था और शहर में कांग्रेस के स्वयंसेवकों को

निर्देशित भी किया था। सरकार ने इसकी प्रतिक्रिया में सभी राष्ट्रीय स्वयंसेवकों के संगठनों को गैर-कानूनी घोषित कर दिया था।

कांग्रेस ने इस प्रतिबंध को चुनौती देने का तय किया; परंतु दास इसके लिए सरकार से सीधे टकराव के खिलाफ थे। वे चाहते थे कि इसकी शुरुआत विनम्रतापूर्वक हो, जिसमें पाँच-पाँच के समूहों में स्वयंसेवक खादी के कपड़ों की बिक्री के लिए निकलें और वे सभी स्वयंसेवक साधारण परिधानों में ही होंगे। यदि सरकार इन समूहों के खिलाफ काररवाई करती, तब जनता यह समझेगी कि सरकार अन्यायपूर्ण व्यवहार कर रही है और इस प्रकार वे सभी के ध्वज के नीचे रैली कर सकेंगे। श्री दास की यही योजना थी।

उन्होंने यह भी परामर्श दिया कि स्वयंसेवकों के पहले समूह में उनकी पत्नी बसंती देवी भी होंगी। स्वयंसेवकों के उन समूहों पर सरकार ने वैसी प्रतिक्रिया की, जैसा कि श्री दास ने अनुमान लगाया था। बसंती देवी गिरफ्तार कर ली गईं और जैसे ही यह खबर कलकत्ता में फैली, एक तीव्र उत्तेजना चारों तरफ फैल गई। बोस उस घटना को याद करते हुए बताते हैं कि एक तीव्र रोष की भावना के तहत युवा, बुजुर्ग, धनी और गरीब सभी लोग स्वयंसेवक बनने पर आमादा हो चुके थे। सरकारी अधिकारियों को चेतावनी दे दी गई थी और सारे शहर को सेना की छावनी के रूप में तब्दील कर दिया गया था।[41] गुस्से की यह लहर पुलिस विभाग में भी फैल चुकी थी, यहाँ तक कि कुछ कांस्टेबलों ने बसंती देवी के पास भी कसम खाई कि वे अगले ही दिन अपनी नौकरी से इस्तीफा दे देंगे। गुस्से के इस स्तर ने सरकार को आधी रात को ही बसंती देवी को रिहा करने के लिए बाध्य कर दिया था। इस प्रकार इस अभियान का एक हिस्सा इस रूप में सफल हो गया कि लोगों का एक बड़ा समूह इस आंदोलन से जुड़ गया था। सभी जेलें स्वयंसेवकों से भर गई थीं और कैंपों में कैद स्वयंसेवकों में भी उबाल था।[42] हताशा की इस स्थिति में सरकार ने श्री दास और उनके सहयोगियों को भी गिरफ्तार कर लिया था, जिसमें एक सुभाष भी थे। इस प्रकार 10 दिसंबर, 1921 को सुभाष को जेल में डाल दिया गया था, जो कि ब्रिटिश शासनकाल की उनकी ग्यारह जेल यात्राओं में से पहली थी।

यह भी एक विवेचना युक्त तथ्य है कि उन दोनों ही व्यक्तियों का कितना समानांतर जीवन था। जवाहरलाल की प्रथम जेल यात्रा 5 दिसंबर, 1921 को हुई थी, जो सुभाष से सिर्फ पाँच दिन पहले ही थी। सुभाष अपने पिता तुल्य सी.आर. दास के साथ जेल गए थे, जबकि जवाहरलाल अपने पिता मोतीलाल के साथ गए थे। एक प्रकार से यह भी कहा जा सकता है कि उनमें से एक की उम्र बत्तीस वर्ष

और दूसरे की चौबीस वर्ष थी तथा दोनों के ही नाम के बाद सम्मानपूर्वक 'जेबी' लगाया गया था। 'जेबी' से यहाँ तात्पर्य 'जेल बाई ब्रिटिश' है। 'जेबी' सन् 1980 के प्रसिद्ध ब्रिटिश टेलीविजन सीरियल के अनुसार राष्ट्रमंडल का सर्वोच्च सम्मान था।[43]

जवाहरलाल और सुभाष दोनों का ही जेल का रास्ता असहयोग आंदोलन से ही होकर जाता था। गांधी के असहयोग आंदोलन की पुकार को जवाहरलाल एक नशे की तरह मानते थे। उन्हीं के शब्दों में, "वे पूरे उत्साह और उम्मीद से भरे हुए थे। उन्हें एक ऐसी खुशी थी, जो लोगों के पास धर्म-युद्ध के समय आती है।[44] वे पूरी तरह से इस आंदोलन में डूबे हुए थे"मैंने अपने सभी संपर्क, पुराने साथी, किताबें और अखबार तक छोड़ दिए हैं।अपने पारिवारिक बंधन की ताकत के अतिरिक्त मैं अपने परिवार, अपनी पत्नी और अपनी बेटी को भी तकरीबन भूल चुका हूँ।"[45] हालाँकि उनकी यह पूर्ण तल्लीनता संदेहों को दूर नहीं करती है। उन्हें भारतीय राजनीति में धार्मिक तत्त्वों के विकास, जैसे हिंदू और मुसलमान दोनों से ही परेशानी हुई थी। उन्हें लगता था कि यह धार्मिक ऐंठन विचारों की स्पष्टता में बाधक है। गांधी के कुछ वाक्य, जैसे उनका रामराज्य के वापस आने की बात को बार-बार कहना उन्हें अजीब-सा लगता था। उन्हें लगता था कि गांधी की भाषा को समझना आम आदमी के लिए कठिन था। हालाँकि वे इस बात से इनकार नहीं करते थे कि गांधी एक विलक्षण व्यक्ति एवं महान् नेता थे और इसीलिए वे उनकी हर बात कम-से-कम कुछ साल के लिए तो मानते ही रहे। वैसे, अहिंसा के सिद्धांत के प्रति जवाहरलाल की निष्ठा न तो उस समय पूरी थी और न ही हमेशा के लिए रही।[46]

उत्तर प्रदेश में असहयोग आंदोलन, जो कि थोड़ी निराशाजनक शुरुआत के साथ समाप्त भी हो गया था, उसे प्रेरित करने में जवाहरलाल की उत्साहजनक भागीदारी की भी कुछ भूमिका थी। वे स्वदेशी के प्रबल पक्षधर थे और उन्होंने विदेशी सामानों व वस्त्रों का स्वयं भी बहिष्कार किया था। इलाहाबाद में उन्होंने घर-घर जाकर विदेशी वस्त्र इकट्ठे किए थे। उन्हें विश्वास था कि स्वदेशी का अपनाना ही अंग्रेजों को भारत से बाहर कर देगा। अपने भाषणों में उन्होंने अहिंसा के महत्त्व, हिंदू-मुसलिम एकता और अस्पृश्यता को दूर करने पर बल दिया था। उनका यह अभियान सिर्फ शहरों तक ही सीमित नहीं था। मई 1921 में उन्होंने उत्तर प्रदेश के कई जिलों की यात्राएँ रेल, कार और घोड़ागाड़ी से भी की थीं। सुभाष की तरह ही जवाहरलाल ने भी स्वयंसेवकों की इकाइयाँ तैयार की थीं, जिन्होंने इलाहाबाद, लखनऊ और कानपुर में हड़तालें आयोजित कीं तथा विदेशी सामानों की बिक्री पर रोक लगाई थी। इस आंदोलन की सफलता पर वाइसराय

ने दुर्भावनापूर्वक लिखा था कि "इसमें संदेह नहीं है कि असहयोग आंदोलनकर्ता अपनी पूरी संगठनात्मक शक्ति के साथ आगे आए, पर इलाहाबाद के अलावा उन्हें कहीं और सफलता नहीं मिली। हालाँकि परिस्थितियों का आकलन निष्पक्षतापूर्वक करते हुए मैं यह स्वीकार करने के लिए विवश हूँ कि कुछ स्थानों पर उन्होंने प्रिंस ऑफ वेल्स के आगमन का विरोध करने में सफलता प्राप्त की।" दिसंबर में उत्तर प्रदेश के इस स्वयंसेवी संगठन को गैर-कानूनी करार दिया गया तथा जवाहरलाल और उनके पिता को जेल भेज दिया गया था।[47]

बाद में जवाहरलाल की कैद का समय कम करते हुए उन्हें मार्च 1922 में जेल से रिहा कर दिया गया था, जिसकी वजह उन्हें भी नहीं पता थी; जबकि सुभाष ने अपनी पूरी सजा काटी और वर्ष 1922 के मध्य में रिहा हुए थे। जब ये लोग जेल में थे तब आंदोलन की जिन वजहों से वे जेल गए थे, उनमें राजनीतिक रूप से बदलाव भी आए। उनमें आए प्रत्येक परिवर्तन के कुछ पहलुओं के सुभाष स्वयं भी साक्षी थे, क्योंकि वे अपने मार्गदर्शक सी.आर. दास के साथ थे। सन् 1921 की क्रिसमस पर जब प्रिंस ऑफ वेल्स कलकत्ता आने वाले थे, उससे ठीक पहले वाइसराय लॉर्ड रीडिंग ने मदनमोहन मालवीय को श्री दास के पास जेल में एक दूत के रूप में भेजा था। उसमें तय यह हुआ था कि यदि कांग्रेस इस बहिष्कार को हटा लेती है, तब सरकार असहयोग आंदोलन के गिरफ्तार नेताओं को आजाद कर देगी तथा भारत के भविष्य के संविधान के लिए चर्चा हेतु एक गोलमेज वार्त्ता की भी व्यवस्था करेगी। श्री दास इसके अनिच्छुक नहीं थे और उन्होंने अपने युवा अनुयायी सुभाष से उसके लिए आगे बढ़ने के लिए कहा, क्योंकि व्यावहारिक रूप से यह प्रस्ताव गलत नहीं था और गांधी द्वारा वादा किया गया स्वराज दूर-दूर तक नजर नहीं आ रहा था। श्री दास ने गांधी के पास इस प्रस्ताव को मान लेने के लिए संदेश भेजा, पर गांधी ने उसे अस्वीकार कर दिया। इस प्रस्ताव के अस्वीकार होने से श्री दास को अच्छा नहीं लगा। उन्हें महसूस हुआ कि एक बेहतरीन अवसर खो दिया गया था। दास के सहयोगी होने के कारण सुभाष उन राजनीतिक हालात के साक्षी थे तथा उन्हें भी लगा कि "गांधी की यह एक बड़ी गलती थी।"[48]

जवाहरलाल को उस वार्त्तालाप और उसकी अस्वीकृति के बारे में जानकारी मार्च में जेल से रिहा होने पर ही हुई; मगर तब तक कई अन्य महत्त्वपूर्ण घटनाएँ भी घट चुकी थीं। 1922 की शुरुआत में गांधी ने घोषणा कर दी थी कि फरवरी के आखिर तक कर-अदायगी न करने का आंदोलन गुजरात के बारदोली जिले से शुरू होगा। हालाँकि उसके शुरू होने से पहले ही 5 फरवरी, 1922 को उत्तर प्रदेश के

गोरखपुर जिले में चौरी-चौरा में किसानों ने एक पुलिस थाने में आग लगा दी थी, जिसमें 21 पुलिसकर्मी जलकर मर गए। इस खबर को सुनकर आहत हुए गांधी ने इस असहयोग आंदोलन को एकतरफा ढंग से वापस ले लिया। जवाहरलाल और सुभाष दोनों ही अपनी-अपनी जेलों में आंदोलन के इस तरह से जबरदस्ती समाप्त होने पर बहुत दु:खी और क्षुब्ध थे।

असहयोग आंदोलन की इस वापसी पर कांग्रेस पार्टी के भीतर ही कुछ विशेष परिवर्तन हुए। पार्टी दो हिस्सों में विभाजित हो गई। उसके एक समूह का नेतृत्व गांधीजी कर रहे थे और यह निरंतर रूप से विधायिका में प्रवेश का विरोध कर रही थी, जो सन् 1919 के मोंटाग्-चेम्सफोर्ड सुधार के द्वारा ही संभव था; जबकि दूसरा समूह, जो कि दास के समर्थन में था, वह विधायिका और परिषद् में प्रवेश चाहता था। पहलेवाला समूह 'बिना परिवर्तन वाला' तथा बादवाला समूह 'परिवर्तन का समर्थक' कहा जाता था। परिणामत: दास ने मोतीलाल के सहयोग से स्वराज पार्टी बना ली। मगर सितंबर 1923 में दोनों ही समूहों में एक समझौता हुआ, जिसमें कांग्रेस के प्रत्याशियों को स्वराज पार्टी के नेतृत्व में परिषद् का चुनाव लड़ने की अनुमति मिल गई। दास के नेतृत्व में स्वराज पार्टी को बंगाल विधायी परिषद् में अच्छी सफलता प्राप्त हुई। स्वराज के प्रत्याशियों को हिंदू और मुसलमान दोनों ही वर्गों ने अपना समर्थन दिया। दास के अनुयायी के रूप में सुभाष ने स्वराज पार्टी और कांग्रेस दोनों के लिए ही अथक परिश्रम किया था।

बंगाल में स्वराज पार्टी की विजय का एक पहलू यह भी था कि इसने कलकत्ता नगर निगम पर अपना नियंत्रण स्थापित कर लिया था। कलकत्ता नगर निगम के कानून सन् 1923 में सुरेंद्रनाथ बनर्जी के अथक प्रयासों से परिवर्तित किए जा चुके थे। परिवर्तित कानून के तहत नगर निगम के पास बहुत से अधिकार थे उसके विशेषाधिकार भी बढ़ा दिए गए थे तथा निर्वाचित घटकों को भी मजबूती प्रदान कर दी गई थी। इन परिवर्तनों और इस महत्त्वपूर्ण अभियान ने स्वराज पार्टी को सन् 1924 में कलकत्ता नगर निगम पर काबिज कर दिया था। इस विजय की एक खास बात यह थी कि इसमें मुसलमान उम्मीदवारों की एक बड़ी संख्या थी।[49] दास मेयर, शहीद सुहरावरदी डिप्टीमेयर और सुभाष मुख्य कार्यकारी अधिकारी के रूप में निर्वाचित हुए। उस समय सुभाष की उम्र सिर्फ सत्ताईस साल ही थी और कलकत्ता नगर निगम का पूरा प्रशासन उनके अधिकार-क्षेत्र में था।

सुभाष ने स्वयं को अपने नए काम और उसकी जिम्मेदारियों में पूरी तरह से डुबो दिया था तथा अपनी इसी प्रतिबद्धता के कारण उन्हें राजनीति को पूरी तरह से

छोड़ना पड़ा था।[50] दास के नेतृत्व में सभी नए परिषद् सदस्य खादी के वस्त्र पहनते थे और उन्होंने गरीबों के उत्थान—खासतौर से उनकी निर्धनता व अशिक्षा—के बारे में कार्य करने का संकल्प लिया था। नगर निगम में मुसलमानों को नियुक्त करने के सुभाष के प्रयासों की गांधी ने भी सराहना की थी।[51] स्वराज पार्टी के सदस्यों ने नगर निगम के क्षेत्रों में एक नया काम भी किया। उन्होंने वहाँ के पार्कों और सड़कों का भारत के महान् सपूतों के नाम पर पुनर्नामकरण भी किया। सुभाष ने इस नामकरण की सहमति भी दी थी।[52]

नगर निगम के उन दिनों के कामों पर हुए अनुसंधान उसका उस रूप में बहुत अच्छा चित्रण नहीं करते हैं, जैसा कि सुभाष ने अपनी पुस्तक 'दि इंडियन स्ट्रगल' में किया है। रजत रे के अनुसंधान से पता चलता है कि श्री दास के कार्यकाल और सुभाष के मुख्य अधिकारी होने के समय कुछ अस्वाभाविक घटनाक्रम भी घटित हुए थे। रे लिखते हैं कि बहुत शुरुआत से ही यहाँ घूस और भ्रष्टाचार की प्रवृत्ति थी। सी.आर. दास को स्वराज पार्टी के लिए धन की आवश्यकता थी और वे इस बारे में बहुत पाप-शंकालु नहीं थे कि इसे किस तरह से प्राप्त किया गया था।[53] ऐसे ही एक मामले में सुभाष ने भी धन एकत्रित किया था। उन्होंने पालटा वाटर वर्क्स एक्सटेंशन स्कीम के लिए निगम में मेसर्स कार एंड कंपनी से 12,75,000 रुपए का टेंडर स्वीकार किया, जिसमें कंपनी ने स्वराज पार्टी के फंड में 75,000 रुपए दिए थे। कार एंड कंपनी ने सन् 1924 में स्वराज पार्टी के जो लोग ऑल इंडिया कांग्रेस कमेटी की बैठक में भाग लेने इलाहाबाद गए थे,[54] उनके व्यय के भुगतान में 3,600 रुपए का सहयोग भी किया था। यदि सुभाष को इन चीजों के बारे में पता होता, तब यह सब हुआ होता, इस पर यकीन करना मुश्किल है; पर चूँकि वे दास के बहुत नजदीकी थे, इसलिए वे इस बारे में पूरी तरह से अनजान होंगे, इस पर भी विश्वास करना मुश्किल है। इस अभियान के दौरान बी.एन. ससमाल को मुख्य अधिकारी के पद से हटाने के लिए हुए व्यवहार के कारण सुभाष और दास दोनों की ही प्रतिष्ठा पर धब्बा लगा था। रे के अनुसार, ससमाल के खिलाफ छोटी जाति का होने के मुद्दे को चुनाव में बार-बार उठाया गया था।[55] सुभाष को इस अभियान की शर्तों के बारे में जानकारी नहीं भी हो सकती थी, पर शायद वे एक विरोधी को हटाने के लिए जाति के इस्तेमाल से गुटबंदी वाली राजनीति के विरोध के अनिच्छुक थे।

सुभाष के कलकत्ता नगर निगम के काम में अचानक एक रुकावट तब आ गई, जब 25 अक्तूबर, 1924 को सुबह उन्हें गिरफ्तार कर लिया गया था। इस संदर्भ

में एक खुफिया रिपोर्ट आई थी कि उनका संबंध बंगाल के क्रांतिकारी संगठनों तथा बोल्शेविक प्रचारवादियों से भी था।[56] वैसे, उनके ऊपर इन आरोपों की पुष्टि नहीं हुई थी। वे अलीपुर सेंट्रल जेल भेज दिए गए थे, जहाँ उन्हें जनवरी 1925 तक रहना पड़ा और फिर वे बर्मा की मांडले जेल में स्थानांतरित कर दिए गए थे।

सुभाष जब बर्मा की जेल में थे, तब घटित हुई दो महत्त्वपूर्ण घटनाओं ने उन पर बहुत असर डाला था। पहली घटना जून 1925 में सी.आर. दास की अचानक मौत थी, जिसका उनपर बहुत ही गहरा असर पड़ा और उन्होंने दास पर एक लंबा लेख भी लिखा था।[57] दूसरी घटना 18 फरवरी, 1926 को हुई, जिसमें उन्होंने अपने साथी कैदियों के साथ 15 दिन की भूख हड़ताल की थी। इस भूख हड़ताल की प्रत्यक्ष वजह सरकार द्वारा दुर्गा-पूजा समारोह के लिए प्रस्तावित वित्त देने से मना करना ही था। जेल के अधिकारी ने कैदियों को आवश्यक सुविधाएँ प्रदान की थीं, पर सरकार ने यह सुनकर वे सुविधाएँ वापस ले लीं और अधिकारों को प्रतिबंधित कर दिया था। कैदियों ने सरकार को यह सूचित करते हुए पत्र लिखा कि यदि यह आदेश वापस नहीं लिया गया, तब वे भूख हड़ताल पर चले जाएँगे। सरकार द्वारा इस हड़ताल की खबर को बाहर न निकालने के पूरे प्रयासों के बावजूद यह खबर कलकत्ता तक पहुँच गई और इस पर विधानसभा तथा लोगों में काफी उत्तेजना फैल गई थी। सरकार को अपने आदेश को वापस लेना पड़ा और प्रत्येक कैदी को 30 रुपए प्रतिवर्ष उनकी धार्मिक पूजा के लिए आवंटित भी किया गया। इस घटना में इससे भी कुछ और अधिक था, जो सुभाष ने अपने भाई शरत को जेल से रिहा होने के बाद बताई थी। उन्होंने कहा कि हड़ताल पर जाने का निर्णय बहुत सोच-समझ कर जान-बूझकर लिया गया था। इससे यह बताना था कि धार्मिक रीति-रिवाजों की स्वतंत्रता के बहाने कैदियों का प्रशासनिक अधिकारियों पर दबाव डालने का प्रयास था।[58]

जेल के जीवन और वहाँ की भूख हड़ताल ने सुभाष के स्वास्थ्य पर प्रतिकूल प्रभाव डाला था। यह देखते हुए सरकार ने कहा कि यदि वे जेल से रिहा होकर अपने खर्चे पर स्विट्जरलैंड जाकर अपना स्वास्थ्य ठीक करेंगे, तब उन्हें जेल से रिहा किया जा सकता था। सुभाष ने इस प्रस्ताव को अस्वीकार कर दिया और सोचा कि यह इसी लायक था भी। 11 अप्रैल, 1927 को उन्होंने जेल के अधीक्षक को लिखा—''मैं जितना अपने जीवन को प्यार करता हूँ, उससे अधिक मैं सम्मान चाहता हूँ और अपने जीवन के लिए भारत के उन पवित्र व परम पावन अधिकारों के साथ अदला-बदली नहीं कर सकता हूँ, जिससे भारत का राजनीतिक भविष्य

बनने वाला है।''[59] उनके बिगड़ते स्वास्थ्य के आधार पर सरकार की उन्हें रिहा करने की मंशा नहीं थी; पर मई 1927 में उसने वही किया। जेल में बिताए अपने लंबे समय और फिर जबरदस्ती देश-निकाला ने न केवल उनकी देशभक्ति की भावना को ही मजबूत किया, बल्कि अपनी मातृभूमि की सेवा के संकल्प को भी सुदृढता प्रदान की थी।

जवाहरलाल के जेल से रिहा होने के बाद के वर्षों यानी उथल-पुथलवाले राजनीतिक माहौल, जिसमें चौरी-चौरा कांड और गांधी की गिरफ्तारी भी थी, सुभाष के राजनीतिक कॅरियर पर कोई खास असर नहीं पड़ा था। जेल से रिहा होने के बाद जवाहरलाल में जिस उल्लास की जरूरत थी, उसके स्थान पर एक निराशा के बोध ने जगह घेर ली थी। उन्हें लगा कि कांग्रेस की स्थिति कुछ हतोत्साहित होने जैसी थी। पार्टी के अंदर हो रही गुटबाजी और कष्ट युक्त साजिश ने संवेदनशील लोगों के मन में राजनीति के लिए घृणा के शब्द दे दिए थे।''[60] (जीवनी) उनके पिता ने सी. आर. दास के साथ मिलकर स्वराज पार्टी बना ली थी; परंतु जवाहरलाल ने उसमें शामिल होने से इनकार कर दिया था। हालाँकि वे जानते थे कि यदि वे उसमें शामिल होते, तब उनके पिता अति प्रसन्न होते। उनके पारिवारिक जीवन में शांति थी, पर वे लिखते हैं कि 'मानसिक रूप से' वे परेशान थे।[61] इन परिस्थितियों में जब वे अपने जीवन में एक तरह की रिक्तता महसूस कर रहे थे, तभी उन्हें कार्य करने की एक नई जगह नजर आई। जब उन्हें इलाहाबाद नगर निगम का अध्यक्ष बनाया गया, तब सुभाष की तरह उन्हें इसके कार्य ने आकर्षित किया। उन्होंने यह 1ी ध्यान दिया कि इसी समय कांग्रेस के बहुत से प्रमुख लोग भारत के विभिन्न भागों में नगर निगम के प्रमुख बन चुके थे जैसे—कलकत्ता में सी.आर. दास, बंबई में विट्ठलभाई पटेल और अहमदाबाद में वल्लभभाई पटेल।[62]

इस प्रकार सुभाष और जवाहरलाल दोनों ने ही लगभग एक साथ नगरीय प्रबंधन के प्रशासनिक कार्यों को सँभाला था। हालाँकि दोनों की कार्य-प्रणाली के दृष्टिकोण में थोड़ा फर्क था। सुभाष कलकत्ता नगर पालिका की जिम्मेदारी एक मुख्य अधिकारी के रूप में सँभालते हुए बहुत ही प्रसन्न थे तथा उन्होंने राजनीति को पूरी तरह से छोड़ दिया था; जबकि जवाहरलाल दोनों को अलग रूप में नहीं देख पा रहे थे। उन्होंने अपने नए कार्यालय के बारे में इलाहाबाद के जिलाधिकारी को लिखा—''मुझे खेद है कि मैं स्वयं को अलग-अलग खंडों में नहीं बाँट सकता हूँ, जिसमें से एक तो 'आम राजनीति' और दूसरी 'नगरीय मामले' हैं।'' उन्होंने इस विषय पर यह भी लिखा कि यदि कांग्रेस कमेटी चाहे तो वे त्यागपत्र भी भेज

सकते हैं।[63] उत्तर प्रदेश के कार्यकर्ताओं को उन्होंने एक पत्र के माध्यम से यह सूचना दी थी कि उन्होंने विशेष आशंकाओं के साथ नगरपालिका के अध्यक्ष का पदभार स्वीकार किया है। इसी पत्र में उन्होंने अपनी प्राथमिकताएँ भी स्पष्ट की थीं—"प्रत्येक कांग्रेसी कार्यकर्ता के सामने सबसे बड़ा काम स्वराज के लिए निरंतर संघर्ष करना और कांग्रेस को मजबूत करना है तथा लक्ष्य हासिल करने से पहले विश्राम नहीं करना है। इसके अतिरिक्त प्रत्येक चीज दोयम है। हम अपने प्राथमिक उद्देश्यों की प्राप्ति हेतु नगरपालिका के पास गए हैं।··· हमें सावधान रहना है कि हम यह न भूलें कि नगरपालिका या अन्य किसी भी तरह की चीज हमारे लिए आशीर्वाद के बजाय शाप न बन जाए।···हम कांग्रेस को किसी भी हालत में पिछलग्गू नहीं होने देंगे···नगरपालिका का अध्यक्ष होना मेरे लिए शीघ्र स्वराज प्राप्त करने के लिए देश-सेवा का साधन है। यदि कोई यह समझता है कि मैं आगामी तीन वर्षों तक इलाहाबाद बोर्ड का अध्यक्ष रहते हुए अपनी अन्य जिम्मेदारियों को नहीं पूरा करूँगा, तब भारी भूल करूँगा···मेरी जब भी आवश्यकता होगी, मैं पूरी तरह से संघर्ष करूँगा। स्वराज हासिल करना ही मेरा मुख्य कार्य है।" उन्होंने एक क्रांतिकारी के रूप में अपनी भावनाएँ व्यक्त कीं, "मैं क्रांति तथा युद्ध में सीधी काररवाई में यकीन करता हूँ।" पर इसके साथ ही वे यह भी मानते थे कि क्रांतियों के लिए प्रशिक्षण तथा अनुशासन अति आवश्यक है।[64]

जवाहरलाल अपने नगरपालिका के अध्यक्षीय कार्यकाल के दौरान कार्य और अनुशासन पर बहुत बल देते थे। वे निकम्मेपन और अनुपस्थिति के खिलाफ थे तथा कुशलता को सफलता का पैमाना मानते थे। वे कहते थे कि "एक लापरवाह व्यक्ति के लिए योग्य होना असंभव है और मैं नगरपालिका के कर्मचारियों में लापरवाही या आलस्य नहीं चाहता हूँ।" जन स्वास्थ्य समिति को उन्होंने लिखा था—"क्या इस समिति ने कभी अनुशासन के बारे में सुना है ?" वे हमेशा सांप्रदायिक पूर्वग्रहों के खिलाफ थे। उनके मार्गदर्शन में बोर्ड ने गोकशी के निषेध के परामर्श को अस्वीकार कर दिया था। जवाहरलाल अपनी त्रुटिहीन निष्ठा के कारण ही विश्वास प्राप्त कर सके थे। एक बार उन्होंने अपने सहकर्मी का मौखिक त्यागपत्र ले लिया था। फिर उन्हें महसूस हुआ कि उनसे गलती हो गई थी और उन्होंने इसके लिए बोर्ड से उनकी निंदा करने के लिए भी कहा था। उन्होंने स्कूलों के स्तर को सुधारने के लिए भी काम किया, जिसमें स्वच्छता, जल आपूर्ति और सड़क के भी कार्य थे।[65]

इलाहाबाद नगरपालिका के अध्यक्ष के रूप में कार्य करते हुए जवाहरलाल को एक बार नाभा स्टेट जाना पड़ा, जहाँ उन्हें किसी छोटे से अभियोग के आधार

पर गिरफ्तार कर लिया गया और वहाँ उन्हें जेल तथा कानून के अति कटु अनुभव भी हुए।[66] जेल से रिहा होने के बाद उनका स्वास्थ्य काफी गिर गया और उन्हें टायफाइड भी हो गया था। वैसे, सबसे अधिक परेशानी उनकी पत्नी कमला की बिगड़ती तबीयत से भी थी। उनके इलाज के लिए जवाहरलाल और उनकी पुत्री को 1 मार्च, 1926 को यूरोप जाना पड़ा। सुभाष अभी भी बर्मा की जेल में ही थे। वे मई 1927 यानी एक साल बाद और दिसंबर 1927 में जवाहरलाल के भारत वापस लौटने के कुछ महीने पहले ही रिहा हुए थे।

इस प्रकार, दोनों ही व्यक्ति राजनीति की तरफ प्रेरित हुए और दोनों ने ही ब्रिटिश भारत की जेलों में अपना समय बिताया था। वे राष्ट्रवाद के आह्वान पर बिना किसी झिझक के ही आगे बढ़े। दोनों ने ही गांधी के नेतृत्व को स्वीकार कर लिया था; परंतु उनमें से एक का आग्रह थोड़ा संकोच वाला था। वे दोनों ही कांग्रेस की महत्त्वपूर्ण जिम्मेदारियों को सँभालने के लिए तैयार थे। हालाँकि कुछ साक्ष्यों से पता चलता है कि इन दिनों जवाहरलाल और सुभाष केवल एक ही बार मिले थे, परंतु इस मुलाकात का उनके संस्मरणों में कहीं भी उल्लेख नहीं है। सितंबर 1921 में जवाहरलाल, गांधी, मोतीलाल तथा कांग्रेस के अन्य नेताओं के साथ कलकत्ता कांग्रेस के विशेष सत्र में शामिल होने के लिए आए थे। सुभाष भी दास के सहयोगी के रूप में कलकत्ता वापस आ चुके थे। कांग्रेस के अधिकतर नेता दास के मेहमान के रूप में उनके पास ही ठहरे थे और यह भी आश्चर्यजनक है कि सुभाष और जवाहरलाल इन दिनों आपस में नहीं मिले थे।

सुभाष ने उन दिनों की याद करते हुए बताया कि वे इस सत्र में कांग्रेस के सभी प्रमुख नेताओं, जैसे—मोतीलाल नेहरू, लाला लाजपत राय और मुहम्मद अली—सभी से मिले थे। उन्होंने यह नहीं कहा कि वे जवाहरलाल से मिले थे; पर यह जरूर लिखा कि "सन् 1921 में नेहरू जूनियर (पं. जवाहरलाल नेहरू) की ऐसी पहचान नहीं थी कि वे अपने पिता की जगह ले सकते थे।"[67] जवाहरलाल ने अपनी इस कांग्रेस यात्रा में भारतीय राजनीति में गांधी युग के आरंभ के बारे में लिखा और बताया कि उनकी मुलाकात 'अमृत बाजार पत्रिका' के संपादक मोतीलाल घोष से भी हुई थी और वे गांधी के साथ शांतिनिकेतन रवींद्रनाथ टैगोर से भी मिलने गए थे तथा वहाँ उनकी मुलाकात इन महान् कवि के बहुत ही स्नेही बड़े भाई से भी हुई।[68] उन दोनों ही व्यक्तियों में से किसी ने भी अपनी आपसी मुलाकात के बारे में नहीं लिखा, जिससे यह संकेत मिलता है कि वे दोनों ही कांग्रेस में अभी प्रशिक्षु थे। मगर सुभाष ने अपने संदर्भ में 'जूनियर नेहरू' का संकेत अवश्य

दिया था। सन् 1921 की इस पहली मुलाकात में ऐसा कुछ भी नहीं नजर आया था, जिससे यह पता चलता कि अगले कुछ वर्षों में ये दोनों ही व्यक्ति कांग्रेस में नया वैचारिक बल प्रदान करने वाले हैं। वैसे यह ऐसा संबंध नहीं था, जिसके बारे में भविष्यवाणी की जा सकती थी।

संदर्भ

1. एन ऑटोबायोग्राफी पृ. 27
2. गोपाल, जवाहरलाल नेहरू खंड-1, पृ. 29
3. एन ऑटोबायोग्राफी पृ. 27
4. उपरोक्त पुस्तक, पृ. 35
5. उपरोक्त पुस्तक, पृ. 35
6. सलेक्टेड वर्क्स ऑफ जवाहरलाल नेहरू, एस.गोपाल (पंजाब के घटनाक्रम) खंड-1, पृ. 130-140
7. उपरोक्त पुस्तक, पृ. 149
8. एन ऑटोबायोग्राफी पृ. 41-42 में वर्णित घटनाक्रम
9. उपरोक्त पुस्तक, पृ. 48-9
10. नेहरू ने अपनी जीवनी के पृ. 51 में लिखा है कि वह लोग प्रमुख नेताओं से मिलने आए थे और जब नेहरू को पता चला कि वह लोग यमुना के तट पर बैठे हैं, तब वह उनसे मिलने गए, जबकि गोपाल (जवाहरलाल नेहरू खंड-1 पृ. 46) लिखते हैं कि वह गांधी से मिलने की उम्मीद में आए थे और उन्हें न पाकर वह जवाहरलाल से मिले।
11. एन ऑटोबायोग्राफी पृ. 51
12. उपरोक्त पुस्तक, पृ. 52
13. किसान आंदोलन की सामान्य विवेचना हेतु एलीमेंट्री आसपेक्ट्स ऑफ पीसेंट इंमरजेंसी इन कोलोनियल इंडिया (दिल्ली, 1983) रंजीत गुहा, एग्रेरियन अनरेस्ट इन नॉर्थ इंडिया : द यूनाइटेड प्राविंसेज (1918-22) माजिद सिद्दकी ने जवाहरलाल का दृष्टिकोण स्पष्ट किया है। ज्ञानेंद्र पांडेय की पुस्तक पीसेंट रिवॉल्ट एंड इंडियन नेशनलिज्म : द पीसेंट मूवमेंट इन अवध 1119-22, राइटिंग ऑन साऊथ एशियन हिस्ट्री एंड सोसाइटी, आर. गुहा (दिल्ली, 1982) पृ. 143-97
14. पी.जे. मुसग्रेव, 'लैंडलाईस एंड लाईस ऑफ द लैंड; इस्टेट मैनेजमेंट एंड सोशल कंट्रोल इन यू.पी. 1860-1920, मॉर्डन एशियन स्टडीज (जुलाई 1972) खंड-6, टी. आर. मेटकाफ, द आफ्टरमैथ ऑफ रिवॉल्ट; इंडिया 1857-1870 (प्रिंसटन, 1964), लैंड, लैंडलाईस एंड द ब्रिटिश राज; नॉर्दन इंडिया इन द नाइटींथ सेंचुरी (कैलीफोर्निया, 1979)
15. एन ऑटोबायोग्राफी, पृ. 58
16. ज्ञानेंद्र पांडेय, पीजेंट रिवॉल्ट एंड नेशनलिज्म, पृ. 145-46

17. एन ऑटोबायोग्राफी, पृ. 54
18. पांडेय, पीजेंट रिवॉल्ट एंड नेशनलिज्म, पृ. 147
19. माजिद सिद्दकी, एग्रेरियन अनरेस्ट इन नॉर्थ इंडिया, अध्याय-2
20. पांडेय, पीजेंट रिवॉल्ट एंड नेशनलिज्म, पृ. 148
21. एन ऑटोबायोग्राफी, पृ. 55
22. उपरोक्त पुस्तक, पृ. 60
23. नेहरू, द रायबरेली ट्रेजडी, इन सलेक्टेड वर्क्स खंड-1, पृ. 212
24. उपरोक्त पुस्तक, स्टेटमेंट इन प्रताप केस, पृ. 217-25
25. पांडेय, पीजेंट रिवोल्ट एंड नेशनलिज्म, पृ. 143
26. एन ऑटोबायोग्राफी, पृ. 63
27. उपरोक्त पुस्तक, पृ. 57
28. उपरोक्त पुस्तक, पृ. 52
29. उपरोक्त पुस्तक में नेहरू ने अपने जीवन के इस हिस्से में किसानों की स्थिति को व्यक्त किया है।
30. नेहरू, द रायबरेली ट्रेजडी, इन सलेक्टेड वर्क्स खंड-1, पृ. 211
31. गांधी, खंड-19 (अहमदाबाद), पृ. 419-20, पांडेय, पीजेंट रिवॉल्ट एंड नेशनलिज्म, पृ. 153
32. गांधी का अनुशासन पर रुझान और जन-आंदोलन पर नियंत्रण के लिए देखें, रंजीत गुहा, 'डिसिप्लीन एंड मोबलाइज इन सबलटर्न स्टडीज; राइटिंग ऑफ साऊथ एशियन हिस्ट्री एंड सोसाइटी (दिल्ली, 1992) पार्थ चटर्जी एंड ज्ञानेंद्र पांडेय, पृ. 69-121
33. ज्ञानेंद्र पांडेय, पीजेंट रिवॉल्ट एंड नेशनलिज्म, पृ. 154-56
34. एन ऑटोबायोग्राफी, पृ. 59
35. टांडा में भाषण, 5 मार्च, 1923, गोपाल, जवाहरलाल नेहरू, खंड-1 पृ. 54
36. 'राय बरेली ट्रेजडी' नेहरू सेलेक्टेड वर्क्स, खंड-1, पृ. 212
37. गोपाल, जवाहरलाल नेहरू खंड-1, पृ. 55
38. सुभाषचंद्र बोस, द इंडियन स्ट्रगल 1920-42 नेताजी; कलेक्टेड वर्क्स, शिशिर बोस, सुगाता बोस खंड-2, पृ. 58-59
39. उपरोक्त पुस्तक, पृ. 59
40. उपरोक्त पुस्तक, पृ. 60
41. उपरोक्त पुस्तक, बोस ने बसंती देवी और अन्य नेताओं को स्वयंसेवक के रूप में बाहर निकलने का विरोध किया था। इस विरोध का उनका कारण स्पष्ट था; हम इस विचार का इस आधार पर विरोध करते हैं कि किसी भी महिला को बाहर जाने की अनुमति तब तक नहीं, जब तक कि वहाँ एक भी व्यक्ति बचा हो।
42. उपरोक्त पुस्तक, पृ. 72
43. जेम्स हेकर, डूइंग द ऑनर्स, द कम्पलीट येस मिनिस्टर, द डायरीज ऑफ ए केबिनेट मिनिस्टर, जोनाथन लिन एंड एंटोनी जे. (लंदन, 1984) पृ. 61-63

44. एन ऑटोबायोग्राफी, पृ. 69
45. उपरोक्त पुस्तक, पृ. 77
46. उपरोक्त पुस्तक, पृ. 72-73
47. गोपाल, जवाहरलाल नेहरू खंड-1 पृ. 61-63
48. सुभाषचंद्र बोस, द इंडियन स्ट्रगल, पृ. 73-75
49. उपरोक्त पुस्तक, पृ. 104
50. उपरोक्त पुस्तक, पृ. 118
51. सुगाता बोस, हिज मेजेस्टी ओपेनेंट पृ. 54
52. सुभाषचंद्र बोस, द इंडियन स्ट्रगल पृ. 105
53. रजत रे, अर्बन रूट्स ऑफ इंडियन नेशनलिज्म; प्रेशर ग्रुप्स एंड कानफ्लिक्ट ऑफ इंटरेस्ट इन कलकत्ता सिटी पॉलिटिक्स 1875-1939 (दिल्ली, 1979) पृ. 106
54. उपरोक्त पुस्तक
55. उपरोक्त पुस्तक, पृ. 107
56. सुगाता बोस, हिज मेजेस्टी ओपोनेंट, पृ. 55
57. उपरोक्त पुस्तक, पृ. 59
58. सुभाषचंद्र बोस, द इंडियन स्ट्रगल, पृ. 152-3
59. सुगाता बोस, हिज मेजेस्टीज ओपोनेंट, पृ. 69
60. एन ऑटोग्राफी, पृ. 98
61. उपरोक्त पुस्तक, पृ. 100
62. उपरोक्त पुस्तक, पृ. 100
63. इलाहाबाद के कलेक्टर को पत्र, नेहरू, सलेक्टेड वर्क्स खंड-2, पृ. 2-3
64. नगरीय कार्य हेतु उप्र कांग्रेस को पत्र, नेहरू, सलेक्टेड वर्क्स खंड-2, पृ. 4-5
65. गोपाल, जवाहरलाल नेहरू खंड-1, पृ. 88-94
66. एन ऑटोबायोग्राफी, पृ. 109-16
67. सुभाषचंद्र बोस, द इंडियन स्ट्रगल, पृ. 66
68. एन ऑटोबायोग्राफी, पृ. 65-66

❑

3
कांग्रेस में निमग्नता

जवाहरलाल सन् 1927 में मद्रास के कांग्रेस अधिवेशन में भाग लेने यूरोप से वापस आए थे। वे स्वयं को उसके कार्यालयी कार्य से दूर रखना चाहते थे, परंतु अनिच्छापूर्वक उन्हें कांग्रेस की राजनीति में पड़ना ही पड़ गया था। इसकी वजह यह थी कि उनके विचार और धारणाओं में उनके यूरोप प्रवास के दौरान एक क्रांतिकारी परिवर्तन हो चुका था। उनके अपने शब्दों में, "मेरा दृष्टिकोण विस्तृत था और मेरे लिए राष्ट्रवाद वास्तव में एक सँकरा व अपर्याप्त पंथ मालूम पड़ता था। इसमें संदेह नहीं कि राजनीतिक स्वतंत्रता एवं स्वतंत्रता आवश्यक थे और ये सही दिशा में उठनेवाले कदम भी थे। बिना सामाजिक स्वतंत्रता, सामाजिक ढाँचे और प्रशासन के न तो देश और न ही व्यक्ति ही अधिक प्रगति कर सकता है।"[1] (जीवनी) जवाहरलाल की यही वह परिवर्तित समझ थी, जो कि उनके यूरोप में अध्ययन और वैश्विक मामलों की जानकारी के बाद विकसित हुई थी तथा यही उनके कांग्रेस के कार्य में भी नजर आई थी।

जवाहरलाल के दृष्टिकोण से कांग्रेस को स्वयं ही स्वतंत्रता के उद्देश्य को स्वीकार कर लेना चाहिए था। इसी संदर्भ में उन्होंने कांग्रेस के मद्रास अधिवेशन में एक प्रस्ताव पारित किया, 'भारतीयों का लक्ष्य पूर्ण स्वराज है।'[2] कुछ ही दिनों के बाद जनवरी 1928 में उन्होंने गांधी को पत्र लिखा था—"मैं सोचता हूँ कि राष्ट्रीय संगठन किस तरह से अपने स्वतंत्र शासन को हासिल करेगा तथा यही विचार मेरे लिए एक घुटन भी पैदा करता है।"[3]

हालाँकि इतना होने पर भी कांग्रेस में स्वतंत्रता का प्रस्ताव जारी हुआ, परंतु इसे स्वीकार करने के बाद भी इसका मार्ग आसान नहीं था। गांधी भी उस खुले सत्र में मद्रास में ही थे, पर उन्होंने स्वयं को उसकी नीति व निर्माण से दूर ही रखा था।

कांग्रेस कार्यकारी समिति के सदस्य होने के बावजूद वे उसकी सभा में अनुपस्थित रहे। जवाहरलाल को संदेह था कि उनके द्वारा लाए गए इस प्रस्ताव का समर्थन गांधी ने नहीं किया था। गांधी ने 5 जनवरी, 1928 को 'यंग इंडिया' नामक अपने पत्र में इसे स्पष्ट भी किया था कि यह प्रस्ताव जल्दबाजी में लाया गया और बिना विचार के पारित भी किया गया था। उन्होंने इस पर टिप्पणी की—"हम कांग्रेस के लोगों ने स्कूल के बच्चों की तरह ही इस पर चर्चा की है।"[4] इसके पहले उन्होंने नेहरू की भी कड़े शब्दों में आलोचना की थी, "आप बहुत तेज चल रहे हैं। आपको विचार करने के लिए समय लेना चाहिए। आपके द्वारा तैयार किए गए अधिकतर प्रस्तावों को एक साल का समय और भी दिया जा सकता था; परंतु मैं आपके इस कार्य का उतना बुरा नहीं मानता हूँ, जितना कि आपके द्वारा उपद्रव करने वालों और गलत काम करनेवालों के प्रोत्साहन को मानता हूँ।"[5]

गांधी को लगता था कि स्वतंत्रता की माँग करनेवाला यह प्रस्ताव एक त्रासदी था।[6] कांग्रेस के कुछ पुराने सदस्यों के भी विचार इसी से मिलते-जुलते थे।[7] गांधी की आलोचना ने जवाहरलाल को व्यग्र कर दिया था, जिन्हें लगता था कि इस प्रस्ताव को व्यापक समर्थन प्राप्त हुआ था। उन्होंने गांधी के नेतृत्व को हिचकिचाहट भरा और अप्रभावशाली कहकर अपनी भावनाएँ व्यक्त की थीं।[8] गांधी जवाहरलाल से सहमत थे कि उन दोनों के विचारों में मौलिक अंतर था तथा इस पत्र-व्यवहार को प्रकाशित करवा देना चाहिए। इससे उनके बीच लोगों के बँट जाने की भी संभावना थी। इसी भय की वजह से जवाहरलाल ने गांधी से पूरी तरह से अनबन होने से पहले ही अपना हाथ वापस खींच लिया और गांधी पर निर्भरता स्वीकार करते हुए उन्होंने पूछा, "एक विस्तृत परिप्रेक्ष्य में क्या मैं आपका राजनीतिक पुत्र नहीं हूँ, हालाँकि एक बिगड़ा हुआ बेटा ?"[9]

जवाहरलाल के द्वारा पेश किया गया स्वतंत्रता का प्रस्ताव कांग्रेस ने गंभीरतापूर्वक नहीं लिया था और इसकी प्रतिक्रिया साइमन कमीशन के आने पर नजर भी आई थी। ब्रिटिश सरकार ने सात अंग्रेज सदस्योंवाले एक आयोग की घोषणा की थी, जिसके अध्यक्ष जॉन साइमन थे और इसका कार्य भारत के भविष्य का निर्धारण करना था। कांग्रेस ने साइमन कमीशन की आलोचना तथा उसके बहिष्कार का एक अन्य अध्यादेश जारी किया। इसका उद्‌देश्य सभी दलों को भारत के संविधान के लिए तैयार करना था। इस सभा ने मोतीलाल नेहरू के नेतृत्व में एक समिति गठित की, जिसका कार्य ऐसे ही संविधान की रचना करना था। जवाहरलाल उस समिति के सदस्य नहीं थे, परंतु उन्होंने उसके विधायी कार्यों में अपने पिता की सहायता की

थी। हालाँकि उनका दिल इस समिति की कार्य-प्रणाली से खुश नहीं था, फिर भी उन्होंने बेमन से इस कार्य को पूरा किया। इसी संदर्भ में उन्होंने गांधी को पत्र लिखा था—"मैंने इस समिति के सदस्यों में अपना नाम शामिल न करके एक समझदारी का काम किया है।...मेरे लिए वहाँ कहे जानेवाले कार्यों को अनिच्छापूर्वक स्वीकार करना वाकई पीड़ादायी है और मुझे पूरा यकीन है कि मेरा अकसर उनके बीच किया गया हस्तक्षेप उन्हें पसंद नहीं आता होगा।...इसमें मैं गलत हो सकता हूँ, पर इसके परिणाम के अनुरूप स्वयं को नहीं पाता हूँ। मैं इसके लिए पूर्ण अनुपयुक्त हूँ और काफी अकेलापन महसूस करता हूँ।"[10]

उनके अनुसार, इस नए संविधान को एक लोकतांत्रिक समाजवादी गणतंत्र को हासिल करने के उद्‌देश्य से तैयार होना चाहिए, जो कि इस समिति के द्वारा गंभीरतापूर्वक नहीं किया जा रहा था और यह स्वामित्ववादी स्तर का समर्थन कर रही थी। यह समिति मुसलिम लीग को छूट देती हुई सीटों के आरक्षण तथा पृथक् निर्वाचन न होने देने की वकालत कर रही थी। यहाँ भी जवाहरलाल को एक धक्का पहुँचा, क्योंकि उनका प्रस्ताव था—सीटों के आरक्षण की समयावधि इस साल या फिर सभी दलों के समझौते के अनुसार और भी कम होनी चाहिए। सबसे अधिक परेशानी की चीज स्वामित्ववादी स्तर की स्वीकार्यता ही थी। यही वह मुद्‌दा था, जिसके खिलाफ वे सार्वजनिक रूप से भी बोला करते थे। यहाँ तक कि कई मामलों में वे अपने पिता के ही खिलाफ थे। वे अपनी पूर्ण स्वराज की माँग बनाए रखना चाहते थे, जिसके लिए कांग्रेस भी प्रतिबद्ध थी।[11]

मद्रास कांग्रेस अधिवेशन जो कुछ भी घटित हुआ, सुभाष उससे जवाहरलाल की तरह हताश नहीं हुए थे। हालाँकि वे उस अधिवेशन में शामिल नहीं हो सके थे; जबकि वे, जवाहरलाल और सोहेब कुरैशी पार्टी के मुख्य सचिव नियुक्त किए गए थे। उन्होंने देखा कि मद्रास कांग्रेस का झुकाव वामपंथ की तरफ था।[12] उन्हें लगा कि पूर्ण स्वराज के जारी प्रस्ताव की प्रक्रिया बहुत दिनों से कांग्रेस के भीतर चल रही थी। इस प्रक्रिया को कांग्रेस के भीतर के युवा तत्त्वों का प्रोत्साहन प्राप्त था, जो कि कांग्रेस के नेतृत्व की अतिवादी स्थिति को अपनाने के लिए दबाव बना रहे थे।[13] सुभाष के अनुसार, मद्रास अधिवेशन की इस महत्त्वपूर्ण घटना, जिसमें जवाहरलाल ने एक नई विचारधारा को पेश किया था और उनके समाजवादी रूप का कांग्रेस के वामपंथ तथा देश के युवा वर्ग ने भी स्वागत किया था। सुभाष ने भी उनकी इस विचारधारा का दूर रहते हुए भी स्वागत किया था।[14]

मोतीलाल नेहरू की अध्यक्षता में समिति ने जो रिपोर्ट प्रस्तुत की थी, उसमें

सुभाष के भी हस्ताक्षर थे। इससे यह स्पष्ट होता है कि इस मामले में सुभाष एवं जवाहरलाल ने साथ-साथ काम किया था तथा दोनों ही उस अल्पमत के समूह की तरफ थे, जिसने पूर्ण स्वामित्व के स्तर को नकार दिया था और नए संविधान के आधार पर पूर्ण स्वराज के लिए दबाव बनाया था। इस मुद्दे पर वे और जवाहरलाल पूरी तरह से सहमत थे। इसीलिए लखनऊ में ही सर्वदलीय सभा में उन दोनों के द्वारा नेहरू रिपोर्ट का विरोध तर्कसंगत होना चाहिए। किंतु विचारधारा पर समझदारी हावी थी। कांग्रेस की वामपंथ की एक निजी सभा में सुभाष और जवाहरलाल दोनों ने ही प्रस्ताव दिया था कि सभा का विघटन नहीं होना चाहिए, क्योंकि इससे अंग्रेजों को ही प्रसन्नता होगी। उन्हें अपने विरोध के स्वर को मजबूती प्रदान करते हुए पूर्ण स्वराज के विचार को प्रोत्साहित करना चाहिए।

जवाहरलाल ने इंडिया लीग के स्वतंत्रता के मंच का इस्तेमाल न केवल पूर्ण स्वराज के विचार के विस्तार के लिए ही किया था, बल्कि अपने स्वयं के समाजवादी विचारों के विस्तार के लिए भी किया था। उनकी नजरों में ब्रिटिश शासन से प्राप्त स्वतंत्रता तभी सार्थक होगी, जब यह आर्थिक समानता के साथ आएगी। यह समानता सिर्फ समाजवाद से ही आ सकती थी। लीग ने अपने उद्‌देश्यों की घोषणा कर दी थी कि एक समाजवादी लोकतांत्रिक राज्य में प्रत्येक व्यक्ति के पास अपने विकास का पूरा अवसर होगा तथा उत्पादन एवं वितरण पर राज्य का नियंत्रण होगा। उन्होंने यह महसूस कर लिया था कि इसे कांग्रेस के भीतर से हासिल नहीं किया जा सकता था। लोगों को इस कार्यक्रम का लाभ प्राप्त करने के लिए बड़े स्तर पर संगठित होना पड़ेगा। जवाहरलाल को यह समझने में बहुत देर नहीं लगी कि स्वतंत्रता लीग उनकी इन आकांक्षाओं को प्राप्त नहीं कर सकेगी।

जवाहरलाल और सुभाष दोनों के ही संस्मरणों में यह स्पष्ट है कि उन्होंने स्वतंत्रता के लिए इंडिया लीग को बहुत महत्त्व नहीं दिया था। उन दोनों ने ही उसे स्मृति के योग्य नहीं समझा था। लीग की क्रियाशीलता का महत्त्व संभवत: कहीं और ही था। बंगाल में लीग की एक प्रादेशिक शाखा की स्थापना जवाहरलाल के प्रोत्साहन के लिए की गई थी; किंतु बंगाल के क्रांतिकारी इंडिया लीग की स्वतंत्रता की प्रादेशिक इकाई पर जवाहरलाल का प्रभुत्व नहीं चाहते थे। जुगांतर समूह के एक सदस्य के अनुसार, उन लोगों ने स्वतंत्र लीग के लिए प्रतिद्वंद्वी भारत के प्रोत्साहन हेतु सुभाष पर दबाव बनाया था। बंगाल के क्रांतिकारियों को यह भय था कि जवाहरलाल के संगठन में शामिल होने से वे और सुभाष अपना महत्त्व खो देंगे। ऐसा लगता है कि जवाहरलाल और सुभाष के आपसी संबंधों में बंगाल के

कुछ समूहों ने अपने प्रांतीय हितों और स्वार्थ के कारण बनावटी विरोध को बढ़ावा दिया था। सुभाष इस प्रांतीयतावाद से स्वयं को बचा नहीं पाए, जबकि जवाहरलाल ने इस पर ध्यान दिया और इसका विरोध भी किया था। उन्होंने इस संदर्भ में अपने एक सहकर्मी को पत्र में लिखा था—"सुभाष हिंदुस्तान सेवा दल के अध्यक्ष होने पर भी इस मामले में रुचि न लेते हुए बंगाल के स्वयंसेवकों को इससे अलग रख रहे हैं।[19] मैं इस तरह के प्रांतीय अलगाववाद को पसंद नहीं करता हूँ।" उनकी आपसी संबंधों की सीमेंट सूखने के बाद भी इसकी दरारें स्पष्ट नजर आ रही थीं।

सुभाष और जवाहरलाल के बीच के छोटे-छोटे मतभेद साइमन कमीशन के बहिष्कार के दौरान गायब हो चुके थे। उन दोनों ने ही इस बहिष्कार में सफलता प्राप्त की थी। बंगाल में साइमन कमीशन के विरोध में सुभाष के नेतृत्व में एक प्रदर्शन हुआ था, जिसमें तख्तियों पर 'साइमन कमीशन वापस जाओ' के नारे लिखे थे। इसके साथ-साथ वहाँ ब्रिटिश सामानों का भी बहिष्कार हुआ था। 1 मार्च, 1928 को कलकत्ता में ब्रिटिश सामानों के बहिष्कार हेतु एक अभियान की शुरुआत हुई। शहर के बत्तीस वार्डों में बत्तीस सभाएँ हुईं और बहिष्कार का संदेश फैलाया गया। दो दिनों के बाद एक सभा में तकरीबन 10,000 महिलाओं ने विदेशी सामानों के बहिष्कार की शपथ ली थी।[20] वर्ष 1927 के आखिर में हुए मद्रास कांग्रेस में जवाहरलाल विदेशी सामानों के बहिष्कार को लेकर बहुत उत्साहित नहीं थे। इस बारे में उन्होंने गांधी को लिखा था कि यह आपके अति असहयोग को अवश्य बल प्रदान करेगा, परंतु बिना सर्वसम्मति के सहयोग से इसे सफलता नहीं प्राप्त होगी। 'वे चीन पर हुए बहिष्कार के आश्चर्यजनक प्रभाव से परिचित थे। उन्हें लगता था कि जो चीन में हुआ, वह भारत में भी हो सकता था। इसीलिए उन्होंने गांधी से कहा था कि "ब्रिटिश सामानों के बहिष्कार का विचार उपहास की चीज नहीं है।"[21] कलकत्ता में सुभाष के संगठन में बहिष्कार को मिली सफलता पर जवाहरलाल ने उन्हें लिखा था कि इस आंदोलन के संगठन के बारे में विस्तार से जानकारी हासिल करो।" उन्हें लगता था कि यह सूचना उन्हें इस प्रयोग को अन्य स्थानों पर भी दोहराने में सहायक होगी। सुभाष को सावधान करते हुए उन्होंने लिखा था कि इस बहिष्कार का राजनीतिक प्रभाव वाकई ध्यान देने योग्य है; परंतु जब इसे किसी कुशल संगठन का सहयोग तथा एक सोची-समझी योजना नहीं मिलेगी, तब तक इसका आर्थिक प्रभाव नहीं हासिल होगा और कुछ समय के बाद इसकी प्रतिक्रिया भी हो सकती है।"[22]

जवाहरलाल ने जब इस बहिष्कार के दौरान सुभाष का संगठनात्मक कार्य देखा, तब उन्हें वह प्रतिस्पर्धात्मक भी लगा, क्योंकि उनके अपने जीवन में साइमन कमीशन

के विरोध के समय जो भी अनुभव प्राप्त हुए, वे उनके राष्ट्रवादी व्यक्तित्व के परिवर्तन में सहायक सिद्ध हुए थे। उन्होंने इस विरोध में स्वयं को पूरी तरह से झोंक दिया था; परंतु इस कमीशन का विरोध उनका मूल था। वर्ष 1928 के आरंभ में इलाहाबाद में उन्होंने अपने भाषण में कहा था, "हमें केवल साइमन कमीशन का बहिष्कार ही नहीं करना चाहिए, बल्कि इसके पीछे मौजूद इसकी संपूर्ण मानसिकता का विरोध करना है। ब्रिटिश संसद् की भावना उनकी चाहत के अनुसार हमें कुछ भी प्रदान करना या न करना है।...साइमन कमीशन के प्रति सम्मानजनक प्रत्युत्तर में हम यही कहना चाहते हैं कि हम ब्रिटिश संसद् के द्वारा नियुक्त किसी भी कमीशन को स्वीकार करने के लिए तैयार नहीं हैं।"[23] प्रेस की विज्ञप्ति में भी उन्होंने लिखा, "स्वतंत्रता हमारा अपरिहार्य अधिकार है और जब तक इसे भारत में अस्वीकार किया जाएगा, इंग्लैंड से आनेवाले किसी भी आयोग को भारत में स्वीकार्यता नहीं प्राप्त होगी।"[24] यह भी तय किया जा चुका था कि जब 3 फरवरी, 1928 को यह कमीशन भारत आएगा, तब इसके विरोध में देशव्यापी हड़ताल से इसका स्वागत किया जाएगा। जवाहरलाल के अनुसार वह दिन उदासी का नहीं, बल्कि एक उत्साह के रूप में देखा जाएगा; क्योंकि उस दिन से भारत में स्वतंत्रता का एक नया संघर्ष शुरू होगा।[25]

नवंबर 1928 में लखनऊ में कमीशन के विरोध-प्रदर्शन का जवाहरलाल एक हिस्सा थे तथा 25 नवंबर को विरोध-प्रदर्शन के दौरान पुलिस के द्वारा लाला लाजपतराय को बुरी तरह से पीटे जाने के बाद हुई उनकी मौत की खबर ने तनाव को और भी बढ़ा दिया था और तभी वे भी वहीं पहुँचे थे। जवाहरलाल ने युवा लोगों से सरकार को उचित प्रत्युत्तर देने का आह्वान किया था।[26] 26 नवंबर को एक बड़ा विरोध प्रदर्शन हुआ और ब्रिटिश अधिकारियों को यह समझ में आ गया था कि जब 30 तारीख को कमीशन लखनऊ पहुँचेगा, तब और भी बड़े स्तर पर विरोध-प्रदर्शन होगा। 28 तारीख को एक अन्य जुलूस में आधिकारिक आदेश की अवहेलना करके मार्ग बदलने से मना कर दिया गया था। उस जुलूस पर लाठियाँ भी बरसाई गई थीं। यह खबर सुनते ही जवाहरलाल, जो कि उन दिनों लखनऊ से बाहर थे, तुरंत ही वापस लखनऊ पहुँच गए। कांग्रेस के पदाधिकारियों ने किसी अन्य जुलूस को जोखिम में डालना उचित नहीं समझा और 29 तारीख को जवाहरलाल एवं गोविंदबल्लभ पंत के नेतृत्व में 12 लोगों के छोटे से समूह ने सभा की। परंतु इस पर भी पुलिस ने लाठियाँ बरसाईं; मगर उस समूह ने हटने से मना कर दिया था। जवाहरलाल को भी चोटें आईं। वहाँ एक बड़ी भीड़ जमा हो गई और पुलिस को उपद्रव का भय था, फिर भी उस सभा को जारी रखने की अनुमति दे दी गई तथा पुलिस एक तरह से उनके सम्मान में

ही खड़ी रही।[27] अगली सुबह जब कमीशन लखनऊ पहुँचा, तब कांग्रेस ने उसे काला झंडा दिखाया। उन लोगों को स्टेशन के पास पहुँचने की अनुमति नहीं थी, पर उन्हें 500 गज दूर रहने की जगह प्रदान की गई थी। वह जुलूस काफी बड़ा था। जवाहरलाल के अनुसार, उसमें तकरीबन 50,000 लोग थे। घुड़सवार पुलिस ने भी इस भीड़ पर लाठियाँ चलाईं और घोड़े दौड़ाए, किंतु भीड़ फिर भी जमी रही। जवाहरलाल को भी करीब आधी दर्जन चोटें पीठ पर लगी थीं। उन्होंने प्रेस को बताया कि शांतिप्रिय भीड़ पर पुलिस की हिंसा ने इस देश के लोगों के सामने एक लक्ष्य स्पष्ट कर दिया है कि भारत में ब्रिटिश शासन का अर्थ पुलिस की लाठी व संगीनें हैं और इस समस्या पर किसी भी तरह से विजय प्राप्त करना है।[28]

इन दोनों ही घटनाओं ने यह दिखाया कि जवाहरलाल पर भी पुलिस की लाठियाँ पड़ी थीं और शायद पहली बार उनके जीवन में उनपर शारीरिक चोट भी आई थी। अपनी जीवनी में उन्होंने स्पष्ट रूप से इन दोनों बार की पिटाई और अपनी भावनाओं का जिक्र किया है। वे इसे याद करते हुए लिखते हैं—"पुलिस की इस मार को मैं इस आनंद में भूल गया था कि मैं इतना ताकतवर था कि पुलिस की लाठियाँ भी बरदाश्त कर सका और सबसे आश्चर्यजनक यह है कि इस घटना के दौरान जब मेरी पिटाई हो रही थी, तब मेरा मस्तिष्क स्पष्ट रूप से मेरी भावनाओं का अनुभव कर रहा था।" नेहरू ने याद करते हुए लिखा है—"अगले दिन की पिटाई और भी भयानक थी और विचारों की जो स्पष्टता मुझमें पिछली शाम थी, वह भी जा चुकी थी। मुझे ऐसा लगा कि मुझे समर्पण न करते हुए बिना पीछे हटे वहीं डटे रहना होगा। पुलिस की मार से मेरी आँखों के सामने अँधेरा छा गया था और कभी-कभी तो ऐसा महसूस हो रहा था कि मैं भी उन पर चोट कर दूँ। मैंने सोचा कि किसी पुलिस अधिकारी को घोड़े से खींचकर मारना और उसपर चढ़ बैठना कितना आसान था; पर मुझे मिले एक लंबे प्रशिक्षण और अनुशासन की वजह से मैंने अपना हाथ सिर्फ चेहरे को बचाने के लिए ही उठाया था।"[29] (जीवनी)

राष्ट्रवाद के प्रति जवाहरलाल की प्रतिबद्धता की पहचान उपनिवेशीय हिंसा की प्रयोगशाला में हो चुकी थी। इस घटना के बाद वे समझ चुके थे कि भारत में ब्रिटिश शासन पुलिस की लाठी और सैनिकों की संगीन पर ही निर्भर था तथा भारतीयों को इस पर विजय प्राप्त करना था। गांधी के द्वारा अब उन्हें भी यह समझ में आ चुका था कि इस शासन का विरोध सिर्फ अहिंसा के द्वारा ही संभव था। अपने लक्ष्य को हासिल करने में उन्हें विदेशी शासकों द्वारा पहुँचाई गई शारीरिक पीड़ा को सहना पड़ा था; किंतु इस पीड़ा ने उन्हें कमजोर नहीं किया, बल्कि शारीरिक व मानसिक रूप से

सुदृढता ही प्रदान की थी। कुछ साल पहले बर्मा की जेल में सुभाष को भी शारीरिक यातना बरदाश्त करनी पड़ी थी और वहाँ के दमन के विरोध में उन्होंने पंद्रह दिनों तक आमरण अनशन भी किया था। इन तकलीफों ने सुभाष को विजय के साथ नैतिक रूप से मजबूती प्रदान की थी। जवाहरलाल की पीठ पर लाठियों के निशान और सुभाष के अनशन की तकलीफें ही उन दोनों युवकों के राष्ट्रवाद के प्रति उनके त्याग के निशान थे। सुभाष के शारीरिक तप ने उनकी देशभक्ति को बढ़ाया।

कलकत्ता में साइमन कमीशन का बहिष्कार और बंगाल के संगठन के प्रमुख कर्ता-धर्ता सुभाष ही थे। कलकत्ता में हुए विरोध में जवाहरलाल का नेतृत्व नहीं था, परंतु यह विरोध बहुत सफल हुआ था। बोस ने इसकी तैयारी 3 फरवरी को ही कर ली थी। इस हड़ताल के उपद्रव से बचाव के लिए पुलिस का भी इंतजाम था। सारे शहर में पुलिस के द्वारा निगरानी रखी जा रही थी। एक तरह से कलकत्ता की पूरी तरह से घेराबंदी हो चुकी थी। पुलिस की देखरेख में कुछ ट्राम चल रही थीं; पर बसों का संचालन पूरी तरह से ठप्प था। दुकानों के शटर गिरे हुए थे और सड़कें सूनी थीं। कलकत्ता में कई जगहों पर कांग्रेस के कार्यकर्ताओं और पुलिस के बीच झड़प हुई थी। प्रेसीडेंसी कॉलेज के छात्रों ने पुलिस पर पत्थर भी फेंके।[30] यह विरोध सिर्फ कलकत्ता तक ही सीमित नहीं था। पश्चिम बंगाल के कई अन्य स्थानों से भी बहिष्कार की खबरें सुनी गई थीं।[31]

साइमन कमीशन के प्रति इस नाराजगी के प्रदर्शन की विजय सुभाष की व्यक्तिगत विजय थी और इस पर अधिकारियों ने भी ध्यान दिया था। बंगाल के गवर्नर एफ.एस. जैक्सन ने वाइसराय लॉर्ड इर्विन को लिखा—"मेरे अनुसार इस समस्या की मूल वजह सुभाष ही थे।"[32] सरकार के द्वारा इस विरोध को कुचलने के प्रयास पर ब्रिटिश शासन के प्रति सुभाष भी उसी निष्कर्ष पर पहुँचे थे, जिस पर जवाहरलाल लखनऊ में पहुँचे थे। 4 फरवरी को कलकत्ता में अपने भाषण में उन्होंने कहा, "हम इसे गुंडाराज, पुलिस राज या सेना का राज कह सकते हैं।''' ब्रिटिश राज के द्वारा प्रदर्शित यह कार्य गुंडागर्दी से भी अधिक है।"[33] सुभाष और जवाहरलाल दोनों ही अब इस धारणा पर पहुँच चुके थे कि अंग्रेजों का भारत पर शासन करने का कोई नैतिक अधिकार नहीं था और उन्होंने भारत पर हिंसा व दमन के माध्यम से ही शासन किया था।

विदेशी वस्त्रों के बहिष्कार और उन्हें जलाए जाने के सुभाष के कार्यक्रम को काफी लोकप्रियता मिली थी। सुभाष के इस प्रयास की जवाहरलाल ने भी सराहना की थी; परंतु उन्हें गांधी की सहमति नहीं मिली। गांधी ने इस संदर्भ में बंगाल के अपने समर्थकों को पत्र में लिखा था कि उन्होंने इस बहिष्कार की

सनसनीखेज खबर के बारे में सुना था, पर उनके विचार से यह कार्य बिल्कुल ही बेकार था।[34] वैसे, उनका यह अनुमान पूरी तरह से गलत नहीं था, फिर भी सूती कपड़ों और शराब के आयात में इस बहिष्कार के बाद गिरावट आई थी; परंतु तंबाकू, चीनी और मशीनरी सामान के आयात में वृद्धि देखी गई थी। अधिकारियों को लगता था कि सूती कपड़ों के आयात में कमी की वजह पिछले साल के स्टॉक का बचा रह जाना ही था। सरकार के अनुसार, इसका बहिष्कार से कुछ भी लेना-देना नहीं था।[35]

इस समय जवाहरलाल और सुभाष दोनों ही युवाओं व कामगारों के आंदोलन में शामिल थे। लखनऊ में चोट खाने के तुरंत बाद ही जवाहरलाल पश्चिमी भारत के छात्रों और युवाओं से वार्त्ता करने उनके पास पहुँचे थे। उन्होंने पूना में बॉम्बे प्रेसीडेंसी युवा सम्मेलन में हिस्सा लिया और वहाँ के छात्रों से पूँजीवाद एवं साम्राज्यवाद के बीच के संबंधों पर चर्चा की थी। राजनीतिक स्वतंत्रता के विषय पर बोलते हुए उन्होंने इसमें एक ही समस्या बताई कि साम्राज्यवाद को समाप्त करके एक अन्य आधार पर सामाजिक ढाँचा तैयार करने की जरूरत थी और यह आधार सहयोग से होना चाहिए तथा इसका एक अन्य नाम समाजवाद भी है। ''राष्ट्रमंडल समाजवादी समन्वय की स्थापना हमारा राष्ट्रीय आदर्श तथा समाजवादी वैश्विक संघ हमारा अंतरराष्ट्रीय आदर्श होना चाहिए।''[36]

इसमें आश्चर्य नहीं था कि इस पर सरकार की प्रतिक्रिया थोड़ी अधिक ही हुई थी। गृह सचिव ने इस भाषण को एक संगठित समूह के द्वारा हिंसा को बढ़ावा देने के रूप में लिया।[37] दिसंबर के मध्य में जवाहरलाल ऑल इंडिया ट्रेड यूनियन कांग्रेस के अधिवेशन में भाग लेने झरिया पहुँचे थे। यह उनकी पहली ट्रेड यूनियन कांग्रेस थी, जिसमें उन्होंने स्वयं को एक बाहरी व्यक्ति के रूप में महसूस किया था।[38] इस सभा में पुलिस डब्ल्यू.जे. जॉनसन को गिरफ्तार करने आई थी, जो कि साम्राज्यवाद के खिलाफ लीग की तरफ से प्रतिनिधि के रूप में आए थे। जवाहरलाल ने पुलिस को वहाँ के प्रांगण से वापस लौटा दिया और एक जोशीला भाषण दिया। अगले ही दिन जॉनसन को सभास्थल के बाहर से गिरफ्तार कर लिया गया था। जवाहरलाल ने फिर ब्रिटिश शासन और साम्राज्यवाद की भर्त्सना की थी।[39]

इन्हीं दिनों सुभाष भी पूरी तरह से युवाओं और कामगारों के आंदोलन में शामिल हो चुके थे। वर्ष 1928 के आखिर में भारतीय युवा कांग्रेस की सभा में बोलते हुए उन्होंने कहा था कि यह ''युवाओं का पुनर्जागरण है। युवा संघों को परिवर्तन के लिए समर्पित रहना चाहिए। उन्हें वर्तमान स्थिति के धैर्य और बेचैनी

दोनों को ही महसूस करना चाहिए।''[40] उन्होंने 'दि इंडियन स्ट्रगल' के माध्यम से स्वीकार किया था कि वे और जवाहरलाल उन लोगों में से हैं, जिन्होंने छात्रों को संगठित होने के लिए प्रोत्साहित किया था।[41] मई 1928 में पूना में हुई एक प्रांतीय सभा में उन्होंने एक लंबा भाषण दिया था और जिसे उन्होंने 'दि इंडियन स्ट्रगल' में लिखा भी था। अपने इस भाषण में उन्होंने कुछ उन विचारों के बारे में भी बताया, जिनके बारे में उन्होंने बर्मा की जेल के दौरान सोचा था। ''लोकतंत्र किसी भी तरह पश्चिमी संस्था नहीं है, बल्कि एक भारतीय संस्था है।'' उन्होंने कांग्रेस कार्यकर्ताओं के लिए बताया कि उन्हें श्रमिकों व युवाओं का संगठन तैयार करना चाहिए तथा छात्रों को अपने हित के साथ-साथ देश के हित के लिए भी कार्य करना चाहिए। उन्होंने महिलाओं के लिए पृथक् संगठन की भी वकालत की थी।[42]

कामगारों के आंदोलन के प्रति सुभाष के उत्साह ने उन्हें इस दौरान तीन हड़तालों में भी शामिल किया था। इन्हीं दिनों पूर्वी भारत और बंगाल, नागपुर रेलवे और लिलुआ के रेलवे कर्मचारियों की हड़ताल हुई; बंगाल के जूट के कर्मचारियों की हड़ताल और जमशेदपुर में टाटा आयरन एंड स्टील कॉरपोरेशन के कर्मचारियों की हड़ताल भी हुई थी।

सन् 1928 में लिलुआ में रेलवे के अधिकारियों ने अपने 2,600 कर्मचारियों को सेवा-मुक्त करने की घोषणा की थी। इसका परिणाम यह हुआ कि तकरीबन 14,000 कर्मचारी हड़ताल पर चले गए। ट्रेड यूनियनें अपने कर्मचारियों की सहायता के लिए दौड़ पड़ी थीं। इस हड़ताल में सेंट्रल रेलवे के कर्मचारियों की अनुपस्थिति ने इसे कमजोर किया और कर्मचारियों की हार हो गई। बामनगाची में हुई पुलिस की गोलीबारी में दो व्यक्तियों की मृत्यु और कई लोगों के घायल होने के बावजूद इसे सहानुभूति हासिल करने में असफलता मिली। सुभाष ने अपने भाषणों के माध्यम से कर्मचारियों के मसले को उठाया और लोगों से इनकी आर्थिक सहायता के लिए धन एकत्रित करने का अनुरोध किया। 'अमृत बाजार' पत्रिका के अनुसार, खड़गपुर में लगभग 6,000 कर्मचारियों की एक सभा में सुभाष ने कहा कि जो लोग राजनीतिक स्वतंत्रता के लिए कार्यरत हैं, वे श्रमिकों के लिए भी काम कर रहे थे। उन्होंने यह भी कहा कि अपने नियोक्ता के साथ झगड़े में उन्हें हमेशा नुकसान होगा, क्योंकि नियोक्ताओं के साथ राज के संसाधन हैं। इसके बदले में सरकार को नियोक्ताओं से स्वतंत्रता के आंदोलन को कुचलने में सहायता प्रदान की जाती थी। उन्होंने इसीलिए श्रमिकों से संगठित होकर इन एक जैसे दुश्मनों का सामना करने के लिए कहा था।[43]

जूट मिल की हड़ताल के समय उनके शब्द और भी तीखे हो गए थे, क्योंकि

बहुत सी जूट मिलों में से एक मिल की अपनी यात्रा के दौरान सुभाष ने ध्यान दिया कि इन मिलों के अधिकारियों में से ज्यादातर आसपास के गाँवों के जमींदार ही थे और गरीब गाँववाले एक अन्य राज में रहने को मजबूर थे।[44]

जमशेदपुर की हड़ताल कुछ अलग तरह की थी।[45] उनकी शिकायतें काफी लंबे समय से थीं और वहाँ के श्रमिकों की माँग पर सन् 1925 में गांधी भी वहाँ गए थे। सन् 1927-28 में जब हड़ताल समाप्त हुई, तब ट्रेड यूनियन के नेता एन.एम. जोशी भी वहाँ के कर्मचारियों का समझौता कराने के लिए आए, पर उनकी कोशिशें असफल हो गईं। तब हड़ताल कमेटी ने सुभाष को जमशेदपुर बुलाया था। सुभाष अगस्त 1928 में जमशेदपुर पहुँचे। वहाँ के प्रबंधकों ने उनकी मौजूदगी को पसंद नहीं किया था। सुभाष को समझौता कराने में सफलता तो मिली, पर समझौते के अनुसार कर्मचारियों को हड़ताल के दौरान का भुगतान नहीं होना था और उसके स्थान पर आसान किस्तों वाले ऋण की व्यवस्था हुई थी। किंतु प्रबंधन बारह महीनों की हड़ताल के बाद कुछ अतिरिक्त कर्मचारियों को सेवा-मुक्त करने पर अड़ा हुआ था। सुभाष के अनुसार यह एक आदर्श समझौता था,[46] परंतु श्रमिकों के एक वर्ग ने इसे मानने से इनकार कर दिया और मानिक होमी के नेतृत्व में एक नया प्रतिद्वंद्वी श्रमिक संघ बनाया तथा इसने पूर्व श्रमिक संगठन के कार्यालय पर हमला भी कर दिया था। वहाँ के प्रबंधन ने उन संगठनों को बाँटने में अपनी भूमिका निभाई और कहा कि सुभाष को आमंत्रित करनेवाला श्रमिक संगठन सिर्फ बंगालियों का पक्षधर था।[47] सुभाष के प्रति वहाँ के कर्मचारियों के मन में रोष उत्पन्न हो गया और जब वे वहाँ भाषण देने आए, तब लोगों ने उनका विरोध किया।[48] यहाँ तक कि उन्हें अपना भाषण पुलिस की मौजूदगी में ही देना पड़ा था। जमशेदपुर की उस हड़ताल के बारे में सुभाष ने लिखा है कि ''इसके परिणाम तो भयानक थे, पर इसने मुझे मजदूरों के आंदोलन में भाग लेने की प्रेरणा दी थी।''[49] वैसे यह कहना अनुचित नहीं होगा कि सुभाष को जमशेदपुर में सफलता नहीं मिली थी।

श्रमिकों के प्रति सुभाष के समर्थन के संदर्भ में भारत के प्रमुख पूँजीपति जी.डी. बिरला ने पुरुषोत्तमदास ठाकुरदास को जुलाई 1929 में पत्र में लिखा था—''मि. बोस पर टाटा आयरन और स्टील वर्क्स की सहायता के लिए भरोसा किया जा सकता है, बशर्ते कि इस मामले को ठीक से सँभाला जाए।...मि. बोस एक बहुत ही जिम्मेदार और ईमानदार व्यक्ति हैं तथा समझदार व आधुनिक विचारधारावाले पूँजीपतियों के सहयोग को आवश्यक समझते हैं। वे स्वयं भी एक संपन्न वर्ग से आते हैं, हालाँकि उन्होंने स्वेच्छा से ही बहुत सी विलासिताओं को

छोड़ दिया है। इसमें संदेह नहीं है कि उनका मुख्य उद्देश्य श्रमिकों की सेवा है, परंतु वे पूँजीपतियों के नुकसानदेह विरोधी भी नहीं हैं। वे उन लोगों में से एक हैं, जो औद्योगिकीरण को बेहतर समझते हैं तथा इसकी सहायता के लिए तत्पर रहते हैं।...वे एक चतुर व्यक्ति हैं और समझते हैं कि टाटा आयरन एंड स्टील वर्क्स पर चोट करना टाटा पर चोट करना नहीं है।''[50]

श्रमिकों के प्रति सुभाष की प्रतिबद्धता को मेरठ षड्यंत्र केस में विरोधी रूप में ही लिया गया था, जिसमें 32 श्रमिक नेता भी शामिल थे और उसमें कई साम्यवादी भी थे। सुभाष उन लोगों के पास भी पहुँचे, जो कई बार गिरफ्तार भी हो चुके थे और 6 जुलाई, 1929 को उन्होंने बंगाल एवं पंजाब के गिरफ्तार राजनीतिज्ञों के साथ उन्हें भी मुक्त करने की आवाज उठाई थी। इस घटना से उनके साम्यवादियों के साथ संबंधित होने की संभावना व्यक्त करते हुए सरकार ने उनके बारे में कहा था कि वे बंगाल के बहुत खतरनाक और अतिवादी नेता हैं।[51] 'दि इंडियन स्ट्रगल' अखबार में सुभाष ने मेरठ षड्यंत्र मामले के अभियुक्तों के प्रति अपनी सहानुभूति व्यक्त की थी। यह भी संभव है कि उनके मन में इसे लेकर कुछ दुविधा भी थी, क्योंकि सन् 1928 में कलकत्ता में कांग्रेस अधिवेशन के बारे में सूचना प्राप्त हुई थी कि कांग्रेस से मेरठ षड्यंत्र के अभियुक्तों का भी प्रस्तुतीकरण करने की माँग थी, जिसके प्रदर्शन को सुभाष ने स्वयंसेवकों के प्रमुख होने के कारण प्रवेश से मना कर दिया था।[52]

जवाहरलाल का भी नाम मेरठ षड्यंत्र में था। कांग्रेस ने एक प्रतिरक्षा समिति भी बनाई, जिसके वे सदस्य भी थे। इस कमेटी का एक कार्य वकीलों का इंतजाम करना भी था। वकीलों का इंतजाम करने में जवाहरलाल अपने पेशे के लोभी व्यक्तियों की मानसिकता के बारे में भलीभाँति परिचित थे, क्योंकि वकील अपनी सेवाएँ पैसे लेकर ही दिया करते थे। उनके पास कुछ ऐसे वकील भी पहुँचे थे, जिन्होंने इन मामलों में पैसे कमाने की संभावनाएँ भी देखी थीं। इस मुकदमे में जवाहरलाल के शामिल होने के कारण शासन उन्हें मॉस्को के एजेंट के रूप में भी देखता था तथा उनके पत्रों की भी निरंतर छानबीन जारी रहती थी। जवाहरलाल को पूरा यकीन था कि सरकार उनपर जान-बूझकर साम्यवादी होने के आरोप लगाती थी। इस संदर्भ में उन्होंने लिखा कि ''भारत में साम्यवाद और साम्यवादियों को लेकर काफी हो-हल्ला मचा हुआ था। इसमें शक नहीं है कि भारत में कुछ साम्यवादी हैं, परंतु यह भी निश्चित है कि साम्यवाद की इस चीख-पुकार में सरकार अपनी गलतियों को छुपाना चाहती है। मेरठ षड्यंत्र के 31 अभियुक्तों

में से हचिन्सन की गिरफ्तारी के बाद 32 व्यक्ति गिरफ्तार हो चुके हैं और हमारा बहुसंख्यक समाज साम्यवाद के बारे में बहुत कम जानता है। श्रमिक और किसान के संबंधित मामलों में लोग गिरफ्तार किए गए हैं और उन पर मुकदमे चल रहे हैं। मेरठ मुकदमे में आठ व्यक्ति ऑल इंडिया कांग्रेस कमेटी के सदस्य हैं। यह कहना तर्कसंगत नहीं है कि सरकार सिर्फ साम्यवादियों के प्रति ही सीमित है।''[55]

जवाहरलाल ने जेलों में बंद किसानों के अधिकारों के लिए एक अभियान चलाया, जिसमें सरकार पर उन्हें अति सामान्य सुविधाएँ न प्रदान करने का आरोप लगाया।[56] हालाँकि उनके इस प्रयास को भी साम्यवादियों का दिल जीतने में सफलता नहीं मिली थी। उन अभियुक्तों में से एक ने अपने साथी को लिखा था कि जवाहरलाल एक डरपोक सुधारवादी से अधिक नहीं हैं।[57] 'कमिन्टर्न' जर्नल में भी एक लेखक ने उनके बारे में लिखा था कि वे बिना किसी क्रांतिकारी संघर्ष के साम्यवाद का वादा करते हैं।[58] अतः साम्यवाद के प्रति उनके रुझान पर यकीन करने की कोई वजह नहीं है। जवाहरलाल भी इससे असहमत नहीं थे कि साम्यवादी विचारों के अनुसार वे क्रांतिकारी नहीं हैं।

सुभाष और जवाहरलाल की कांग्रेस के भीतर की भूमिका की तुलना में उनका मेरठ षड्यंत्र में शामिल होना कम महत्त्व रखता था। वर्ष 1928 के अंत में कलकत्ता में हुई कांग्रेस की सभा की अध्यक्षता मोतीलाल नेहरू ने की थी। सुभाष भी उन लोगों में से थे, जिन्होंने मोतीलाल की उम्मीदवारी को समर्थन दिया था। उन्होंने स्वयंसेवकों के संगठन की जिम्मेदारी ली थी, ताकि इस सत्र के सुचारु रूप से चलने तथा सभी प्रतिनिधियों की उचित प्रकार से देखभाल की सुनिश्चितता हो सके। उन्होंने स्वयं को इसके लिए जनरल ऑफिसर कमांडिंग का तमगा भी दिया था। सुभाष ने अपने निजी प्रयासों से इस सत्र को सफल बनाया। प्रेस को इस बारे में बताते हुए उन्होंने कहा कि ''इस कमेटी में स्वयंसेवकों को दी गई जिम्मेदारी मिलिट्री प्रशिक्षण की ही भाँति थी। बहुत से लोग, जिन्होंने प्रथम विश्व युद्ध में भाग लिया था, वे इस समूह का नेतृत्व सँभाल रहे थे। इसके स्वयंसेवक कलकत्ता के विभिन्न क्षेत्रों में परेड भी कर रहे हैं।''[59] इस घटना के एक चश्मदीद गवाह के अनुसार, ''बोस ने स्वयंसेवकों को सैनिक की वरदी में संगठित किया था और उसके अधिकारियों के कंधों पर चमकदार तमगे लगे थे तथा सुभाष की वरदी कलकत्ता की ब्रिटिश सिलाई फर्म हरमन से सिलकर आई थी।'' फोर्ट विलियम में उन्हें एक सैन्य अधिकारी के रूप में संबोधित करते हुए एक तार भी आया था। उस समूह में अकड़कर चलना और बूट की आवाज तथा सैल्यूटों का भी प्रचलन था।[60]

सुभाष ने उस दल का नेतृत्व भूरे घोड़े पर बैठकर किया था। कलकत्ता में हावड़ा स्टेशन पर मोतीलाल का स्वागत इस दल ने 101 बंदूकों की सलामी से किया और उन्हें 28 सफेद घोड़ों वाली बग्घी में ले जाया गया था।[61] उस स्वागत समारोह को याद करते हुए सुभाष ने लिखा—"अध्यक्ष महोदय के आगमन पर हुए जय-जयकार से राजाओं और तानाशाहों को भी ईर्ष्या हो रही थी।"[62] बंगाल सरकार के खुफिया विभाग ने भी राजा और वाइसराय को मिलनेवाले सम्मान की नकलवाले सुभाष के आयोजन को देखा था। वास्तव में, कांग्रेस के अध्यक्ष का राजाओं एवं तानाशाहों की तरह स्वागत सुभाष को बेतुका नहीं लगा था[63] और पिछले दिनों विदेशी कपड़ों की होली जलाने की वकालत करनेवाले सुभाष ने ब्रिटिश फर्म की सिली हुई वरदी पहन रखी थी। गांधी ने सुभाष के इस सैन्य प्रदर्शन का उपहास करते हुए उसे सर्कस की संज्ञा दे दी थी।[64] सैन्य अनुशासन और उसकी परंपरा के प्रति सुभाष का अपनी युवावस्था से ही आकर्षण था और यह उनके बाद के जीवन में भी नजर आता था। यह उनकी कल्पना-दृष्टि का एक आंतरिक हिस्सा भी था।

कांग्रेस की कार्य-पद्धति में सैन्य विचारधारा पर आदर्शवादी विचारधारा हावी थी। यह एक आम धारणा थी कि कलकत्ता अधिवेशन में नेहरू रिपोर्ट के प्रस्तावक, जो प्रभुतावादी शासन की तरफदारी कर रहे थे, उनमें और मद्रास अधिवेशन में पूर्ण स्वतंत्रता की माँग करनेवालों के बीच विरोध की आशंका थी। मोतीलाल इस तथ्य से भलीभाँति परिचित थे कि इससे कांग्रेस के बीच विघटन की संभावना थी, क्योंकि नरमपंथी कांग्रेस के लोग पूर्ण स्वराज की माँग कभी स्वीकार नहीं करेंगे। इस तरह के घटनाक्रमों से बचाव के लिए उन्होंने कलकत्ता की सभा में भाग लेने के लिए गांधी को भेजा था। गांधी इस विघटन को बचाने के महत्त्व को समझते थे। वे स्वयं पूर्ण स्वामित्व की स्थिति का समर्थन करते थे; परंतु उनका हृदय पूरी तरह से नेहरू रिपोर्ट की तरफ नहीं था। अगस्त 1928 में उन्होंने एक पत्र में लिखा था—"पूर्ण स्वामित्व और पूर्ण स्वतंत्रता का विरोध एक वाक्छल से अधिक कुछ नहीं है।" उन्होंने तर्क दिया कि सदस्यों को स्वामित्व शासन और पूर्ण स्वराज का विरोध करने की भूल नहीं करनी चाहिए तथा इसमें एक की विजय या दूसरे की पराजय जैसा कुछ भी नहीं है। उन्होंने यह भी कहा कि मैं ऐसा स्वामित्व शासन नहीं चाहता हूँ, जो मेरी स्वतंत्रता के साथ मेरे विकास में हस्तक्षेप करे।"[66]

सुभाष और जवाहरलाल के नेतृत्व में जो लोग स्वामित्ववादी व्यवस्था का विरोध कर रहे थे, उन्हें यह विरोध मौलिक प्रतीत होता था। जवाहरलाल ने अपने एक भाषण में इस स्थिति को स्पष्ट भी किया था। उन्होंने यह स्वीकार किया कि

''स्वामित्ववादी स्थिति के विचार से ही मेरी ऊर्जा का नाश होता है।'' इसके बाद उन्होंने वास्तविक स्थितियों को भी प्रस्तुत किया—''वास्तविक मुद्दा भारत और इंग्लैंड के बीच संघर्ष का नहीं है। दरअसल, विरोध दो भिन्न विचारधाराओं का है और सवाल यह है कि आप किस तरह की विचारधारा को देश में लाना चाह रहे हैं? यह द्वंद्व तो साम्राज्यवाद के साथ है और यदि आप इसे इस दृष्टिकोण से देखते हैं, तब आप इसे सिर्फ स्वामित्ववादी शासन के रूप में नहीं ले सकते हैं। अतः स्वामित्ववादी शासन को स्वीकार करने से आप दुनिया को यह बताना चाहते हैं कि आप साम्राज्यवाद की मानसिकता को स्वीकार करते हैं और यह एक बहुत ही खतरनाक चीज है।'' उन्होंने यह भी कहा कि जब कांग्रेस साम्राज्यवादी शासन के बारे में बोलती है, तब इसका दूसरा पक्ष नहीं व्यक्त होता है।[67]

गांधी इन हालात में समझौते की जरूरत महसूस करते थे।[68] जवाहरलाल के भाषण की निष्कर्षात्मक पंक्तियों से उन्हें संभवतः कुछ रोशनी नजर आई थी। जवाहरलाल ने कहा कि वे अपनी स्वतंत्रता की विचारधारा को किसी भी हालत में नहीं छोड़ेंगे।[69] गांधी के समझौते के प्रस्ताव के अनुसार, कांग्रेस नेहरू की रिपोर्ट को मान लेगी, यदि सरकार इस पर दो वर्षों तक काम न करे तथा जब तक कि कांग्रेस पूर्ण स्वराज प्राप्त नहीं कर लेती। बाद में नेहरू और अन्य वामपंथियों के दबाव में यह समय-सीमा घटाकर एक साल कर दी गई थी; किंतु सुभाष ने इस समझौते को मानने से इनकार कर दिया और इसमें एक संशोधन लाए कि कांग्रेस अपने पूर्ण स्वतंत्रता के उद्देश्य पर कायम रहेगी। सुभाष का यह संशोधन कांग्रेस के पुराने वरिष्ठ सदस्यों के विचार और नए युवा विचारों के मध्य अंतर लाया था। उन्होंने यह भी स्वीकार किया कि वे बंगाल के उन प्रतिनिधियों की आवाज थे, जो कि इस संशोधन के पक्ष में थे। उनके अनुसार, देश का युवा नई चेतना की जकड़न में था और अब आधुनिकीकरण करने के लिए तैयार नहीं था। उन्होंने कहा कि किसी को भी यकीन नहीं है कि अंग्रेज भारत को एक साल के अंदर पूर्ण स्वामित्व का दर्जा प्रदान करेंगे। यहाँ तक कि मोतीलाल नेहरू ने भी अपने भाषण में यह स्वीकार किया था कि उन्हें भी इस पर विश्वास नहीं है। पूर्ण स्वराज की माँग एक नई मानसिकता तैयार करेगी तथा यह हमारी दास मानसिकता पर विजय दिलाएगी, जो कि भारतीय राजनीति के ह्रास का मूल है। उन्हें लगता था कि स्वामित्व शासन की वार्त्ता का हमारे देशवासियों पर कोई असर नहीं था। उन्होंने इसका समापन कुछ इस तरह से किया कि ''नेताओं के प्रति आदर, स्नेह और उनकी प्रशंसा एक बात है, परंतु सिद्धांतों के प्रति सम्मान अलग चीज है।''[70]

जवाहरलाल भी सुभाष के द्वारा प्रस्तुत संशोधन के समर्थन में ही बोले कि "प्रभुतावादी शासन दरअसल उन्हीं लोगों के लिए है, जो कि ब्रिटेन से संबंधित हैं और वैसे ही उपनिवेशों की स्थापना अन्य जगहों पर भी करना चाहते हैं। हमारे देश की स्थिति काफी अलग है। भारत उनका उपनिवेश कभी नहीं बन सकता है। क्या किसी राष्ट्र ने इस तरह के राज्य के लिए अपने बेटों का बलिदान दिया है? प्रभुतावादी शासन किसी भारतीय के द्वारा कभी पसंद नहीं किया जा सकता।...यदि आप चाहते हैं कि भारत को स्वतंत्रता मिले और इसे दासता से छुटकारा मिले, तब हमारा लक्ष्य केवल स्वतंत्रता ही हो सकता है।"[71] इस भाषण ने जवाहरलाल से अपने पिता के मतभेद को स्पष्ट कर दिया था। किंतु जब सुभाष द्वारा प्रस्तुत संशोधन को मतदान के लिए रखा गया, तब गांधी इससे तटस्थ बने रहे।[72]

सुभाष द्वारा प्रस्तुत इस संशोधन की जीत न हो सकी, क्योंकि उनके पक्ष में 973 मत और विपक्ष में 1,350 मत मिले थे। सुभाष को लगता था कि मतदान निष्पक्ष नहीं था, क्योंकि मतदान से पहले ही गांधी ने स्पष्ट कर दिया था कि यदि उनके संशोधन की पराजय हुई, तब वे राजनीति से संन्यास ले लेंगे। इसीलिए अधिकतर लोग इस स्थिति को नहीं लाना चाहते थे और उन्होंने इच्छा न होते हुए भी गांधी द्वारा प्रस्तुत संशोधन के पक्ष में ही मत दिया।[73] इसमें सबसे महत्त्वपूर्ण तथ्य यह है कि सुभाष ने गांधी को खुली चुनौती दी थी। उन्होंने अपने सिद्धांतों के पक्ष में खड़े होने का साहस दिखाया और किसी भी तरह की आयु एवं निजी निष्ठा को बीच में नहीं आने दिया। "गांधी ने अपने दृष्टिकोण में इस मामले में सिर्फ टाल-मटोल दिखाई और कीमती समय नष्ट किया; जबकि केवल पागलपन या मूर्खता ही यह उम्मीद कर सकती थी कि अंग्रेज शासन प्रभुतावादी गृह शासन (डोमीनियन होमरूल) को बिना संघर्ष के स्वीकार कर लेगी।"[74]

कलकत्ता कांग्रेस में जवाहर एवं सुभाष के बीच और भी नजदीकियाँ बढ़ीं। जवाहरलाल ने सुभाष का समर्थन भी किया था, जबकि वे स्वयं इस मतदान में उपस्थित नहीं थे। सबसे महत्त्वपूर्ण यह है कि दोनों के विचार प्रभुतावादी स्थिति और पूर्ण स्वराज के बारे में समान थे। उन्होंने तकरीबन एक ही जैसे शब्द और वाक्यों तक का प्रयोग किया था। मार्च 1929 में जवाहरलाल ने बंगाल के ट्रेड यूनियन नेता को पत्र लिखा था कि 'वे इस माह के अंत में कलकत्ता पहुँच रहे हैं और उम्मीद है कि वे सुभाष के साथ ही ठहरेंगे।'[75] उन दोनों के बीच बहुत घनिष्ठ संबंध बन चुके थे और वे एक-दूसरे को कांग्रेस की वामपंथी विचारधारा का सहयोगी मानते थे। भारत में ब्रिटिश शासन ने इस पर ध्यान देते हुए 21 फरवरी,

1929 को स्पष्ट किया था कि कलकत्ता कांग्रेस के अनुभव से यह पता चलता है कि भविष्य की नीतियाँ पूरी तरह से इन युवा व्यक्तियों, खासतौर से पं. जवाहरलाल नेहरू और सुभाषचंद्र बोस के दृष्टिकोण एवं उनकी क्रियाशीलता पर निर्भर होने की उम्मीद है।[76]

इन दोनों ही व्यक्तियों की बढ़ती मित्रता में सन् 1929 में पहली बार तनाव तब उत्पन्न हुआ, जब लाहौर में कांग्रेस के अधिवेशन में जवाहरलाल को उसका अध्यक्ष नियुक्त किया गया था। जवाहरलाल का यह उत्थान अप्रत्याशित नहीं था, बल्कि यह गांधी की इच्छा के अनुसार ही हुआ था। सुभाष को पूरा यकीन था कि गांधी ने ही कांग्रेस में उभरती वामपंथी विचारधारा में यह दरार उत्पन्न की थी। सुभाष के अनुसार, गांधी ने यह समझ लिया था कि वामपंथी ही उनके नेतृत्व की प्रमुख चुनौती थे और इसीलिए वामपंथियों को बाँटने की प्रक्रिया की गई थी। सुभाष कहते हैं, ''कलकत्ता कांग्रेस में विपक्ष वामपंथ वाकई बहुत ही दुर्जेय स्थिति में था और यदि वह अपना नेतृत्व बनाए रखना चाहते थे, तब उन्हें विपक्ष के साथ कूटनीतिक पद्धति का ही इस्तेमाल करना पड़ता।...महात्मा गांधी के द्वारा अपनाई गई यह तकनीक वाकई बेहतरीन थी।...उन्होंने वामपंथ के कुछ नेताओं के द्वारा इसकी पदवी में अंतर करवा दिया था।''[77] इससे यह निष्कर्ष निकलता है कि कांग्रेसी वामपंथ के कुछ नेताओं का रुझान जवाहरलाल की तरफ भी था।

सुभाष द्वारा गांधी के मंतव्य की विवेचना के बाद स्थिति कुछ जटिल हो जाती है। मोतीलाल अपने बेटे को कांग्रेस का अध्यक्ष बनाने के लिए बहुत उत्सुक थे और उन्होंने इसकी संभावना के लिए सन् 1927 में गांधी से चर्चा भी की थी। गांधी ने तब महसूस किया था कि जवाहरलाल के लिए इस जिम्मेदारी को सँभालने का वह समय उचित नहीं था। मोतीलाल ने सन् 1928 में इसके लिए दुबारा प्रयास किया; किंतु बंगाल के नेताओं ने मोतीलाल को ही अध्यक्ष बनाने की जिद की थी।[78] सुभाष भी इसके समर्थक थे। जवाहरलाल ने इसे जल्दी ही समझ लिया था कि उनके विरोध के पीछे युवा शक्ति या ईर्ष्या नहीं थी, बल्कि उनकी सुधारवादी विचारधारा से एक भय था। जवाहरलाल को लगता था कि वे अध्यक्ष पद के लिए उनकी विचारधारा से समझौता नहीं करेंगे।[79] सन् 1929 में जब उनका नाम अध्यक्ष के पद के लिए प्रस्तावित हुआ, तब उनके सामने दो और प्रतिद्वंद्वी गांधी और वल्लभभाई पटेल भी थे, जिनमें से दस कांग्रेस समितियों ने गांधी के पक्ष में मतदान किया तथा पाँच ने पटेल और तीन जवाहरलाल के पक्ष में थीं। गांधी विजयी घोषित हो गए, पर उन्होंने त्यागपत्र दे दिया और इसके लिए उनके विकल्प की तलाश की गई।

गांधी इस नेतृत्व के लिए युवा शक्ति चाहते थे, जो कि देश के युवाओं को प्रेरणा दे सके[80]—और इसके लिए उन्होंने जवाहरलाल को ही चुना।

जवाहरलाल की इच्छा अध्यक्ष बनने की बिल्कुल ही नहीं थी। जुलाई की शुरुआत में उन्होंने गांधी से कहा, "मैं इस मामले को लेकर बहुत घबराया हुआ हूँ और इसे नहीं चाहता हूँ।"[81] अपनी इसी भावना को विस्तृत रूप में उन्होंने गांधी को लिखे अपने पत्र में भी व्यक्त किया था—"मेरी व्यक्तिगत रुचि किसी कार्यालय से बँधे रहने की नहीं है।...मैं किसी अन्य का नहीं, बल्कि स्वयं का ही प्रतिनिधित्व करता हूँ। मुझमें किसी दल को बनाने की राजनीतिक तड़प नहीं है।...ज्यादातर जिन लोगों ने मुझे अध्यक्ष पद के लिए आगे बढ़ाया है, वे किसी अन्य को इस पद से दूर करना चाहते हैं।...इस तरह की नकारात्मक भूमिका शायद ही अच्छी हो।... यदि मुझे अध्यक्ष बनने का दुर्भाग्य हासिल हुआ, तब आप देखेंगे कि जिन लोगों ने मुझे यहाँ बिठाया है, वे मेरी आलोचना भी करेंगे।"[82] उन्होंने गांधी से अध्यक्ष बनने का अनुरोध भी किया, "इसमें संदेह नहीं है कि इससे दुनिया में फर्क पड़ेगा। चाहे आप इसका नेतृत्व करें या न करें, पर आप इसका नेतृत्व कर सकते हैं; क्योंकि बिना कांग्रेस का अध्यक्ष बने ही आपने पहले भी नेतृत्व किया है। किंतु यदि आप इस संगठन के आधिकारिक मुखिया रहेंगे, तब इससे अवश्य ही सहायता मिलेगी। मुझे लगता है कि आपके सभापति बनने से इसे बहुत लाभ होगा।"[83]

करीब एक महीने बाद उन्होंने गांधी से उन्हें अध्यक्ष न बनाने का अनुरोध करते हुए पत्र लिखा था। गांधी ने भी उन्हें आश्वासन दिया था कि वे उनके नाम के लिए अनावश्यक दबाव नहीं बनाएँगे।[84] इसके बाद उन्होंने यह भी कहा कि इस समय यह किसी के लिए एक बुरा कार्य ही होगा।[85] यहाँ तक कि मोतीलाल, जो कि अपने बेटे को कांग्रेस अध्यक्ष के रूप में देखना चाहते थे, उन्होंने भी महसूस किया कि जवाहरलाल की इच्छा के विरुद्ध उन्हें इसके लिए बाध्य करना उनके और देश-हित में उचित नहीं होगा।[86] परंतु गांधी इस कार्य में लगे रहे और जवाहरलाल सितंबर 1929 में कांग्रेस के अध्यक्ष चुन लिये गए। गांधी ने 'यंग इंडिया' में एक लेख लिखा कि जवाहरलाल का अध्यक्ष बनना गांधी को अध्यक्ष बनाने जैसा ही था—जवाहरलाल एक तरह से गांधी के छद्म अहं के रूप में ही थे।[87] उन्हें यह नहीं महसूस हुआ कि इस तरह का कथन जवाहरलाल के लिए सम्मानजनक नहीं था और इससे वे गांधी की छवि के रूप में ही दरशाए गए थे। जवाहरलाल स्वयं भी इस परिणाम से प्रसन्न नहीं थे। उन्हें लगता था कि वे किसी के रिक्त स्थान की भरपाई के लिए ही चयनित किए गए थे। "मैं पिछले कई महीनों से पीड़ादायक स्थिति में था; पर अब स्थिति और

भी खराब है। मैं पूरी तरह से महसूस करता हूँ कि कुछ लोगों की रुचि मुझमें है, परंतु बिना बहुत से लोगों की इच्छा के मुझे कांग्रेस की इस कुरसी पर जबरदस्ती बैठा दिया गया है।''[88] किसी व्यक्ति ने जब उन्हें इसके लिए बधाई भेजी, तब उन्होंने उसे लिखा था—''अपनी सारी वैज्ञानिक सोच के बावजूद हमें लगता है कि हम भाग्य के हाथों के खिलौने हैं।''[89] इस घटनाक्रम के बारे में वे अपनी जीवनी में लिखते हैं—''मुझे इस चुनाव को लेकर काफी नाराजगी और अपमान महसूस होता है। मैं इस सम्मान के योग्य नहीं था, क्योंकि यह एक महान् सम्मान था।...परंतु मैं इसके मुख्य प्रवेश मार्ग से न होकर किनारे के दरवाजे से यहाँ पहुँचा हूँ। मैं यहाँ एक छत के छोटे से दरवाजे से अचानक आया हूँ और मैंने अपने आगमन से बहुत से दर्शकों को परेशान भी किया है। उन्होंने इसके लिए एक बहादुर चेहरा रखा था; मगर मुझे एक जरूरी दवाई की गोली की तरह उन्होंने निगल लिया। मेरे अहं को चोट पहुँची और मुझे ऐसा लगा कि मैं इस सम्मान का हकदार नहीं हूँ। सौभाग्य से, मैंने स्वयं को किसी प्रदर्शन से बचा लिया और भारी मन से चला गया।''[90] (जीवनी)

कांग्रेस की अध्यक्षता की जिम्मेदारी सँभालने के एक महीने के भीतर ही जवाहरलाल को एक अन्य परिस्थिति का सामना करना पड़ा, जिसने उन्हें और भी परेशान किया था। मार्च 1929 में वाइसराय लॉर्ड इर्विन ने कांग्रेस के कुछ नेताओं से अपनी भावनाएँ जाहिर की थीं कि वे कांग्रेस की माँगों के प्रति अनसुना दृष्टिकोण नहीं रखते हैं। उन्होंने अपना यह संदेश हाई कोर्ट के न्यायाधीश ग्रिमवूड मीयर्स के माध्यम से मोतीलाल नेहरू और तेज बहादुर सप्रू से कहलवाया था। उनके अनुसार, ब्रिटिश शासन गोलमेज वार्त्ता को आयोजन करेगी, जिसमें भारत के लिए प्रभुतावादी स्थिति पर चर्चा की जाएगी। मोतीलाल और सप्रू दोनों ही इसके खिलाफ नहीं थे।[91] लंदन में अपनी छुट्टियों के दौरान इर्विन ने इस संदर्भ में तीन ब्रिटिश राजनीतिक दलों के नेताओं से भी चर्चा की थी और कई राजनीतिक दलों के तीव्र विरोध के बावजूद वह भारत में अक्तूबर की शुरुआत में इन मुद्‍दों को रखने आए, जिसे उन्होंने घोषणा का भी नाम दिया था।[92] ''उसमें बताया गया था कि उनकी सरकार इस निर्णय पर पहुँची थी कि भारत के संविधान का वास्तविक मुद्‍दा प्रभुतावादी स्थिति को हासिल करना था। अब सरकार लंदन में होनेवाली गोलमेज वार्त्ता में विभिन्न राजनीतिक दलों के प्रतिनिधियों को आमंत्रित करती है, ताकि ब्रिटेन के राजनीतिक नेताओं के साथ परामर्श के बाद भारत के नए संविधान के प्रस्ताव तक पहुँचा जा सके।''[93]

कांग्रेस को इस घोषणा का जवाब तैयार करना था और यह एक आसान कार्य नहीं था। कांग्रेस के मुख्य सचिव होने के कारण जवाहरलाल ने इसकी कार्य

समिति के सभी सदस्यों को तब तक कोई विवादास्पद बयान देने से मना कर दिया था, जब तक कि समिति अनौपचारिक रूप से इस मुद्दे पर सभा में चर्चा न कर ले।[94] "गांधी को वाइसराय की ईमानदारी पर पूरा भरोसा था और वे इस घोषणा को एक समाधान के रूप में देख रहे थे; परंतु उन्हें इस घोषणा के प्रत्युत्तर का तरीका स्पष्ट नहीं था।[95] वे इस मामले में कुछ शर्तें भी चाहते थे। जवाहरलाल ने इस घोषणा का जवाब तैयार किया। उन्होंने कलकत्ता में हुए कांग्रेस अधिवेशन की घोषणाओं को अपनाया तथा इसी की भाषा का भी इस्तेमाल किया। इसमें इस बात की सुनिश्चितता नहीं थी कि उनकी माँगों को मान लिया जाएगा।" उन्होंने यह भी कहा कि "यदि प्रभुतावादी स्थिति के दूरगामी उद्देश्यों को स्वीकार भी कर लिया जाए, तब भी इसमें समान भूमिका का अभाव है; क्योंकि प्रभुतावादी स्थिति की माँग सन् 1929 के आखिर तक ही है। इसके असफल होने पर कांग्रेस पुनः पूर्ण स्वराज की माँग पर आगे बढ़ेगी। उन्होंने यह भी कहा कि देश में निरंकुशता को छोड़कर लोकतांत्रिक पद्धति से शासन चलाने का परिवर्तन होना चाहिए।"[96] उन्हें इर्विन के इरादों पर संदेह भी था। वह इसका आकलन भी करना चाहते थे कि यह एक उम्दा शाब्दिक घोषणा थी, जिसका अर्थ बहुत कुछ या बहुत कम निकलता था और यह हममें से बहुत से लोगों को इसकी अनिश्चितता की संभावना भी थी।"[97]

2 नवंबर को कांग्रेस की कार्यकारी समिति के कुछ सदस्यों की बैठक में गांधी ने एक अलग तरह का प्रारूप बनाने पर बल दिया, जिसे 'दिल्ली घोषणा-पत्र' के नाम से जाना गया। जवाहरलाल की मंशा के विपरीत दिल्ली घोषणा-पत्र का प्रारूप इस प्रकार था—"हम भारत की आवश्यकता के अनुरूप प्रभुतावादी संविधान की योजना के निर्माण में ब्रिटिश सरकार के सहयोग की आशा रखते हैं। इस घोषणा-पत्र में तीन शर्तें शामिल हैं—

क. यह एक मैत्रीपूर्ण नीति हो।

ख. राजनीतिक बंदियों को माफी प्राप्त हो।

ग. राजनीतिक संगठनों का प्रतिनिधित्व सुरक्षित हो और इनमें कांग्रेस का प्रधान प्रतिनिधित्व हो।

यह घोषणा-पत्र प्रभुतावादी स्थिति की स्थापना के लिए नहीं, बल्कि भारत के लिए प्रभुतावादी संविधान की योजना के लिए है।"[98]

जवाहरलाल के लिए इस घोषणा-पत्र पर हस्ताक्षर करना आसान नहीं था। शुरू-शुरू में तो उन्होंने इसे अस्वीकार कर दिया था और सुभाष भी उनसे सहमत थे। इस घटना के एक साक्षी के अनुसार, गांधी ने जवाहरलाल से कहा कि वह

अपने दृष्टिकोण पर कायम रह सकते हैं; पर इस स्थिति में इतने महत्त्वपूर्ण घोषणा-पत्र के विरोध में रहकर वे कांग्रेस की कार्यकारी समिति और उसके अध्यक्ष पद पर नहीं बने रह सकते थे। एक अन्य सूचना के अनुसार, जब जवाहरलाल इस घोषणा-पत्र पर हस्ताक्षर कर रहे थे, तब उनकी आँखों में आँसू थे और गांधी ने कहा, ''जवाहर सही सोचते हैं। यदि आप हस्ताक्षर करते हैं, तब आपको इसकी जिम्मेदारी का सम्मान करना है।''[99] सुभाष को जवाहरलाल से निराशा महसूस हुई और उन्होंने अपनी भावनाएँ श्रीमती सी.आर. दास से इन शब्दों में व्यक्त की थी, ''जवाहरलाल ने स्वतंत्रता महात्मा के कहने पर छोड़ दी।''[100]

एक तरफ तो सुभाष जवाहरलाल के इस कार्य से हताश हुए और दूसरी तरफ जवाहरलाल भी दुःखी थे। घोषणा-पत्र पर हस्ताक्षर करने के दो दिनों के बाद उन्होंने गांधी को एक पत्र लिखकर अपनी पीड़ा व्यक्त की थी। उन्होंने स्वीकार किया कि ''मेरे भीतर कुछ कचोटता हुआ-सा महसूस हो रहा है और मेरी मानसिक पीड़ा मुझे नहीं छोड़ रही है।'' गांधी ने उनसे अनुशासन के आधार पर अनुरोध किया और वे इस अनुरोध को ठुकरा नहीं सके। उन्होंने कहा, ''मैं स्वयं ही अनुशासन में विश्वास रखता हूँ, फिर भी मैं महसूस करता हूँ कि इसमें कुछ अधिक ही अनुशासन है।'' उन्होंने गांधी से कहा कि कांग्रेस के अध्यक्ष पद के प्रति उनकी निष्ठा को उनकी अन्य क्षमताओं और निष्ठाओं के रूप में भी देखना चाहिए, क्योंकि वे भारतीय ट्रेड यूनियन कांग्रेस के अध्यक्ष और स्वतंत्रता के लिए इंडिया लीग के सचिव हैं तथा उनका युवा आंदोलन से भी निकट का संबंध है। उन्होंने पूछा, ''अपनी इन सभी निष्ठाओं और अन्य आंदोलनों की जिम्मेदारी रखते हुए मुझे क्या करना चाहिए? मुझे लगता है कि मैं काफी कर चुका हूँ, जबकि एक ही समय कई घोड़ों पर सवारी करना संभव नहीं है। वास्तव में, एक पर ही सवारी करना काफी कठिन है। जिम्मेदारियों और निष्ठाओं के द्वंद्व में व्यक्ति अपने तर्क और अंतःप्रेरणा के सिवा और किस पर निर्भर रह सकता है? इसीलिए मैंने अपने सभी बाहरी संपर्कों और निष्ठा से स्वयं को अलग कर रखा तथा मुझे महसूस हुआ कि मैंने एक दिन पूर्व त्रुटिपूर्ण ढंग से कार्य किया है। मैं इस कथन की विशेषताओं में नहीं पड़ना चाहता हूँ। मुझे डर है कि हम इस मुद्दे पर मौलिक रूप से भिन्न राय रखते हैं।...मैं सिर्फ इतना ही कहूँगा कि मुझे यकीन है कि यह घोषणा नुकसानदेह रही और लेबर गवर्नमेंट की घोषणा को पूरी तरह से अपर्याप्त जवाब था।...मुझे लगता है कि हम एक खतरनाक फंदे में फँस चुके हैं, जिससे निकलना आसान नहीं होगा।'' जवाहरलाल के अनुसार, दिल्ली घोषणा-पत्र का

प्रयास कुछ माननीयों को बनाए रखना और उन्हें आराम पहुँचाने के लिए ही था और ऐसा करने में इसने हमारे समूह के कुछ गुणी व्यक्तियों को नाराज और बाहर कर दिया था।[101] जवाहरलाल इससे अनजान नहीं थे कि सुभाष इस दूसरे समूह से ही संबंधित थे। इस तथ्य से यह संकेत मिलता है कि जवाहरलाल के मन में सुभाष के प्रति सम्मान का भाव था और उनकी देशभक्ति की भावना को वे समझते भी थे। दूसरी तरफ सुभाष की नेहरू के प्रति हताशा भी यह दरशाती है कि उनकी नेहरू से इस मामले को लेकर बहुत ही उम्मीदें थीं।

इन दोनों ही व्यक्तियों के बीच में गांधी थे। नेहरू ने जिस दिन गांधी को पत्र लिखा था, उसी दिन उन्हें अपने अन्य सूत्रों से जवाहरलाल की मानसिक पीड़ा की खबर लग चुकी थी और उन्होंने सांत्वना देने के लिए पत्र लिखा—"मैंने अपने आप से कहा कि क्या मैं आप पर अनावश्यक दबाव डालने का दोषी हूँ? मैंने हमेशा आपको अनावश्यक दबाव से ऊपर ही माना है। मैंने हमेशा आपकी ताकत को सम्मान दिया है।"[102] उन्हें लगता था कि जब जवाहरलाल ने कुछ गलत नहीं किया है, तब वे इतना उदास क्यों हैं। घोषणा-पत्र पर जवाहरलाल के हस्ताक्षर के लिए कहने पर गांधी ने लिखा—"एक कार्यकारी अधिकारी और आगामी वर्ष में एक अध्यक्ष के रूप में तुम अपने सहकर्मियों के सामूहिक प्रयास से स्वयं को दूर नहीं रख सकते हो। मेरे विचार से तुम्हारा हस्ताक्षर तर्कसंगत एवं समझदारी से भरा हुआ तथा उचित था।" संभवतः ये दोनों ही पत्र, जो कि जवाहरलाल ने गांधी को भेजे थे और गांधी ने जवाहरलाल को, एक ही समय लिखे गए थे। इसीलिए गांधी को अपना पत्र लिखते समय यह नहीं पता था कि जवाहरलाल ने पहले ही कांग्रेस कार्यकारिणी और कांग्रेस के मुख्य सचिव के पद से इस्तीफा दे दिया था। अपने पिता मोतीलाल, जो कांग्रेस के अध्यक्ष थे, को जवाहरलाल ने लिखा कि घोषणा-पत्र से असहमत होने के बावजूद उन्होंने बहुमत की इच्छानुसार घोषणा-पत्र पर हस्ताक्षर किए हैं। इन परिस्थितियों में मेरा इस समिति में बने रहना और कांग्रेस के महत्त्वपूर्ण पद को सँभालना उचित नहीं है; जबकि मेरा इसके बहुत से सदस्यों से दृष्टिकोण भी भिन्न है।"[103] गांधी को वाकई इसकी जानकारी नहीं थी और 8 नवंबर को उन्होंने जवाहरलाल को जवाब में लिखा—"तुम्हें तुरंत त्यागपत्र नहीं देना चाहिए।…इसका असर राष्ट्रीय मामलों पर पड़ेगा।"[104]

दिल्ली घोषणा-पत्र पर सुभाष की प्रतिक्रिया स्पष्ट थी। उन्होंने उसे अस्वीकार कर दिया था और एस. किचलू व अब्दुल बारी के साथ मिलकर एक नया घोषणा-पत्र तैयार किया। उन्होंने भी कांग्रेस कार्यकारी समिति को अपना त्यागपत्र भेज दिया

था। अपने त्यागपत्र में उन्होंने लिखा—"आज की सभा में वाइसराय की घोषणा पर मैंने अपनी स्थिति स्पष्ट कर दी है। मुझे लगता है कि स्वतंत्रता के प्रति मुझे अपने दृष्टिकोण को सार्वजनिक कर देना चाहिए। आज दोपहर में इस विषय पर महात्माजी की टिप्पणी सुनकर मुझे यकीन है कि कार्यकारी समिति का सदस्य रहते हुए मुझे ऐसा नहीं करना चाहिए।[105] अत: मैं अपना त्यागपत्र भेज रहा हूँ।" किचलू और अब्दुल बारी के साथ मिलकर बनाए घोषणा-पत्र में सुभाष ने प्रभुतावादी स्थिति की स्वीकृति का विरोध करते हुए गोलमेज वार्त्ता के प्रस्ताव को भी अस्वीकार कर दिया था। उनके पत्र में भी जवाहरलाल द्वारा लिखे पत्र की ही भाँति वाइसराय के घोषणा-पत्र को ब्रिटिश साम्राज्य का एक फंदा ही बताया गया था।[106]

हालाँकि कुछ घटनाक्रमों ने जवाहरलाल की पीड़ा और सुभाष की हताशा को महत्त्वहीन बना दिया था। मोतीलाल ने इसे पहले ही समझ लिया था और अपना राजनीतिक अनुमान भी व्यक्त किया। जवाहरलाल को लिखे अपने एक पत्र में उन्होंने उनसे अपने त्यागपत्र को रोकने के लिए कहा। उन्होंने बताया कि हाउस ऑफ कॉमंस में हुई चर्चा के दौरान ब्रिटिश सरकार ने दिल्ली घोषणा-पत्र में लिखित शर्तों को मानने से इनकार कर दिया था।[107] उन्होंने यह भी कहा कि कार्यकारी समिति के पास इसके प्रस्ताव को अस्वीकार करने के अतिरिक्त और कोई विकल्प नहीं है तथा कांग्रेस सविनय अवज्ञा आंदोलन चलाने का प्रस्ताव दे रही है। 7 नवंबर को हाउस ऑफ कॉमंस में हुई बहस काफी उग्र थी और उसने भारत में इर्विन की स्थिति को कमजोर किया था; जबकि इर्विन ने भारतीयों को ब्रिटिश सरकार के प्रति विश्वास दिलाने की कोशिश की थी।[108] गांधी ने या तो जवाहरलाल के विरोध या फिर इर्विन के घोषणा-पत्र के प्रति ब्रिटेन के निरुत्साह के बारे में सुनकर अपनी सोच में बदलाव ला दिया था। उन्होंने शुरू में तो सरकार को सहयोग देने की बात कही थी, परंतु हाउस ऑफ कॉमंस की चर्चा के अगले ही दिन यानी 8 नवंबर को उन्होंने कहा, "घोषणा-पत्र के नेताओं के द्वारा इसमें बताई गई शर्तों का स्पष्ट रूप से पूर्ण प्रत्युत्तर न मिलने पर शांति नहीं हो सकती थी।"[109] इर्विन ने बदलाव के इन विचारों को समझ लिया था। 13 नवंबर को उसने भारत के सचिव को पत्र लिखा—"विलियम वेजवुड बेन, जवाहरलाल सोचते हैं कि उन्होंने इस घोषणा-पत्र पर हस्ताक्षर करके अपनी आत्मा को बेच दिया है···उनका रास्ता पुन: इस नीति का विरोध करने का है तथा वे सविनय अवज्ञा को जारी रखेंगे।"[110] यहाँ तक कि वल्लभभाई पटेल को भी यह आशंका थी कि महात्मा गांधी, जो इस समय नेहरू के ही इर्द-गिर्द थे, दिल्ली घोषणा-पत्र को अस्वीकार करने पर तैयार

हो सकते थे। गांधी ने स्वयं को दोहरे दबाव में महसूस किया था। एक दबाव तो जवाहरलाल और दूसरे सप्रू जैसे लोगों से था, जो कि दिल्ली घोषणा-पत्र के पक्ष में थे।[111] गांधी के प्रस्ताव में दोनों ही तरह के विचार थे। उसके अंतिम और महत्त्वपूर्ण भाग में लिखा था कि कांग्रेस की कार्यकारी समिति दिल्ली में कांग्रेस के सदस्यों द्वारा लिये गए निर्णय का समर्थन करती है[112] तथा यह भी स्पष्ट था कि इसकी संवैधानिक सुनिश्चितता कांग्रेस के अगले सत्र तक ही थी।''[113] इसी सभा में जवाहरलाल और सुभाष दोनों ने ही अपने त्यागपत्र वापस ले लिये थे।[114]

इर्विन के घोषणा-पत्र और दिल्ली घोषणा-पत्र के विवाद ने यह स्पष्ट कर दिया था कि जवाहरलाल और सुभाष ने आवश्यकता पड़ने पर अपनी स्थिति से पीछे हटने में आनाकानी नहीं की थी। यह भी महत्त्वपूर्ण है कि सुभाष ने जवाहरलाल के स्वराज के मुद्दे पर गांधी की आज्ञा से पीछे हटने पर आलोचना भी की थी। ऐसा लगता है कि सुभाष ने उन मुद्दों को भी प्रभावित किया था, जिनसे वे सहमत नहीं थे। 22 नवंबर को सुभाष ने अपने त्यागपत्र को वापस लेने का बयान जारी किया। उन्होंने कहा कि जब गांधी ने दिल्ली की सभा में कहा कि कार्यकारी समिति का निर्णय उसके सभी सदस्य मानने के लिए बाध्य हैं, तब उन्हें लगा कि यह एक तरह की जबरदस्ती है और उन्होंने कार्यकारी समिति से त्यागपत्र देने का निर्णय ले लिया था। त्यागपत्र देने के बाद उन्हें लगा कि अब वे कांग्रेस कार्यकारिणी समिति के सदस्यों को बिना निराश किए ही स्वतंत्रता के अभियान को जारी रख सकेंगे और इर्विन के घोषणा-पत्र की भी आलोचना कर सकेंगे। किंतु नवंबर के मध्य में कार्यकारी समिति की बैठक में मोतीलाल नेहरू ने उन्हें बताया कि त्यागपत्र देने की आवश्यकता नहीं है, क्योंकि कार्यकारी समिति अन्य विचारों को भी महत्त्व देने के लिए तैयार है। इन घोषणाओं व विवेचनाओं ने सुभाष और जवाहरलाल से त्यागपत्रों को वापस लेने का अनुरोध किया और परिणामत: वे त्यागपत्र वापस ले लिये गए। सुभाष को लगा कि जब कार्यकारी समिति बोलने और कार्य करने की अनुमति दे रही है, तब मेरे लिए कार्यकारी समिति से हटने का औचित्य नहीं है। सबसे महत्त्वपूर्ण तथ्य यह है कि जब दोनों ही व्यक्तियों ने अपने जीवन की घटनाओं को याद किया, तब उन दोनों ने ही कांग्रेस कार्यसमिति को इस्तीफा देने और उसके वापस लेने की चर्चा नहीं की थी। उनकी सुधारवादी प्रक्रिया में ईमानदारी थी; परंतु वह परिस्थितियों के अनुरूप आकार भी लेती रही।

23 दिसंबर को जब इर्विन से गांधी, जिन्ना, पटेल, मोतीलाल और सप्रू की मुलाकात हुई, तब इर्विन उन्हें भरोसा नहीं दिला सके थे। अब लाहौर कांग्रेस के

लिए मार्ग तैयार हो चुका था; मगर इस महत्त्वपूर्ण सत्र के आरंभ होने से पहले सुभाष के सामने फिर से त्यागपत्र देने की आपदा आ पड़ी थी। जब उन्हें पता चला कि मोतीलाल ने समिति के कुछ सदस्यों के सहयोग से समिति के कुछ सदस्यों के लिए प्रतिबंध लगा दिया था, तब सुभाष ने पुनः मोतीलाल को अपना त्यागपत्र सौंप दिया। उन्होंने इस निर्णय को मनमाना, असंवैधानिक और पहले कभी न होनेवाला बताया।[116] डॉ. बी.सी. राय, जो कि एक मशहूर चिकित्सक भी थे तथा उनका राजनीति में एक महत्त्वपूर्ण स्थान था और सन् 1950 में वे बंगाल के मुख्यमंत्री भी बने, ने इस मतभेद को सुलझाने में मध्यस्थता भी की थी। सुभाष को लगा कि उनकी नाराजगी उनके भीतर से कुछ बेहतर निकलने के लिए ही थी और मोतीलाल से हटकर उन्हें इसमें कुछ विशेष लाभ नहीं हो पा रहा था। उन्होंने मोतीलाल से क्षमा माँगी और कांग्रेस कार्यकारिणी समिति में फिर से शामिल हो गए। उन्होंने मोतीलाल को अपने पिता-तुल्य भी बताया।[117] इस तरह से इन दो महीनों में सुभाष का यह दूसरा इस्तीफा था। क्या सुभाष की छवि नाराज होकर बार-बार इस्तीफा देनेवाले की बन गई थी? जबकि दोनों ही बार उन्होंने अपना इस्तीफा वापस ले लिया था। यह भी एक खास बात है कि उन्होंने 'दि इंडियन स्ट्रगल' में अपने इन दोनों ही इस्तीफों और इसके वापस लेने की चर्चा नहीं की थी।

सन् 1929 का कांग्रेस का लाहौर अधिवेशन जवाहरलाल के लिए बहुत ही महत्त्वपूर्ण था। वे स्वयं को मिल रहे रुझान के प्रति सजग थे तथा उन्हें लगता था कि उनको मिली विजय उनकी व्यक्तिगत नहीं थी। कुछ वर्षों बाद अपनी स्मृति के इन विषयों पर उन्होंने टिप्पणी की थी, "मुझे मंच के केंद्र में स्थान मिला था।...मैं जानता था कि वहाँ का उत्साह एक विचार और प्रतीक के लिए था, न कि मेरे स्वयं के लिए। फिर भी, किसी व्यक्ति के लिए कुछ देर के लिए ही सही, यह प्रतीक बनना छोटी चीज नहीं थी।"[118] हालाँकि, सुभाष के लिए यह अधिवेशन बाधाओं की एक शृंखला के रूप में ही था।

कांग्रेस के इस अधिवेशन में जवाहरलाल का स्वागत तालियों की गूँज से हुआ था। यह भी कुछ विरोधाभासी-सा है कि जवाहरलाल और सुभाष दोनों ही गांधी के प्रति अपना लगाव तथा स्वयं को अहिंसा के समर्थक बताते थे, परंतु जब स्वतंत्रता और स्वराज के नए रूप के प्रतीक के प्रदर्शन के चयन का समय आया, तब दोनों ने ही सैन्य-शक्ति से संबंधित रूप को ही चुना था। सुभाष ने कांग्रेस के कलकत्ता अधिवेशन में सेना की वरदी पहनी और जवाहरलाल लाहौर में भारत के भव्य सामंत के रूप में ही आए थे। गांधी को सुभाष का यह प्रदर्शन हास्यास्पद

लगा था; पर जवाहरलाल के इस प्रदर्शन पर उनके विचारों की जानकारी नहीं है।

जवाहरलाल को दिसंबर की शुरुआत में अपने अध्यक्षीय संबोधन का प्रारूप तैयार करना पड़ा था।[119] उन्हें पूरा यकीन था कि क्रिसमस से पहले वाइसराय के साथ हुई कांग्रेस के सदस्यों की मुलाकात का कोई परिणाम नहीं निकलेगा। उनके भाषण में भारत की स्थिति को अंतरराष्ट्रीय रूप में पेश किया गया था। उन्हें यकीन था कि यूरोप का प्रभुत्व अब तेजी से समाप्ति की ओर बढ़ रहा था और यूरोप अब सक्रियताओं एवं रुचियों का केंद्र नहीं रहेगा। आगामी भविष्य अब अमेरिका और एशिया के साथ ही है। भारत अब दुनिया के उस आंदोलन में था, जिसमें चीन, तुर्की, पर्शिया, मिस्र और रूस साझेदार थे। भारत अब अलग-थलग नहीं रह सकता था। भारत की अपनी स्वयं की कठिनाइयाँ व जटिलताएँ थीं और वह दुनिया की उपेक्षा उसकी अपनी तकलीफों के लिए कर रहा था; परंतु भारत ने दुनिया को एक संदेश दे दिया था कि उसे दूसरे लोगों से संदेश प्राप्त करना और सीखना पड़ेगा।

भारत की आंतरिक समस्याओं की तरफ मुड़ते हुए जवाहरलाल ने महसूस किया कि भारत को अपनी आर्थिक आजादी और समानता की समस्या का समाधान ढूँढ़ना है। इसे बिना हासिल किए भारत के सामाजिक ढाँचे को स्थायित्व नहीं प्राप्त होगा। किंतु आर्थिक असमानता की समस्या का समाधान यहाँ के लोगों की बुद्धिमत्ता, विचार और संस्कृति के परिणामों पर आधारित होगा। उन्हें विश्वास था कि एक बार इस समाधान के हासिल होने पर विभिन्न समुदायों के बीच का दुःखद अंतर स्वयं ही समाप्त हो जाएगा; क्योंकि यह हमारी स्वतंत्रता को भी पीछे की तरफ ले जा रहा है। उन्होंने भारत में ब्रिटिश शासन और प्रभुतावादी स्थिति को स्पष्ट भी किया था। उनके अनुसार, इसका अर्थ मुट्ठी भर भारतीयों के हाथों में शासन व समाज का शोषण और दमन था। इन परिस्थितियों में भारत के सामने सिर्फ एक ही लक्ष्य था—आजादी। जवाहरलाल ने अपनी सोच के बारे में स्पष्ट रूप से कहा, "मैं एक समाजवादी और गणतंत्रवादी हूँ तथा मैं राजाओं और राजकुमारों में या आधुनिक राजा बनानेवाली फैक्टरियों में विश्वास नहीं रखता हूँ, जिसमें पुराने राजाओं से भी अधिक लोगों के भविष्य और जीवन पर शासन करने का अधिकार हो।" उन्होंने स्वीकार किया कि "यह कांग्रेस के लिए संभव नहीं था, क्योंकि इसका निर्माण एक पूर्ण समाजवादी कार्यक्रम के लिए हुआ था। उन्होंने यह भी कहा कि समाजवाद का दर्शन धीरे-धीरे सारी दुनिया में फैल चुका है और इसमें फर्क सिर्फ इसे हासिल करने की पद्धतियों एवं गति का है। भारत को भी यदि अपनी निर्धनता और असमानता से मुक्ति पानी है, तब उसे भी यही समाजवादी प्रक्रिया

अपनानी पड़ेगी। हालाँकि यह प्रक्रिया भारत के बुद्धिमान व्यक्तियों के आदर्शों के माध्यम से अपनाई जा सकती है।''[120]

सन् 1929 में दिया गया जवाहरलाल का यह संबोधन वाकई शानदार था। इसमें स्वतंत्रता और समाजवाद के स्वप्न के साथ किसी भी तरह का समझौता नहीं था। जवाहरलाल जानते थे कि इस स्वप्न का कांग्रेस के घोषणा-पत्र में स्थान नहीं था; परंतु वे इसे अपने सिद्धांत में रखना आवश्यक समझते थे। हालाँकि उन्हें इस भावना के लिए भारत के लोगों और यहाँ के बौद्धिक वर्ग को भी तैयार करना था। वे इस तथ्य से भी अनजान नहीं थे कि लगभग डेढ़ महीने पहले ही उन्होंने दिल्ली घोषणा-पत्र पर हस्ताक्षर किए थे। समझौतों का हमेशा स्वागत नहीं होता था, पर कभी-क़भी वे अपरिहार्य हो जाया करते थे। वे स्वयं को मिली समिति की सदस्यता की जिम्मेदारियों के अनुशासन को समझते थे। वे कभी-कभी तो लगाम खींचते थे; पर यह टूट न जाए, इसका भी खयाल रखते थे।

एक बार जब कांग्रेस का अधिवेशन समाप्त हो चुका था, तब जवाहरलाल स्वतंत्रता दिवस की तैयारी कर रहे थे, जो 26 जनवरी, 1930 को होना तय था, जिसमें शपथ लेने के भाषण की भी तैयारी थी। वे चाहते थे कि इस समारोह को बड़े और भव्य स्तर पर मनाया जाए, राष्ट्रीय ध्वज सुबह फहराया जाए और जनसभा का भी आयोजन हो।[121] इस घटनाक्रम में वहाँ की योजनाओं में भी फेर-बदल कर दिया गया, क्योंकि गांधी जुलूस और भाषणों के पक्ष में नहीं थे। वे नागरिक अवज्ञा के आंदोलन की योजना बना चुके थे।[122] जवाहरलाल ने मान लिया कि जुलूस पर बहुत अधिक दबाव देना ठीक नहीं था; पर वे यह समझते थे कि इससे हट पाना कठिन अवश्य था। उन्हें यह भी भय था कि सरकार धारा 144 लगाकर 26 जनवरी के प्रदर्शन को रोकने की कोशिश कर सकती थी। वे दुविधा में थे कि इस आज्ञा को स्वीकार किया जाए या न किया जाए।[123] उन्होंने कांग्रेस की प्रांतीय समिति को दिए अपने निर्देशों में अपनी इस दुविधा को स्पष्ट कर दिया था और फिर इसका निर्णय स्थानीय कमेटी पर इस परामर्श के साथ छोड़ दिया गया था कि इस विरोध सभा का प्रदर्शन पूर्ण अनुशासन के साथ शांतिप्रिय ढंग से होना चाहिए।[124] स्वतंत्रता दिवस का शपथ-पत्र गांधी और जवाहरलाल दोनों ने साथ मिलकर ही बनाया था। यह भी कहा जा सकता है कि प्रथम स्वतंत्रता दिवस, यानी 26 जनवरी, 1930 की शुरुआत गांधी और जवाहरलाल दोनों ने साथ मिलकर की थी।[125]

जवाहरलाल की तुलना में सुभाष का अनुभव लाहौर अधिवेशन में कुछ कटु था और इसकी शुरुआत उनके इस्तीफे और फिर उसके वापस लेने से हो चुकी

थी। अधिवेशन की शुरुआत में ही गांधी ने एक प्रस्ताव जारी करते हुए वाइसराय पर हुए बम के हमले को गलत ठहराया और उनको इस हमले से बच जाने पर बधाई भी दी। यह प्रस्ताव बहुत ही कम संख्या से पारित भी हुआ। सुभाष गांधी से सहमत नहीं थे और उन्होंने बाद में लिखा कि कांग्रेस में इस राजनीतिक प्रस्ताव को लेकर असंतोष था; पर महात्मा ने इसे बनाए रखने पर जोर दिया और शायद वे लॉर्ड इर्विन को तुष्ट करना तथा भविष्य में इसके पुनर्मेल की जमीन भी तैयार करना चाहते थे।महात्मा ने इसे भरोसे का सवाल बना लिया था।'' जब गांधी पूर्ण स्वराज का प्रस्ताव लाए, तब सुभाष को गांधी से अपनी असहमति प्रदर्शित करने का अवसर मिला था। 31 दिसंबर को दिए अपने दो भाषणों में सुभाष ने गांधी से थोड़ा आगे बढ़ते हुए पूर्ण स्वराज के प्रस्ताव पर जोर दिया था। समिति के सम्मुख इस प्रस्ताव में सुधार पर चर्चा करते हुए सुभाष ने कहा कि गांधी की योजना से पूर्ण स्वराज का लक्ष्य हासिल नहीं होगा। उन्होंने कांग्रेस के सदस्यों से कहा कि बिना लोगों की सदिइच्छा पर आधारित समानांतर शासन के हम इस उद्‌देश्य को कैसे प्राप्त कर सकते हैं? उन्होंने पूर्ण स्वराज के लिए पूर्ण बहिष्कार की वकालत की और वे कांग्रेस से भी चाहते थे कि वह दबे-कुचले समाज का प्रतिनिधित्व करे। सुभाष को लगता था कि विधायी बहिष्कार और गांधी के रचनात्मक कार्य ही स्वतंत्रता लाने के लिए पर्याप्त नहीं थे।[125] सुभाष के इस सुधारवादी प्रस्ताव की पराजय हुई और फिर वे पूर्ण बहिष्कार का एक प्रस्ताव दोबारा लाए। इस प्रस्ताव को लाते समय उन्होंने अपने विश्वास और सिद्धांत के संबंध में कहा, ''मैं एक अतिवादी हूँ और मेरा सिद्धांत है—या तो पूरा या कुछ नहीं।''[128] यह सुधार प्रस्ताव भी पारित नहीं हो सका।

सुभाष को संभवतः इस प्रस्ताव के पारित न हो पाने की आशंका थी। किंतु 1 जनवरी, 1930 को नई कार्यकारी समिति में जो कुछ घटित हुआ, वे उसके लिए तैयार नहीं थे। जब समिति की घोषणा हुई, तब उन्हें पता चला कि उनके सहयोगी श्रीनिवास अयंगार और वे उससे हटा दिए गए थे; जबकि बहुत से पुराने सदस्य अभी भी बने हुए थे। कांग्रेस के प्रमाणित इतिहास से पता चलता है कि इस कार्यकारी समिति के बनने के समय इसके सदस्यों की दो अलग-अलग सूची बनी थीं, जिसमें एक गांधी एवं मोतीलाल के परामर्श से और दूसरी जमनालाल बजाज के निर्देशों से बनी थी। इसमें एक के नाम पर मतभेद था (नाम नहीं बताया गया है)। बाद में इस मतभेद को सुलझा लिया गया था और समिति बन गई। सुभाष और श्रीनिवास अयंगार की इच्छा मतदान कराने की थी और जब उनके प्रस्ताव को

इनकार कर दिया गया, तब वे नाटकीय ढंग से बाहर चले गए थे। इस घटना के 10 मिनट से भी कम समय बाद एक सूचना आई कि एक नई पार्टी का गठन कर लिया गया है, जिसका नाम 'कांग्रेस डेमोक्रेटिक पार्टी' था।[129]

इस घटना से यह पता चलता है कि सुभाष एक नई पार्टी के गठन के लिए पहले से ही तैयार होकर सभा में आए थे। 7 जनवरी को सुभाष ने बताया कि कलकत्ता के पूर्व मेयर जे.एम. सेनगुप्ता, जो सुभाष के राजनीतिक प्रतिद्वंद्वी भी थे, ने चुपके से कहा था कि हम एक नई पार्टी के गठन के लिए बाहर निकले थे।[130] इस प्रकार सुभाष का यह बयान कुछ वर्षों बाद आए उनके अधिकृत बयानों से भिन्न था, जिसमें उनके दोनों बयानों पर ध्यान नहीं दिया गया था।[131] सुभाष ने अपने कथन में यह दावा किया था कि वे और उनके समूह की प्रतिक्रिया जवाहरलाल, गांधी और अन्य सदस्यों के निर्णय पर हुई थी, जिसमें वे लोग एक समरूप पार्टी बनाने वाले थे और कार्यकारी समिति से पुराने व अनुभवी सदस्यों को वैचारिक मतभेद के आधार पर बहिष्कृत करने का निश्चय किया गया था। उन्होंने यह भी कहा कि यह कांग्रेस के संविधान और इसकी वर्तमान कार्य-प्रणाली का उल्लंघन था। उनके अनुसार, यदि उनके सहयोगियों से परामर्श लिया जाता, तब वे संभवत: स्वयं ही अलग हो जाते।[132]

सुभाष के इन कथनों में दो चीजें नजर आती हैं। लाहौर अधिवेशन से उनका बहिर्गमन और नई पार्टी के गठन के निर्णय को उनके अलग-थलग पड़ने के रूप में नहीं लिया जा सकता है। सुभाष ने कहा कि वास्तविकता यह है कि 1 जनवरी को हुई अखिल भारतीय कांग्रेस कमेटी की बैठक उनके लिए बुरी साबित हुई थी। संपूर्ण अधिवेशन के दौरान हमारी पार्टी के सदस्यों के साथ अध्यक्ष द्वारा बुरा बरताव किया गया और कार्यकारिणी समिति ने हमारी सहायता करने के बजाय अध्यक्ष का ही साथ दिया।[133] उपर्युक्त कथन जवाहरलाल के प्रति सुभाष की नाराजगी दरशाता है। दोनों ही कथन जवाहरलाल की आलोचना के रूप में तैयार किए गए हैं, जिनमें से यह कथन और भी स्पष्ट है—"यह बहुत से लोगों के लिए आश्चर्य की बात है कि महात्माजी और पं. जवाहरलाल नेहरू अब एक ही मानसिकता रखते हैं। उनमें किसी भी तरह का वैचारिक अंतर नहीं है। हमें यह नहीं पता कि भारत की युवा पीढ़ी इस खबर को किस रूप में लेगी। वैसे, यह बहुत से लोगों के लिए खबर होगी। पं. जवाहरलाल नेहरू के विचार अब स्वतंत्र लीग के पूर्व सहयोगियों के बजाय प्रभुतावादी स्थिति के पूर्व मित्रों से अधिक मिलते हैं।"[134]

जवाहरलाल अपने प्रति सुभाष की नाराजगी से अनभिज्ञ भले ही न हों, पर वे

इससे परेशान नहीं थे। लाहौर अधिवेशन में सुभाष को लेकर उनके वक्तव्य बहुत ही सामान्य थे। बंगाल के एक संवाददाता को उन्होंने लिखा—"मैं आपको यकीन दिलाता हूँ कि मेरे मन में किसी के प्रति कटुता नहीं है। मैं उन लोगों के प्रति कटुता कैसे रख सकता हूँ, जो कि वर्षों तक मेरे सहकर्मी रहे हैं।" उन्होंने लिखा कि "मैं राजनीति में व्यक्तिगत कारकों को लाने का हिमायती नहीं हूँ; पर मैं मानता हूँ कि लोगों के विचार इससे भिन्न हो सकते हैं।" वे अब उन्हें अपने साथ काम करते हुए नहीं देख पा रहे थे। इस पत्र में उन्होंने सुभाष के द्वारा समानांतर सरकार के गठन पर अपने संशोधन पर भी टिप्पणी की थी—"मुझे इसमें शक नहीं है कि एक समय आएगा, जब भारत में एक समानांतर सरकार का गठन होगा।...इसके साथ ही मैं यह भी महसूस करता हूँ कि अस्पष्ट और बड़ी-बड़ी बातें अकसर उद्देश्य से भटक जाती हैं। स्वतंत्रता के लिए किसी भी अभियान का उद्देश्य एक स्तर पर समानांतर सरकार ही है। सविनय अवज्ञा और किन्हीं क्षेत्रों में करों की अदायगी का विरोध भी समानांतर सरकार का गठन करना ही है।" जवाहरलाल ने यह भी कहा कि 'मैं कांग्रेस डेमोक्रेटिक पार्टी और कांग्रेस के कार्यक्रमों में अंतर नहीं देखता। मैं चाहता हूं कि कांग्रेस के वामपंथ और दक्षिणपंथ की वार्त्ता में अधिक स्पष्टता हो।"[135]

संभवतः जवाहरलाल और सुभाष के इन दृष्टिकोणों के अंतर को ही जवाहरलाल 'वैयक्तिक कारक' कहते थे। जहाँ तक सुभाष का सवाल है, लाहौर अधिवेशन में जो कुछ भी हुआ, वह जवाहरलाल और सुभाष के द्वारा प्रस्तुत कांग्रेस के मूल परिवर्तनकारी तत्त्वों के बीच मतभेद कराने के गांधी के प्रयास का प्रतिफल था। उन्हें लगता था कि उनके समाधानों को स्वीकार्यता नहीं मिलेगी, क्योंकि महात्मा के लिए वे मान्य नहीं थे तथा सदन गांधी को छोड़ना नहीं चाहता था। इसलिए उसके सामने उनकी माँगों को मानने के सिवा और कोई विकल्प नहीं था। सुभाष ने लाहौर अधिवेशन को महात्मा की जीत के रूप में देखा। हालाँकि आम जनता राजनीति की जटिलताओं से या फिर कांग्रेस की आंतरिक परिषदों के मतभेदों से परिचित नहीं थी। उनके लिए लाहौर कांग्रेस एक बड़ी प्रेरणा थी।[136]

दूसरी तरफ कांग्रेस डेमोक्रेटिक पार्टी का अस्तित्व समाप्त हो गया, जिसके बारे में सुभाष ने 'दि इंडियन स्ट्रगल' में जिक्र भी नहीं किया था। इसका कार्यकाल सुभाष के विरोध के रूप में बहुत ही कम समय रहा।

कांग्रेस के नेतृत्व के प्रति सुभाष की खीज की कुछ वजह बंगाल कांग्रेस में हुई नोक-झोंक की प्रतिक्रिया भी थी।[137] सुभाष इस गुटबंदी के झगड़ों में पड़

गए थे और इसी वजह से प्रांतीय नेतृत्व में बँटवारा हो गया था। इसकी प्रमुख वजह सन् 1925 में हुई सी.आर. दास की असामयिक मृत्यु ही थी, जो सुभाष के प्रथम परामर्शदाता भी थे। जब श्री दास की मृत्यु हुई, तब गांधी ने बैरिस्टर जे.एम. सेनगुप्ता, जो कि चटगाँव के थे, श्री दास के उन सभी तीन पदों को सँभालने के लिए कहा, जो कि दास सँभालते थे। वे तीन प्रमुख पद—कलकत्ता के मेयर, बी.पी.सी.सी. के प्रमुख और बंगाल विधान परिषद् में स्वराज पार्टी के नेता के थे। गांधी के इस परामर्श का अंदाज लगाना थोड़ा मुश्किल है, क्योंकि उस समय तक सेनगुप्ता की पहचान एक राजनेता के रूप में नहीं थी और न ही वे दास के प्रमुख सहयोगियों में से ही थे। सेनगुप्ता ने सन् 1927 तक इन तीन पदों को तब तक सँभाला, जब तक कि उन्होंने सुभाष को बी.पी.सी.सी. की अध्यक्षता नहीं सौंप दी थी। सेनगुप्ता का बंगाल की राजनीति के पाँच प्रमुख लोगों से अकसर मतभेद रहता था, जिनमें क्रमशः बी.सी. राय, तुलसी गोस्वामी, निर्मल चंद्र, नलिनी सरकार और सुभाष के भाई शरत बोस प्रमुख थे। ये सभी लोग उन्हें उनके मूल स्थान की वजह से कलकत्ता से बाहर का मानते थे। सुभाष को इस मामले में कोई परेशानी नहीं थी, पर समस्या सन् 1928 में तब आई, जब सेनगुप्ता मेयर के पद से मुक्त हो गए। सुभाष इस पद के प्रत्याशी थे और जब वह हार गए, तब उन्होंने इसके लिए सेनगुप्ता के उत्साहहीन समर्थन को ही दोष दिया। अगले साल सेनगुप्ता पुनः मेयर पद के लिए चुने गए। इस प्रकार सेनगुप्ता ने कलकत्ता निगम को सँभाला और बंगाल विधान परिषद् के भी नेता थे; परंतु पार्टी को सुभाष ही संचालित कर रहे थे। अब प्रश्न यह था कि बंगाल की राजनीति में सेनगुप्ता या सुभाष में से कौन अधिक महत्त्वपूर्ण था? सेनगुप्ता में काबिलीयत की कमी नहीं थी, पर उनमें सुभाष जैसा करिश्माई व्यक्तित्व नहीं था।

अगस्त 1929 में कांग्रेस के शीर्ष नेतृत्व का ध्यान बंगाल कांग्रेस में विभाजन की तरफ तब आया, जब बी.पी.सी.सी. और ए.आई.सी.सी. का मतभेद चुनावों में उभरकर ऊपर आया था। सेनगुप्ता को लगा कि यह विरोध गंदी साजिश का परिणाम है। उन्होंने इस संदर्भ में जवाहरलाल को पत्र लिखा कि कुछ लोगों का समूह कांग्रेस की सदस्यता से लोगों को इस भय से बाहर रखना चाहता है कि वह समूह अपनी शक्ति खो देगा और कांग्रेस को अपनी विचारधारा के अनुसार नहीं चला सकेगा।[138] सुभाष का नाम लिये बिना ही उनका इशारा सुभाष की ही तरफ था। सुभाष ने नवंबर 1929 को जवाहरलाल में लिखा—"जैसा कि आपको पता है कि मि. सेनगुप्ता मेरा विरोध कर रहे हैं और इस समय मुझे बंगाल प्रदेश

कांग्रेस समिति से बाहर करने के लिए अपनी पार्टी को संगठित कर रहे हैं।''[139] बंगाल में दोषारोपण की इन परिस्थितियों में कांग्रेस अध्यक्ष मोतीलाल नेहरू ने सीतारामैया को वर्ष 1929 के आखिर में इस विवाद को सुलझाने और इसकी जाँच करने के लिए बंगाल भेजा। दुर्भाग्य से सुभाष और उनके भाई शरत ने सीतारामैया पर ध्यान नहीं दिया और उन पर सेनगुप्ता का पक्षपात करने का आरोप भी लगाया। सीतारामैया कांग्रेस के प्रमुख लोगों के इस व्यवहार से चकित थे। उन्होंने टिप्पणी की, ''इससे मुझे प्रांत के प्रमुख व्यक्तियों के चरित्र को देखने का अवसर मिला।''[140] एक संगठन के रूप में सुभाष के नेतृत्व में काम कर रही बी.पी.सी.सी. में बहुत कुछ करने को बचा रह गया था। सन् 1929 में ए.आई.सी.सी. के लेखा परीक्षक ने शिकायत दर्ज की थी, ''कैशबुक अपूर्ण है, भुगतान वाउचर से हुआ है, परंतु इस पर किसी अधिकारी के हस्ताक्षर नहीं हैं। यात्रा व्यय का लेखा-जोखा नहीं है; वेतन का रजिस्टर नहीं है और वेतन वाउचर से ही दिया गया है। बंगाल के बत्तीस जिलों में से एक का भी लेखा-जोखा जमा नहीं है।''[141]

बंगाल के नेताओं के आपसी विवादों को सुलझाने में हुई असफलता और यहाँ की साजिशों को देखकर लाहौर अधिवेशन में मोतीलाल ने तय किया कि ए.आई.सी.सी. के मौजूदा सदस्य इसे लाहौर अधिवेशन के जारी रहने तक सँभालेंगे और वह स्वयं इस समस्या का समाधान करेंगे। इस निर्णय के तहत बंगाल के नवनिर्वाचित सदस्यों को ए.आई.सी.सी. से बहिष्कृत कर दिया गया था। फलत: सुभाष ने अपना त्यागपत्र दिया और मोतीलाल नेहरू, जिनका वह बहुत आदर करते थे, को एक कड़ा पत्र लिखा। उन्होंने पत्र में आरोप लगाया कि मोतीलाल का निर्णय मि जे.एम. सेनगुप्ता और उनकी पार्टी का समर्थन करता है, जिसने वर्तमान बी.पी.सी.सी. का विरोध भी किया है।[142] इस प्रकार सुभाष ने इस गुटबाजी के झगड़े की वजह से कार्यकारी समिति से इस्तीफा दे दिया, जिसे बाद में वापस भी ले लिया था। इस तरह जब सुभाष ने अपना विरोध प्रकट किया और लाहौर अधिवेशन में इस्तीफा दिया था, तब सेनगुप्ता ने कहा कि वे चुपचाप अपनी नई पार्टी बनाना चाहते थे।[143]

इन घटनाक्रमों से यह पता चलता है कि सुभाष गुटबाजी के इन झगड़ों में फँसाए गए थे, जो कि बंगाल कांग्रेस के पतन की वजह भी बना था।[144] यह भी महत्त्वपूर्ण है कि इस गुटबाजी के द्वंद्व को सिर्फ नेतृत्व का संघर्ष या फिर सुभाष और सेनगुप्ता के बीच विवाद के रूप में ही नहीं देखना चाहिए। इसमें बंगाल कांग्रेस का विभाजन गांधी के नेतृत्ववाली कांग्रेस का राष्ट्रीय राजनीति पर बढ़ते

प्रभुत्व की वजह से भी था। सी.आर. दास ने अपनी मृत्यु से पूर्व तक बंगाल के दल में अपनी सर्वोच्चता बनाए रखी थी और वे हाईकमान की जी-हुजूरी नहीं करते थे। दास की मृत्यु के बाद गांधी के द्वारा सेनगुप्ता की नियुक्ति हुई और वे इन दोनों ही कामों में असफल रहे। सुभाष, जो कि दास के सहकर्मी थे, वे गांधी की राजनीति के आलोचक के रूप में उभर रहे थे और इसी वजह से वे कांग्रेस के राष्ट्रीय नेतृत्व एवं जवाहरलाल के विरोधी के रूप में देखे गए। हालाँकि बंगाल में अपनी लोकप्रियता के बावजूद वे बंगाल कांग्रेस में अपना प्रभुत्व स्थापित करने में असफल रहे। वर्ष 1930 के आखिर में सुभाष के राजनीतिक कॅरियर में उनकी विशेषताओं पर अवश्य ध्यान दिया गया है। किंतु लाहौर से उनकी वापसी के तुरंत बाद यानी 23 जनवरी, 1930 को हुई उनकी गिरफ्तारी में उनके जीवन के इस पहलू को दरकिनार कर दिया गया था। उनपर लगाए गए राजद्रोह और गैर-कानूनी जुलूस के अभियोग के तहत उन्हें महामहिम के अतिथि के रूप में अलीपुर सेंट्रल जेल में एक साल तक बंद कर रखा गया था। गांधी ने उनकी इस गिरफ्तारी का अभिवादन किया, पर वे बंगाल कांग्रेस के विभाजन को नहीं भूले थे। उन्होंने लिखा—"देश की सेवा के लिए सुभाष और उनके साथियों के एक साल के सश्रम कारावास के लिए मैं उनका अभिवादन करता हूँ। बंगाल में बहुत से दल और विभाजन हो सकते हैं, परंतु बंगाल की बहादुरी और आत्म-बलिदान कभी व्यर्थ नहीं जाएगा।"[145]

इस प्रकार वर्ष 1930 की शुरुआत में घटी महत्त्वपूर्ण घटनाओं से सुभाष ने जेल में ही बहुत कुछ सीखा था; जैसे—दांडी पदयात्रा और सविनय अवज्ञा आंदोलन। कांग्रेस की कार्यकारी समिति ने गांधी को सविनय अवज्ञा आंदोलन के तरीके और समय निर्धारित करने के लिए अधिकृत किया था। उन्होंने साबरमती आश्रम से पद-यात्रा की शुरुआत करते हुए दांडी समुद्र-तट पर सरकार के नमक बनाने के एकाधिकार को चुनौती देते हुए नमक बनाया था। उन्होंने 12 मार्च को अपने 71 समर्पित समर्थकों के साथ इस यात्रा की शुरुआत की और 6 अप्रैल को नमक कानून तोड़ा था। इस प्रकार सविनय अवज्ञा आंदोलन का शुभारंभ हुआ। दांडी मार्च दुनिया भर में आजादी के इतिहास की महत्त्वपूर्ण घटना बन चुका था। जवाहरलाल ने यह स्वीकार किया है कि शुरू-शुरू में वे थोड़ा घबराए हुए थे और राष्ट्रीय संघर्ष में नमक की भूमिका के साथ स्वयं को अनुकूल नहीं पा रहे थे; किंतु गांधी के हाथों में आया नमक अचानक ही दुनिया भर में शक्ति का प्रतीक बन चुका था।[146]

इस पदयात्रा के दौरान जवाहरलाल ने जंबुसार में गांधी के साथ कुछ घंटे बिताए और इन पलों को याद करते हुए उन्होंने कहा कि "अपने दल के साथ लंबे-लंबे

कदमों से बढ़ती उनकी यात्रा नमकवाले समुद्र-तट की तरफ जारी थी। यह उनकी आखिरी झलक ही थी और फिर मैंने उन्हें हाथों में डंडा लेकर अपने समर्थकों के साथ दृढ़ता भरे कदमों से शांतिपूर्ण पर निडर भाव से चलते देखा था। वह एक गतिमान दृश्य था।'' दांडी मार्च के लगभग दो दशकों बाद उन्होंने उन पलों के बारे में कुछ इस तरह से लिखा—''उस व्यक्ति की बहुत सी छवियाँ मेरे मस्तिष्क में आती हैं, जिनमें हँसी से भरी हुई उनकी आँखें और साथ ही उनमें अनंत दुःखों का सागर भी रहता है। परंतु जो चित्र सबसे अधिक प्रभावशाली था, उसमें उनका सन् 1930 में हाथ में छड़ी लेकर उनकी दांडी यात्रा का ही था। वे सत्य की तलाश में चलते हुए यात्री की भाँति थे, जिनमें शांति, दृढ़ता एवं निडरता भी थी और जो परिणामों की परवाह किए बिना ही अपनी तीर्थयात्रा को जारी रखे हुए थे।''[146] गांधी के साथ जवाहरलाल के संबंधों को समझने के लिए इन संस्मरणों को समझना आवश्यक है। जवाहरलाल के जीवनी लेखक एस. गोपाल के अनुसार, ''इस अनुभव के बाद शायद यह उम्मीद नहीं की जानी चाहिए कि चाहे जैसे भी वैचारिक मतभेद हों, जवाहरलाल अपने नेता से पूरी तरह से अलग हो चुके होंगे।''[149]

दांडी यात्रा और इस अभियान को याद करते हुए सुभाष कहते हैं कि यह गांधी के नेतृत्व की बेहतरीन उपलब्धि थी, जिसने इन विषम परिस्थितियों में उनकी राजनीतिक समझ को ऊर्जा प्रदान की थी। समुद्र-तट पर नमक बनाने के अभियान में गांधी की दांडी यात्रा की तुलना सुभाष नेपोलियन की एलबा से लौटकर पेरिस की यात्रा के रूप में तथा मुसोलिनी की रोम यात्रा के रूप में करते हैं।[150] चूँकि सुभाष इस यात्रा के दौरान जेल में थे, इसलिए वे जवाहरलाल की भाँति गांधी के उन महत्त्वपूर्ण पलों को नहीं देख सके थे। यह शायद सुभाष का दुर्भाग्य ही था कि वे अकसर गांधी को कांग्रेस की सभाओं और समझौतों के दौरान नहीं देख पाए। इसीलिए वे गांधी के करिश्माई व्यक्तित्व और नेतृत्व के परिचय से कई बार चूक भी गए।

जवाहरलाल ने गांधी को समुद्र-तट पर कार्यरत देखा, पर सरकार ने उन्हें गिरफ्तार नहीं किया। वे अपनी पार्टी के कार्यकर्ताओं और युवाओं को आगामी आंदोलन के लिए तैयार करते रहे। वे उत्तर प्रदेश के ग्रामीण इलाकों में तीव्र अभियान के लिए लगे रहे। उन्होंने गांधी के कानून तोड़ने के कुछ ही दिनों पहले लिखा था— ''इसमें संदेह नहीं है कि भारत जाग चुका है और हम ब्रिटिश सरकार को एक अच्छा संघर्ष देने वाले हैं।'''मुझे लगता है कि ब्रिटिश साम्राज्य के दिन अब गिनती के ही रह गए हैं।''[151] एक बार जब सविनय अवज्ञा आंदोलन शुरू हो गया, तब जवाहरलाल ने

भी इस नमक-प्रक्रिया को बढ़ावा दिया तथा रायबरेली में उन्होंने इस पर कर न देने के लिए लोगों का एक संगठन तैयार किया। जैसी कि उम्मीद थी, 14 अप्रैल को नमक कानून को तोड़ने में सहयोग देने पर उन्हें गिरफ्तार कर लिया गया और फिर नैनी सेंट्रल जेल में छह महीने की साधारण कैद की सजा सुनाई गई।

इस प्रकार, अप्रैल 1930 में सुभाष और जवाहरलाल दोनों ही जेल में थे। जेल की दिनचर्या कुछ इस तरह थी—दोनों पढ़ते, स्वयं को स्वस्थ रखने का प्रयास करते, जवाहरलाल जेल के कंपाउंड में रोजाना एक-दो मील दौड़ते भी थे; सुभाष ध्यान का अभ्यास भी करते थे। किंतु शीघ्र ही इन दोनों की दिनचर्या में बाधा उत्पन्न हो गई थी। 22 अप्रैल को पुलिसवालों ने सुभाष और कुछ अन्य लोगों की जेल में पिटाई कर दी थी। सुभाष को सिर में गंभीर चोटें आईं और वे तकरीबन एक घंटे तक बेहोश रहे।[152] जवाहरलाल को भावनात्मक चोट पहुँची, क्योंकि उनके जेल जाने के एक महीने के भीतर ही उनके पिता को गिरफ्तार कर लिया गया और उन्हीं के कंपाउंड वाली जेल में बंद कर दिया गया, जिसे 'कुत्ताघर' के नाम से भी जाना जाता था।[153] वे अपने पिता के खराब स्वास्थ्य को देखकर परेशान थे, क्योंकि उनके लिए जेल के हालात को बरदाश्त करना मुश्किल था। अपने पिता के जेल में आने पर जवाहरलाल का प्रमुख कार्य उनकी देखभाल करना था।

उधर जेल के बाहर सविनय अवज्ञा आंदोलन तीव्र गति से चल रहा था। गांधी के इस अहिंसक आंदोलन ने देश को हिला दिया था और सत्ता के गलियारों में भय व्याप्त था। दूसरी तरफ चिट्टगोंग में सूर्यसेन के नेतृत्व में हथियारबंद क्रांतिकारियों के एक समूह ने स्थानीय शस्त्रागार पर कब्जा कर लिया और स्वतंत्रता की घोषणा करके 23 अप्रैल को एक छोटी सी लड़ाई भी लड़ ली थी। अपने हिंसक आंदोलन को नजरअंदाज करते हुए क्रांतिकारियों ने अपनी विजय की घोषणा भी कर दी कि 'गांधी राज आ गया।' उसी दिन, जिस दिन चिट्टगोंग में संघर्ष हुआ, पेशावर में एक लहर उठी, जिसने शहर को ब्रिटिश शासन के नियंत्रण से बाहर कर दिया। उस घटना में हिंदू सैनिकों ने मुसलमान भीड़ पर गोली चलाने से मना कर दिया था। इस स्थिति में पेशावर को नियंत्रण में लाने में ब्रिटिश शासन को दस दिन लग गए। महाराष्ट्र के सोलापुर में गांधी के गिरफ्तार होने की खबर से 7 मई को कपड़ा मिलों की हड़ताल की घोषणा हो गई और लोगों की भीड़ ने शराब की दुकानों, पुलिस थानों एवं सरकारी भवनों पर आक्रमण कर दिया। इस स्थिति में 16 मई तक मार्शल लॉ लागू हो गया। ये सभी खबरें जेल की दीवारों को पार न कर सकी थीं। फिर भी जवाहरलाल को पेशावर और सोलापुर की एक घटना के बारे में पता चल ही गया था।[154]

इन उपद्रव भरी घटनाओं की वजह से ब्रिटिश शासन का विरोध करनेवालों पर दमन और भी बढ़ गया था। इसी वजह से संघर्ष विराम के प्रयासों में भी तेजी हो गई थी। उनके गिरफ्तार होने से पहले मोतीलाल शायद अनजाने में ही शांति प्रयासों को जारी रखे हुए थे। जेल में उन्होंने जवाहरलाल से अपने कहे वक्तव्य पर पछतावा व्यक्त किया, जिसमें उन्होंने परामर्श दिया था कि कांग्रेस को समझौते का रास्ता खोले रखना चाहिए। मोतीलाल के शब्दों ने नरम दल के लोगों को सक्रिय कर दिया था, जिसमें मुख्यतः सप्रू एवं जयकर ने कांग्रेस के नेताओं और सरकार के बीच बातचीत का प्रयास किया।[155] सप्रू एवं जयकर ने स्वयं को मध्यस्थ बनाया और 23 व 24 जुलाई को यरवदा जेल में गांधी से मुलाकात की। गांधी ने उन्हें नैनी जेल में बंद नेहरू के लिए संदेश देते हुए कहा, ''संधिकाल के दौरान गोलमेज वार्त्ता स्वयं शासन के आवश्यक सुरक्षात्मक प्रावधानों के साथ होनी चाहिए।''[156] इसके साथ ही मोतीलाल के लिए एक अन्य पत्र में उन्होंने स्वीकार किया था कि उन्हें इस समझौते के समय पर गंभीर संदेह है। परंतु वे इसमें जवाहरलाल के अंतिम आदेश को ही चाहते हैं। गांधी ने मोतीलाल से कहा कि आप और मैं उन्हें केवल परामर्श ही दे सकते हैं। उन्होंने सप्रू और जयकर को अपनी सीमाओं से अवगत करा दिया था; पर वे एक मजबूत स्थिति रखते थे।[157] सप्रू और जयकर के प्रयासों को बहुत ही कम सफलता प्राप्त हुई। जवाहरलाल का नरमपंथियों से विरोध था।[158] जवाहरलाल और उनके पिता ने एक साथ ही एक घोषणा-पत्र भेजा, जिसमें उन्होंने अपने सहयोगियों, मुख्यतः गांधी, से परामर्श लिये बिना किसी निश्चित कदम को उठाने में असमर्थता जाहिर की।[159] जवाहरलाल ने गांधी को एक अलग पत्र में स्थिति को और भी स्पष्ट कर दिया था। उन्होंने स्वीकार किया कि वे और उनके पिता दोनों ही संवैधानिक मुद्दे पर गांधी की स्थिति को अस्वीकार करते हैं; परंतु दोनों ही गांधी के इस कथन से सहमत थे कि वे संधि में किसी पक्ष की तरफ नहीं रहेंगे। जवाहरलाल किसी भी तरह की संधि के पक्ष में नहीं थे और वे किसी भी तरह का बयान जारी नहीं करना चाहते थे, जो कि कांग्रेस की स्थिति को कमजोर दिखाए। अपने बारे में कहते हुए उन्होंने गांधी से कहा, ''मैं संघर्ष की स्थिति पसंद करता हूँ। यह मुझे बताती है कि मैं जीवित हूँ। भारत में पिछले चार महीने की घटनाओं ने मेरे दिल को खुश कर दिया है और मुझे भारतीय मानव, स्त्री व बच्चा होने पर गर्व है; परंतु मैं महसूस करता हूँ कि ज्यादातर लोग युद्ध जैसी स्थिति नहीं, बल्कि शांति चाहते हैं और इसीलिए मैं अपने को दबाता हूँ तथा शांतिपूर्ण दृष्टिकोण रखता हूँ।''[160]

इस स्थिति के परिणामस्वरूप मोतीलाल, जवाहरलाल एवं सैयद महमूद को एक खास ट्रेन से यरवदा ले जाया गया, जहाँ उनकी मुलाकात सप्रू, जयकर, गांधी, वल्लभभाई पटेल, सरोजिनी नायडू और जयरामदास दौलतराम से हुई थी। कांग्रेस के नेताओं ने 15 अगस्त को एक घोषणा-पत्र पर हस्ताक्षर किए थे, जिसके अनुसार भारत में समझौते का समय अभी नहीं आया था। इन सभी ने इस तथ्य पर बल दिया था कि अंग्रेज अधिकारियों में स्वीकृति के ये संकेत नहीं नजर आ रहे हैं कि भारत के स्त्री व पुरुष यह तय करें कि भारत के लिए क्या बेहतर है। इतना होने पर भी इन लोगों ने कहा कि यदि ब्रिटिश सरकार निम्न शर्तों को माने तो समझौता हो सकता था—

क. ब्रिटिश सरकार से अलग होने के भारत के अधिकार को मानें।

ख. भारत सरकार को अपने नागरिकों की जिम्मेदारी दें, जिसमें सैनिक और आर्थिक नियंत्रण भी हो।

ग. भारत को स्वतंत्र न्यायालयी व्यवस्था के अधिकार प्रदान करें।

यह सभी कुछ राष्ट्रीय सरकार गैर-कानूनी रूप में या फिर भारत के लोगों के हित के खिलाफ देख रही थी।[161] कांग्रेस के नेताओं के द्वारा उठाए गए इन बिंदुओं को वाइसराय लॉर्ड इर्विन ने अस्वीकार कर दिया था और नेहरू, जो कि उन दिनों नैनी जेल में थे, ने सप्रू और जयकर के समझौते के प्रयास की असफलता के बारे में अगस्त के अंत में गांधी को पत्र लिखा था।[162]

इन चर्चाओं और पत्रों के आदान-प्रदान पर ब्रिटिश उच्च अधिकारियों का विशेष ध्यान था। भारत सरकार के सचिव वेजवुड बेन ने सितंबर में वाइसराय को लिखा था कि वे गांधी एवं जवाहरलाल के विचारों में अंतर और अहिंसा के प्रति उनकी घोषणाओं में जवाहरलाल का गर्व देखकर आश्चर्यचकित हैं। उनके गर्व ने मुझे निराश किया है, क्योंकि इसमें किसी हारे हुए व्यक्ति का भाव-प्रदर्शन नहीं है।''[163] ब्रिटिश अधिकारियों को धीरे-धीरे एहसास होने लगा कि भारत में गांधी के अलावा भी किसी आवाज को उन्हें महत्त्व देना पड़ेगा।

राजनीतिक वार्त्तालाप के इस संघर्ष में मोतीलाल कमजोर हो चुके थे और जवाहरलाल अपने पिता के गिरते स्वास्थ्य को भी देख रहे थे। मोतीलाल 8 सितंबर को जेल से छूट गए और जवाहरलाल अक्तूबर की शुरुआत में रिहा हो गए थे। किंतु जवाहरलाल आठ ही दिनों के बाद यानी 19 अक्तूबर को फिर से नैनी जेल भेज दिए गए थे। जवाहरलाल के लिए जेल का यह समय बहुत ही दुःखद था, क्योंकि मोतीलाल मृत्यु-शैया पर पड़े थे और 6 फरवरी, 1931 को उन्होंने

अपनी अंतिम साँस ली। जवाहरलाल ने मोतीलाल की कमी को अपने स्वभाव के अनुकूल प्रदर्शित न करते हुए बहुत ही अधिक महसूस किया था। उनका अकसर ही राजनीतिक मुद्दों पर अपने पिता से मतभेद था; परंतु वे मोतीलाल पर अपनी निर्भरता को लेकर सचेत थे। जवाहरलाल उन लोगों में से थे, जिन्हें अपने पिता पर निर्भरता महसूस होती थी। उन्होंने अपनी जीवनी में स्वीकार भी किया है कि 'उनके पिता की मृत्यु ने उन्हें गांधी के नजदीक ला दिया था।'[164] इस अर्थ में मोतीलाल नेहरू की मृत्यु जवाहरलाल और गांधी को नजदीक लाने का एक राजनीतिक परिणाम भी था। उनकी इस निकटता की छाप नेहरू और सुभाष के संबंधों पर भी पड़ी थी।

जब मोतीलाल की मृत्यु हुई, तब सुभाष जेल में थे।[165] यह स्पष्ट नहीं है कि उन्हें इसकी सूचना जेल में मिली थी या फिर मार्च 1931, यानी एक महीने बाद जेल से रिहा होने पर। यह भी ध्यान देने योग्य तथ्य है कि जवाहरलाल को उन्होंने उनके शोक पर संवेदना का पत्र नहीं लिखा होगा। यह संभव है कि उनका लिखा पत्र कहीं इधर-उधर हो गया होगा; परंतु यह भी कुछ विचित्र-सा है, क्योंकि उन दोनों के बीच हुए पत्राचार के पत्रों को सुरक्षित एवं संगृहीत किया गया था। इस मामले में सुभाष ने भी मोतीलाल पर कोई सार्वजनिक बयान नहीं दिया, जिनकी इच्छाओं को वे आदेश के रूप में लेते थे।[166] यदि यह एक चूक थी या फिर उनकी कमी को महसूस करने की भावना थी, फिर भी इसे सुभाष के व्यवहार के अनुकूल नहीं माना जा सकता था। क्या यह उनकी स्वयं की जेल की पीड़ा थी या फिर राजनीतिक घटनाक्रमों ने उन्हें उनके प्रति निजी और सामाजिक जिम्मेदारियों से विमुख कर दिया था? या फिर उनके और नेहरू पिता-पुत्र के बीच अस्थायी अनबन थी, जिसकी वजह उनका लाहौर में कांग्रेस कार्यकारी समिति का त्यागपत्र था? यह 'अस्थायी' शब्द बहुत ही समझदारी से प्रयोग किया गया है, क्योंकि वर्ष 1930 के मध्य तक सुभाष एवं जवाहरलाल के संबंधों में काफी हार्दिकता थी और 'दि इंडियन स्ट्रगल' में सुभाष ने मोतीलाल को अत्यधिक सम्मान देते हुए लिखा भी था। उन्होंने मोतीलाल की मृत्यु को क्षतिपूर्ति न होने के रूप में व्यक्त किया तथा उन्हें कांग्रेस का अंतिम बौद्धिक राजनेता बताया था और उनके अनुसार, वे अकेले ही ऐसे व्यक्ति थे, जो कि महात्मा को भले के लिए प्रभावित कर सकते थे।[167] किंतु विस्मृति के कारण वे मोतीलाल की मृत्यु का माह सही याद न कर सके थे।[168]

वर्ष 1930 और 1933 के दौरान सुभाष एक स्वतंत्र व्यक्ति के रूप में थे और पूरी तरह से बंगाल की प्रांतीय राजनीति एवं कलकत्ता निगम के मामलों में संलग्न

थे। वैसे ये दोनों ही कुछ खास उदाहरणीय नहीं थे, क्योंकि इनमें गुटबंदी के झगड़े और छुद्र मानसिकता नजर आती थी। इन झगड़ों के मूल में सुभाष और जे.एम. सेनगुप्ता का आपसी विरोध ही था। जे.एम. सेनगुप्ता को वे गांधी के व्यक्ति के रूप में देखते थे, जबकि सुभाष बंगाल के विद्रोही नेता थे और अपने मन की बातें रखने में हिचकिचाते नहीं थे। हालाँकि उन्होंने इस पर बाद में अफसोस भी जाहिर किया था। सुभाष को कार्यकारी समिति में सेनगुप्ता को शामिल करने से चिढ़ थी, जबकि उन्हें इससे बाहर कर दिया गया था। उनका यह आपसी विरोध इस हद तक पहुँचा कि इसने बंगाल में दो सविनय अवज्ञा समितियाँ बना दी थीं। यहाँ तक कि सुभाष ने इसे स्वीकार भी किया था कि इससे कांग्रेस की प्रतिष्ठा को धक्का लगा था।[169] कलकत्ता निगम और प्रांतीय कांग्रेस में प्रभुत्व के लिए दोनों ही नेताओं और उनके गुटों में संघर्ष था, जबकि इसके क्षेत्रों में अंतर कर पाना कठिन था। इस पर जवाहरलाल ने हताशा में भरकर लिखा था—"यह अत्यंत दुर्भाग्य की बात है कि जबकि सारा देश सविनय अवज्ञा के आंदोलन में लिप्त है और हम कलकत्ता में छुद्र राजनीतिक चुनावी विवादों में पड़कर बंगाल के आगामी संघर्ष को कुछ हद तक कमजोर कर रहे हैं।...यह भी आश्चर्यजनक है कि एक तरफ तो देश सविनय अवज्ञा की तैयारी कर रहा है और दूसरी तरफ कांग्रेस के लोग अपना समय व धन कलकत्ता नगर निगम पर अधिकार प्राप्त करने के लिए एक-दूसरे पर प्रहार-स्वरूप खर्च कर रहे हैं।"[170] यह भी समझना मुश्किल है कि सुभाष इस तरह की गुटबंदी के विवाद में क्यों पड़े हुए थे। क्या वे स्वयं को अपने मार्गदर्शक श्री सी.आर. दास के आवरण से मुक्त करने में असमर्थ थे? या फिर वे कांग्रेस के प्रमुख और गांधी के साथ सेनगुप्ता की निकटता से क्षुब्ध थे? कांग्रेस की कार्यकारी समिति से निकाले जाने के बाद उन्होंने अपनी एक नई पार्टी बनाई, जो कि शुरू नहीं हो सकी थी और संभवतः वे राष्ट्रीय स्तर पर स्वयं को अलग-थलग महसूस कर रहे थे। उन्हें प्रांतीय और निगम की राजनीति में ताकत का संकेत मिल रहा था। उन्हें प्रांतीय राजनीति के तालाब में कुछ देर के लिए ही सही, एक बड़ी मछली की तलाश थी।

सन् 1930 में सुभाष अभी जेल में ही थे कि उन्हें कलकत्ता का मेयर चुन लिया गया और जब सितंबर में वे रिहा हुए, तब उन्होंने उसके कार्यालय से शुरुआत की। अपने उद्घाटन भाषण में उन्होंने कहा, "हम यहाँ उन नीतियों और कार्यक्रमों के तहत हैं, जिन्हें आधुनिक यूरोप समाजवाद और फासीवाद का नाम देता है। हम यहाँ न्याय, समानता, प्रेम के लिए हैं, जोकि समाजवाद का आधार है और इसमें फासीवाद का अनुशासन भी शामिल है, जिस पर आज का यूरोप खड़ा है।"[171]

संभवतः यह सुभाष का प्रथम संवाद था, जो कि उन्होंने वर्ष 1930 में फासीवाद के एक सकारात्मक पहलू के रूप में महसूस किया था।[172] इस बयान पर ध्यान देने की आवश्यकता है। अगले अध्याय में हम इस विषय पर पुनः आएँगे।

मार्च 1931 में राष्ट्रीय स्तर पर सुभाष और जवाहरलाल दोनों के लिए हताशा का पल तब आया था, जब सविनय अवज्ञा आंदोलन को गांधी-इर्विन समझौते के तहत रोक दिया गया था। जवाहरलाल ने उस समझौते में लिये जानेवाले कदमों को बहुत ही नजदीक से देखा था, क्योंकि उस समय वे गांधी के साथ दिल्ली में ही थे। उन्होंने उस समझौते से संबंधित अपनी भावनाओं को बहुत ही स्पष्टता से व्यक्त किया था, "हमारे नेता स्वयं के प्रति प्रतिबद्ध थे और इसीलिए यह हुआ; यहाँ तक कि हम उनसे असहमत भी थे, पर हम क्या कर सकते थे? हमने अपनी असहमति भी जाहिर की और उनसे नाराज भी हुए। यह सबकुछ एक व्यक्ति को निजी संतुष्टि तो दे सकता था, पर इससे अंतिम निर्णय पर कोई फर्क नहीं पड़ा।...मेरे हृदय में एक बहुत बड़ा खालीपन है। मुझे लगता है, हमने कोई कीमती चीज खो दी है, जिसकी क्षतिपूर्ति मुश्किल है। इस प्रकार सबकुछ एक धमाके के साथ नहीं, बल्कि एक फुसफुसाहट के साथ खत्म हो गया।[173]

अपने बहुत से मतभेदों के बावजूद सुभाष और जवाहरलाल एक बात पर सहमत थे। दोनों को ही लगता था कि यदि आज मोतीलाल यहाँ होते, तब वे गांधी-इर्विन समझौते की पराजय को बदल सकते थे। इस समझौते के लगभग एक साल बाद जवाहरलाल ने जेल में अपनी डायरी में लिखा था—"इस समझौते के बारे में सोचते समय लोगों को लगता होगा कि यदि मेरे पिता वहाँ होते तब क्या होता। लोगों का मानना है कि तब स्थिति कुछ और होती। मूर्खतावश मैंने यह सब इस संधि के कुछ ही घंटों के बाद दिल्ली में कहा था। मेरी इस टिप्पणी से बापू को कैसा महसूस हुआ होगा?"[174] सुभाष को भी लगता था कि मोतीलाल की मौजूदगी इसमें परिवर्तन ला सकती थी। उन्होंने इस तथ्य पर अफसोस जाहिर किया कि मोतीलाल मध्य फरवरी 1931 में दिल्ली जाने में असमर्थ थे। पिछले पैराग्राफ में हम गांधी-इर्विन समझौते के बारे में सुभाष की भावनाओं को व्यक्त कर चुके हैं कि मोतीलाल ही वह अकेले व्यक्ति थे, जो कि गांधी पर प्रभाव डाल सकते थे।

जवाहरलाल ने इस समझौते के बाद अगले ही दिन गांधी से मुलाकात की। गांधी ने जवाहरलाल की पीड़ा को सुना और वे उनसे कुछ कहना चाहते थे। जवाहरलाल ने गांधी की अपने कार्य की न्यायोचितता के बारे में सफाई सुनी, मगर वे इससे सहमत नहीं हुए; परंतु इस वार्त्तालाप ने उन्हें शांत अवश्य कर दिया था।

इतना होने पर भी जवाहरलाल गांधी से यह कहने से स्वयं को न रोक सके, "उनके इस तरह के अचानक कार्य ने उन्हें डरा दिया है। उनके भीतर कुछ अनजाना-सा है। जो कि पिछले चौदह वर्षों के उनके साथ के बावजूद वे नहीं समझ सके और इससे वे आशंकित भी हैं।" गांधी ने भी यह स्वीकार किया कि उनमें भी कुछ अनजाना तत्त्व है, जिसका वे भी अनुमान नहीं लगा सकते कि यह उन्हें किस तरफ ले जाएगा। वैसे इस समझौते ने जवाहरलाल को एक बड़े मानसिक द्वंद्व और तनाव में पहुँचा दिया था।[175]

सुभाष को इस समझौते के बारे में जेल में ही पता चल गया था। वैसे बिना उनकी जानकारी के ही शुरू-शुरू में उनका नाम भी भ्रमात्मक रूप से गांधी-इर्विन वार्त्ता में आया था। इर्विन के अनुसार, गांधी ने कहा था कि वे इस बैठक में अन्य कांग्रेस सदस्यों की मौजूदगी भी चाहते थे और उन्होंने ही सुभाष का नाम सुझाया था। किंतु उस बैठक में गांधी की तरफ से आया बयान वाइसराय से अलग दिखता है; क्योंकि जैसे ही सुभाष का नाम सामने आया, गांधी ने तुरंत ही कहा कि सुभाष कांग्रेस कार्यकारी समिति के सदस्य नहीं हैं तथा वे मेरे विरोधी हैं और वे मुझ पर दोषारोपण करेंगे। फिर भी, यदि वे शामिल होना चाहते हैं तो हमें उन्हें एक मौका देना चाहिए।"[176] इस घटना का सबसे महत्त्वपूर्ण तथ्य है कि यद्यपि सुभाष जेल में थे और वे प्रांतीय व निगम की राजनीति करते थे, फिर भी उनका राष्ट्रीय स्तर पर गांधी एवं इर्विन की नजरों में विशेष महत्त्व था।

हालाँकि सुभाष को इससे निराशा हुई, पर उन्होंने इस समझौते और गांधी पर सार्वजनिक टिप्पणी नहीं की थी। जैसे ही वे जेल से रिहा हुए, वे गांधी से मिलने बंबई पहुँचे और फिर बंबई से वे गांधी के साथ दिल्ली आए। इस यात्रा में उन्होंने गांधी की लोकप्रियता देखी। जिस तरह से बड़ी भीड़ गांधी का स्वागत कर रही थी, उसे देखकर सुभाष को आश्चर्य हुआ कि क्या इस तरह की जय-जयकार कहीं और किसी नेता को कभी मिली थी? गांधी लोगों के सामने एक महात्मा के रूप में ही नहीं, बल्कि एक राजनीतिक संघर्ष के एक नेता के रूप में खड़े थे।[177] दिल्ली से सुभाष कराची में हो रहे कांग्रेस के अधिवेशन में भाग लेने चल दिए, जो कि भगत सिंह और उनके साथियों को फाँसी की सजा मिलने पर बुलाया गया था। बहुत से लोगों को लगता था कि गांधी-इर्विन के साथ हुए इस समझौते को भगत सिंह के प्राणदंड के स्थगन के लिए तोड़ने में अनिच्छुक थे। जब गांधी कराची पहुँचे, तब उन्हें काले झंडे दिखाए गए। कुछ लोग इसे सुभाष में युवाओं का प्रदर्शन भी कहते हैं।[178]

भगत सिंह की फाँसी ने जवाहरलाल और सुभाष दोनों को ही प्रभावित किया

था। सुभाष ने कांग्रेस अधिवेशन के कुछ दिनों बाद कराची में भगत सिंह और गांधी–इर्विन समझौते पर एक भाषण दिया था, "भगत सिंह क्रांति के प्रतीक थे, जो कि देश के एक कोने से दूसरे कोने तक बसे हुए हैं। यह आत्मा अजेय है और इस आत्मा ने जो अग्नि प्रज्वलित की है, वह कभी नहीं बुझेगी।...इन हाल की फाँसियों ने मुझे यह संकेत दिया है कि सरकार का हृदय परिवर्तित नहीं हुआ है और एक सम्मानित समझौते का समय अभी नहीं आया है।" उन्होंने कहा कि उन्हें लगता है कि संधि की शर्तें बहुत ही असंतोषजनक और निराश करने वाली हैं।[179] इसी प्रकार जवाहरलाल की भी प्रतिक्रिया बहुत ही तीव्र और मर्मस्पर्शी थी, "हममें से कोई भी उन्हें बचा नहीं सका, जबकि वे हमें बहुत ही प्यारे थे और उनका बलिदान एवं साहस भारत के युवाओं के लिए प्रेरणा रहेगा। भारत आज अपने प्यारे बेटों को फाँसी के तख्ते से बचा नहीं सका...जब इंग्लैंड हमसे समझौते की बातें करता है। तब हमारे बीच भगत सिंह का शव मौजूद रहता है, कहीं ऐसा न हो कि हम इसे भूल जाएँ।"[180]

सुभाष और जवाहरलाल दोनों के लिए ही स्वतंत्रता पाने के लिए समय बीतता जा रहा था। गांधी सन् 1931 में इंग्लैंड से गोलमेज वार्त्ता पूरी करने के बाद भारत वापस बिना किसी सफलता के ही लौट आए थे। उधर जवाहरलाल गांधी के भारत लौटने के कुछ ही दिनों पहले 26 दिसंबर, 1931 को गिरफ्तार कर लिये गए थे और सुभाष की गिरफ्तारी जनवरी 1932 में हुई। यह सभी कुछ सरकार द्वारा कांग्रेस और अन्य स्वतंत्रता सेनानियों पर दमन के लिए पूर्व निर्धारित योजनाओं का हिस्सा था। सन् 1931 में गांधी–इर्विन समझौते के बाद राष्ट्रवादी गतिविधियाँ अपने उतार पर थीं। सुभाष ने बंगाल के कुछ हिस्सों की यात्राएँ कीं और बंगाल कांग्रेस को संगठित करने का प्रयास किया। इसे हासिल करने के लिए उन्होंने सितंबर 1931 में बंगाल कांग्रेस के अध्यक्ष पद से इस्तीफा दे दिया।[181] जवाहरलाल उत्तर प्रदेश के किसानों के बीच काम कर रहे थे, जो कि भूमि संबंधी संकट से भी गुजर रहे थे।

सुभाष के बड़े भाई शरत की मौजूदगी के कारण उनका जेल में रहना कुछ हद तक सह्य था, पर उनके स्वास्थ्य में तेजी से गिरावट आई। सैनेटोरियम के लिए उनका स्थानांतरण भी उनके स्वास्थ्य में थोड़ा ही सुधार ला सका था। उन पर इस बात के लिए जबरदस्ती की गई कि वे अपने स्वयं के खर्चे से यूरोप इलाज के लिए जाएँ। सरकार उन्हें भारत में स्वतंत्र करने के पक्ष में नहीं थी। यहाँ तक कि उन्हें अपने माता–पिता को भी देखने की अनुमति नहीं मिली थी। इस प्रकार सुभाष अपने पिता से भी फिर न मिल सके। वे जेल से ही सीधे विदेश भेज दिए गए थे। सुभाष के जीवन के एक हिस्से का पटाक्षेप इसी प्रकार हुआ। वे स्वयं भी इस स्थिति से

परिचित थे।[182] यूरोप के इस निर्वासन ने उनके जीवन को राजनीतिक, वैयक्तिक और अप्रत्याशित दिशाएँ दीं।

जवाहरलाल भारत में ही जेल से बाहर व भीतर होते रहे और यह प्रक्रिया उनकी पत्नी के बीमार होने पर यूरोप ले जाने तक चलती रही। इन दोनों ही व्यक्तियों के जीवन में एक को यूरोप का निर्वासन मिला और दूसरे, जो कभी-कभी ही स्वतंत्र रहते थे, उन्हें जल्दी यूरोप जाना पड़ा। सन् 1930 की शुरुआत में दोनों ही कांग्रेस एवं राष्ट्रीय आंदोलन से जुड़े रहे और दोनों ने ही राष्ट्रवाद के लिए अपने आकर्षक कॅरियर को छोड़ा था। जवाहरलाल के मामले में यह विकल्प गांधी से मुलाकात के बाद ही आया था; जबकि सुभाष के साथ ऐसा नहीं हुआ था। देश-सेवा की भावना उनमें कुछ उसी तरह से आई थी, जैसी कि कुछ सालों के बाद गांधी के मन में आई थी। गांधी के साथ दोनों ही व्यक्तियों के संबंध इन्हीं वर्षों में बने थे। दोनों ही उनका सम्मान व प्रशंसा करते थे और दोनों ही उन्हें निर्विवाद रूप से भारत के लोगों का नेता मानते थे; किंतु दोनों ही अपने-अपने ढंग से उनकी त्रुटियों के प्रति अनदेखी नहीं करते थे। परंतु सुभाष को सामाजिक रूप से गांधी की आलोचना से परहेज नहीं था और वे स्वयं को उनका विरोधी मानते थे; जबकि जवाहरलाल का विरोध अधिक शांत और व्यग्रता भरा था। वे गांधी से मौलिक रूप से मतभेद रखते हुए भी उनसे अलग होने में कठिनाई महसूस करते थे। गांधी से उनके संबंधों की प्रकृति उनके प्रति उनके संबोधनों में नजर आती है। सुभाष के लिए वे हमेशा महात्माजी, सम्माननीय थे, परंतु एक दूरी भी थी; जबकि जवाहरलाल उन्हें 'बापू' पुकारते थे, जिसमें एक निजता और लगाव था, जो अकसर पिता-पुत्र संबंधों में नजर आता है।

सन् 1920 से लेकर 1930 की शुरुआत तक जवाहरलाल और सुभाष, जो कि जनता में जाने-पहचाने नाम बन चुके थे और उनके आपसी संबंधों की स्थिति भारत के भविष्य पर अपना असर डाल रही थी। बिना किसी सिंहावलोकन के यदि कहा जाए तो जवाहरलाल और सुभाष में सुभाष ही वह व्यक्ति थे, जिन्होंने सन् 1930 में गांधी का विरोध किया था। फिर ऐसा बहुत कुछ था, जिसने सुभाष और जवाहरलाल की विचारधारा को समीप किया था। दोनों ही बिना किसी समझौते या रियायत के ही स्वतंत्रता सेनानी के रूप में उभरे थे। दोनों को ही यकीन था कि बिना कार्यकर्ताओं, किसानों और युवाओं के यह स्वतंत्रता खोखली होगी। दोनों ने ही स्वयं को एक समाजवादी के रूप में देखा (समाजवाद के प्रति उनकी धारणाओं को हम अगले अध्याय में जानेंगे) और दोनों ने ही भारतीय राष्ट्रीय आंदोलन को साम्राज्यवाद के खिलाफ एक वैश्विक संघर्ष के हिस्से के रूप में माना था। उन दोनों के बीच

राजनीतिक सम्मान और परस्पर बौद्धिक पहचान का संबंध था। हालाँकि वे मित्र नहीं थे, फिर भी वे वैचारिक सहकर्मी थे और नेता को लेकर उनके गहरे मतभेद भी थे।

वैसे उन दोनों के ही मन में मोतीलाल नेहरू के प्रति बहुत सम्मान था। सुभाष ने सी.आर. दास की मृत्यु के बाद मोतीलाल में अपने पिता की छवि देखी थी; उनकी नजर में, मोतीलाल काल्पनिकता में यकीन न रखनेवाले एक चतुर राजनेता थे। जवाहरलाल अपने पिता की छाया से बाहर निकलकर उनके नरम दृष्टिकोण का विरोध करते थे; परंतु मोतीलाल अपने पुत्र की सक्रियताओं पर ध्यान देते थे और जवाहरलाल ने उनकी दूरदर्शिता को पहचाना, पर बाहर रहने के कारण वे उनकी बौद्धिक छत्रच्छाया से वंचित रहे।[183] यूरोप के उनके बलपूर्वक प्रवास, जहाँ सुभाष पहले से ही थे और जवाहरलाल जाने वाले थे, ने उन्हें उनके घरों, भूभाग, परामर्शदाताओं और कुलपिताओं से दूर कर दिया था। यूरोप ने दोनों को ही उन्हें समझने में सहायता की थी।

संदर्भ

1. एन ऑटोबायोग्राफी पृ. 166
2. 'द रिजोल्यूशन ऑन इंडिपेंडेंस' नेहरू, सलेक्टेड वर्क्स खंड-3, पृ. 5
3. उपरोक्त पुस्तक, गांधी को पत्र 11 जनवरी, 1928 पृ. 12
4. 'द नेशनल कांग्रेस इररेस्पांसिबिलिटीज', यंग इंडिया 5 जनवरी, 1928, कलेक्टेड वर्क्स ऑफ महात्मा गांधी, खंड-35, पृ. 438
5. उपरोक्त पुस्तक, जवाहर लाल को पत्र, 4 जनवरी, 1928, पृ. 432-33
6. 'इंडिपेंडेंस बनाम स्वराज' यंग इंडिया, 12 जनवरी, 1928
7. 'ऑन द रिजोल्यूशन ऑफ इंडिपेंडेंस' नेहरू सलेक्टेड वर्क्स, खंड-3, पृ. 3-4
8. उपरोक्त पुस्तक, पृ. 10-15
9. उपरोक्त पुस्तक, पृ. 19
10. उपरोक्त पुस्तक, पृ. 50
11. गोपाल, जवाहरलाल नेहरू, खंड-1 पृ. 112-13
12. सुभाषचंद्र बोस, द इंडियन स्ट्रगल, पृ. 162
13. उपरोक्त पुस्तक, पृ. 161
14. उपरोक्त पुस्तक, पृ. 162
15. उपरोक्त पुस्तक, पृ. 169 नेहरू का भाषण 29 अगस्त, 1928, नेहरू, सलेक्टेड वर्क्स, खंड-3, पृ. 61
16. केंद्रीय परिषद और लीग के सचिवों के लिए, 10 अप्रैल, 1929, नेहरू सलेक्टेड वर्क्स, खंड-3, पृ. 287
17. गोपाल, जवाहरलाल नेहरू खंड-1, पृ. 114
18. रीबा सोम, डिफरेंसेस विदइन कनसेंसस : द लेफ्ट-राइट विंग कांग्रेस, 1929-39

(दिल्ली, 1995), पृ. 88
19. के.एल. गांगुली को पत्र, 5 मार्च, 1929, सलेक्टेड वर्क्स, खंड-3 पृ. 285
20. नेहरू सलेक्टेड वर्क्स, खंड-3, पृ. 161
21. गांधी को पत्र 11 जनवरी, 1928, पृ. 12
22. उपरोक्त पुस्तक
23. उपरोक्त पुस्तक, सुभाष को पत्र 15 मार्च, 1928
24. उपरोक्त पुस्तक, इलाहाबाद में भाषण, खंड-3 पृ. 83-84
25. उपरोक्त पुस्तक, प्रेस को बयान 24 जनवरी, 1928
26. जनता को संदेश, इलाहाबाद, उपरोक्त पुस्तक 19 जनवरी, 1928, पृ. 86
27. उपरोक्त पुस्तक, पृ. 104
28. प्रेस में बयान 1 दिसंबर, 1928, उपरोक्त पुस्तक, पृ. 108-15
29. उपरोक्त पुस्तक, पृ. 208, दिसंबर 1928 को पूना में सरकार और लोगों में संघर्ष हुआ—सरकार ने लोगों पर तर्कों के बजाय संगीनों और लाठियों का प्रयोग किया और कहीं-कहीं मार्शल लॉ लगाकर गोलीबारी भी की थी। 12 दिसंबर को बांबे प्रेसीडेंसी यूथ कॉन्फ्रेंस में अध्यक्षीय संबोधन।
29. एन ऑटोबायोग्राफी, पृ. 178-80
30. आनंद बाजार पत्रिका 3 फरवरी, 1928, द पॉलिटिक्स ऑफ प्रोटेस्ट (दिल्ली, 1987) पृ. 16
31. उपरोक्त पुस्तक
32. जैक्सन इर्विन से, 13 फरवरी, 1928, सरकार, बंगाल 1928-1934, पृ. 16
33. हड़ताल सभा में भाषण, 4 फरवरी, 1928, नेताजी : कलेक्टेड वर्क्स, शिशिर बोस कलकत्ता, 1985, खंड-5, पृ. 236-37
34. 31 मार्च, 1928 को गांधी ने सुभाष को लिखा, 'क्या आप मुझे ब्रिटिश सामानों, ब्रिटिश कपड़ों के बहिष्कार के समर्थन को स्पष्ट करेंगे''' कलेक्टेड वर्क्स ऑफ महात्मा गांधी, खंड-36, अहमदाबाद 1970, पृ. 93
35. सरकार , बंगाल 1928-1934, पृ. 15
36. 12 दिसंबर, 1928 को बांबे प्रेसीडेंसी यूथ सभा में अध्यक्षीय संबोधन, नेहरू, सलेक्टेड वर्क्स, खंड-3 पृ. 206
37. गोपाल, जवाहरलाल नेहरू खंड-1 पृ. 120
38. एन ऑटोबायोग्राफी, पृ. 186
39. गोपाल, जवाहरलाल नेहरू, खंड-1 पृ. 120
40. नेताजी; कलेक्टेड वर्क्स खंड-5, पृ. 270-74
41. सुभाषचंद्र बोस, द इंडियन स्ट्रगल, पृ. 170
42. उपरोक्त पुस्तक, पृ. 168, अध्यक्षीय संबोधन, महाराष्ट्र प्रोविंशियल कॉन्फ्रेंस, पूना, 3 मई, 1928 , नेताजी : कलेक्टेड वर्क्स, खंड-5, पृ. 242
43. अमृत बाजार पत्रिका, 17 अप्रैल, 1928

44. 27 नवंबर, 1928, बरूआ जूट मिल्स हड़ताल पर बयान, नेताजी : कलेक्टेड वर्क्स, खंड-5 पृ. 266-67, 24 जनवरी, 1929 को जवाहरलाल ने हड़तालियों को आर्थिक सहायता देने के लिए सुभाष को पत्र लिखा जिसमें हड़तालियों की स्थिति को बहुत दयनीय बताया गया था। नेहरू सलेक्टेड वर्क्स खंड-4, पृ. 29
45. आर. मुखर्जी, ए सेन्चुरी ऑफ ट्रस्ट : द स्टोरी ऑफ टाटा स्टील (दिल्ली 2008) पृ. 52-57
46. सुभाषचंद्र बोस, द इंडियन स्ट्रगल, पृ. 170
47. आर. मुखर्जी, ए सेंचुरी ऑफ ट्रस्ट पृ. 57
48. गार्डन, ब्रदर्स अगेंस्ट द राज, पृ. 174
49. सुभाषचंद्र बोस, द इंडियन स्ट्रगल पृ. 170
50. पुरुषोत्तम दास ठाकुरदास को जी.डी. बिड़ला का पत्र 16 जुलाई, 1929, पुरुषोत्तमदास ठाकुरदास पेपर्स, नेहरू मेमोरियल म्यूजियम एंड लाइब्रेरी, फाइल नं. 42 खंड-1
51. गार्डन, ब्रदर्स अगेंस्ट द राज पृ. 209
52. एन.पी. बनर्जी, एट द क्रॉसरोड्स (कलकत्ता, 1950) पृ. 212, सरकार, बंगाल : 1928-1934, पृ. 18
53. एन ऑटोबायोग्राफी, पृ. 189, नेहरू सलेक्टेड वर्क्स खंड-3, पृ. 335-35
54. गोपाल, जवाहरलाल नेहरू खंड-1, पृ. 124-5
55. 22 जून, 1929 को वाल्टर सिट्रीन को पत्र, नेहरू सलेक्टेड वर्क्स खंड-3, पृ. 349-53, मेरठ जेल में अभियुक्तों को देखकर जवाहरलाल की टिप्पणी : 'यह अभियुक्त कम्युनिस्ट इंटरनेशनल के बारे में कितना कम जानते हैं। मैं उनसे अधिक यह समझता हूँ।'' गोपाल, जवाहरलाल नेहरू, खंड-1, पृ. 125
56. मेरठ के कैदियों पर बयान, 22 मई, 1929, नेहरू सलेक्टेड वर्क्स, खंड-3 पृ. 343
57. पी.सी. जोशी को मुजफ्फर अहमद, 9 मार्च, 1929, गोपाल, जवाहरलाल नेहरू, खंड-1, पृ. 126
58. उपरोक्त पुस्तक
59. गार्डन, ब्रदर्स अगेंस्ट द राज, पृ. 190
60. नीरद सी. चौधरी, द कांटीनेंट ऑफ सर्स (लंदन, 1965) पृ. 103-4
61. गार्डन, ब्रदर्स अगेंस्ट द राज, पृ. 191
62. सुभाषचंद्र बोस, द इंडियन स्ट्रगल, पृ. 175
63. सोम, डिफरेंसेस विदइन कानसेनसस, पृ. 93
64. चौधरी, कांटीनेंट ऑफ सर्स, पृ. 103-4
65. बी.जी. हार्ननिमन को पत्र, 28 अगस्त, 1928, गांधी कलेक्टेड वर्क्स, खंड-37, पृ. 212
66. उपरोक्त पुस्तक, खंड-38, पृ. 308
67. स्वतंत्रता पर, 27 दिसंबर, 1928, नेहरू, सलेक्टेड वर्क्स खंड-3 पृ. 270-74
68. नेहरू की रिपोर्ट, प्रस्ताव पर भाषण, 31 दिसंबर, 1928, गांधी कलेक्टेड वर्क्स, खंड-38, पृ. 307-10

69. नेहरू सलेक्टेड वर्क्स, खंड-3, पृ. 274
70. नेताजी : कलेक्टेड वर्क्स, खंड-5 पृ. 275-78
71. नेहरू, सलेक्टेड वर्क्स, खंड-3 पृ. 276-77
72. गांधी ने अपनी गैर-मौजूदगी को व्यक्त किया था; उनके अनुसार यह प्रस्ताव उनकी आशाओं से कम था, परंतु वे इसमें अनावश्यक कटुता नहीं उत्पन्न करना चाहते थे। गांधी, कलेक्टेड वर्क्स खंड-38, पृ. 284-85
73. सुभाषचंद्र बोस, द इंडियन स्ट्रगल पृ. 175
74. उपरोक्त पुस्तक, पृ. 175
75. एम.के. बसु को पत्र, 22 मार्च, 1929, नेहरू सलेक्टेड वर्क्स, खंड-3 पृ. 331
76. गोपाल, जवाहरलाल नेहरू, खंड-1 पृ. 123
77. सुभाषचंद्र बोस, द इंडियन स्ट्रगल,पृ. 176
78. गोपाल, जवाहरलाल नेहरू, खंड-1, पृ. 126-27
79. सईद महमूद को पत्र, 30 जून, 1928 , नेहरू, सलेक्टेड वर्क्स, खंड-3, पृ. 51
80. बी. पट्टाभि सीतारमैया, द हिस्ट्री ऑफ द इंडियन नेशनल कांग्रेस (बांबे, 1935), खंड-1, पृ. 347
81. गांधी को पत्र, 9 जुलाई, 1929, नेहरू, सलेक्टेड वर्क्स, खंड-4, पृ. 155
82. गांधी को पत्र 13 जुलाई, 1929, उपरोक्त पुस्तक, पृ. 156-7
83. उपरोक्त पुस्तक
84. गांधी को तार, 21 अगस्त, 1929, उपरोक्त पुस्तक, पृ. 158
85. नेहरू को पत्र, 22 अगस्त 1929, गांधी, कलेक्टेड वर्क्स, खंड-41, पृ. 314
86. गोपाल, जवाहरलाल नेहरू, खंड-1 पृ. 127
87. 'हू शुड वीयर द क्राउन?' यंग इंडिया, 1 अगस्त, 1929, गांधी, कलेक्टेड वर्क्स, खंड-41, पृ. 239-41
88. शिव प्रसाद गुप्ता को पत्र, 1 अक्तूबर, 1929, नेहरू, सलेक्टेड वर्क्स खंड-4, पृ. 160-61
89. एस.ए. बरेलवी को पत्र, 7 अक्तूबर, 1929, उपरोक्त पुस्तक, पृ. 161
90. एन ऑटोबायोग्राफी, पृ. 194-95
91. ड.ए. लो, ब्रिटेन एंड इंडियन नेशनलिज्म : द इम्प्रिंट ऑफ एम्बिगुटी, 1929-1942(कैंब्रिज, 1999), पृ. 44-5
92. एंड्रू रॉबर्ट्स, ''द होली फॉक्स : द लाइफ ऑफ लार्ड्स हालीफाक्स'' (लंदन, 1991), पृ. 26-29
93. लो, ब्रिटेन एंड इंडियन नेशनलिज्म, पृ. 45
94. नेहरू, सलेक्टेड वर्क्स, खंड-4, पृ. 163
95. गांधी, कलेक्टेड वर्क्स, खंड-42, पृ. 64
96. द कांग्रेस एंड द वायसरायस स्टेटमेंट, नवंबर 1929, नेहरू सलेक्टेड वर्क्स खंड-4, पृ. 175

97. एन ऑटोबायोग्राफी, पृ. 195
98. द डेलही मेनीफेस्टो, नवंबर 1929, नेहरू सलेक्टेड वर्क्स, खंड-4, पृ. 165
99. लो, ब्रिटेन एंड इंडियन नेशनलिज्म, पृ. 51
100. बसंती देवी को पत्र 5 नवंबर, 1929, नेताजी : कलेक्टेड वर्क्स खंड-4, पृ. 273-74
101. गांधी को पत्र, 4 नवंबर, 1929, नेहरू, सलेक्टेड वर्क्स, खंड-4, पृ. 166-67
102. नेहरू को पत्र, 4 नवंबर, 1929, गांधी, कलेक्टेड वर्क्स, खंड-42, पृ. 96
103. कांग्रेस के अध्यक्ष का पत्र, 4 नवंबर, 1929, नेहरू, सलेक्टेड वर्क्स, खंड-4, पृ. 168
104. नेहरू को पत्र 8 नवंबर, 1929, गांधी कलेक्टेड वर्क्स, खंड-42, पृ. 116
105. कांग्रेस के अध्यक्ष को बोस का पत्र, एआईसीसी पेपर्स, फाइल नं. जी-117
106. सुभाषचंद्र बोस द इंडियन स्ट्रगल, पृ. 190
107. मोतीलाल का पत्र जवाहरलाल, 7 नवंबर, 1929, ब्रिटेन एंड इंडियन नेशनलिज्म, पृ. 54
108. रॉबर्ट्स, 'द होली फॉक्स' पृ. 30, एस.गोपाल, 'ड्रिंकिंग टी विद ट्रेजन' हालीफैक्स इन इंडिया
109. 'केसर' हिंद के संपादक को पत्र 8 नवंबर, 1929, गांधी, कलेक्टेड वर्क्स, खंड-42, पृ. 123
110. इर्विन का पत्र बेन को, 13 नवंबर, 1929, लो, ब्रिटेन एंड इंडियन नेशनलिज्म पृ. 57
111. उपरोक्त पुस्तक
112. उपरोक्त पुस्तक, पृ. 61
113. सुभाष का पत्र जवाहरलाल के लिए, 11 नवंबर, 1929, जवाहरलाल का जवाब, 14 नवंबर, 1929, एआइसीसी पेपर्स फाइल नं. जी-117
114. एआईसीसी पेपर्स फाईल नं. जी-117, सुभाष के त्यागपत्र में हस्ताक्षर अस्पष्ट
115. त्याग-पत्र वापस 22 नवंबर, 1929, नेताजी : कलेक्टेड वर्क्स, खंड-6, पृ. 60-61
116. कार्यसमिति के अध्यक्ष को सुभाष का पत्र 27 दिसंबर, 1929, एआइसीसी पेपर्स फाइल जी-120
117. गार्डन ब्रदर्स द राज पृ. 218 में सुभाष ने मोतीलाल को पितातुल्य माना। सुभाष का साक्षात्कार 7 जनवरी, 1930 को फ्री प्रेस में। नेताजी : कलेक्टेड वर्क्स, खंड-6, पृ. 102-3
118. एन ऑटोबायोग्राफी, पृ. 201
119. गोपाल, जवाहरलाल नेहरू, खंड-1, पृ. 133
120. अध्यक्षीय संबोधन 29 दिसंबर, 1929, नेहरू सलेक्टेड वर्क्स, खंड-4, पृ. 184-198
121. उपरोक्त पुस्तक, खंड-4, पृ. 203
122. नेहरू को पत्र 12 जनवरी, 1930, गांधी, कलेक्टेड वर्क्स, खंड-42, पृ. 392
123. नेहरू का पत्र गांधी को, 17 जनवरी, 1930, नेहरू, सलेक्टेड वर्क्स खंड-4, पृ. 214-215
124. नेहरू, सलेक्टेड वर्क्स, खंड-4, पृ. 217
125. टुगेदर दे फॉग्ट : गांधी-नेहरू कॉरसपोंडेंस, 1921-1948, उमा अयंगार एंड ललिता जकारिया (दिल्ली 2011), पृ. 103-11

126. सुभाषचंद्र बोस, द इंडियन स्ट्रगल, पृ. 193
127. नेताजी : कलेक्टेड वर्क्स, खंड-6, पृ. 94-97, सुभाषचंद्र बोस, द इंडियन स्ट्रगल, पृ. 193
128. कांग्रेस के लाहौर सत्र में भाषण, उपरोक्त पुस्तक, 31 दिसंबर, 1929, पृ. 97-100
129. सीतारमैया, हिस्ट्री ऑफ द कांग्रेस खंड-1, पृ. 360, नई पार्टी के गठन के बाद सुभाष ने श्रीमती सी.आर. दास को निम्न तार भेजा, "परिस्थितियों और बहुमत की निरंकुशता ने मुझे पार्टी से अलग करने पर विवश किया..." यह तार 5 जनवरी, 1950 को हिंदुस्तान टाइम्स में छपा।
129. फ्री प्रेस में साक्षात्कार, 7 जनवरी, 1930 नेताजी : कलेक्टेड वर्क्स खंड-6, पृ. 102-05
130. उपरोक्त पुस्तक, खंड-6 पृ. 105
131. उपरोक्त पुस्तक, पृ. 103
132. उपरोक्त पुस्तक
133. उपरोक्त पुस्तक, पृ. 108
134. अब्दुर्रहीम को पत्र 7 जनवरी, 1930, नेहरू, सलेक्टेड वर्क्स, खंड-4, पृ. 205
135. सुभाषचंद्र बोस, द इंडियन स्ट्रगल, पृ. 194
136. गार्डन, ब्रदर्स अगेंस्ट द राज, पृ. 213
137. सेनगुप्ता का पत्र नेहरू के लिए, 15 अगस्त, 1929, एआइसीसी पेपर्स फाइल नं. पी-6
138. सुभाष का पत्र जवाहरलाल के लिए, 11 नवंबर, 1929, एआईसीसी पेपर्स फाईल नं. जी-117
139. सीतारमैया का पत्र मोतीलाल को, 16 दिसंबर, 1929, एआईसीसी पेपर्स फाईल नं. जी-120
140. एआइसीसी पेपर्स फाईल नं. पी-28
141. कांग्रेस कार्यकारी समिति के अध्यक्ष को बोस का पत्र, एआईसीसी पेपर्स फाईल नं. जी-120
142. नेताजी : कलेक्टेड वर्क्स खंड-6, पृ. 103
143. द डिक्लाइन, रिवाइवल एंड फॉल ऑफ द ब्रिटिश एंपायर, कैंब्रिज पृ. 155-211
144. यंग इंडिया 30 जनवरी, 1930, गांधी : कलेक्टेड वर्क्स, खंड-42, पृ. 438
145. एन ऑटोबायोग्राफी, पृ. 210
146. उपरोक्त पुस्तक, पृ. 212
147. महात्मा खंड-1, बंबई 1951
148. गोपाल, जवाहरलाल नेहरू, खंड-1, पृ. 141
149. सुभाषचंद्र बोस, द इंडियन स्ट्रगल, पृ. 199
150. रोजर बाल्डविन को पत्र, 4 अप्रैल, 1930, नेहरू, सलेक्टेड वर्क्स, खंड-4, पृ. 298
151. सुगाता बोस, हिज मेजेस्टी ओपोनेंट, पृ. 79, गार्डन, ब्रदर्स अगेंस्ट द राज, पृ. 230
152. एन ऑटोबायोग्राफी, पृ. 218
153. गोपाल, जवाहरलाल नेहरू खंड-1 पृ. 144, जेल डायरी मई 17 नेहरू, सलेक्टेड वर्क्स

खंड-4 पृ. 349
154. एन ऑटोबायोग्राफी, पृ. 227
155. सीतारमैया, हिस्ट्री ऑफ द कांग्रेस खंड-1 पृ. 637
156. मोतीलाल का गांधी को पत्र 23 जुलाई, 1930, नेहरू पेपर्स, फाइल, पृ. 125
157. नेहरू ने 31 मई, 1930 को अपनी जेल की डायरी में लिखा, ''कुछ नरम दल के लोग जग रहे हैं, जबकि कुछ बूढ़ी औरतों की तरह हालात पर रो रहे हैं....'' नेहरू, सलेक्टेड वर्क्स, खंड-4, पृ. 357-58
158. सीतारमैया, हिस्ट्री ऑफ द कांग्रेस, खंड-1, पृ. 639
159. गांधी को पत्र 28 जुलाई, 1930, नेहरू, सलेक्टेड वर्क्स, खंड-4 पृ. 369-70
160. सीतारमैया, हिस्ट्री ऑफ द कांग्रेस, खंड-1, पृ. 641-42
161. गांधी को पत्र 31 अगस्त, 1930, नेहरू, सलेक्टेड वर्क्स खंड-4, पृ. 379-83
162. बेन का पत्र इर्विन के नाम, 3 सितंबर, 1930, गोपाल, जवाहरलाल नेहरू, खंड-1, पृ. 146
163. एन ऑटोबायोग्राफी, पृ. 255
164. इन दिनों सुभाष तीन बार जेल गए , जनवरी-सितंबर 1930, जनवरी- मार्च 1931, जनवरी 1932-फरवरी 1933
165. नेहरू को हस्तलिखित पत्र, 11 नवंबर, 1929, एआईसीसी पेपर्स, फाईल नं. जी-117
166. सुभाषचंद्र बोस, द इंडियन स्ट्रगल, पृ. 232
167. नेताजी, कलेक्टेड वर्क्स खंड-8, पृ. 109, द इंडियन स्ट्रगल, पृ. 232
168. उपरोक्त पुस्तक, पृ. 214
169. बंगाल में कांग्रेस में विवाद, 29 मार्च, 1930, नेहरू, सलेक्टेड वर्क्स, खंड-4, पृ. 263-64
170. नेताजी कलेक्टेड वर्क्स खंड-6 पृ. 126-33
171. गार्डन, ब्रदर्स अगेंस्ट द राज, पृ. 235
172. एन ऑटोबायोग्राफी, पृ. 257-59
173. जेल डायरी, 4 मार्च, 1932, नेहरू सलेक्टेड वर्क्स खंड-5, पृ. 363
174. एन ऑटोबायोग्राफी, पृ. 260
175. गांधी, कलेक्टेड वर्क्स, खंड-45, पृ. 196
176. सुभाषचंद्र बोस, द इंडियन स्ट्रगल,पृ. 236
177. गार्डन, ब्रदर्स अगेंस्ट द राज, पृ. 242
178. कराँची में अध्यक्षीय संबोधन, ऑल इंडिया नवजवान भारत सभा, 27 मार्च, 1931, नेहरू, सलेक्टेड वर्क्स खंड-4 पृ. 500
179. भगत सिंह की फाँसी पर 24 मार्च, 1931, नेहरू सलेक्टेड वर्क्स खंड-6 147
180. गार्डन, ब्रदर्स अगेंस्ट द राज, पृ. 250-51
181. सत्येंद्र नाथ मजूमदार को पत्र, 28 अप्रैल, 1933, नेताजी; कलेक्टेड वर्क्स खंड-8 पृ. 8-10
183. गोपाल, जवाहरलाल नेहरू, खंड-1 पृ. 150

❑

4

दो महिलाएँ और दो पुस्तकें

विएना एक ह्रास होते यूरोपीय कुलीनवाद का एक प्रतीकात्मक शहर था और सुभाष, जो कि भारतीय राष्ट्रवाद के एक उदीयमान समर्थक थे, यहाँ मार्च 1933 में आए थे। विएना में सुभाष को अकेलापन महसूस होता था और यह इसलिए नहीं कि उन्हें घर की याद आती थी या फिर वे बीमार या मित्र-विहीन या फिर विदेशी भूमि पर थे। इसकी वजह बहुत ही गंभीर थी। उनका शरीर तो विएना में था, पर मन भारत के अर्ध-जाग्रत् राष्ट्र को पूरी तरह से जाग्रत् करने के तरीकों में तथा उसे विजयी बनाने में लगा था। उन्हें इसका पूर्ण ज्ञान था कि वे अपने जीवन के नए चरण में प्रवेश कर रहे थे। उन्हें इसका पूरा यकीन था और विएना आने के एक महीने बाद ही उन्होंने इस बारे में अपने एक बंगाली मित्र को कलकत्ता पत्र में लिखा था—"आज मैं जहाँ हूँ, वहाँ बिल्कुल अकेला और मित्र-विहीन हूँ। जब मैं अपने चारों तरफ देखता हूँ, तब मुझे एकांत का एक अंतहीन रेगिस्तान नजर आता है।" उनके मन में रवींद्रनाथ टैगोर के गीत की वह मशहूर पंक्ति हमेशा याद रहती थी, 'यदि कोई तुम्हारी पुकार न सुने, तब तुम अकेले चलो।' उनका यह अकेलापन आवश्यक होने के साथ-साथ अल्पकालिक भी था। जीवन को पूर्णता देनेवाला यह मार्ग अपरिहार्य रूप में अकेला ही था।[1]

उनका यह अकेलापन संभवत: उनकी बेचैनी का ही लक्षण था। सुभाष अपने यूरोप-निर्वासन में अपने स्वयं के लिए एक भूमिका देने में इच्छुक थे। वे स्वयं को भारतीय राष्ट्रवाद का दूत समझते थे। विएना आने के बाद उन्होंने अपने भतीजे को पत्र लिखा कि "भारत के बाहर प्रत्येक भारतीय भारत का अनौपचारिक राजदूत है।[2] वे स्वयं को भारत में हो रही घटनाओं से दूर नहीं रख सकते थे। मई 1933

में उन्होंने सुना कि गांधी ने सविनय अवज्ञा आंदोलन वापस ले लिया था। वे और सरदार वल्लभभाई पटेल के बड़े भाई विट्ठलभाई पटेल, जो उन दिनों विएना में ही अपना इलाज करवा रहे थे, आपस में अच्छे मित्र बन चुके थे। उन दोनों ने एक सामूहिक बयान भी जारी किया था। बोस-पटेल के इस घोषणा-पत्र से एक नए संदेश का संकेत मिलता है, जो सुभाष ने भारत के लोगों से कहना चाहा था। उसके अनुसार, "हमारी यह स्पष्ट धारणा है कि एक राजनेता के रूप में महात्मा गांधी असफल हो चुके हैं। कांग्रेस को अब एक नए सिद्धांत और एक नई प्रक्रिया अपनाकर एक सुधारवादी पहचान बनाने का समय आ चुका है। इस पहचान के लिए नेतृत्व में परिवर्तन की आवश्यकता है।...यदि कांग्रेस में यह परिवर्तन हो सकता है, तब बेहतर होगा। इसमें असफल होने पर सभी सुधारवादी तत्त्वों के साथ मिलकर कांग्रेस में एक नई पार्टी का गठन होगा। असहयोग कभी नहीं छोड़ा जाएगा, बल्कि असहयोग की पद्धति में अवश्य परिवर्तन होगा तथा सभी स्तरों पर स्वतंत्रता के लिए संघर्ष और भी आक्रामक होगा।"[3]

इसमें किसी भी तरह का वाक्छल नहीं था। गांधी असफल हो चुके थे और सुभाष के लिए व्यवहार्य नहीं थे। राष्ट्रीय आंदोलन को आक्रामकता और सुधारवाद की जरूरत थी। एक नई पार्टी अभी नवजात ही थी और सुभाष को एक अन्य नई पार्टी के गठन के लिए शर्म भी नहीं थी; हालाँकि यह कांग्रेस की परिधि में ही थी। इसके लिए कांग्रेस का ध्वज स्वीकार नहीं किया गया था। ठीक इसी प्रकार नई पार्टी के सुधारवादी निर्देश भी स्पष्ट नहीं थे। सबसे महत्त्वपूर्ण तथ्य यह है कि वर्ष 1930 की ग्रीष्म ऋतु में अपनी इस नई विचारधारा के साथ उन्होंने गांधी के साथ अपने संबंध विच्छेदित कर लिये थे।

दूसरी तरफ, भारत में जेल की दीवारों के भीतर जवाहरलाल भी सविनय अवज्ञा आंदोलन को गांधी के वापस लेने, उनकी भूख हड़ताल और अस्पृश्यता पर केंद्रित होने के संदर्भ में अपनी राजनीतिक विचारधारा का पुनर्मूल्यांकन कर रहे थे। वे उनके इस निर्णय पर बहुत परेशान भी थे। अपनी जीवनी में उन्होंने इसके वापस लेने की खबर सुनकर एक हताशा और खालीपन की भावना व्यक्त की है। वे गांधी के इस बयान से डरे हुए थे कि कांग्रेस के लोगों का स्वाभाविक कार्य जैसे खादी का विस्तार और सूत कातने में लग जाना चाहिए। उन्होंने विस्मित होकर लिखा—"यह एक राजनीतिक कार्यक्रम था और हम लोगों को इसका अनुसरण करना था। गांधी और मुझमें एक दूरी मालूम पड़ती है। मुझे दुःख है कि उनके साथ वर्षों तक बँधी मेरी निष्ठा की डोर टूट चुकी है।"[4] सन् 1933 में जेल से

लिखे उनकी डायरी के कुछ वाक्य भी यही दरशाते हैं। 8 मई, 1933 को गांधी के द्वारा शुरू किए गए उनके स्वयं शुद्धीकरण के उपवास के बाद जवाहरलाल ने लिखा था, "इस अनशन के दौरान मैंने एक भावनात्मक उथल-पुथल देखी और मुझे लगा कि क्या यही राजनीति की सही पद्धति है? यह सिर्फ पुनर्जागरण है और इसके खिलाफ स्पष्ट विचार नहीं है।" "मुझे डर है कि उनके प्रति अपने भावनात्मक लगाव के बावजूद मैं उनसे मानसिक रूप से दूर होता जा रहा हूँ।"[5] एक महीने बाद ही उनके विचार कुछ और भी कठोर हो गए थे—"मुझे पूरा यकीन हो गया है कि बापू और मुझमें अब और राजनीतिक सहयोग संभव नहीं है। कम-से-कम उस तरह का तो नहीं, जैसा कि पहले था। बेहतर है, हम अपने रास्ते अलग कर लें।"[6] (जेल डायरी)

इन बयानों का दृष्टिकोण यह बताता है कि उनका विएना में दिए गए सुभाष के बयान से अंतर नहीं है। सन् 1933 में सुभाष भारतीय राजनीति के उथल-पुथल से दूर विएना में थे, इसीलिए गांधी के साथ उनका मतभेद असंगत था। किंतु जवाहरलाल के साथ यह अधिक जीवंत था। इन हालातों में जैसा कि हम जानते हैं कि कर्म ने शब्दों को अनुसरण नहीं किया था। गांधी के साथ अपने संबंध-विच्छेद की वजह उन्होंने अपनी दो डायरियों में व्यक्त की है। उनमें से एक डायरी में वे लिखते हैं कि उनके साथ मेरे भावनात्मक संबंध थे। गांधी के लिखे पत्र को पाकर वे बहुत ही दुःखी हुए, जिसमें गांधी ने उनके अपने अनशन के बारे में लिखा था। इसके जवाब में जवाहरलाल ने अपने एक टेलीग्राम में लिखा था—"मैं उस मामले के बारे में क्या कह सकता हूँ, जिसे मैं समझ नहीं पाता हूँ। मैं एक अपरिचित देश में गुम हुआ-सा महसूस कर रहा हूँ, जहाँ केवल आप ही मेरे परिचित सीमा-चिह्न हैं और मैं इस अंधकार में अपना रास्ता ढूँढ़ता लड़खड़ा रहा हूँ।" (डायरी) गांधी के प्रति उनके लगाव की प्रतिक्रिया सन् 1932 में गांधी के अनशन में नजर आई थी।

सन् 1932 में रैमसे मैक्डोनॉल्ड के निर्णय, जिसमें दलितों के लिए पृथक निर्वाचन तय किया गया था, के खिलाफ गांधी ने आमरण अनशन की घोषणा कर दी थी। जवाहरलाल ने अपनी जेल डायरी में लिखा—"यह मेरे लिए एक भावनात्मक संकट का सामना था और मैं इस पर रो पड़ा था।" गांधी की इस तरह की मृत्यु की कल्पना उनके लिए सहन कर पाना बहुत ही कठिन था। उन्हें नाराजगी थी कि गांधी ने अपने अंतिम बलिदान के लिए इस तरह का मार्ग चुना था और वे स्वतंत्रता आंदोलन के इस मायने को लेकर भ्रमित भी थे। उन्हें इस राजनीतिक मामले में अपनी निजी हानि का बोध हो रहा था। सितंबर 1932 में उन्होंने अपनी

पुत्री इंदिरा को पत्र में लिखा था—"मैं पूरी तरह से हिल गया हूँ और यह नहीं समझ पा रहा हूँ कि मुझे क्या करना चाहिए। एक भयावह खबर आई है कि बापू ने आमरण अनशन करने का ठान लिया है। मेरी छोटी सी दुनिया में उन्होंने बहुत बड़ी जगह घेर रखी है और मुझे चारों तरफ अंधकार ही नजर आ रहा है।...क्या मैं अब उन्हें दुबारा नहीं देख पाऊँगा? जब मुझे परामर्श की आवश्यकता होगी या मैं भ्रमित रहूँगा, तब परामर्श के लिए किसके पास जाऊँगा? मैं बहुत ही दु:खी हूँ और मुझे प्यार भरी सहानुभूति की जरूरत है।"[10] (पुस्तक से)

इसमें संदेह नहीं है कि उनकी पीड़ा में वृद्धि इन दिनों उनके जेल में रहने की वजह से हुई थी। अपनी मन:स्थिति को व्यक्त करते हुए उन्होंने गांधी को पत्र में लिखा कि मैं एक जादूगर को परामर्श किस तरह से दे सकता हूँ।[11] जवाहरलाल ने स्वयं इस तथ्य को स्वीकार किया है कि उनमें और गांधी में वैचारिक मतभेद थे, परंतु गांधी उनके एकमात्र परामर्शदाता भी थे। गांधी के लिए 'जादूगर' शब्द का प्रयोग करते समय शायद उनकी यह मंशा थी कि गांधी ही एकमात्र नेता थे, जिनमें लोगों की भावनाओं को समझते हुए उन्हें किसी अभियान की तरफ प्रेरित करने की क्षमता थी। यही वे कारक जवाहरलाल पर हावी थे और उन्हें गांधी से अलग मार्ग पर ले जाने से रोकते भी थे। उनकी यही भावना उनके कुछ सैद्धांतिक साथियों जैसे सुभाष को नाराज करती थीं। सुभाष ने अपनी इन्हीं भावनाओं को 'दि इंडियन स्ट्रगल' में लिखा था। महात्मा की लोकप्रियता के बाद वाले स्थान की लोकप्रियता तथा अपने देशवासियों के बीच सम्मान, बेहतरीन विचारों के साथ स्पष्ट सोच और आधुनिक दुनिया की मौजूदा जानकारियाँ होने पर भी उन्हें लगता था कि उन्हें नेतृत्व ही आवश्यकता है, खासतौर से निर्णय लेने में और जरूरत पड़ने पर अलोकप्रियता का सामना करने में भी। उनका यह सभी कुछ एक हताशा उत्पन्न करता है।[12] जवाहरलाल की दुविधा के बारे में सुभाष के विचार थे—"उनके दिल और दिमाग उन्हें अलग-अलग दिशाओं में खींचते थे। उनका मन गांधी के साथ था।"[13]

गांधी से जवाहरलाल की वैचारिक दूरी की एक वजह उनका समाजवाद और साम्यवाद की तरफ आकर्षण था। उनके द्वारा लिखे लेखों में मार्क्सवादी विचारधारा की बौद्धिक झलक मिलती है तथा लगभग यही स्थिति समाजवाद के प्रति उनके बयानों में भी नजर आती है। हालाँकि इसी तरह के भाव उन्होंने जेल से अपनी पुत्री को लिखे पत्र में भी व्यक्त किए हैं। वे सभी पत्र उनकी मशहूर पुस्तक 'ग्लिंपस ऑफ वर्ल्ड हिस्ट्री' में उल्लेखित हैं। अपनी पुत्री को लिखे इन दो पत्रों में उन्होंने मार्क्सवाद और साम्यवाद के सिद्धांतों के साथ-साथ इतिहास के भौतिकतावादी

बोध को भी व्यक्त किया है।[14] वे सोवियत संघ की योजना की प्रशंसा करते हुए लिखते हैं—"सफलता या पंचवर्षीय योजना से हटकर तर्क करने का कोई अर्थ नहीं है। इसका जवाब सोवियत संघ की वर्तमान स्थिति है। इसके साथ यह भी वास्तविकता है कि योजना स्वयं ही विश्व को दरशाती है। प्रत्येक व्यक्ति अब इस योजना पर बातें कर रहा है।...सोवियत ने दुनिया के सामने एक जादू रख दिया है।" जवाहरलाल के मन में समाजवादी सिद्धांतों पर आधारित सोवियत अर्थव्यवस्था की सफलता पर संदेह नहीं था और यही सफलता समाजवाद के समर्थन का सबसे मजबूत तर्क था।"[15]

भारत के परिप्रेक्ष्य में जवाहरलाल ने अक्तूबर 1933 में 'विदर इंडिया' में लिखे अपने तीन लेखों में अपने विचार व्यक्त किए हैं। उन्होंने वैश्विक परिवर्तन के परिप्रेक्ष्य में भारतीय स्थिति का वर्णन किया था। उनके विचार से, ऐतिहासिक रूप से यह अभूतपूर्व था। यह दुनिया एक निरंतर परिवर्तन और क्रांति के दौर से गुजर रही थी। उन्होंने इसे पूँजीवाद के संकट के एक उत्पाद के रूप में देखा था, जिसमें पूँजीवाद का सार निहित था। इसमें दुनिया की संपत्ति का अनुचित ढंग से बँटवारा था और यह कुछ हाथों में ही सिमट गई थी। यह पूँजीवादी पद्धति को नष्ट कर रहा था और श्रमिक बल को तीव्रता से बढ़ा रहा था। भारत या इंग्लैंड के चमकदार आकर्षक आधिकारिक मंच की ओर देखने के बजाय इस प्रक्रिया को समझना अधिक महत्त्वपूर्ण था, क्योंकि इन मंचों पर आभासी आकृतियाँ कुछ क्षणों के लिए महान् राजनेताओं के रूप का दिखावा करती हुई आती और जाती हैं। गोलमेज वार्त्ताकार पीली छायाओं की तरह आ-जा रहे हैं। वैश्विक आर्थिक परिदृश्य तेजी से परिवर्तित हो रहा है तथा सरकारी दृष्टिकोणों में बदलाव आ रहा है। मार्क्सवाद की अपनी इसी विचारधारा से जवाहरलाल ने समझ लिया था कि उनकी रिक्तता की पूर्ति एक परिवर्तन से ही हो सकती थी, जिसे 'क्रांति' का भी नाम दिया गया था। उन्होंने पूरे यकीन के साथ कहा कि ये महत्त्वपूर्ण आर्थिक घटनाएँ इतिहास और सरकारों को आकार दे रही हैं और अब यह वैश्विक रूप से स्वीकार्य भी है। भारतीय राष्ट्रवाद के सामने कागजी संविधान के रूप में स्वतंत्रता के बारे में सोचने की चाहत से छुटकारा पाने की चुनौती थी। इस समकालीन समय में महत्त्वपूर्ण आर्थिक मुद्दों पर ध्यान देने की आवश्यकता थी। उन्होंने इसके आशय को किसी अनिश्चितता के रूप में व्यक्त नहीं किया। भारत का प्राथमिक लक्ष्य इसके लोगों का शोषण समाप्त करता है। राजनीतिक रूप से इसका अर्थ स्वतंत्रता और ब्रिटिश संबंधों यानी साम्राज्यवादी प्रभुत्व से विच्छेदन; आर्थिक व सामाजिक रूप से इसका

आशय विशेष वर्ग और स्वार्थी तत्त्वों से मुक्ति है। सारी दुनिया इसके लिए संघर्ष कर रही है। भारत भी इस संघर्ष में वैश्विक संघर्ष के साथ है।''[16] (विदर इंडिया)

गांधी के दृष्टिकोण के अंतर से अलग हटकर इन लेखों के एक अन्य छोटे से पहलू पर भी ध्यान देना चाहिए। इस लेख की समाप्ति पर मुसोलिनी का एक उद्धरण भी उल्लेखित है—''सारी दुनिया क्रांति के दौर में है। घटनाक्रमों में आना स्वयं का एक तीव्र बल है, जो कि हमें एक दृढ इच्छा की तरफ धकेल रहा है।''[17] जवाहरलाल ने अपने तर्कों को मजबूती प्रदान करते हुए इस उद्धरण का प्रयोग किया था—''व्यक्ति चाहे जितना भी प्रभावशाली हो, परंतु जब दुनिया गतिमान होती है, तब उसकी एक छोटी भूमिका भी होती है। शायद यह पहली बार था, जब जवाहरलाल ने मुसोलिनी का उद्धरण दिया था; परंतु यह उनके फासीवाद के खिलाफ और साम्यवाद के पक्ष में मुश्किल से ही समर्थन दे पाता है। चूँकि मुसोलिनी ने स्वयं को एक ऐसे व्यक्ति के रूप में देखा था, जो इतिहास को बदल सकता था, इसलिए इस उद्धरण के संदर्भ विचित्रता-विहीन नहीं थे। जवाहरलाल ने जो पत्र अपनी पुत्री को कुछ महीने पहले लिखा था, उसके अनुसार मुसोलिनी की ये पंक्तियाँ मार्क्सवादी दृष्टिकोण से मेल नहीं खाती थीं। इटली में फासीवाद के समर्थक के रूप में उन्होंने मुसोलिनी को हिंसा को बढ़ावा देनेवाले और समाजवाद, साम्यवाद एवं आजादी के विरोधी के रूप में देखा था, जिसने स्वयं को इटली के तानाशाह के रूप में स्थापित किया था।''[18]

जनवरी 1934 में जवाहरलाल के लेख 'विदर इंडिया' के तीन महीने बाद एक संयोग ही था, जिसमें सुभाष ने अपने एक लेख में मुसोलिनी का समर्थन करते हुए उसका उद्धरण दिया था। मिलान से उन्होंने अपने एक मित्र को विएना में एक पत्र लिखा, जिसमें उन्होंने 22 से 28 दिसंबर को एशियाटिक स्टूडेंट्स कांग्रेस की एक सभा के बारे में लिखा और बताया कि इसमें उन्होंने इटली के नेता को बोलते हुए सुना था। सुभाष ने लिखा कि ''यह एक शानदार भाषण था।'' परंतु साथ में उन्होंने यह भी जोड़ दिया कि ''हम वक्ता के बारे में कुछ भी सोच सकते थे।''[19] इस प्रकार सुभाष ने भाषण और व्यक्ति के बीच के अंतर को स्पष्ट कर दिया था और इससे मुसोलिनी के प्रति उनके मन की भावना का भी पता चलता है। उनकी यह भावना सन् 1930 में कलकत्ता में उनके मेयर के पद पर चुने जाने के समय के विचार से मेल नहीं खाती है। वर्ष 1934 के मध्य में विएना में लिखी गई उनकी पुस्तक 'दि इंडियन स्ट्रगल' में उन्होंने मुसोलिनी की रोम की पद-यात्रा की तुलना गांधी के दांडी मार्च से की थी। उन्होंने ऐसा लिख तो दिया, पर यह सर्वविदित

है कि वर्ष 1930 की शुरुआत में मुसोलिनी ने मिलान से रोम तक की यात्रा ट्रेन से की थी।[20] सुभाष ने इस तथ्य को नजरअंदाज किया और शायद इसीलिए यह तुलना कुछ विचित्र-सी है।

रोम में सुभाष को महसूस हुआ कि वहाँ भारत के बारे में रुचि रखनेवाले बहुत ही कम लोग हैं, पर वे इसके इच्छुक अवश्य हैं। उन्हें वहाँ के लोगों में पूर्वग्रह के न होने ने बहुत प्रभावित किया, बल्कि उनमें एक सहानुभूति थी। उन्हें वहाँ के आधिकारिक दृष्टिकोण में समर्थन महसूस हुआ और उनमें पूर्व के साथ संबंध बनाने की चाहत भी नजर आई।[21] उनकी मुलाकात मुसोलिनी से भी हुई, जिसका जिक्र उन्होंने अपने भतीजे को लिखे एक पत्र में उसे 'बिग बॉस' का संबोधन करते हुए बताया था। इटली के नेता ने सुभाष से पूछा था कि उन्हें भारत को स्वतंत्र कराने के क्रांतिकारी या सुधारवादी तरीके में से क्या पसंद था? सुभाष के क्रांतिकारी मार्ग की सहमति मिलने पर उसने उनसे तुरंत ही उसकी योजना बनाने और उस पर अमल करने के लिए कहा।[22]

जर्मनी में पहले साल सुभाष को तीखे व विषम अनुभव हुए थे। वे जुलाई 1933 में वारसा से बर्लिन पहुँचे, जहाँ वे प्राग से आए थे। वे उच्च नाजी अधिकारियों से मिलने को बहुत इच्छुक थे। इस मामले में उन्हें निराशा हुई तथा वे अल्फ्रेड रोजेनबर्ग से भी मिले, जो कि नाजी सिद्धांत के समर्थक थे; परंतु यह मुलाकात भी बेअसर थी। इसमें आश्चर्य नहीं था कि रोजेनबर्ग नस्लीय दृष्टिकोण रखते थे। वास्तव में, बोस रोजेनबर्ग से इतना क्षुब्ध थे कि उन्होंने इस पर एक आलोचनात्मक लेख लिख डाला था और इसने जर्मन विदेश विभाग के उप-प्रमुख डिवीजन कर्ट प्रफर से भी मुलाकात की थी।

यह विभाग ब्रिटिश एंपायर के साथ संबंधों को देखता था। प्रफर से सुभाष ने भारत के प्रति जर्मन राजनीतिज्ञों के दृष्टिकोण को बताया। प्रफर ने उन्हें यकीन दिलाया कि भारत और ब्रिटेन के साथ संघर्ष में वह तटस्थ रहेगा, पर इसका यह अर्थ नहीं है कि उसकी भारत के साथ सहानुभूति नहीं है। सुभाष ने हिटलर और गोएबल्स से भी मिलने में उत्सुकता दिखाई थी, क्योंकि यह उनके लिए इस रूप में महत्त्वपूर्ण था कि वे जर्मनी के महत्त्वपूर्ण नेताओं से आश्वासन प्राप्त कर चुके थे कि वे भारत के शत्रु नहीं हैं। उन्हें यह बताया गया कि हिटलर की व्यस्तता की वजह से हिटलर से उनकी वार्त्ता नहीं हो सकती थी; परंतु गोबेल से उनकी मुलाकात तय हो चुकी थी।[23] नाजी पार्टी के एक सदस्य के अनुसार, सुभाष हिटलर को यह विश्वास दिलाना चाहते थे कि स्वतंत्रता की उनकी लड़ाई में भारतीयों के

प्रति हिटलर का दृष्टिकोण त्रुटिपूर्ण था और वे यह भी चाहते थे कि हिटलर अपनी पुस्तक 'मेन काफ' के आगामी अंकों में भारतीयों के प्रति व्यक्त अपनी भावना को सुधार लें।[24] इस प्रकार यह निष्कर्ष अतिशयोक्तिपूर्ण होगा, जिसमें सुभाष वर्ष 1933 में जर्मनी एवं भारत के साथ मिलकर भारत को सशस्त्र सहयोग देने की बात सोच रहे थे। सुभाष भारतीय राष्ट्रीय आंदोलन के एक स्वयंभू राजदूत के रूप में भारत और यूरोप के बीच त्रुटिपूर्ण बोध को दूर करने की कोशिश कर रहे थे।[25] सन् 1923 में जर्मनी के साथ गठजोड़ उनकी भावना नहीं थी। महत्त्वपूर्ण तथ्य यह है कि क्या वे किसी भी नेता, जैसे हिटलर, के दृष्टिकोण को बदल सकते थे? वाकई नाजी तंत्र और नाजी सिद्धांत के बारे में सुभाष की समझ में एक गंभीर समस्या थी। वे ब्रिटिश साम्राज्य के प्रति हिटलर की खुली प्रशंसा से अनभिज्ञ नहीं हो सकते थे।

सुभाष अगले साल ही अप्रैल के महीने में जर्मनी पहुँचे। वहाँ पहुँचने पर उन्हें कुछ कटु अनुभव भी हुए थे। म्यूनिख की सड़कों पर जर्मन बच्चों ने उन्हें 'निगर' कहकर पुकारा और कुछ ने तो उन पर पत्थर भी फेंके थे। सुभाष ने उन भावनाओं को नाजियों के द्वारा फैलाए गए नस्लीय दुष्प्रचार के रूप में देखा। उन्होंने भारत और जर्मनी के बीच संबंध सुधार पर एक लघु ज्ञापन-पत्र भी तैयार किया था। उस पत्र में उन्होंने जर्मनी के प्रमुख नाजी नेताओं के उन बयानों का भी वर्णन किया था, जो कि भारत और जर्मनी के संबंधों को बिगाड़ने के मूल में थे। उन्होंने हिटलर की पुस्तक 'मेन काफ' में भारत के प्रति अमैत्रीपूर्ण बयान के बारे में भी लिखा, जिसमें गांधी को गोएरिंग ने एक साक्षात्कार में ब्रिटिश-विरोधी बोल्शेविक एजेंट कहा था।[26] नवंबर 1935 में उन्होंने इस हकीकत को स्वीकार करते हुए मेल-मिलाप किया कि नाजी तंत्र नस्लवाद को नहीं फैलाएगा। म्यूनिख में जर्मन एकेडमी के निदेशक फ्रैंज थिएरफेल्डर को एक पत्र में लिखा कि "मैं यह नहीं चाहता कि आप अपने नस्लीय सिद्धांतों का त्याग करें; क्योंकि इसके खिलाफ मैं जितने भी वैज्ञानिक तर्क पेश करूँ, इससे फर्क नहीं पड़ता है। पर हम सिर्फ इतना चाहते हैं कि यह इस रूप में होना चाहिए कि इससे किसी भी तरह भारतीयों के बारे में बुरी भावना न फैले।"[27] सन् 1934 में अपनी म्यूनिख यात्रा के दौरान सुभाष की मुलाकात कार्ल हॉशोफर से हुई, जो नाजी नेता रुडोल्फ हेश तथा हिटलर के सलाहकार भी थे। सुभाष और हॉशोफर एक-दूसरे के मित्र बन चुके थे। पर वे सुभाष की मुलाकात हिटलर से न करा सके। सुभाष को उम्मीद थी कि उनकी मुलाकात अर्नेस्ट रॉम से होगी, जो अश्वारोही सेना के प्रमुख थे; परंतु बाद में वे एक भगोड़े घोषित हुए और जून 1934 में निकाल भी दिए गए थे।[28] इस प्रकार

सुभाष नाजी जर्मनी से खाली हाथ ही वापस लौटे; पर उन्होंने अपने भविष्य के प्रयास नहीं छोड़े थे।

सन् 1934 की दो प्रमुख घटनाओं ने सुभाष के निजी जीवन पर विशेष प्रभाव डाला था। पहली घटना उनके पिता की मृत्यु थी और दूसरी एक महिला से उनकी मुलाकात थी, जो कि उनके जीवन का दूसरा प्रेम (प्रथम प्रेम उनका देश से था)[29] था और बाद में उनकी पत्नी बनीं। विएना में सन् 1934 में उनकी मुलाकात एमिली शेंकल से हुई। एमिली की मुलाकात सुभाष से उस समय हुई, जब वे सुभाष के पास साक्षात्कार के लिए आई थीं और सुभाष अपनी किताब लिखने की तैयारी में सहायता चाहते थे। एमिली ऑस्ट्रियन कैथोलिक परिवार से थीं और उस समय सिर्फ चौबीस साल की थीं, यानी सुभाष से तेरह साल छोटी। उनकी एक बड़ी काबिलीयत थी कि वे अंग्रेजी, शॉर्टहैंड और टाइपिंग में पारंगत थीं। यह कुछ पहली नजर में प्रेम होने जैसी चीज वाकई एमिली की तरफ से नहीं थी।[30] उन्होंने बाद में बताया कि इसकी शुरुआत सुभाष की तरफ से ही हुई थी। सुभाष एमिली की दृढता, खुशमिजाजी एवं ईमानदारी से आकर्षित हुए थे और वे उनकी इच्छा तथा मानसिक क्षमता का सम्मान भी करते थे। उनके लिए वह एक प्यारी शेरनी जैसी थीं। उनका यह विरोध सुभाष के भावनात्मक संसार में एक आश्रय की भाँति था, हालाँकि यह दोनों के लिए मनोव्यथा-विहीन नहीं था।

नवंबर 1934 के आखिर में सुभाष को अपनी माताजी से खबर मिली कि उनके पिता की मृत्यु होने वाली थी। खबर पाते ही वे तुरंत भारत के लिए निकल पड़े थे और फिर कई जगह रुकते हुए 4 दिसंबर को भारत पहुँचे। उनके पिता, जिनसे वह सन् 1931 से ही नहीं मिले थे, का देहांत 2 दिसंबर को हो गया। सुभाष के लिए यह एक हृदय-विदारक पीड़ा थी। उनके पिता ने उन्हें कैंब्रिज इस उम्मीद के साथ भेजा था कि वे वहाँ से एक आई.सी.एस. अधिकारी बनकर वापस लौटेंगे। ब्रिटिश इंडियन ब्यूरोक्रेसी में शामिल न होने के सुभाष के निर्णय की हताशा से उन्हें शीघ्र ही छुटकारा तब मिल गया, जब सुभाष ने भारत के राष्ट्रीय नेताओं के बीच अपने साहस और प्रतिबद्धता से जगह बना ली थी। वैसे उनका यह घमंड पीड़ा-रहित नहीं था, क्योंकि सुभाष अकसर ही जेलों में रहते थे और वहाँ शारीरिक कष्टों को भी सहते थे। फिर एक ऐसा मोड़ आया, जब पिता-पुत्र तीन वर्षों तक एक-दूसरे से मिल न सके और अंततः पिता की मृत्यु हो गई। शोक के धार्मिक विधि-विधानों में सुभाष के कुछ चित्र भी हैं, जिनमें उनकी पीड़ा और एक गंभीर आत्म-दर्शन का भाव नजर आता है। इन चित्रों में सुभाष की आंतरिक पीड़ा और

बाहर से नजर आनेवाली शांति का विषाद भी दिखता है। उन्होंने बलिदान का जो मार्ग चुना था, उसने उन्हें मात्र बीस वर्ष की उम्र में ही बहादुर बना दिया था और अपने लक्ष्य के लिए पीड़ा को समझना भी सिखा दिया था। सन् 1934 का साल सुभाष के लिए बहुत महत्त्वपूर्ण था। उनके पिता की मृत्यु के बाद एक स्त्री के प्रति प्रेम ने उन्हें राजनीतिक उथल-पुथल के सागर में एक भावनात्मक सहारा दिया था।

सुभाष का अपने पिता के प्रति शोक का यह आशय नहीं था कि वे ब्रिटिश सरकार की निगरानियों और नियमों से परे जा चुके थे। वे घर में नजरबंद थे। जवाहरलाल ने जेल में अपनी डायरी में सुभाष को रोकने पर अपनी नाराजगी व्यक्त करते हुए लिखा था कि उन्हें उनकी शोक की स्थिति में भी आजाद नहीं किया था।[31] जनवरी 1935 की शुरुआत में सुभाष फिर से विएना चल दिए और रास्ते में वे इटली में मुसोलिनी से भी मिले। मुसोलिनी को उन्होंने उन्हीं दिनों प्रकाशित अपनी पुस्तक 'दि इंडियन स्ट्रगल' भेंट की थी। किंतु कुछ कारणों से उन्हें लज्जा महसूस हुई और उन्होंने एमिली को इस मामले को बेहद निजी रहने देने के लिए लिखा था।[32]

जवाहरलाल का वर्ष 1934-35 का अधिकतर समय जेल में ही बीता था।[33] उन दिनों उन्हें हानि और प्रेम की अनुभूतियाँ हुईं। पहली हानि उन्हें गांधी के दृष्टिकोण के प्रति उनका विरोध था। अगस्त 1934 में जमानत पर छूटने के बाद उन्होंने गांधी को एक लंबा पत्र लिखा। जिस चीज ने उन्हें सबसे अधिक व्यथित किया था, वह था गांधी का असहयोग आंदोलन को बीच में रोक देना; परंतु गांधी ने उन्हें इसकी वजहें और भविष्य के कार्यों के बारे में बताया। जवाहरलाल ने लिखा था—"मुझे अचानक अपने भीतर कुछ टूटता हुआ-सा महसूस हुआ। मैं जिस बंधन को बहुत महत्त्व देता था, वह टूट चुका था। मैं स्वयं को इस दुनिया में बहुत अकेला महसूस कर रहा था। मैंने अपने बचपन से ही थोड़ा अकेलापन महसूस किया था; किंतु कुछ बंधनों ने मुझे ताकत दी और कुछ एक ने मुझे खड़े रहने में सुदृढ सहयोग भी प्रदान किया था। इस अकेलेपन ने मुझे कभी छोड़ा नहीं, पर थोड़ा कम जरूर हो गया था। मगर इस समय मैं पूरी तरह से अकेला और टूट गया हूँ।"[34] गांधी ने इस दीवानगी भरे हार्दिक पत्र के जवाब में उन्हें लिखा था कि उन्होंने मुझमें एक साथी को कभी नहीं खोया है और वे वही व्यक्ति हैं, जिन्हें जवाहरलाल सन् 1917 से जानते हैं। हालाँकि कुछ ऐसे भी साक्ष्य हैं, जिनके अनुसार गांधी ने जवाहरलाल के पत्र को गंभीरतापूर्वक नहीं लिया था।[35] जवाहरलाल की विलंब से हुई कमला की खोज को उन्होंने एलन पो की कविता की उन अंतिम पंक्तियों में सर्वोत्तम रूप से व्यक्त किया, जो उन्होंने कमला को भेंट की थीं।

मेरे लिए तुम्हीं सबकुछ थीं प्रिये/आत्मा तड़पती रही जिसके लिए/सागर के बीच एक हरे द्वीप सी/किसी फव्वारे सी और एक मंदिर सी/सजे हुए दैवीय फलों और पुष्पों से/और वे सारे फूल वहाँ थे मेरे लिए/मेरे ये सारे दिन कहाँ गए पता नहीं/रात के सपने हैं ठहरे वहीं के वहीं/जहाँ पर चमक पदचाप की तुम्हारी है/जैसे किसी वायवीय नृत्य की खुमारी है/तट पर अनंत के, सदा-सर्वदा के लिए प्रिये/

उपर्युक्त कविता 3 अक्तूबर, 1934 यानी कमला की मृत्यु से पाँच महीने पहले उन्हें और उन लोगों के लिए भी है, जोकि इतिहास में विडंबना या संयोग तलाशते हैं। पो की ये पंक्तियाँ 'टू वन इन पैराडाइज' से उद्धृत है।

जवाहरलाल को जब अपनी पत्नी कमला की बीमारी की सूचना मिली, तब उनका मन राजनीति में बहुत कम लगता था। सन् 1919 से ही जब कमला को क्षय रोग हुआ था, तभी से उन्हें कमला के स्वास्थ्य की चिंता बनी रहती थी। उनका रोग एक लंबे समय के इलाज के बाद भी ठीक न हो पाया था। सन् 1925 में उन्हें एक पुत्र भी हुआ, जो सिर्फ दो दिन ही जीवित रह सका और 1928 में उन्हें एक बार फिर गर्भपात हुआ था। उनकी तबीयत लगातार खराब रहती थी, फिर भी वे राष्ट्रीय राजनीतिक सक्रियताओं में लिप्त रहती थीं। अगस्त 1934 में उन्हें चिकित्सा सहायता की आवश्यकता पड़ी और जवाहरलाल जमानत पर जेल से बाहर आए तथा ग्यारह दिनों में जब कमला के स्वास्थ्य में सुधार आया, तब वे वापस जेल चले गए। अक्तूबर में उन्हें स्वास्थ्य-लाभ के लिए भोवाली सैनेटोरियम भेज दिया गया था। सरकार ने इस मामले में जवाहरलाल को राहत देते हुए उन्हें भोवाली के पास ही स्थित अल्मोड़ा की जेल में स्थानांतरित कर दिया था।

भोवाली सैनेटोरियम की आबोहवा भी कमला के स्वास्थ्य में सुधार न ला सकी। अब उन्हें इलाज के लिए यूरोप ले जाना तय हुआ। उधर जेल में अपनी पत्नी के इलाज की यात्रा खर्च में आनेवाले व्यय की चिंता हुई। इस समय उनकी वार्षिक आय 9,000 रुपए थी, जो उनकी पुस्तकों की रॉयल्टी और कुछ शेयरों से आती थी। उन्हें अपनी इसी आमदनी से आनंद भवन का रख-रखाव और यात्रा व इलाज का खर्च भी वहन करना था। इन्हीं दिनों बिरला परिवार के एक सदस्य, जो जवाहरलाल की आर्थिक परेशानियों से परिचित थे, ने उन्हें प्रतिमाह कुछ आर्थिक सहायता देने की पेशकश की थी, जो कि वे अन्य बहुत से कांग्रेस के सदस्यों की भी करते थे; परंतु जवाहरलाल ने उनके इस प्रस्ताव को अस्वीकार कर दिया।[36] जवाहरलाल ने अपनी बचत से धन का इंतजाम किया और फिर कमला, इंदिरा एवं एक चिकित्सक के साथ मई 1935 को यूरोप चल दिए।

बर्लिन में कमला के फेफड़े का ऑपरेशन हुआ, पर उससे भी कोई फायदा नहीं हुआ। 28 अगस्त, 1935 को उन्होंने अपनी डायरी में कमला के स्वास्थ्य के बारे में लिखा था कि "उनकी स्थिति असंतोष जनक है और उन्हें मिचली आती रहती है। मैं पूरी तरह से बेचैनी महसूस कर रहा था और कुछ बुरा घटित होने का पूर्वाभास भी हो रहा था।...वह धीरे-धीरे जा रही थीं और यह विचार ही मेरे लिए पीड़ादायक था।"[37] जवाहरलाल का पूर्वाभास गलत नहीं था। इसके चार ही दिनों के बाद कमला की खराब होती तबीयत की खबर आई और सरकार को भी इसकी सूचना तार से प्राप्त हो चुकी थी। सरकार अंततोगत्वा उन्हें रिहा करने और अपनी पत्नी के साथ रहने की अनुमति देने के लिए तैयार हो गई। उन्होंने स्वयं को बुरी स्थिति के लिए तैयार कर लिया था और अपनी डायरी में लिखा कि "इसका अंत यही था।"[38] वे बाडेनवीलर पहुँच गए, जहाँ कमला अस्पताल में भरती थीं। उनकी स्थिति लगातार गिरती जा रही थी। उन्हें जनवरी 1936 में लाउसाने ले जाया गया, जहाँ 28 फ़रवरी की सुबह उनकी मृत्यु हो गई थी।

अपनी पत्नी की इस लंबी बीमारी में जवाहरलाल को यह महसूस होने लगा था कि वे उन्हें कितना अधिक प्यार करते थे। उनका विवाह एक आसान विवाह नहीं था। कमला के परिवार का सामाजिक स्तर जवाहरलाल के परिवार के समकक्ष नहीं था। उनके माता-पिता के पास न तो मोतीलाल जितनी संपत्ति ही थी और न ही उनमें वैसा पश्चिमीकरण था, जैसा कि मोतीलाल ने अपने परिवार को प्रदान कर रखा था। यह भी कहा जाता है कि जवाहरलाल की बहनों ने कमला को यह भूलने भी नहीं दिया था। जब मोतीलाल अपनी पुत्रवधू को लाए, तब उन्हें अंग्रेजी बोलनी नहीं आती थी। वे केवल हिंदी और उर्दू ही बोलती थीं। मोतीलाल उन्हें लेकर इलाहाबाद आए और शादी से पहले उन्हें बेटे के लायक बनाने के लिए पूरी तरह प्रशिक्षण का भी इंतजाम किया। जवाहरलाल और कमला के बीच का यह सामाजिक अंतर उनके जीवन भर बना रहा। कमला के जीवन के कुछ पहलू और दृष्टिकोण जवाहरलाल की समझ से परे थे। उदाहरण-स्वरूप, अपनी डायरी में उन्होंने लिखा—"कमला में कितना बचपना है, इससे मुझे अकसर चिढ़ भी होती है। पर मैं सोचता हूँ कि यही उसकी खूबसूरती भी है। मैं जब भी उसके बारे में सोचता हूँ, तब मेरी मन:स्थिति में कितना बदलाव आ जाता है। हालाँकि वह कितना अधिक मेरे लिए मायने रखती है। फिर भी वह मेरे विचारों के अनुरूप कितना कम कोशिश करती है।[39] यही वह परेशानीवाली चीज है कि वह इसकी कोशिश नहीं करती है और इसीलिए वह अलग है।" यह अलग होनेवाली भावना

तब शुरू हुई, जब जवाहरलाल कमला को उसे बड़े से घर में एक युवा होती बेटी को बड़ा करने के लिए छोड़कर राजनीति में उतर पड़े थे। ऐसा नहीं था कि कमला ने जवाहरलाल की प्रतिबद्धता को स्वीकार नहीं किया, बल्कि उन्होंने इसकी प्रशंसा भी की थी; मगर इतना होने पर भी उनका अकेलापन दूर नहीं हो सका। उनके पति के बार-बार जेल जाने ने उनके धीर व्यवहार पर भी असर डाला था। जवाहरलाल के अनुसार, 12 फरवरी, 1934 को जब पुलिस जवाहरलाल को गिरफ्तार करने आनंद भवन पहुँची, तब कमला अचानक रो पड़ी थीं। वैसे इसका कोई साक्ष्य नहीं है कि जवाहरलाल उनकी पीड़ा को समझने की कोशिश करते हुए उनके पास पहुँचे थे।[40] उनका आंतरिक स्वभाव और इसका प्रशिक्षण उन्हें इस भावनात्मक विषय की चर्चा करने से रोकता रहा। जवाहरलाल ने एक बार अपने मित्र को लिखा था—''तुम्हें मेरे बारे में यह समझना चाहिए कि मैं अपने निजी मामलों की बातें तब तक नहीं करता, जब तक कि सामनेवाला इसकी कोशिश न करे। यहाँ तक कि मैं यह कमला और इंदू से भी नहीं करूँगा। यही मेरा प्रशिक्षण भी रहा है।''[41] इस प्रकार उनके आत्म-मंथन का प्रशिक्षण, जो कि संभवतः उन्हें इंग्लिश पब्लिक स्कूल से प्राप्त हुआ था, उन्हें प्रदर्शन करने और जिज्ञासु बनने से मना करता था। इस प्रकार एक बार दरार बन जाने के बाद वह पूरी तरह से कभी भरी न जा सकी।

जब जवाहरलाल को जेल में कमला की बिगड़ती तबीयत का पता चला, तब उनके स्वयं के द्वारा खड़ी की गई भावनात्मक दीवार ढह गई। उनकी जेल की डायरी ही उनकी भावना और भय को व्यक्त करने का माध्यम बनी थी। उन्होंने यूरोप में उनकी तबीयत की पूरी जानकारी रखी और वे उनकी खबर का उत्सुकता से इंतजार भी करते थे। इस तरह सन् 1920 और 1930 की उनकी जेल की डायरियों में भी काफी अंतर है।[42] जेल में उन्हें कमला की बहुत चिंता रहती थी और उनके स्वभाव के विपरीत उन पर रोने तथा बुरे स्वप्न एवं कल्पनाओं का दौरा भी पड़ता था।[43] वे रवींद्रनाथ टैगोर की कमला को दी उपाधि 'अल्पभाषिणी गरिमा' का भी सम्मान करते थे।[44]

जब कमला भोवाली के सैनेटोरियम में थीं, तब जवाहरलाल ने अपने संबंधों के फफोलों को भरने का प्रयास किया था। जब वे एक बार कमला से मिलने आए थे, तब उन्होंने कमला को अपनी लिखी कविता के कुछ अंश सुनाए। तब कमला ने कहा था कि ''वह ईश्वर को महसूस करना चाहती है और इसकी तैयारी के लिए हमारे संबंधों में थोड़ा परिवर्तन होना चाहिए, प्रत्यक्षतः मुझे ईश्वर के रास्ते में नहीं आना चाहिए था।'' यह सुनकर जवाहरलाल को आश्चर्य हुआ और अपनी

डायरी में उन्होंने अपनी इस भावना को व्यक्त किया था—"मुझे काफी पहले से ही पता था कि पिछले तीन या कुछ और अधिक वर्षों से कमला का रुझान धार्मिकता की तरफ था; पर यह सबकुछ अस्पष्ट-सा था। मेरे लिए उसकी धार्मिकता या ईश्वर की तलाश, चाहे जो भी हो, हिस्टीरिया से अधिक कुछ नहीं थी। इससे मुझे थोड़ी चिढ़ होती थी, क्योंकि यह सबकुछ मुझे आकर्षित नहीं करता था और जब मैं उसकी मानसिकता के अनुरूप स्वयं को नहीं पाता था, तब मेरे अहं को ठेस पहुँचती थी।[45] मुझे लगता था कि मैं उसे खो रहा था। वह मुझसे दूर जा रही थी और मैं दु:खी होता एवं कुढ़ता था। पिछले दो सालों में हमारे बहुत से छोटे-मोटे झगड़ों की वजह भी यही थी। किंतु जब से मैंने भोवाली जाना शुरू किया है, मैं लगातार उसके मन तक पहुँचने और अपनी भावनाएँ बताने की कोशिश कर रहा हूँ।...और मुझे लग रहा है कि हम धीरे-धीरे एक-दूसरे के नजदीक आते जा रहे हैं।...मैं उसकी तरफ आकर्षित भी हुआ और उसके इस मानसिक उत्साह का कायल भी बन गया तभी अचानक मैंने देखा कि मेरी सारी कोशिशें व्यर्थ हो गई थीं। वह मुझसे इतनी दूर चली गई कि हमारे बीच की खाई कभी भर न सकी। वह शायद ही यह समझ सकी कि उसने क्या कहा था। किंतु मेरे अकेलेपन ने फिर से मुझे घेर लिया था।" जवाहरलाल ने कमला के प्रति अपनी भावनाओं को ईगर एलन पो की प्रसिद्ध कविता 'टु वन इन पैराडाइज' पंक्तियों में व्यक्त किया था।[46]

जवाहरलाल अपनी पत्नी की मृत्यु के बाद बिल्कुल टूट गए थे। ब्रिटेन के साम्यवादी नेता रजनी पाम दत्त, जो उन्हीं दिनों जवाहरलाल से मिले थे और उन्होंने जवाहरलाल के जीवनी लेखक एस. गोपाल को एक साक्षात्कार में बताया कि "कमला की मौत ने उन्हें बिल्कुल ही तोड़ दिया था।"[47] वे हमेशा अपने कमरे में कमला का एक चित्र और उनकी थोड़ी सी अस्थियाँ रखते थे। उन्होंने यह स्वीकार नहीं किया था कि उनकी मृत्यु के बाद कमला की अस्थियाँ उनके साथ मिला दी जाएँगी। वे कमला के बिना बिल्कुल अकेला महसूस करते थे और अपनी इसी भावना को उन्होंने अपनी जीवनी में लिखा था कि "कमला अब नहीं रही।"[48]

सुभाष और उनके दो या तीन मित्र कमला की बीमारी और मृत्यु के समय यूरोप में ही थे। अक्तूबर 1935 में सुभाष ने जवाहरलाल को पत्र लिखा था कि उनकी इस तकलीफ में किसी भी तरह की सेवा के लिए उन्हें बुलाने में हिचकिचाहट न करें।[49] वैसे उन्हें यह लिखने की जरूरत नहीं थी, क्योंकि जवाहरलाल यह जानते थे कि कमला जब बर्लिन जा रही थीं, तब सुभाष ने उनके साथ प्राग तक की यात्रा की थी और अपने एक मित्र को उनकी सफल यात्रा के बारे में लिखा भी था।[50]

सुभाष कमला की बीमारी और उनकी खराब स्थिति के बारे में भी चिंतित रहे[51] तथा अक्तूबर के आखिर में वे बाडेनवीलर उनसे मिलने भी गए थे।[52] फरवरी के आखिर में, जब कमला अपनी अंतिम साँसें ले रही थीं, तब वे भी जवाहरलाल के साथ लॉसाने में ही थे तथा उनके अंतिम क्रिया-कर्म में उन्होंने सहायता भी की थी।[53]

सुभाष की यह भावना उनके आपसी संबंधों की प्रगाढ़ता भी दरशाती है। सुभाष के मन में जवाहरलाल के प्रति कुछ धारणाएँ थीं, जो उन्होंने उन्हें लिखकर व्यक्त भी की थीं—''इस समय के अग्रिम पंक्ति के नेताओं में आप एक अकेले व्यक्ति हैं, जिसमें हम कांग्रेस को आगे ले जाने की क्षमता देखते हैं। हालाँकि आपकी स्थिति कुछ अलग है, परंतु महात्मा गांधी भी किसी और व्यक्ति की तुलना में आपके प्रति अति अनुग्रही हैं। मुझे पूरी आशा है कि आप निर्णय लेने में अपनी जन-शक्ति का उचित इस्तेमाल करेंगे। कृपया अपनी स्थिति को कमजोर न समझें। गांधीजी ऐसा कोई कदम नहीं उठाएँगे, जो आपको उनसे दूर करे।''[54]

सुभाष के इस कथन और चार महीने पहले के वक्तव्य में विरोधाभास नजर आता है, जो उन्होंने जवाहरलाल से बाडेनवीलर में मिलने पर दिया था कि ''महात्मा की दयालुता के लिए धन्यवाद। जवाहरलाल फिर से अध्यक्ष बनते नजर आ रहे हैं।''[55] एक अन्य स्थान पर उन्होंने आश्चर्य व्यक्त किया कि जवाहरलाल एक ही साथ गांधीवाद और साम्यवाद का समर्थन कैसे करेंगे?[56]

उन्होंने न केवल जवाहरलाल का कांग्रेस के अध्यक्षीय पद के लिए समर्थन किया, बल्कि उन्हें क्या करना चाहिए,[57] इसका परामर्श भी दिया था और उनकी राय भी माँगी थी। वर्ष 1936 में मार्च के मध्य में सुभाष को ब्रिटिश इंडिया की तरफ से एक पत्र मिला था, जिसके अनुसार यदि वे भारत लौटेंगे, तब उन्हें गिरफ्तार कर लिया जाएगा। उन्होंने इस बारे में जवाहरलाल को पत्र लिखकर पूछा कि उन्हें जनहित में क्या करना चाहिए। उन्होंने यह भी कहा कि ''आपको तकलीफ देने की मूल वजह यही है कि इस बारे में अपने रिश्तेदारों से पूछना उचित नहीं होगा, क्योंकि वे इसे जनता के दृष्टिकोण से नहीं देख सकेंगे। इसलिए मैं आपके परामर्श पर निर्भर हूँ।'' उन्हें लगता था कि जवाहरलाल सार्वजनिक जीवन में हैं और वे इस तरह की दु:खद परिस्थितियों में अपना परामर्श देने की जिम्मेदारी से नहीं भागेंगे।[58]

इस संदर्भ में जवाहरलाल का तात्कालिक परामर्श था कि उन्हें भारत आने का अपना कार्यक्रम स्थगित कर देना चाहिए; परंतु गांधी और अपने अन्य सहकर्मियों से बातें करने के चार दिनों बाद उन्होंने सुभाष को परामर्श दिया कि उनका तुरंत आना अपेक्षित है। किंतु जवाहरलाल के पत्र मिलने से पहले ही सुभाष भारत लौटने का

मन बना चुके थे,[59] चाहे उन्हें यहाँ गिरफ्तार कर लिया जाता। रोमाँ रोलाँ को लिखे एक पत्र के अनुसार, "मुझे लगता है कि अधिकारियों की नाराजगी के बावजूद भारत आना मेरा कर्तव्य है। यह भी एक दुःखद स्थिति है कि व्यक्ति के जीवन के सर्वोत्तम और सक्रिय वर्ष जेल की दीवारों के पीछे बीत जाएँ; परंतु दासों ने इस कीमत को चुकाया है और उन्हें इस दुनिया में चुकानी ही पड़ेगी।"[60]

एक व्यक्ति, जिसके मन में हमेशा लोगों का हित ही रहा, उसके लिए वापस लौटने का यह निर्णय कितना निजी पीड़ादायक रहा और इसमें एमिली से उनका दूर होना भी था। उन्होंने एमिली को एक प्रेम-पत्र भी लिखा और अनुरोध भी किया कि इसे पढ़ने के बाद नष्ट कर दे; पर वह ऐसा न कर सकी।[61] सुभाष ने लिखा था—"कभी-कभी हिमशैल भी पिघलता है और मेरी भी स्थिति वैसी ही है।" बिना यह जाने कि भविष्य में क्या होगा, वे भारत वापस लौट रहे थे। "हो सकता है कि मुझे सारा जीवन जेल में गुजारना पड़े या फिर फाँसी पर चढ़ा दिया जाऊँ या फिर गोली मार दी जाए। चाहे जो भी हो, मैं तुम्हारे बारे में सोचूँगा और मेरे लिए तुम्हारे प्यार के लिए धन्यवाद। हो सकता है, मैं तुम्हें कभी न देख सकूँ; मगर यकीन करो, तुम हमेशा मेरे हृदय, मेरे विचारों और मेरे सपने में रहोगी। यदि भाग्य मुझे तुमसे इस जीवन में अलग करता है, तब मैं तुम्हारे साथ अगले जीवन में रहूँगा।"[62] उन्होंने प्रेम की प्रकृति और इसके सांसारिक महत्त्व को पत्र से व्यक्त किया तथा इसमें उन दोनों के अंतर से इसका श्रेष्ठ होना भी व्यक्त था। "हम लोग दो अलग-अलग भूमि के वासी हैं; पर क्या हम दोनों में कुछ समान है ? मेरा देश, मेरे लोग, मेरी परंपराएँ, मेरी आदतें, मेरे रिवाज और मेरा वातावरण—सभी कुछ तुमसे अलग है।...कुछ पलों के लिए मैं इन सभी अंतरों को, जो कि मेरे देश से अलग करते हैं, मैं भूल चुका हूँ। मैंने तुम्हारे भीतर की स्त्री, तुम्हारी आत्मा को प्यार किया है।" इन दोनों ही भिन्न तरह के प्रेम में एक खिंचाव था और सुभाष ने इसमें संतुलन बनाए रखने की कोशिश की थी। उनका एमिली से आग्रह था, "अपने जीवन के लिए स्वार्थी उद्‌देश्य मत रखो। हमेशा मानवता की भलाई के लिए कार्य करो ऐसा कार्य करो, जो हमेशा के लिए बेहतर हो और ईश्वर की नजरों में भी अच्छा हो।" उन्होंने एमिली से निष्काम कर्म को अपनाने के लिए कहा।[63] इस प्रेम की कल्पना कितनी कठिन है, जिसमें ऑस्ट्रिया की एक युवती को अलगाव और अनिश्चितता का सामना करना पड़ रहा है और वह भारत के बारे में कितना कम जानती है तथा एक युवक उसके जीवन में अचानक आ जाता है।

यूरोपीय पृष्ठभूमि की एक लड़की के लिए इस वास्तविकता को अपनाना

कितना कठिन था, जिसमें सुभाष के जीवन में यह उनके अमूर्त भाव यानी देश-प्रेम के बाद दूसरा स्थान रखती है। किंतु दोनों ने शुरुआत से ही अपने इस कठिन संबंधों की स्थिति को स्वीकार कर लिया था। इसका सर्वोत्तम उदाहरण पत्रों में उनका आपस में एक-दूसरे को संबोधन के रूप में मिलता है। एमिली के लिए वे 'मि. बोस' और सुभाष के लिए वे 'मिस शैंकेल' थीं। यह संबोधन उनके पति-पत्नी बनने के बाद भी बना था। परिस्थितियों ने उनके बीच इस औपचारिक संबोधन को बनाए रखा और जब वे दोनों अकेले होते होंगे, तब यह उन पर विचित्र और मजाकिया रूप से चोट भी करता होगा। उनके बीच की यह भौगोलिक दूरी भी उनके आपसी प्रेम के उत्साह को कम न कर सकी थी। अप्रैल या मई 1937 में एमिली को लिखे एक पत्र में सुभाष ने अपनी भावनाएँ कुछ इस तरह से व्यक्त की थीं—''मैं तुम्हें काफी समय से पत्र लिखने के लिए सोच रहा था; परंतु तुम यह समझ सकती हो कि तुम्हें अपनी भावनाओं के बारे में लिखना मेरे लिए कितना कठिन है। मैं तुम्हें इस समय यह बताना चाहता हूँ कि तुम जब मुझे जानती थीं, तब मैं क्या था। ऐसा एक भी दिन नहीं बीतता है, जब मैं तुम्हें याद न करता हूँ। तुम मेरे साथ हमेशा रहती हो। मैं इस दुनिया में और किसी के बारे में नहीं सोच सकता हूँ। मैं तुम्हें बता नहीं सकता कि मैं इन महीनों में कितना अकेला और दुःखी रहा हूँ और मुझे केवल एक ही चीज खुश कर सकती है—पर मैं यह नहीं जानता हूँ कि क्या यह संभव है। हालाँकि मैं इसके बारे में दिन-रात सोचता हूँ और ईश्वर से प्रार्थना करता हूँ कि वह मुझे सही मार्ग दिखाए।''[64] यह पत्र उनकी भावनाओं, प्रतिबद्धता और प्रेम का घोषणा-पत्र था।

ईश्वर ने उनकी प्रार्थना सुन ली और उन्हें सही मार्ग दिखा दिया। वे सन् 1937 के जाड़ों में यूरोप गए और बॉक्सिंग दिवस के दिन चुपचाप एमिली से विवाह कर लिया। उनका विवाह और उनके संबंध गुप्त बने रहे, क्योंकि उन्होंने बाद में एमिली को बताया था कि इसकी घोषणा से उथल-पुथल हो सकता था।[65] शायद सुभाष को यह भय था कि इस घोषणा से उनके कांग्रेस का अध्यक्ष बनने में राजनीतिक छवि पर असर पड़ सकता था। लेखक नीरद सी. चौधरी, जो शरत बोस के सचिव के रूप में भी काम कर चुके थे और उस समय के विद्वान् भी थे, के अनुसार सुभाष की सोच में अतिशयोक्ति नहीं हो सकती थी। नीरद सी. चौधरी ने इस विषय पर लिखा था—''उनके जीवन की इस निजी घटना से मुझे धक्का पहुँचा था। युद्ध की समाप्ति पर मुझे पता चला कि सुभाष ने एक जर्मन युवती से विवाह कर लिया है और वह उनकी सचिव भी थी तथा जर्मनी में उनकी एक पुत्री भी है।...मेरे विचार

से उन्होंने अपनी छवि एक वैसे संयमी योद्धा की बना रखी थी, जैसे कि प्रसिद्ध बंगाली उपन्यासों में आदर्श देशभक्तों की होती है। वे उपन्यास शताब्दी के अंत तक बंगाली क्रांतिकारियों की 'बाइबिल' भी रहे हैं।...मुझे इसमें संदेह नहीं है कि सुभाष ने स्वयं को भी उसी रूप में समझा था; पर मैं यह विवेचना नहीं कर सकता कि वह अलग कैसे बने।''[66] सुभाष की उम्र चालीस की थी, जब उन्होंने एमिली से विवाह किया था। यदि सुभाष ने बंगाल के उच्च-मध्यम वर्गीय बंगाली भद्रलोक के पारंपरिक जीवन का चयन किया होता, तब वे अपनी चालीस की अवस्था से काफी पहले ही विवाह कर चुके होते। अपनी आकर्षक छवि के कारण उन्हें विवाह के प्रस्ताव भी प्राप्त हुए होंगे; परंतु इस तरह के संबंधों का कोई भी संकेत नहीं मिलता है। अत: ब्रह्मचारी या अविवाहित रहने की शपथ उन्होंने देश की सेवा के लिए ही ले रखी थी[67] तथा इस अविवाहित जीवन ने उनकी छवि को बढ़ा रखा था।

युद्ध की अनिश्चितता और स्वतंत्रता संघर्ष के दौरान मि. बोस एवं एमिली के अलगाव और संबंधों के गुप्त रखने पर भी उनके प्रेम बने रहे। उनके आपसी लगाव में केवल एक ही असंगतता थी, जिसे सुभाष ने अपने एक पत्र में व्यक्त किया है। एमिली के द्वारा भारत के संबंध में किताबों की इच्छा होने पर सुभाष ने उन्हें पत्र का जवाब अपने विवाह से कुछ महीने पूर्व दिया था—''तुमने भारत के बारे में कुछ किताबें मँगवाई हैं; पर मुझे उन्हें तुम्हें भेजने का कोई औचित्य नजर नहीं आता है। तुम्हारे पास जो किताबें हैं, तुम उन्हें भी नहीं पढ़ती हो। जब तक तुम और अधिक गंभीर नहीं होगी, तुम पढ़ना पसंद नहीं करोगी। तुम्हारे पास विएना में बहुत से अन्य विषयों पर पुस्तकें उपलब्ध हैं। पर मेरे विचार से, तुम उनकी तरफ शायद ही कभी देखती होगी।''[68] क्या इससे उनके आपसी बौद्धिक स्तर या अक्षमता का अंतर स्पष्ट नहीं होता है? हालाँकि एमिली ने इसे अपनी नियति ही मान लिया था और जैसा कि उन दोनों ने कुछ समय साथ व्यतीत किया और एमिली ने उन्हें अपना जीवन साथी भी स्वीकार कर लिया था, जिसमें उसकी बेचैन आत्मा की तलाश अंतहीन थी। सुभाष ने अपने कैंब्रिज के दिनों के मित्र क्षितीश प्रसाद चट्टोपाध्याय जो बाद में कलकत्ता विश्वविद्यालय में मानव-शास्त्र के प्रोफेसर भी थे, को अपनी विलक्षण स्पष्टवादिता में एक पत्र लिखा था—''मुझे निरंतर चलते रहना चाहिए। रास्ता लंबा और सुनसान है। कभी-कभी मैं थकान महसूस करता हूँ। अंधकार हावी हो जाता है और अचानक बिजली की चमक मुझे राहत देती है। परंतु इससे क्या होता है? यात्रा में एक आनंद है। मैं अभी भी एक गृहविहीन घुमंतू हूँ। शांति और शांति! पर मुझे अभी तक न तो शांति और न ही संतुष्टि मिली

है। मुझे सिर्फ चमक ही नहीं बल्कि अंधकार भी आकर्षित करता है। ऐसा नहीं है कि मुझे सिर्फ चमकदार भविष्य बल्कि अनिश्चितता का धुँधलापन भी भाता है। यदि मैं प्रकाश तक पहुँचने से पहले ही गिर जाता हूँ तो भी क्या फर्क पड़ता है?[69] यात्रा में ढूँढ़ने और गिरने में भी आनंद है।'' सुभाष ने वाकई इन पंक्तियों में अपना स्मृति-लेख व्यक्त किया है।

अपनी प्रेमिका से विदा लेकर वे 8 अप्रैल, 1936 को बंबई पहुँचे और वहाँ गिरफ्तार कर लिये गए। कांग्रेस अध्यक्ष के रूप में जवाहरलाल ने 10 मई को सारे भारत में 'सुभाष दिवस' के रूप में घोषित कर दिया था और सारे देश को एक ऐसे देशभक्त का सम्मान प्रकट करने के लिए कहा, जो भारत सिर्फ गिरफ्तार होने के लिए लौटा था। सुभाषचंद्र बोस की गिरफ्तारी पर जवाहरलाल ने सारे भारत को संबोधित करते हुए कहा, ''यह सिर्फ हमारे प्यारे नेताओं में से एक की आजादी का नकारना नहीं है, बल्कि इसमें प्रत्येक देशभक्त भारतीय के सिद्धांतों का प्रश्न शामिल है। इससे फर्क नहीं पड़ता है कि वह किस राजनीतिक दल से संबंधित है। हमें अपनी नागरिक स्वतंत्रता और सरकारी तानाशाही तथा बढ़ते संकट के खिलाफ मिलकर संघर्ष करना है।''[70]

सुभाष को जेल से दार्जिलिंग के एक बँगले में स्थानांतरित कर दिया गया था। वह बँगला उनके भाई शरत का था और सुभाष उसमें नजरबंद कर दिए गए थे। सुभाष के दृष्टिकोण से यह समय उनकी और जवाहरलाल की मित्रता का था। उन्होंने जवाहरलाल से पढ़ने के लिए किताबें भी माँगी थीं। वे किताबें मार्क्सवादी विचारों के लेखकों से संबंधित थीं, जैसे—आर.पी. दत्त, राल्फ फॉक्स और जे.बी.एस. हाल्डेन। उन्होंने जवाहरलाल से इन किताबों को अपनी लाइब्रेरी में रखने के लिए भी कहा था।[71] जवाहरलाल को लिखे सुभाष के पत्रों में उनके जीवन के दो पहलुओं पर ध्यान देने की जरूरत है। पत्र में वे निजी जानकारियों के बारे में भी इच्छुक रहते थे; जैसे—''क्या तुम इंदू के बारे में सुनते रहते हो? वह कैसी है? वह स्विट्जरलैंड में बहुत अकेलापन महसूस करती होगी।''[72] दूसरा पहलू और भी अधिक स्पष्ट है। 30 जून, 1936 को अपने पत्र की समाप्ति पर उन्होंने केवल 'तुम्हारा शुभाकांक्षी' न लिखकर 'स्नेह' भी लिखा था और यह फरवरी 1939 तक चला। इन दोनों ही व्यक्तियों के बीच एक स्पष्ट भाईचारा नजर आ रहा था। 19 अक्तूबर, 1938 को उन्होंने जवाहरलाल से कहा कि ''तुम यह अंदाज नहीं लगा सकते कि मैंने इन महीनों में तुम्हारी कितनी कमी महसूस की है।''[73]

यह भी संभव है कि सुभाष के प्रेम संबंधों के अनुभवों ने उन्हें जवाहरलाल

की पत्नी कमला की मृत्यु की पीड़ा को समझने में सहायता प्रदान की होगी। सुभाष ने उनकी तरफ अपनी मित्रता का हाथ बढ़ाया था। उधर जवाहरलाल सुभाष के जीवन में हो रहे नए परिवर्तनों से वाकिफ नहीं थे। सुभाष के प्रति उनका भाव अधिक शांत था। शायद इसकी वजह उनका कांग्रेस का अध्यक्ष होना भी था। एक वजह इसकी यह भी थी कि उनके बीच वैचारिक अंतर भी बढ़ रहा था। अपनी जेल डायरी में उन्होंने लिखा था—"सुभाष कुछ बेकार की बातें लिखते हैं। वे स्वयं को मुसोलिनी के रूप में ही सोचते हैं।"[74]

इन दोनों ही व्यक्तियों के मैत्रीपूर्ण संबंधों पर यूरोप में उनके निजी स्तर के अनुभवों का असर था। किंतु यूरोप में उनकी राजनीतिक सोच उनके विचारों में आए अंतर में भी नजर आती है। जवाहरलाल के यूरोप जाने से पहले के उनकी अपनी पुत्री को लिखे पत्रों का जिक्र उनकी पुस्तक 'ग्लिंपसेज ऑफ वर्ल्ड हिस्टरी' में भी है, जिसमें उन्होंने फासीवाद और नाजीवाद की बढ़ती आशंका के बारे में अपने अध्ययन को भी स्पष्ट किया है। वर्ष 1933 के आरंभ में ही उन्होंने लिखा था—"मैं फासीवाद को नापसंद करता हूँ और वर्तमान पूँजीवादी व्यवस्था को बनाए रखने के क्रूर व कठोर प्रयास से अधिक यह कुछ नहीं है।"[75] अपने संक्षिप्त यूरोपीय प्रवास ने उनकी पूर्ण असहमति और उनकी चेतावनी को ही बढ़ाया था। अपनी पत्नी की बीमारी के दौरान उन्होंने महसूस किया था कि दुकानों का मालिकाना हक सिर्फ यहूदियों के हाथों में ही था।[76] यहाँ तक कि बाडेनवीलर की शांति में भी वे जर्मनी के स्वास्तिक के निशान को नहीं भुला सके, हालाँकि वह उनके आस-पास अधिक नजर नहीं आता था। यह उनके मस्तिष्क में एक तरह के अपशकुन की तरह था।[77] जवाहरलाल का खिंचाव सोवियत संघ की आर्थिक उपलब्धियों और उनके साम्यवाद के वादों की तरफ भी था, पर वे इसके अंध प्रशंसक नहीं थे। सन् 1935 में उन्होंने अपनी जेल डायरी में लिखा था—"सोवियत रूस एक बुराई की तरफ परिवर्तित होता मालूम पड़ रहा है। उसका सुंदर आदर्शवाद अब नजर नहीं आ रहा है। साम्यवादियों के द्वारा इस्तेमाल किए जा रहे तरीके संदेहास्पद हैं।[78] किंतु उन्हें यकीन था कि साम्यवाद की मूल अवधारणा और मार्क्सवादियों द्वारा इसकी विवेचना का इतिहास सही था।

यूरोप में सुभाष का दृष्टिकोण भी वामपंथ की तरफ ही था। 10 जून, 1933 को तीसरे भारतीय सम्मेलन के अध्यक्षीय संबोधन में उन्होंने साम्यवाद का ही रुझान दिखाया था। गांधी की विरोध प्रक्रिया जिसमें हमेशा समझौते की तैयारी और जन-संघर्ष को वापस लेने की स्थिति बनी रहती थी, की आलोचना के अतिरिक्त

बिना सहयोगवाली युद्ध की संभावना की वकालत करते हुए अपनी कल्पनादृष्टि भी व्यक्त की थी। उनके अनुसार, भारत को एक ऐसे दल की जरूरत थी, जो अहिंसा का समर्थक न हो और जो शक्ति हासिल करने में सक्षम हो, तभी इस दल के नेतृत्व और इसके समर्पित कार्यकर्ताओं में स्वतंत्रता का मदोन्माद नजर आएगा। स्वतंत्र भारत की सामाजिक-आर्थिक स्थिति वर्तमान से पूरी तरह भिन्न होगी। उद्योग, कृषि, भूमि पट्टा, धन, विनिमय, मुद्रा, शिक्षा, जेल-प्रबंधन, जन-स्वास्थ्य आदि नए सिद्धांत और नवीन प्रयोग ईजाद किए जाएँगे। हम जानते हैं कि सोवियत रूस में स्थितियों और तथ्यों के अनुरूप नई आर्थिक योजना लाई गई है। ठीक यही सब भारत में भी होगा। हमारी आर्थिक समस्या का समाधान पिगोउ और मार्शल की सहायता से नहीं होगा।'' वह मानते थे कि स्वतंत्र भारत पूँजीवादियों, जमींदारों और जातिवादियों का नहीं होगा। इन विचारों के प्रतिबद्ध दल का नाम 'साम्यवादी संघ' होगा।[79]

समानता का यह स्वप्न अनुशासन में गुँथा होना चाहिए, जिसके बिना कोई भी मिशन पूरा नहीं हो सकता था। इसी भावना ने सुभाष को फासीवाद और मुसोलिनी की तरफ आकर्षित किया था। मुसोलिनी के प्रति उनका आकर्षण उनके एल ड्यूस से मिलने से पहले ही था। उन्होंने 'दि इंडियन स्ट्रगल' में फासीवाद के प्रति अपने नजरिए को स्पष्ट किया था। उन्होंने 'फासीवाद और साम्यवाद' पर जवाहरलाल के दृष्टिकोण की आलोचना में लिखा था और इस विषय पर जवाहरलाल के दृष्टिकोण को मौलिक रूप से गलत ठहराया था। उस समय दुनिया के सामने फासीवाद व साम्यवाद में से एक को चुनने का विकल्प देने पर बल दिया गया था और सुभाष के अनुसार, यह प्रक्रिया अब समाप्ति की ओर थी। सुभाष को विश्वास था कि आगामी दुनिया साम्यवाद और फासीवाद का एक मिला-जुला रूप पेश करेगी। इसमें आश्चर्य नहीं कि इस मिले-जुले रूप की उत्पत्ति भारत में ही हो। उन्होंने फासीवाद और साम्यवाद में कुछ समान गुण भी ढूँढ़े थे। दोनों ने ही राज्य को व्यक्ति से महान् बताया। दोनों ही दलों की तानाशाही और अल्पसंख्यकों के दमन में यकीन करते थे; और दोनों ने ही भविष्य के लिए योजनाबद्ध औद्योगिकीकरण को प्रधानता दी। सुभाष के अनुसार, यही समानताएँ फासीवाद और साम्यवाद के बीच के मेल-जोल का आधार हैं और जिसे उन्होंने साम्यवाद कहा था।[80] सुभाष को यह नहीं मालूम होता था कि विरोधी अल्पसंख्यकों का निर्दयतापूर्वक दमन समानता की पूर्ति की अवधारणा में बाधक बन सकता था।

वैसे, यह कहना अनुचित नहीं होगा कि अपनी पुस्तक के लेखन के साथ सुभाष

का झुकाव साम्यवाद की बजाय फासीवाद की तरफ अधिक था। इसका संकेत सुभाष के उस लंबे पैराग्राफ से मिलता है, जिसमें उन्होंने उन पाँच कारकों के बारे में बताया है, जो भारत में साम्यवाद लागू करने के विरोध में हैं। इसमें भारत के लिए फासीवाद की उपयुक्तता के बारे में कुछ भी नहीं कहा गया है।[81] फासीवाद पर उनका विचार बाद में परिवर्तित हुआ। जनवरी 1938 को आर.पी. दत्त में दिए अपने एक साक्षात्कार में सुभाष ने कहा था कि जब उन्होंने इस पुस्तक को लिखा था, तब फासीवाद अपने साम्राज्यवादी अभियान में नहीं था और ''यह मुझे सिर्फ उग्र राष्ट्रवाद के रूप में नजर आता था।'' उन्होंने यह भी कहा कि ''साम्यवाद और फासीवाद का मिला-जुला रूप बहुत खुश करनेवाला नहीं था। उनका तात्पर्य भारत में राष्ट्रीय स्वतंत्रता हासिल करने से था और इसे पाकर हम समाजवाद की दिशा में बढ़ना चाहते थे। उन्होंने यह भी स्पष्ट किया कि भारत में पहले साम्यवाद का विचार राष्ट्र-विरोधी लगता था और इस दृष्टिकोण को बहुत से साम्यवादियों के कांग्रेस के विरोध के कारण बल भी मिलता रहा। किंतु उन्होंने देखा कि साम्यवादियों ने अपने विचारों में सुधारात्मक परिवर्तन भी किया। मैंने यह भी महसूस किया कि मार्क्स एवं लेनिन के लेखन और अंतरराष्ट्रीय साम्यवाद की नीतियों में राष्ट्रीय स्वतंत्रता के सहयोग को पूरा समर्थन दिया गया है और इसे इसके एक अनिवार्य हिस्से के रूप में भी देखा गया है।''[82] सुभाष की साम्यवाद की तरफदारी साम्यवादियों के दृष्टिकोण और स्वतंत्रता के संघर्ष के लिए उनके अनुकूलन की वजह से था। जवाहरलाल इस मामले में अधिक दार्शनिक दृष्टिकोण रखते थे और यह इतिहास की मार्क्सवादी व्याख्या तथा दुनिया को इसके देखने के नजरिए पर निर्भर था।

सुभाष के राजनीतिक दृष्टिकोण को एक खास बिंदु पर ध्यान दिए बिना छोड़ देना उचित नहीं होगा। फासीवाद के प्रति उनकी असहमति इसकी आंतरिक नीतियों की वजह से नहीं, बल्कि इसके साम्राज्यवाद की तरफ बढ़ने से हुआ था। उन्होंने अल्पसंख्यकों के दमन की सविस्तार व्याख्या नहीं की है। वे कुछ समय तक विएना में रह चुके थे और मध्य यूरोप की यात्रा भी कर चुके थे। अपनी वार्त्ताओं और लेखनों में उन्होंने विएना में बढ़ते सीमाइटी विरोध के बारे में मुश्किल से ही कुछ कहा है, जबकि यह शहर यूरोप के अत्यधिक यहूदी-विरोधी शहर के रूप में जाना जाता रहा है और यह हिटलर की विचारधारा का जनक भी रहा है।[83] एमिली के साथ हुए अपने पत्र-व्यवहार में उन्होंने विएना के कैफे के जोक्स और बातों को बहुत ही जिंदादिली से व्यक्त किया है; पर इसमें कहीं भी यहूदियों की पीड़ा का जिक्र नहीं है। उन्हें बर्लिन में स्वयं को 'निगर' (हब्शी) पुकारे जाने पर अवश्य

ही बुरा लगा था; पर जर्मनी में यहूदियों की पीड़ा पर उनकी टिप्पणी नहीं थी। सितंबर 1935 में जब हिटलर ने यहूदियों के खिलाफ अपना कुख्यात-कानून लागू किया था, तब वे पड़ोस के ऑस्ट्रिया में ही रह रहे थे। इस कानून ने उन्हें अवश्य ही परेशान किया होगा। पर इसके विरोध की चर्चा का कोई प्रमाण नहीं मिलता है। ऐसा भी नहीं था कि सुभाष इस तथ्य से अपरिचित थे कि सेमाइटिज्म-विरोध नाजी विचारधारा और नीति का एक अनिवार्य अंग था। सितंबर 1937 में अपने एक लेख में उन्होंने लिखा था—"हिटलर के द्वारा प्रतिपादित नाजीवाद के एक नए दर्शन में जर्मन नाजीवाद की सुदृढता और शुद्धीकरण की वकालत यहूदी प्रभाव की समाप्ति और जन्मभूमि की तरफ वापसी के माध्यम से करते हैं।"[84] सुभाष ने नाजी विचारधारा का आकलन प्रत्यक्ष मूल्य पर ही किया था, जबकि उन्हें लगता था कि नाजियों की रुचि यहूदी प्रभाव को समाप्त करना ही था। उक्त पंक्तियाँ नवंबर 1938, यानी 'क्रिस्टलनैश' से चौदह महीने पहले ही लिखी गई थी। जब जवाहरलाल ने कांग्रेस की कार्यकारी समिति में भारत में विशेषज्ञ यहूदी शरणार्थियों को रोजगार देने के प्रस्ताव का अध्यादेश जारी किया था; तब सुभाष को बहुत आश्चर्य हुआ था। यह प्रस्ताव जर्मनी में हुए नर-संहार के संदर्भ में था। इस प्रस्ताव का विरोध करते हुए सुभाष को आश्चर्य हुआ और यह कार्यकारी समिति में वापस भी हो गया था; क्योंकि 'विदेश नीति का मामला राष्ट्र-हित के अनुरूप तय होता है।'[85] इस घोषणा में भविष्य के मित्र-राष्ट्र का सुभाष का विवरण रेखांकित है।

❑

सुभाष और जवाहरलाल दोनों में से एक को निर्वासन और दूसरे को जेल में रहना पड़ा था; किंतु वर्ष 1934 के मध्य में दोनों ने ही किताबें लिखी थीं। हालाँकि दोनों के लिए लेखन की बाध्यताएँ भिन्न-भिन्न थीं। सुभाष को लंदन के वामपंथी प्रकाशक लॉरेंस एंड विशार्ट से समकालीन भारत पर पुस्तकें लिखने का अनुबंध प्राप्त हुआ था और जवाहरलाल को लगता था कि जेल की ऊब से लड़ने के लिए किताब लिखना एक बेहतर माध्यम है। इन परिस्थितियों ने दो भिन्न-भिन्न तरह की पुस्तकों को शीघ्रता से आकार दिया। सुभाष ने जून 1934 में लिखना शुरू किया और वह पुस्तक अगले साल जनवरी में प्रकाशित भी हो गई। उधर जवाहरलाल ने भी जून 1934 में किताब का लेखन शुरू किया और 976 पृष्ठों की एक पुस्तक फरवरी 1935 के मध्य तक पूरी भी कर दी थी।

'दि इंडियन स्ट्रगल' भारत के समकालीन इतिहास पर लिखी पुस्तक है। इस पुस्तक में लेखक के अनुभवों और साक्ष्यों तथा घटनाओं का क्रमानुसार विवरण

है। इसके विवरण के साथ लेखक की टिप्पणी भी है। सुभाष ने स्वयं के और विवरणकर्ता के बीच एक दूरी बना रखी थी। पूरी पुस्तक में उन्होंने स्वयं को 'यह लेखक' के रूप में ही संबोधित किया है। (अपवाद स्वरूप कुछ जगहों को छोड़कर, जहाँ सुभाष ने गांधी के साथ अपनी पहली मुलाकात की बातें जीवनी के रूप में लिखी हैं।) इस पुस्तक में सुभाष ने घटनाओं के इतिहास और उनपर टिप्पणी भी करने की कोशिश की है। इस पुस्तक का प्रयास इसे इतिहास के एक प्रमुख दबाव के रूप में प्रस्तुत किया गया है। चूँकि वे विएना में थे, इसलिए इसकी मूल प्रस्तावना में उन्होंने लिखा है कि उन्हें पर्याप्त पुस्तकों एवं संबंधित सामग्रियों का अभाव था।[86] वास्तव में, यह पुस्तक स्मृति का असाधारण कार्य है; किंतु स्मृति की निर्भरता इस पुस्तक को ऐतिहासिक लेखन से विमुख नहीं करती है। यह सिर्फ इतिहास पर ही नहीं, बल्कि तथ्यों पर भी आधारित है। इसका लेखन अपनी विचारधारा से तत्कालीन भारत को आवश्यकतानुसार एक विशेष दिशा देने का प्रयास करता है। सुभाष के एक नजदीकी मित्र और सहयोगी ए.सी.एन. नांबियार ने संभवतः न्यायोचित ढंग से सुभाष की विवेचना भारत की स्वतंत्रता के लिए एक विचारवाले व्यक्ति के रूप में की थी।[87] यही वह विचार है, जिससे इस पुस्तक को प्रोत्साहन मिलता है। 'दि इंडियन स्ट्रगल' में सुभाष ने स्पष्ट किया है कि वह किसके लिए जिए और किसके लिए मरना चाहेंगे—और यही उनके जीवन की कसौटी थी।

इस पुस्तक की शुरुआत भारतीय इतिहास के प्रमुख रुझानों से लेकर वर्ष 1920 तक के समय तक है। इस पुस्तक में प्राचीन समय के ऐतिहासिक विकास को भी विवेचित किया गया है। शुरुआती अध्याय में तीन विषय इसकी विवेचना को स्पष्ट करते हैं। इसके अनुसार, भारत में प्राचीनकाल से ही प्रशासन का लोकतांत्रिक रूप रहा है तथा इसमें व्यापक स्तर पर राजनीतिक तथा अन्य मामलों में स्वतंत्रता थी। ब्रिटिश इतिहासकारों ने इन पहलुओं की अनदेखी की है; परंतु यह पूर्णरूपेण मौजूद थे। सुभाष ने यहाँ भारतीय इतिहासकारों की खोज के आधार प्रस्तुत किए हैं।[88] इस प्रकार सुभाष ने राष्ट्रवादी इतिहासकारों की ही भाँति तर्क दिया है कि भारत को लोकतंत्र और स्वतंत्रता की अवधारणा के लिए पश्चिम की तरफ देखने की जरूरत नहीं है। इसे तलाशने के लिए भारत के अतीत में ही जाना पड़ेगा। इसके दूसरे विषय, जो भारत के राष्ट्रवादी लेखन के रूप में था, में सुभाष के शब्दों में, 'संपूर्ण भारतीय इतिहास में सभी विदेशी तत्त्व समाहित किए जाते रहे हैं, परंतु ब्रिटेन वाले इसके पहले और एकमात्र अपवाद हैं।''[89] इसकी तीसरी विषय-वस्तु

भारतीय राष्ट्रीय कांग्रेस का उदय था, जो भारत में एक ऐसे महत्त्वपूर्ण संगठन के रूप में हुआ, जिसने यहाँ के सभी समुदायों और सारे देश का प्रतिनिधित्व किया। सुभाष ने महात्मा गांधी का नाम कांग्रेस के निर्विरोध नेता के रूप में लिया था। हालाँकि कांग्रेस में एक ताकतवर वामपंथ भी था। सुभाष के अनुसार, गांधी ने पूँजी और श्रम, भूमिपति और किसान तथा जाति के लिए मध्य मार्ग को अपनाया था; जबकि वामपंथ ने सामाजिक व आर्थिक विषयों पर अधिक सुधारवादी तथा समझौता-विहीन नीतियों को अपनाया था। सुभाष ने अपनी पहचान कांग्रेस के इसी वामपंथ के साथ कराई थी।[90]

'दि इंडियन स्ट्रगल' में इन्हीं विषयों पर वर्ष 1920 से 1930 की समकालीन घटनाओं को पेश किया है। इस पुस्तक में ब्रिटिश शासन के प्रति असहयोगपूर्ण दृष्टिकोण दिखाया गया था—इसे किसी भी कीमत पर हटा देना चाहिए था। जब सक्रिय विरोध सशस्त्र क्रांति में तब्दील होगा, तभी यह हटेगा।[91] सुभाष की दृष्टि में, गांधी इस देश की सेवा में निरंतर लगे रहेंगे; परंतु भारत की मुक्ति उनके नेतृत्व में नहीं होगी।[92] उनके अनुसार, गांधी मौलिक रूप से एक क्रांतिकारी न होकर सुधारवादी थे। गांधी ने भारत को एक सक्रिय सत्याग्रह या अहिंसक असहयोग की एक नई पद्धति दी थी; परंतु उन्होंने देश को सामाजिक पुनर्रचना का नया कार्यक्रम नहीं दिया था।[93] यह नया कार्यक्रम संयोजन से उत्पन्न होगा और यह संयोजन भारत की नागरिकता को सुदृढता प्रदान करेगा। सुभाष ने यकीन के साथ लिखा कि यूरोप और अमेरिका के सभी आधुनिक सामाजिक व राजनीतिक आंदोलनों और प्रयोगों का भारत के निकारा पर आवश्यक प्रभाव पड़ेगा।[94] इस संयोजन का कार्यक्रम कांग्रेस से एक नई पार्टी के रूप में जन्म लेगा; परंतु इसमें एक नई विचारधारा तथा कार्य-योजना होगी और यह पार्टी सिर्फ स्वतंत्रता प्राप्त करने के लिए संघर्ष नहीं करेगी, बल्कि युद्ध के बाद की संपूर्ण पुनर्रचना पर अपना प्रभाव डालेगी।[95]

सुभाष की यह पुस्तक इतिहास के अतिरिक्त एक राजनीतिक और सैद्धांतिक रूप भी प्रस्तुत करती है। इसकी ऐतिहासिक विवेचना राजनीतिक और सैद्धांतिक घोषणाओं से समृद्ध हुई है। सुभाष की इस विवेचना में नैतिक परामर्श भी निहित है और इसके शीर्षक में 'स्ट्रगल' शब्द यही दरशाता है। यह भारतीय संघर्ष एक निरंतर प्रक्रिया है।

यह पुस्तक वैश्विक पहचान के लिए प्रकाशित हुई थी। ब्रिटिश भारत सरकार ने भारत के सचिव की सहमति से इसे भारत में प्रतिबंधित करा दिया था। भारत सरकार के सचिव सैमुअल होअरे ने हाउस ऑफ कॉमंस में इस पुस्तक को

'आतंकवाद को बढ़ावा देने की सामग्री' कहकर भारत में प्रतिबंधित करा दिया था। 'द संडे टाइम्स', जो 'टाइम्स' मैगजीन का ही अंग था, ने इस पुस्तक के प्रतिबंधित होने पर लिखा था कि यह विचारों को जाग्रत् करनेवाली महत्त्वपूर्ण पुस्तक है। इसके दृष्टिकोण को ब्रिटिश मानसिकता के लिए समझना थोड़ा कठिन है, परंतु यह भारतीय पक्ष की विवेचना करती है तथा इसकी अनदेखी नहीं की जा सकती है। 'डेली हेरॉल्ड' ने इस पर लिखा कि यह पुस्तक किसी कट्टरवाद पर नहीं है, बल्कि इसके लेखक एक गंभीर विचारक तथा क्रियाशील मानसिकतावाले व्यक्ति हैं और वे अभी सिर्फ चालीस वर्ष के हैं तथा किसी भी देश के राजनीतिक जीवन की संपत्ति बनेंगे। रोमाँ रोलाँ ने सुभाष की इस पुस्तक को एक बेहतर इतिहासकार के द्वारा लिखी पुस्तक के रूप में देखा है[97] और इसे सुबोध तथा उन्नत बौद्धिक दर्जे के काबिल बनाया है। सुभाष ने यह पुस्तक कठिन परिस्थितियों, जैसे निर्वासन, अस्वस्थता और ग्रंथ-सूचियों के अभाव में लिखी थी।

जवाहरलाल की पुस्तक के बारे में जैसा कि इसका शीर्षक बताता है कि यह एक जीवनी थी। इसकी प्रमुख आवाज में एक निजता थी; मगर चूँकि इसके लेखक की एक प्रमुख राजनीतिक भूमिका थी, इसलिए राजनीति उनके जीवन की अनावृत्त कहानी का एक हिस्सा है। जब समय की पुकार हुई, तब उनकी निजता के साथ राजनीति अप्रयासपूर्वक उनकी दूसरी आवाज बनी। उनकी निजता की प्रधानता इस पुस्तक के शीर्षक 'भारत के हालिया घटनाक्रमों पर विचार के साथ एक जीवनी' में भी नजर आती है। यह जवाहरलाल की लिखी एक बेहतरीन पुस्तक है। जवाहरलाल की यह जीवनी आगस्टीन, रूसो या फिर गांधी की जीवनी की भाँति अपराध-स्वीकारात्मक पुस्तक नहीं है तथा यह विषयासक्त और निजी रहस्योद्घाटन से भी दूर है। किसी भी जीवनी के बारे में यह माना जाता है कि इसके पाठक लेखक के जीवन में रुचि लेंगे और यह लिपिबद्ध करने लायक भी होगी। जवाहरलाल ने इस पुस्तक में स्वयं को महत्त्व नहीं दिया है। यह पुस्तक उनके जीवन में आनेवाले ऐतिहासिक घटनाक्रमों से गुँथे जीवन के बारे में बताती है। इसमें उनके ऐतिहासिक पल उनकी निजता से अधिक मुखर हैं। जवाहरलाल ने अपने पाठकों को इसे इतिहास के रूप में लेने से सावधान किया है। यह उनके अपने मानसिक विकास के मार्ग के तलाश की कोशिश थी। हाल की घटनाओं के प्रस्तुतीकरण का उनका यह प्रयास कठोर तथ्यों के अध्ययन के लिए पृष्ठभूमि प्रदान करता है।[98]

इस पुस्तक की कल्पना और इसका लेखन जेल में ही हुआ था। जवाहरलाल ने सोचा था कि जेल के एकाकी जीवन का एक बेहतर उपयोग पुस्तक लेखन ही

होगा। वे भारत में घटी हाल की घटनाओं और इससे उनकी स्वयं की संलिप्तता के बारे में लिखना चाहते थे। उन्होंने इस पुस्तक की प्रस्तावना में लिखा है कि इसकी शुरुआत उन्होंने स्वयं से प्रश्नकर्ता के रूप में की थी और उनका यह भाव इसकी संपूर्णता तक बना रहा। इस पुस्तक में निश्चितता पर विशेष बल नहीं दिया गया है, बल्कि संदेह और अस्पष्टता बनी हुई है। उन्होंने इसकी स्पष्टता के बजाय इसके अँधेरेपन को अधिक महत्त्व दिया। उनकी टिप्पणियों में अर्थभेद भी था और इनमें आत्मालोचना तथा स्वयं की परख होने के साथ किसी तरह का पछतावा नहीं था। यदि वे अपने किसी कार्य को न्यायोचित ठहराते हैं, तब वे दुनिया की बजाय स्वयं को ही विवेचित करते हैं। अपने जीवन पर पीछे मुड़कर देखते हुए वे स्वीकार करते हैं कि यदि उन्हें अपने वर्तमान अनुभवों और जानकारियों के साथ अपने पुराने जीवन में जाना पड़े, तब वे अपने निजी जीवन में बहुत से परिवर्तन करना चाहेंगे, अपने पिछले किए कार्यों में सुधार भी करने का प्रयास करेंगे; परंतु सार्वजनिक मामलों में लिये मेरे निर्णय वैसे ही बने रहेंगे। वाकई मैं उन्हें परिवर्तित नहीं करूँगा, क्योंकि वे मुझसे ज्यादा प्रबल हैं और मेरे नियंत्रण के हैं।"[99] उन्हें इतिहास की उस ताकत का पता था, जिसने उनके सार्वजनिक जीवन के कार्यों को बल प्रदान किया था और संभवतः यह उनका विवेक ही उन पर हावी था, जिसने उन्हें भविष्य की बड़ी कल्पना-दृष्टि को नहीं देखने दिया था। अपनी अंतर्दृष्टि पर उन्होंने टिप्पणी करते हुए लिखा—"भविष्य के बारे में लिखे जाने से पहले इसे जीना ही पड़ेगा।"[100] उन्होंने भविष्य के बारे में पहले से कुछ भी नहीं लिखा।

जवाहरलाल ने अपनी जिन वैयक्तिक कमियों को दोबारा अवसर मिलने सुधारने की बात कही थी, वे उनके लालन-पालन में जड़ें जमा चुकी थीं। उन्होंने अपने लालन-पालन के इस विरोधाभास पर भी ध्यान दिया था—"मैं पूर्व और पश्चिम का विचित्र सा मिला-जुला रूप बन गया हूँ और सभी जगह उपयुक्त नहीं बन पाता हूँ। शायद मेरे विचार और जीवन के प्रति दृष्टिकोण पूर्व के बजाय पश्चिम के अधिक समीप हैं; परंतु भारत मेरे साथ वैसे ही चिपका है, जैसे यह अपने बाकी बच्चों के साथ चिपका रहता है।...और जहाँ तक मेरी विरासत एवं वर्तमान पहचान का सवाल है, मैं इससे मुक्त भी नहीं हो सकता हूँ। ये दोनों ही मेरे हिस्से हैं और वे दोनों मुझमें पूर्व एवं पश्चिम बने रहने में सहायक हैं तथा वे दोनों मेरी सार्वजनिक क्रियाशीलता में ही नहीं, बल्कि निजी जीवन में भी आध्यात्मिक एकाकीपन को पैदा करते हैं। मैं एक अपरिचित और पश्चिम में विदेशी हूँ तथा मैं इसका हो नहीं सकता; पर अपने देश में भी मैं कभी-कभी निर्वासित महसूस

करता हूँ।[101] जवाहरलाल द्वारा अपने स्वयं के ईमानदारीपूर्वक किए गए अवलोकन के अतिरिक्त उन्होंने अनजाने में ही बहुत से भारतीयों के मानसिक भ्रम और बेचैनी के भी बारे में लिख दिया था व जो अंग्रेजी भाषा की शिक्षा के उत्पाद थे और जो इसी शिक्षा के कारण यूरोपीय रुचि व समझ के साथ चले-बढ़े थे।[102]

जवाहरलाल का पश्चिमी दृष्टिकोण जिस क्षेत्र को समझने में सबसे बड़ा बाधक था, वह क्षेत्र था धर्म। वे स्वयं को एक आधुनिक और तार्किक व्यक्ति के रूप में देखते थे, जिनके लिए धर्म बहुत कम मायने रखता था; क्योंकि इसमें अंधविश्वास, प्रतिक्रिया, मतभेद और धर्मांधता, शोषण और स्वार्थी लोगों की सुरक्षा थी। फिर भी, वे समझते थे कि धर्म बहुत सी पीड़ित आत्माओं को शांति प्रदान करता है। उन्हें इससे तकलीफ होती थी कि धर्म के प्रति उनके लगाव के न होने की मानसिकता की वजह से भारत के बड़े वर्ग से वे स्वयं को दूर समझते थे। उन्होंने स्वयं से पूछा, "मैं बहुत अकेला और गृह-विहीन महसूस करता हूँ; परंतु भारत, जिसे मैंने प्यार किया और उसके लिए परिश्रम किया, मुझे एक अजीब-सी घबरा देनेवाली भूमि महसूस होती थी। क्या यह मेरा दोष था कि मैं अपने देशवासियों की पद्धति और आत्मा में प्रवेश नहीं कर सका था?"[103] धर्म का मुद्दा ही उन्हें अपरिहार्य रूप से गांधी की तरफ ले गया था। आगामी अध्यायों में इस विषय पर चर्चा करने का अवसर प्राप्त होगा।

इसमें संदेह नहीं है कि जो लोग जवाहरलाल के विचारों से सहमत थे, उनके लिए भी यह पुस्तक महत्त्वपूर्ण थी। जो लोग लेखक के विचारों से असहमत हों, 'टाइम्स' ने उन्हें भी इस पुस्तक को पढ़ने का परामर्श दिया है। 'इकोनॉमिस्ट' के अनुसार, बिना इस पुस्तक को पढ़े पिछले पंद्रह वर्षों में भारत की कोई भी समझ विकसित होना संभव नहीं थी। जवाहरलाल के गांधी-विरोधी दृष्टिकोण के संदर्भ में पश्चिमी पाठकों का मानना है कि वे लोग इसमें से कुछ समझ सकते हैं और इस पर तर्क भी कर सकते हैं। इसे एक ऐसी गंभीर आवाज के रूप में देखा गया था। जो आगे बढ़नेवाले भारत की समस्याओं और आकांक्षाओं को दरशा सकती थी, किंतु इस पुस्तक के बारे में रवींद्रनाथ टैगोर की टिप्पणी थी, "मैंने अभी-अभी तुम्हारी यह महान् पुस्तक पढ़कर समाप्त की है और मुझे तुम्हारी उपलब्धि पर गर्व है तथा मैं बहुत प्रभावित भी हूँ। इसका विवरण मानवता के प्रवाह के साथ चलता है तथा वास्तविकता की गुत्थियों को सुलझाता हुआ एक ऐसे व्यक्ति की तरफ ले जाता है, जो अपने कर्तव्यों से बड़ा और अपने आसपास से अधिक सच्चा है।"[104] इस पत्र के जवाब में जवाहरलाल ने टैगोर को 'गुरुदेव' के नाम से संबोधित करते हुए लिखा—

''आपने जो कुछ भी लिखा, उसने मेरे हृदय को छू लिया और इससे मुझे ताकत और प्रसन्नता भी मिली। आपके आशीर्वाद की सहायता से मैं अपने विरोध की दुनिया का सामना कर सकूँगा। अब मेरा बोझ हलका होगा और मार्ग सरल होगा।''[105]

इस पुस्तक की बिक्री बहुत बड़ी संख्या में हुई और कुछ ही हफ्तों में इसकी कई बार छपाई भी हुई। इसके प्रकाशक बाडले हेड हालाँकि काफी कर्ज में आ गए थे, पर इसे शीघ्र ही एक नए प्रबंधक ने सँभाल लिया था। सौभाग्य से जवाहरलाल को इसकी रॉयल्टी निरंतर मिलती रही।[106]

इस प्रकार सन् 1936 में जवाहरलाल और सुभाष दोनों ही प्रमुख पुस्तकों के लेखक बने। हालाँकि ये दोनों ही पुस्तकें भिन्न थीं। एक पुस्तक तीक्ष्ण, आग्रही और राजनीतिक थी तथा दूसरी विचारशील, आत्मविश्लेषण-युक्त एवं राजनीतिक मौलिकता में कम निश्चयात्मक थी। इन दोनों ही व्यक्तियों के प्रेम और दुःख की छाप इनके व्यक्तित्व पर नजर आती है। इसने सुभाष को अधिक मजबूत और आत्मविश्वासी बनाया, जबकि जवाहरलाल अपनी कमियों के बारे में अधिक अवगत हुए थे। इनके व्यवहारों में तथा कांग्रेस अध्यक्ष के रूप में और गांधी के साथ बढ़ते इनके मतभेदों में भी ये नजर आते हैं।

संदर्भ

1. सत्येंद्र नाथ मजूमदार को पत्र, 28 अप्रैल, 1933 नेताजी : कलेक्टेड वर्क्स, खंड-8 पृ. 8-10
2. गार्डन, ब्रदर्स अगेंस्ट द राज, पृ. 256
3. उपरोक्त पुस्तक, पृ. 271
4. एन ऑटोबायोग्राफी पृ. 506
5. जेल डायरी, 4 जून, 1933, नेहरू, सलेक्टेड वर्क्स, खंड-5, पृ. 478
6. उपरोक्त पुस्तक, 18 जुलाई, 1933, पृ. 489
7. उपरोक्त पुस्तक, 8 मई, 1933, पृ. 474
8. जेल डायरी, 2 सितंबर, 1932, नेहरू, सलेक्टेड वर्क्स, खंड 5, पृ. 408
9. उपरोक्त पुस्तक, पृ. 407
10. पत्र, 15 सितंबर, 1932, ग्लिमसेज ऑफ वर्ल्ड हिस्ट्री, पृ. 379
11. गांधी को पत्र 25 सितंबर, 1932, नेहरू सलेक्टेड वर्क्स, खंड-5, पृ. 409
12. सुभाषचंद्र बोस, द इंडियन स्ट्रगल, पृ. 293
13. किट्टी कुर्ती को पत्र, 23 फरवरी, 1934, नेताजी : कलेक्टेड वर्क्स खंड-8, पृ. 56
14. दो पत्र क्रमशः 14 फरवरी और 16 फरवरी, 1933, नेहरू, ग्लिमसेज ऑफ वर्ल्ड हिस्ट्री, पृ. 624-37

15. उपरोक्त पुस्तक, पत्र पृ. 989–1005
16. 'विदर इंडिया?', नेहरू, सलेक्टेड वर्क्स, खंड–6, पृ. 1–16
17. उपरोक्त पुस्तक, पृ. 16
18. पत्र, 21 जून, 1933, नेहरू, ग्लिमसेज ऑफ वर्ल्ड हिस्ट्री, पृ. 944–53
19. नाओमी वेटर को पत्र 12 जनवरी, 1934, नेताजी : कलेक्टेड वर्क्स खंड–8, पृ. 45, अपने पत्र में सुभाष ने मुसोलिनी को उद्धृत किया था कि पूरब और पश्चिम कभी नहीं मिलेंगे, यह कहना नासमझी है। योरोप और एशिया के संबंधों का पता रोम के इतिहास से चलता है और यह दुबारा भी हो सकता है।
20. नेहरू ने अपनी पुत्री को पत्र में लिखा था कि "मुसोलिनी ट्रेन से पहुँचा था।" इससे यह पता चलता है कि यह जानकारी आम थी।
21. नाओमी वेटर को पत्र, 12 जनवरी, 1934, नेताजी : कलेक्टेड वर्क्स खंड–8, पृ. 46
22. गार्डन, ब्रदर्स अगेंस्ट द राज, पृ. 278
23. जॉन कालमैन, नेताजी इन योरोप, (दिल्ली, 2012), पृ. 14, रोमेंन हेज, बोस इन नाजी जर्मनी (दिल्ली, 2011)
24. हेज, बोस इन नाजी जर्मनी, पृ. 11
25. कालमैन, नेताजी इन योरोप, पृ. 14
26. नेताजी : कलेक्टेड वर्क्स, खंड–8, पृ. 61–64,
27. देयरफेल्डर को पत्र, 7 नवंबर, 1935, नेताजी : कलेक्टेड वर्क्स, खंड–8, पृ. 113
28. हेज़, बोस इन नाजी जर्मनी, पृ. 13
29. बोस ने एमिली शेंकल से 1936 में कहा था, "मेरा देश मुझे बुला रहा है—मैं तुमसे कहना चाहता हूँ कि मैं अपने प्रथम प्रेम के पास वापस जा रहा हूँ और वह है मेरा देश।" सुगाता बोस, हिज मेजेस्टीस अपोनेंट, पृ. 85
30. सुगाता बोस, हिज मेजेस्टीस ओपोनेंट, पृ. 97
31. जेल डायरी, 3 और 7 दिसंबर, 1934, नेहरू, सलेक्टेड वर्क्स खंड–6 पृ. 305–306
32. एमिली शेंकल को पत्र 25 जनवरी, 1935 नेताजी : कलेक्टेड वर्क्स खंड–7, पृ. 12
33. नेहरू सलेक्टेड वर्क्स, खंड–6, पृ. 256
34. गांधी को पत्र 13 अगस्त, 1934, नेहरू सलेक्टेड वर्क्स, खंड–6, पृ. 278
35. नेहरू को पत्र 17 अगस्त, 1934, गांधी कलेक्टेड वर्क्स, खंड–54, पृ. 317, पटेल को पत्र 19 अगस्त, 1934, खंड–58, पृ. 329
36. गोपाल, जवाहरलाल नेहरू, खंड–1, पृ. 190
37. जेल डायरी, 28 अगस्त, 1935, नेहरू सलेक्टेड वर्क्स, खंड–6, पृ. 411
38. जेल डायरी, 4 सितंबर, 1935, उपरोक्त पुस्तक, पृ. 416
39. जेल डायरी, 19 मार्च, 1935, नेहरू सलेक्टेड वर्क्स, खंड–6, पृ. 331
40. जेल डायरी, 12 फरवरी, 1934, उपरोक्त पुस्तक, पृ. 227
41. सईद महमूद को पत्र 24 नवंबर, 1933, उपरोक्त पुस्तक, पृ. 211
42. गोपाल, जवाहरलाल नेहरू, खंड–1, पृ. 194

43. नेहरू सलेक्टेड वर्क्स, खंड-6, पृ. 319, पृ. 365 जवाहरलाल का अपने सपने के बारे में बताना।
44. कमला नेहरू के बारे में टैगोर का कथन, नेहरू, सलेक्टेड वर्क्स, खंड-7, पृ. 166
45. जेल डायरी 1 फरवरी, 1935, नेहरू सलेक्टेड वर्क्स, खंड-6, पृ. 312
46. उपरोक्त पुस्तक, पृ. 295
47. गोपाल, नेहरू, खंड-1 पृ. 195
48. उपरोक्त पुस्तक, पृ. 199
49. नेहरू को पत्र 4 अक्तूबर, 1935 नेताजी : कलेक्टेड वर्क्स, खंड-8, पृ. 109
50. एन. वेटर को पत्र, 17 जून, 1935, उपरोक्त पुस्तक, पृ. 97-98
51. उपरोक्त पुस्तक, पृ. 105,106
52. उपरोक्त पुस्तक, पृ. 111
53. ई.वुड को पत्र, उपरोक्त पुस्तक, पृ. 149
54. नेहरू को पत्र, उपरोक्त पुस्तक, पृ. 144
55. सुनील मोहन घोष को पत्र, उपरोक्त पुस्तक, पृ. 123
56. सत्येंद्र नाथ मजूमदार को पत्र, उपरोक्त पुस्तक, पृ. 55
57. उपरोक्त पुस्तक, खंड-8, पृ. 144
58. नेहरू को पत्र उपरोक्त पुस्तक, पृ. 156
59. बोस को पत्र, नेहरू सलेक्टेड वर्क्स खंड-7 पृ. 407, 408
60. रोमां रोलां को पत्र नेताजी: कलेक्टेड वर्क्स खंड-8 पृ. 163
61. सुगाता बोस, हिज मैजेस्टीस ओपोनेंट पृ. 111
62. उपरोक्त पुस्तक, पृ. 111
63. एमिली को पत्र नेताजी: कलेक्टेड वर्क्स खंड-7 पृ. 56
64. उपरोक्त पुस्तक, खंड-7 पृ. 137
65. उपरोक्त पुस्तक
66. नीरद सी.चौधरी, दाई हैंड ग्रेट एर्नाक : इंडिया 1921-1952 (लंदन, 1987), पृ. 797
67. सुगाता बोस, हिज मेजेस्टीस ओपोनेंट, पृ. 96
68. एमिली को पत्र 12 अगस्त, 1937 नेताजी : कलेक्टेड वर्क्स, खंड-7, पृ. 157
69. क्षितिज प्रसाद चौधरी को पत्र, 9 अगस्त, 1937, नेताजी : कलेक्टेड वर्क्स, खंड-8, पृ. 218
70. सुभाष डे, 10 मई, 1936, नेहरू, सलेक्टेड वर्क्स, खंड-7, पृ. 415
71. नेहरू को पत्र, 30 जून, 1936, नेताजी : कलेक्टेड वर्क्स, खंड-8, पृ. 175
72. बोस का पत्र नेहरू के लिए, 31 जुलाई, 1936, जवाहरलाल नेहरू पेपर्स, एनएमएमए कॉरसपोंडेंस, खंड-6
73. उपरोक्त पुस्तक
74. जेल डायरी, 19 मार्च, 1935, नेहरू, सलेक्टेड वर्क्स, खंड-6, पृ. 332
75. उपरोक्त पुस्तक, 'फासीवाद और साम्यवाद' 18 दिसंबर, 1933

76. गोपाल, जवाहरलाल नेहरू, खंड-1, पृ. 193
77. एन ऑटोबायोग्राफी
78. जेल डायरी, 9 जून, 1935, नेहरू सलेक्टेड वर्क्स, खंड-6, पृ. 372
79. नेताजी : कलेक्टेड वर्क्स, खंड-8, पृ. 241-63
80. सुभाषचंद्र बोस, द इंडियन स्ट्रगल, पृ. 351-52
81. उपरोक्त पुस्तक, पृ. 352
82. आर.पी. दत्त को साक्षात्कार, 24 जनवरी, 1938, नेताजी : कलेक्टेड वर्क्स, खंड-9, पृ. 1-3
83. इआन, केरशा, हिटलर, 1889-1936 (लंदन, 1998) पृ. 65-66
84. नेताजी : कलेक्टेड वर्क्स खंड-8 पृ. 397
85. उपरोक्त पुस्तक, खंड-9, पृ. 198
86. सुभाषचंद्र बोस, द इंडियन स्ट्रगल, शिशिर बोस, सुगाता बोस
87. सुगाता बोस, हिज मेजेस्टीस ओपोनेंट, पृ. 102
88. सुभाषचंद्र बोस, द इंडियन स्ट्रगल, पृ. 7
89. उपरोक्त पुस्तक, पृ. 10
90. उपरोक्त पुस्तक, पृ. 38
91. उपरोक्त पुस्तक, पृ. 360
92. उपरोक्त पुस्तक, पृ. 333
93. उपरोक्त पुस्तक, पृ. 353
94. उपरोक्त पुस्तक, पृ. 353
95. उपरोक्त पुस्तक, पृ. 354
96. उपरोक्त पुस्तक, पृ. 9
97. सुगाता बोस, हिज मेजेस्टीज ओपिनियन, पृ. 101
98. एन ओटोबायोग्राफी, प्रस्तावना
99. उपरोक्त पुस्तक, पृ. 598
100. उपरोक्त पुस्तक, पृ. 596
101. उपरोक्त पुस्तक, पृ. 597
102. सलमान रुश्दी, ईस्ट, वेस्ट (लंदन, 1994) पृ. 211
103. एन ऑटोबायोग्राफी, पृ. 374
104. टैगोर का पत्र नेहरू के नाम, 31 मई, 1936, जवाहरलाल नेहरू, ए बंच ऑफ ओल्ड लेटर्स, पृ. 187
105. टैगोर को पत्र, 10 जून, 1936, नेहरू सलेक्टेड वर्क्स, खंड-7, पृ. 134
106. गोपाल, जवाहरलाल नेहरू, खंड-1, पृ. 196

❑

5
पार्टी के अध्यक्ष

जिन दिनों जवाहरलाल यूरोप में अपनी पत्नी कमला की बीमारी के इलाज और फिर मृत्यु की वजह से दूर थे, उन्हीं दिनों अप्रैल 1936 में लखनऊ में हुए कांग्रेस अधिवेशन के लिए उन्हें अध्यक्ष पद के लिए चुन लिया गया था। इसमें संदेह नहीं है कि उन्हें पार्टी का नेता चुनने का विचार गांधी की तरफ से आया था, जिन्होंने जवाहरलाल को इस विषय पर तब लिखा था, जब वे यूरोप जा रहे थे। गांधी ने कहा कि यदि कोई विशेष परेशानी न हो, तब तुम्हें अगले साल कांग्रेस की जिम्मेदारी सँभालनी चाहिए।[1]

इसके कुछ ही दिनों के बाद उन्होंने इस बारे में अधिक स्पष्ट ढंग से लिखा— "मेरी इच्छा है कि तुम अगले साल के लिए कांग्रेस का अध्यक्ष पद सँभालो। तुम्हारी स्वीकृति बहुत सी समस्याओं का समाधान कर देगी।"[2] एक और पत्र में गांधी ने जवाहरलाल को यकीन दिलाया कि यदि वे चयनित भी हो जाते हैं, तब तुम अपनी नीतियों का चयन करने के लिए भी चयनित होगे। उन्होंने जवाहरलाल का नाम इस काँटों के ताज के लिए प्रस्तावित करने की अनुमति माँगी थी।[3] जवाहरलाल ने इसके जवाब में लिखा था कि उन्हें भी लगता है कि उनका चयन कांग्रेस के भीतर के तनाव को कम करेगा। उन्होंने यह भी स्वीकार किया कि इस कार्य को करने की उनमें कुछ खास काबिलीयतें भी हैं। गांधी जानते थे कि जवाहरलाल अति विनम्र नहीं हैं; परंतु अपने दर्प को दरकिनार करते हुए उन्होंने अनिच्छापूर्वक हामी भर दी थी। उन्होंने अपनी अनिच्छा के बारे में गांधी को लिखा था कि इसकी वजह उनका राजनीति में स्वतंत्र रहना था और "अध्यक्ष पद इसमें बाधक बनेगा और मुझे कुचल भी देगा।"

अपने इन विचारों के बावजूद जवाहरलाल ने पार्टी की अध्यक्षता स्वीकार कर

ली और जिसके प्रति वह जिम्मेदार भी थे। उनकी स्वीकृति का यह निर्णय सिर्फ गांधी के अनुरोध की वजह से ही नहीं था। जवाहरलाल ने गांधी को इस स्वीकृति के कारण भी बताए थे, "मैं किसी काम को उसकी कठिनाइयों या इसमें असफल होने के डर से छोड़ने में यकीन नहीं रखता हूँ। अपने वापस लौटने की किसी भी स्थिति में मैं राजनीति में सक्रियता से हिस्सा लूँगा। यह मेरे लिए एक कॅरियर या पेशे के रूप में नहीं है, जिसे मैं अपनी इच्छा से छोड़ दूँगा। कठिन-से-कठिन परिस्थितियाँ होने पर भी मैं इसे जारी रखूँगा तथा मेरे मन में भागनेवालों के प्रति सम्मान नहीं है, अतः मुझे उम्मीद है कि मैं उनमें से एक नहीं बनूँगा।" उन्होंने इसे इस चेतावनी के साथ स्वीकार कर लिया था कि वे इसमें जी-जान से सबकुछ छोड़कर जुट जाएँगे।

जवाहरलाल को अध्यक्ष पद के दावेदार के रूप में प्रस्तुत करने के गांधी के प्रस्ताव पर कांग्रेस के भीतर विरोध के स्वर फूटने लगे थे। गांधी से इस बारे में राजगोपालाचारी को चुनाव में उतारने का अनुरोध किया गया था। राजगोपालाचारी ने उन्हें स्वप्नदर्शी और भावनात्मक व्यक्ति बताते हुए भी एक तार्किक व्यक्ति की संज्ञा दी थी और कहा कि "बापू इस मामले में दृढ हैं और इसकी बागडोर सँभालने के योग्य भी हैं।"[6] जवाहरलाल बहुत ही आसानी से कांग्रेस के अध्यक्ष चुन लिये गए थे। उन्हें 592 मतों में से 541 मत प्राप्त हुए थे।[7] इस चुनाव की खबर जवाहरलाल के पास कमला की मौत के समय पहुँची थी और वे इस पर अपनी प्रतिक्रिया व्यक्त करने की स्थिति में नहीं थे।

जवाहरलाल यह जानते थे कि वे एक बड़ी जिम्मेदारी लेने जा रहे थे। कांग्रेस की स्थिति सविनय अवज्ञा आंदोलन के बाद निष्क्रिय हो चुकी थी। गांधी के शब्दों में, "तुम्हारी गैर-मौजूदगी में हम सिर्फ धीमे-धीमे आगे बढ़ रहे थे।"[8] इसी का समर्थन करते हुए जवाहरलाल ने राजेंद्र प्रसाद को पत्र लिखा—"मुझे महसूस होता हैं कि कांग्रेस आज वैचारिक परिवर्तन की स्थिति में है और अपने स्वयं के विचार को नहीं समझती है।...हमारी नीतियाँ निष्क्रिय और विचारहीन बनती जा रही हैं। अहिंसा, असहयोग और सविनय अवज्ञा मेरे लिए सिर्फ प्रतिरोध नहीं थे, बल्कि बुराई के खिलाफ एक ऊँचे दर्जे का प्रतिरोध था। इस समय यह विलक्षण गुण लुप्त-सा मालूम पड़ता है और हम एक निष्क्रिय शरीर की भाँति हैं, जिसमें हम न तो सोच रहे हैं और न ही कार्य कर रहे हैं। इसमें पुरानी निष्क्रियता की पुनरावृत्ति जीवन का आभास दे रही है।"[9] जवाहरलाल ने अपने कार्य को पार्टी में पुनर्जीवित करने के रूप में लिया था।

जवाहरलाल जब जेल में थे, तभी से वे राजनीतिक वातावरण में परिवर्तन चाहते थे। अगस्त 1935 में भारत सरकार का कानून पारित हो गया था। ब्रिटिश शासन, जो 1927 में साइमन कमीशन की नियुक्ति से ही शुरू हो चुका था, यह उस प्रक्रिया की चरम परिणति थी। संघ के स्तर पर ब्रिटेन ने अपना नियंत्रण बनाए रखा था; परंतु प्रांतीय स्तर पर इस कानून ने भारतीय हिस्सेदारी को बढ़ावा दिया था। निर्वाचन समूह 65 लाख से बढ़कर 3 करोड़ तक पहुँच चुका था। सबसे महत्त्वपूर्ण तथ्य यह है कि इस कानून ने प्रभुतावादी स्तर के बारे में कुछ भी नहीं कहा और केवल स्वतंत्रता पर ही छोड़ दिया था। इस कानून के बारे में चिंतन करने से पता चलता है कि सन् 1936 में लॉर्ड लिनलिथगो, जो वाइसराय होने के साथ-साथ संयुक्त संसदीय समिति के अध्यक्ष भी थे, ने दिसंबर 1939 में कहा कि ''यह कानून इसलिए पारित हो गया था, क्योंकि हम इसे बेहतर समझते थे...और इससे भारत में ब्रिटेन का प्रभाव बना रहता है। यह हमारी नीति का हिस्सा नहीं है। हम भारत पर शासन बनाए रखने के बजाय इसके नियंत्रण को सौंपने की अनावश्यक जल्दी में हैं।''[10] यहाँ तक कि सन् 1930 के अंत तक इस स्थिति के स्थायी रूप से बने रहने का भ्रम बना हुआ था। अक्तूबर 1872 में ग्लैडस्टोन ने जो बात लॉर्ड नॉर्थब्रूक से कही थी, वही लिनलिथगो ने दोहराई, यानी—''यदि हम जाते हैं या फिर यदि हम कभी गए।''[11]

सन् 1935 का कानून भारत में बहुत कम लोगों को बेवकूफ बना पाया। भारत के सभी राजनीतिक वर्गों, जैसे—नरम दलों और मुसलिम लीग ने भी इस कानून के प्रति अपनी असहमति दिखाई। कांग्रेस के नेताओं ने भी इस कानून की जोरदार ढंग से आलोचना की थी। इस कानून के प्रति जवाहरलाल के कटु विचार से सभी अवगत थे। उन्होंने इस कानून को भारत में स्वार्थी और प्रतिक्रियावादी ताकतों को मजबूती प्रदान करनेवाला बनाया था। गांधी जवाहरलाल से असहमत नहीं थे, पर वे कम मुखर थे। कांग्रेस में भी एक समूह इस कानून का पक्षधर था। बहुत से कांग्रेस के लोग कई वर्षों की तकलीफों और बलिदानों के बाद इसके मिलनेवाले लाभ का विरोध करने में अक्षम महसूस कर रहे थे। जवाहरलाल को लगता था कि इस कानून को स्वीकार करने से कांग्रेस में विघटन हो जाएगा और वे सविनय अवज्ञा आंदोलन भी शुरू करना चाहते थे। जवाहरलाल के लिए यह एक अलग तरह की कांग्रेस थी, जिसका उन्हें नेतृत्व करना था।

राजनीतिक रूप से यह परिस्थिति उनके सामने एक चुनौती के रूप में थी, जिसमें वे यूरोप से देखकर आए अनुभवों से सुधार करना चाहते थे। इस प्रक्रिया

में गति तब आई, जब उनकी मुलाकात लाउसाने में बेनब्रैडले और आर.पी. दत्त से हुई। ये दोनों व्यक्ति ब्रिटेन के साम्यवादी नेता थे। दत्त, जिन्हें ब्रिटेन और भारत में साम्यवादियों के बीच आर.पी.डी. के नाम से पुकारा जाता था। जवाहरलाल ने इनके साथ कुछ समय बिताया था। उन्होंने आर.पी. दत्त से सोवियत रूस की प्रशंसा की थी और मार्क्सवादी विचारों के इतिहास की स्वीकृति भी दी; पर वे क्रांतिकारी तानाशाही और हिंसा के खिलाफ थे। आर.पी.डी. के अनुसार, जवाहरलाल ने अपने इन विचारों के बावजूद कांग्रेस अध्यक्ष के रूप में भारत की साम्यवादी पार्टी को प्रोत्साहित करने का वायदा किया था। साम्राज्यवाद के खिलाफ जारी आंदोलनों में सहयोग देने के लिए अपनी इस मुलाकात के बाद ब्रिटिश साम्यवादियों ने कांग्रेस के प्रति अपने दृष्टिकोण में सुधार किया था। ब्रैडले और दत्त ने अपने एक लेख में कांग्रेस को जन-आधारित पार्टी बताया,[12] जो कि राष्ट्रीय स्वतंत्रता की इच्छुक थी, 'परंतु इसके संविधान में श्रमिकों और किसानों के हितों के प्रतिनिधित्व का सुधार उचित रूप से होना चाहिए।' जवाहरलाल के विचार इससे अलग नहीं थे।

अप्रैल 1936 में लखनऊ अधिवेशन में जवाहरलाल के अध्यक्षीय संबोधन में सुधारों के प्रति उनकी धारणा और विश्वास परिलक्षित हुए।[13] उन्होंने वहाँ उपस्थित कांग्रेस जनों को 'कामरेड' कहकर संबोधित किया और विशेष तौर से एशिया तथा दुनिया भर में हो रहे परिवर्तनों की तरह भारतीय स्वतंत्रता संघर्ष को इंगित किया। उन्होंने कहा, "हमारा संघर्ष स्वतंत्रता के लिए एक विस्तृत संघर्ष का हिस्सा है और जिन ताकतों ने हमें गतिमान किया, वे दुनिया भर में लाखों लोगों को गतिमान और सक्रिय कर रही हैं। सारा एशिया भूमध्य सागर से पूर्व तक तथा पश्चिमी इसलाम के क्षेत्र में बुद्ध के पूर्व तक जा चुका है और अफ्रीका भी एक नए आकार के लिए प्रत्युत्तर दे रहा है"...और यूरोप के बड़े क्षेत्र एवं एशिया, सोवियत क्षेत्रों में मानवीय स्वतंत्रता तथा सामाजिक समानता के लिए अपने दुश्मनों से संघर्ष कर रहा है।" उन्होंने अपने श्रोताओं से इस संघर्ष को व्यापक रूप में महसूस करने के लिए कहा, न कि इसे सिर्फ भारत की समस्या तक ही सीमित रहने के लिए। वैश्विक रुझानों के वे वास्तविक बल थे, जिनसे घटनाक्रम परिवर्तित हो रहे थे तथा इन घटनाओं की वे वास्तविक ऊर्जा भी थे। इन रुझानों का एक महत्त्वपूर्ण तत्त्व आर्थिक और राजनीतिक व्यवस्थाओं के बीच का संघर्ष ही था। पहला पूँजीवाद ही था, जो साम्राज्यवाद का एक अपरिहार्य हिस्सा था और दूसरा सोवियत रूस की एक समाजवादी व्यवस्था थी। पूँजीवाद का एक नया चेहरा फासीवाद भी था, जिसने अपने निर्दयता दमन, जिसका पश्चिमी सभ्यता समर्थन भी कर रही थी, से

न जाने कितनों को बेघर कर दिया था और इसका साम्राज्यवादी हिस्सा एक लंबे समय से औपनिवेशिक समूहों में बना हुआ था। फासीवाद और साम्राज्यवाद अब एक ह्रास होते पूँजीवाद के ही दो चेहरे थे। इन्हीं फासीवाद और साम्राज्यवाद का पश्चिमी विरोध समाजवाद के रूप में और पूर्व में राष्ट्रवाद के रूप में उभर रहा था किंतु जवाहरलाल ने उग्र राष्ट्रवाद, जो फासीवाद पेश करता था और एशिया के देशों में उभरे राष्ट्रवाद में अंतर कर दिया था। पूर्व में राष्ट्रवाद फासीवादी देशों के सँकरे राष्ट्रवाद से काफी भिन्न था। पूर्व का राष्ट्रवाद स्वतंत्रता के लिए एक ऐतिहासिक चाहत थी, जबकि फासीवादी राष्ट्रवाद प्रतिक्रिया की अंतिम स्थिति में था। उन्होंने यह भी माना कि इस तरह के देशों के राष्ट्रवाद का रुझान फासीवाद की तरफ था।

भारत में जवाहरलाल ने दुनिया की प्रगतिशील ताकतों के साथ मिलकर फासीवाद और साम्राज्यवाद के खिलाफ अपना संघर्ष जारी रखा। भारतीय स्वतंत्रता और ब्रिटिश साम्राज्यवाद के बीच किसी भी तरह की समानता नहीं थी तथा ब्रिटिश शासन न केवल राजनीतिक स्वतंत्रता हासिल करने में अवरोध पैदा करता था, बल्कि सामाजिक सुधारवादी परिवर्तन करने में भी बाधक था। जवाहरलाल ने भारत में नागरिक स्वतंत्रता के हनन पर सुभाष के संदर्भ में उनकी पीड़ा को व्यक्त करते हुए उन्हें 'मेरे प्यारे कामरेड' के नाम से संबोधित किया था। उन्होंने उस पत्र का भी जिक्र किया, जिसमें सुभाष के भारत लौटने पर उन्हें तुरंत गिरफ्तार कर लेने की चेतावनी भी थी। (सुभाष को 8 अप्रैल, 1936 को देश में शांति भंग करने के आरोप में गिरफ्तार कर लिया गया था।)[14]

जवाहरलाल ने कांग्रेस का एक निराशाजनक चित्र भी प्रस्तुत किया था। उन्होंने कहा, "मैंने देखा है कि पुराने साथियों में एक तरह का असंतोष और हताशा भरी व्याकुलता फैली हुई है तथा यह बढ़ती हुई सभी तरह की सक्रियताओं को प्रभावित कर रही है। हम जिन बड़े आदर्शों के लिए खड़े हुए थे, उन्हें भूल चुके हैं और छोटे-छोटे मुद्दों पर झगड़ते हैं। हम समाज से कट चुके हैं और उनमें बहनेवाली जीवन-प्रदायिनी ऊर्जा से वंचित हैं तथा अपने संगठन को शक्तिहीन एवं संकुचित कर रहे हैं। कांग्रेस जन-समुदाय के नजदीक जाकर इस कष्ट से मुक्ति पा सकती है।" जवाहरलाल ने जोर देकर कहा कि कांग्रेस केवल समाज के लिए नहीं, बल्कि समाज की भी है और तभी वह समाज की बनेगी। कांग्रेस को अपने मध्य वर्गीय दृष्टिकोण से बाहर निकलना होगा। जवाहरलाल ने देश की साम्राज्यवादी-विरोधी ताकतों की अग्रिम पंक्ति की हिमायत की थी; परंतु यह पंक्ति तभी संभव थी, जब तक कांग्रेस के लोग स्वयं को दुनिया भर के रुझान का हिस्सा न समझ लें।

जवाहरलाल ने समाजवाद की तरफ अपना रुख किया और इसे दुनिया तथा भारत की समस्याओं के समाधान के हल के रूप में देखा था। समाज के बारे में वे कहते थे कि यह एक आर्थिक सिद्धांत ही नहीं, बल्कि जीवन-दर्शन है तथा यह एक ऐसा जीवंत पंथ है, जो मेरे हृदय एवं मस्तिष्क में अपनी जगह बनाए हुए है। वे चाहते थे कि कांग्रेस एक समाजवादी संगठन बने और दुनिया भर की उन ताकतों के साथ मिलकर कार्य करे, जो इस तरह की नई सभ्यता के लिए कार्यरत हैं। जवाहरलाल ने यह महसूस और स्वीकार कर लिया था कि कांग्रेस अभी इसके लिए तैयार नहीं थी और इसीलिए उन्होंने इस मुद्दे पर बहुत जोर नहीं दिया था। इस विषय पर उन्होंने कहा कि तीव्र औद्योगिकीकरण ही गरीबी से लड़ने का एकमात्र रास्ता है। वे खादी और ग्रामीण उद्योगों को इस समस्या के अस्थायी सुधार के रूप में ही देखते थे।

सन् 1935 के कानून पर जवाहरलाल ने अपने उत्सुक श्रोताओं से कहा था, ''कांग्रेस के पास आगामी चुनावों में उतरने के सिवा कोई विकल्प नहीं था; किंतु कांग्रेस को अपनी स्थिति को विधानसभा में महत्त्वपूर्ण स्थिति में लाने के लिए ही चुनाव लड़ना चाहिए। चुनाव के बाद कार्यालय को स्वीकार करते ही हमें क्रांतिकारी भावनाओं को छोड़कर सुधारवाद की तरफ वापस जाना होगा।'' कार्यालय की स्वीकृति से बहुत ही कम लाभ की स्थिति थी।

जब जवाहरलाल ने 31 मार्च, 1936 को अपना यह संबोधन लिखा था, तब उन्हें इस बात का स्पष्ट अंदाजा नहीं था कि कांग्रेस के लोगों के मन में कार्यालय की स्वीकृति की भावना बहुत ही गहराई तक जमी हुई थी। इसीलिए कांग्रेस के सदस्यों के साथ उनके दृष्टिकोण की अनुकूलता में भिन्नता थी। उनके अध्यक्षीय भाषण की निजी भावना का कांग्रेस की नीतियों पर कोई असर नहीं पड़ा था। गांधी ने इसे उनके 'विश्वास की क्षमा याचना' के रूप में स्पष्ट कहा था।[15] जवाहरलाल को कार्यकारी समिति नहीं हासिल हुई और बहुत से अति छिद्रान्वेषी मुद्दों पर उनके प्रस्ताव असफल रहे। 25 मई को उन्होंने गांधी को एक पत्र में लिखा—''बहुत से महत्त्वपूर्ण मुद्दों पर कांग्रेस का बहुमत मेरे खिलाफ है और इस स्थिति में एक हयादार अध्यक्ष त्यागपत्र दे चुका होता; पर मैं बेशर्म की भाँति इस पद पर बना हुआ हूँ। यह विचित्र सी स्थिति कार्यकारी समिति की रचना के समय अधिक स्पष्ट है, हालाँकि यह मेरी इच्छा के अनुकूल नहीं है; परंतु तकनीकी रूप से मैं ही इसका जिम्मेदार हूँ।''[16] कार्यकारी समिति ने जवाहरलाल के उस प्रस्ताव को अस्वीकार कर दिया था, जिसमें उन्होंने इसके साथ ट्रेड यूनियनों और किसान संगठनों को

इससे संबंधित करने का प्रस्ताव दिया था तथा उन्होंने राजाओं के अधीन राज्यों में राजनीतिक सुधार हेतु कांग्रेस के प्रयासों को भी जोड़ने के लिए कहा था। सन् 1935 के कानून की निंदा की गई थी, परंतु कार्यालय स्वीकृति के मुद्दे पर असहमति के बावजूद यह चुनाव लड़ने के लिए सहमत हो गई थी।

इतना होने पर भी गांधी ने जवाहरलाल को ही अध्यक्ष बने रहने का परामर्श दिया; परंतु जवाहरलाल को उनकी तरफ से सहयोग नहीं प्राप्त हुआ था। गांधी यह स्वीकार करने के लिए तैयार नहीं थे कि कार्यकारी समिति की रचना में जवाहरलाल की कोई भूमिका नहीं थी। व्यक्तिगत रूप से उन्होंने माना था कि कार्यकारी समिति के एक बड़े वर्ग ने उनके दृष्टिकोण का समर्थन किया था;[17] परंतु जवाहरलाल को यह कहने के लिए लिखा कि तुमने सदस्यों का चयन किया है, क्योंकि यही उचित था। उन्होंने साथ ही यह भी लिखा कि जवाहरलाल के दृष्टिकोण से राजेंद्र प्रसाद, राजगोपालाचारी और वल्लभभाई पटेल को बहुत तकलीफ हुई थी। गांधी द्वारा लिये गए इन तीन नेताओं के नाम कांग्रेसी दक्षिणपंथ के रक्षक माने जाते थे, क्योंकि उनका समाजवाद और किसी भी तरह के सुधारवादी कार्यक्रम के प्रति विरोध था। यह भी ध्यान देने योग्य है कि जवाहरलाल के द्वारा अध्यक्ष पद सँभालने से पहले ही इस तरह के मतभेद व्यक्त किए गए थे। राजगोपालाचारी ने गांधी को लिखा—"मुझे संसदीय कार्यक्रम और इसकी नीतियों के संदर्भ में जवाहरलाल की उपयुक्तता के बारे में संदेह था और अभी भी है; हालाँकि मैं यह मानता हूँ कि व्यक्तिगत और आम स्तर पर हम इस वर्ष कांग्रेस के अध्यक्ष पद हेतु कोई बेहतर विकल्प नहीं दे सके।" राजगोपालाचारी ने गांधी से यह आशा की थी कि वे पटेल या अन्य लोगों की नीतियों को अपना समर्थन देकर इस मतभेद को सुलझा दें। अपने पत्र में राजगोपालाचारी ने लिखा—"आपको यह देखना चाहिए कि संसदीय नीतियों के संदर्भ में वल्लभभाई के निर्णयों को चुनौतियाँ नहीं मिलीं, बल्कि कार्यकारी समिति और कांग्रेस अध्यक्ष की तरफ से पूरा समर्थन प्राप्त हुआ था।"[18]

जवाहरलाल और इन लोगों के बीच के मतभेद समाजवाद के प्रति कांग्रेस की प्रतिबद्धता पर केंद्रित थे तथा यह विवाद 29 जून को वर्धा की बैठक में तब इसके प्रमुख तक पहुँचा,[19] जब कार्यकारी समिति के सात सदस्यों ने इस्तीफा दे दिया था और जिसमें ये तीन व्यक्ति भी शामिल थे। इन सातों सदस्यों ने जवाहरलाल को पत्र में अपने इस्तीफे का कारण विस्तार से स्पष्ट कर दिया था और बाद में गांधी के हस्तक्षेप से उन्होंने अपना इस्तीफा वापस भी ले लिया; परंतु गांधी ने जवाहरलाल से यह कहा कि इस्तीफे के बजाय इस पत्र का परामर्श उन्हीं का था। गांधी ने वही

किया, जो राजगोपालाचारी उनसे कराना चाहते थे।[21] जवाहरलाल ने उदास मन से गांधी को लिखा था कि जब उन्होंने देश भर की यात्राएँ की थीं, तब उन्होंने लोगों में एक जीवंत उबाल देखा था और इसने उनमें एक ताजा ऊर्जा भर दी थी; किंतु कार्यकारी समिति की प्रत्येक बैठक में मुझे एहसास होता है कि वह ऊर्जा मुझसे बाहर निकल जा रही है और मैं एक चुकी हुई बैटरी की तरह महसूस करता हूँ। इस समय यह प्रतिक्रिया बहुत ही स्पष्ट थी।[22] उन्होंने गांधी को अपने अलग-थलग पड़ने की भावना से परिचित करा दिया और जो भी पीड़ा महसूस की, उसे व्यक्त कर दिया, ''मैं लोगों के लिए असह्य हूँ और मेरी विशेषताएँ, खासतौर से योग्यता मापने की क्षमता, ऊर्जा, ईमानदारी और व्यक्तित्व का अस्पष्ट आकर्षण नुकसानदेह बन चुका है और ऐसा लगता है कि यह सब किसी गलत रथ में जुते हुए हैं।''[23]

कांग्रेस के बाहर भी जवाहरलाल के दृष्टिकोण पर भारतीय पूँजीपति वर्ग के सदस्यों का आक्रमण रहा। मई के मध्य में बंबई के 21 प्रमुख व्यापारियों ने समाजवाद की तरफदारी करने के लिए जवाहरलाल की आलोचना करते हुए एक बयान जारी किया, क्योंकि उन्हें लगता था कि यह भावना विध्वंसकारी थी। जवाहरलाल जिस कार्यक्रम को सामने रख रहे थे, इसने न केवल निजी संपत्ति के संगठनों को ही भयग्रस्त किया था, बल्कि यह धर्म और निजी सुरक्षा पर भी एक शांतिपूर्ण अवलोकन था। इस बयान पर हस्ताक्षर करनेवाले कुछ लोगों ने अलग से भी जवाहरलाल के खिलाफ लिखा था। कॉवसजी जहाँगीर ने जवाहरलाल को एक पूर्णरूपेण साम्यवादी कहा था तथा होमी मोदी ने तो जवाहरलाल को मॉस्को की तरफ झुकनेवाला कहकर आगाह भी किया था।[24] किंतु जवाहरलाल इस सबसे विचलित होने वाले नहीं थे। उन्होंने अपने सिद्धांतों से समझौता करने से मना कर दिया था और इसके जवाब में कहा, ''बंबई के कुछ उद्योगपतियों को मेरे द्वारा इस्तेमाल किए गए शब्द 'साम्यवाद' के बजाय 'समाजवाद' से आपत्ति रही है। प्रत्यक्ष रूप से देखा जाए, तब मैं अपने लोगों को धोखा देता हुआ नजर आता हूँ। उन्हें इस मसले पर उत्तेजित होने की जरूरत नहीं है। मैं 'साम्यवाद' शब्द से डरता नहीं हूँ। मुझे दलितों और खासतौर से उन लोगों के साथ, जिनका दमन हुआ है, विशेष सहानुभूति है। जब स्वार्थी और राज्य की शक्तियाँ इन्हें कुचलने की कोशिश करती हैं,[25] तब मेरा साम्यवाद की तरफ झुकना स्वाभाविक है।'' उन्होंने उन सभी 21 हस्ताक्षर करनेवालों को फासीवादी मानसिकतावाला बताया था।[26]

जवाहरलाल के प्रत्युत्तर से भी अधिक महत्त्वपूर्ण प्रतिक्रिया जी.डी. बिरला की थी, जो भारतीय व्यावसायिक समूह के एक महत्त्वपूर्ण सदस्य भी थे। बिरला ने

जवाहरलाल के साथ ही समाजवाद और निजी संपत्ति के मुद्दे पर कहा कि इससे व्यावसायिक जगत् ने स्वयं को ही अपमानित किया है। उन्होंने उन 21 व्यवसायियों में से एक सदस्य वालचंद हीराचंद को 26 मई को कठोर शब्दों में लिखा—"आपने अपनी बिरादरी के लोगों का कार्य नहीं किया। यह कितना आश्चर्यजनक है कि हम व्यापारी कितने अदूरदर्शी हैं।...यह उस व्यक्ति के लिए कितना कठोर लगता है, जो संपत्ति रखते हुए कहता है कि वह देश के हित में संपत्ति हरण का विरोध करता है।"[27] बिरला ने परामर्श दिया कि "व्यवसायी और पूँजीपति वर्ग स्वामित्व हरण के खिलाफ तर्क देने के लिए उपयुक्त नहीं है। उन्होंने यह भी कहा कि जो लोग संपत्ति छोड़ चुके हैं, उन्हें जो आप कहना चाहते हैं,[28] कहने दीजिए। पूँजीपतियों की जिम्मेदारी ऐसे लोगों के कथनों को मजबूत करना ही है।" उन्होंने यह भी कहा कि व्यवसायियों की निकट दृष्टि के कारण ही वल्लभभाई और भूलाभाई जैसे लोग, जो समाजवाद के खिलाफ संघर्ष कर रहे हैं, उनकी सहायता नहीं हो पा रही है। बिरला ने दक्षिणपंथी कांग्रेस के लोगों, जिन्हें वे महात्माजी के समूह का कहते थे,[29] से समाजवाद के खिलाफ और पूँजीपतियों के वर्ग के हितों के लिए बोलने के लिए कहा था। चूँकि चुनाव के बाद नई विधायिका पर नियंत्रण कठिन हो जाएगा, इसलिए कार्यालय की स्वीकृति भी इसी की रुचि थी। उन्होंने कहा कि "इस चुनाव का नियंत्रण वल्लभभाई समूह के नियंत्रण में होगा तथा यदि लॉर्ड लिनलिथगो इसे उचित ढंग से सँभालते हैं, तब कांग्रेस के लोगों का कार्यालय सँभालना संभव होगा।"[30]

क्या गांधी कार्यकारी समिति में पूँजीपतियों के हितों के प्रयास के हिस्से थे? बिरला के एक अन्य पत्र के अनुसार गांधी और बिरला में जवाहरलाल के समाजवाद के प्रति उत्साह का विरोध और कार्यालय की स्वीकृति के विरोध के उत्साह के प्रति एक मौन सहमति थी। लखनऊ अधिवेशन के तुरंत बाद बिरला ने विजय भाव से पत्र लिखा था—"महात्माजी ने बिना एक शब्द बोले ही अपने वचन को निभाया। उन्होंने देखा कि कोई भी नया वायदा नहीं किया गया था। जवाहरलालजी का भाषण एक मायने में रद्दी की टोकरी में फेंकने लायक था, क्योंकि वहाँ पारित सभी अध्यादेश उनके भाषण की भावना के विपरीत थे।"[31] गांधी ने इस मसले पर एक निष्कपट दर्शक का भाव प्रदर्शित किया, लेकिन जवाहरलाल को अपने उन चुने गए लोगों की परिधि में रखा, जो पूँजीपतियों के लिए समाजवादी दृष्टिकोण को पूरी तरह से कमतर आँकते थे और जिसे जवाहरलाल ने कांग्रेस के लिए रखा था। उन्होंने कार्यकारी समिति से अपने चुने हुए लोगों के त्यागपत्र द्वारा जवाहरलाल

पर नियंत्रण बनाए रखा था। इसमें कोई संदेह नहीं है कि गांधी उस समय गंभीर नहीं थे, जब उन्होंने जवाहरलाल को सुनिश्चित किया था कि वे अपने सिद्धांतों पर टिके रहते हुए अध्यक्ष के रूप में चुने जाएँगे। सन् 1936 में जवाहरलाल का समाजवाद के प्रति बदलाव छुपा हुआ नहीं था।

जवाहरलाल संभवतः कांग्रेस के भीतर और बाहर अपने खिलाफ हो रही गुटबंदी से वाकिफ नहीं थे, परंतु वे अबोध भी नहीं थे। उन्होंने अपने खिलाफ स्थिति को पहचान लिया था और अपने अकेले पड़ने की स्थिति के बारे में गांधी को पत्र भी लिखा था।[32] उन्होंने अपने समतुल्यों के फैसले के रूप में अपने अलग-थलग पड़ने को स्वीकार कर लिया था। वे त्यागपत्र भी दे सकते थे, पर वे पलायनवादी होने पर गर्व का अनुभव नहीं करते थे; किंतु इन सबसे ऊपर गांधी की आज्ञा थी। गांधी पर उनकी निर्भरता और निकटता कमला की असामयिक मृत्यु के बाद और भी बढ़ चुकी थी। गांधी इस वास्तविकता से परिचित थे और उन्होंने अप्रैल 1936 में अगाथा हैरिसन को इस संबंध में पत्र भी लिखा था—"हालाँकि जीवन के दृष्टिकोण पर हमारे बीच की खाई काफी चौड़ी है, परंतु आज के जितना हम कभी भी नजदीक नहीं रहे।"[33] यह एक ऐसा बंधन था, जिसे कोई तोड़ना नहीं चाहता था।

जवाहरलाल के प्रति बिरला का दृष्टिकोण भी ध्यान देने योग्य है। अप्रैल 1936 में उन्होंने जवाहरलाल के बारे में लिखा—"वे त्यागपत्र देकर बँटवारे की वजह बन सकते थे, परंतु उन्होंने ऐसा नहीं किया।...जवाहरलाल एक अंग्रेज लोकतंत्रवादी की तरह लगते हैं, जो कि पराजय को भी एक खेल-भावना के रूप में ही लेता है। वे अपने सिद्धांतों के लिए बाहर जाते हुए लगते हैं; परंतु जब उन्हें यह कार्य असंभव लगता है, तब वे इसके लिए दबाव नहीं बनाते हैं।"[34] विरोध और सक्रियता के अभाव के बावजूद सन् 1936 का वर्ष जवाहरलाल के लिए बहुत महत्त्वपूर्ण था।

कांग्रेस के कार्यक्रम में समाजवाद लाने के जवाहरलाल के प्रयास में जो व्यक्ति उनके प्रमुख सहयोगी हो सकते थे, वह थे सुभाष परंतु दुर्भाग्य से ब्रिटिश सरकार ने इस पूरे कार्यकाल में उन्हें जबरदस्ती राजनीतिक सक्रियता से बाहर रखा था। 8 अप्रैल, 1936 को जैसे ही सुभाष ने भारत की भूमि पर अपने पाँव रखे उन्हें गिरफ्तार कर लिया गया था और पहले तो बंबई की आर्थर रोड जेल और फिर पूना की यरवदा जेल में रखा गया था। मई में उन्हें उनके भाई शरत के बँगले कुर्सिओंग नजरबंद कर दिया गया था। उन्हें गांधी से गैर-राजनीतिक विषयों, जैसे

खादी एवं हरिजन आंदोलन पर भी पत्र-व्यवहार की अनुमति नहीं थी। 8 जुलाई को जवाहरलाल ने सुभाष को सिविल लिबर्टीयूनियन के गठन के बारे में पत्र लिखा था, जिसे पुलिस ने रोक दिया था।[35] "सुभाष के खिलाफ किसी भी तरह का औपचारिक अभियोजन नहीं था और हाउस ऑफ लॉर्ड्स में लॉर्ड जेटलैंड, जो भारत सरकार के सचिव थे, उन्होंने स्वीकार किया कि किसी भी प्रशासक के लिए इस तरह का कार्य उचित नहीं है, परंतु भारत में यह अपरिहार्य है तथा सुभाष के बारे में उन्होंने कहा कि वे एक विशेष गुणोंवाले विद्वान् व्यक्ति हैं, जो सकारात्मक उद्देश्य के बजाय नकारात्मक कार्यों के लिए अपने गुणों का इस्तेमाल करते हैं।"[36]

जाड़ों की शुरुआत में सुभाष को एक कैदी की भाँति कलकत्ता के मेडिकल कॉलेज हॉस्पिटल में भेज दिया गया था। सुभाष के लिए अपने शहर के पास रहना थोड़ा सुखद अनुभव था। उन्हें कुछ मुलाकातियों और खासतौर से रवींद्रनाथ टैगोर के आने पर उनसे मिलने की अनुमति दी गई थी। किंतु इससे सुभाष को बलपूर्वक राजनीति और राष्ट्रीय आंदोलन से दूर रखने की क्षतिपूर्ति पूरी नहीं हो सकी थी। अंतत: 17 मार्च, 1937 की रात को उन्हें पूरी तरह से रिहा कर दिया गया था।

बंगाल के गवर्नर जॉन एंडरसन का सुभाष को रिहा करने का निर्णय राजनीतिक घटनाक्रमों की वजह से था। सन् 1935 के कानून के तहत हुए चुनावों में कांग्रेस ने बहुत ही अच्छे परिणाम दिए थे और जवाहरलाल का अन्य सुधारवादियों के विरोध के बावजूद पार्टी ने प्रांतीय कार्यालयों की स्वीकृति दे दी थी। बंगाल में मुसलिम लीग और कृषक प्रजा पार्टी की गठबंधन सरकार का गठन किया गया था। इसका अर्थ है कि कांग्रेस विपक्ष में थी। इसी से सुभाष को रिहा करने का मार्ग खुल गया था। किंतु सरकार सुभाष को कांग्रेस की कार्यालय स्वीकृति की बैठक से पहले छोड़ने में सावधान थी, क्योंकि उसे भय था कि सुभाष कांग्रेस के भीतर जवाहरलाल को सुदृढता प्रदान करेंगे।

कांग्रेस के भीतर जवाहरलाल की नाजुक स्थिति की कुछ वजह सुभाष की गैर-मौजूदगी भी थी, क्योंकि इसका पता कार्यकारी समिति के निर्णय को स्वीकार करने की उनकी मौन सहमति से भी लगता है। एक साक्षात्कार में उन्होंने कहा, "कार्यकारी समिति का हर निर्णय सही है। जिस तरह से राजा गलत नहीं कर सकता है, कार्यकारी समिति भी गलत नहीं कर सकती है।" इस बयान को कार्यकारी समिति और उसकी स्वीकृति की आलोचना के रूप में भी लिया जा सकता है; किंतु यह मानना उचित नहीं है कि कांग्रेस को चुनाव में जिताने के लिए जवाहरलाल ने कठोर परिश्रम नहीं किया था या फिर कार्यकारी समिति के साथ

उनकी सहयोग की भावना नहीं थी। चुनावी प्रक्रिया में जवाहरलाल कांग्रेस के घोषणा-पत्र के तैयार करने के बाद से ही शामिल हो गए थे। उन्होंने इस घोषणा-पत्र में समाजवाद का जिक्र नहीं किया था। उनका सारा ध्यान साम्राज्यवाद के खिलाफ संघर्ष पर ही था। इस घोषणा-पत्र में सन् 1935 के भारतीय कानून और उसमें निहित सांप्रदायिक हित को अस्वीकार किया गया था। यह भी तर्क दिया गया था कि कांग्रेस के लोग इस कानून को समाप्त करने के लिए इसमें शामिल हो रहे थे और कार्यकारी समिति के निर्णय को स्वीकार करने का प्रश्न चुनाव के बाद तय होना था। इसके अनुसार नागरिक स्वतंत्रता, राजनीतिक बंदियों की रिहाई और किसानों तथा सार्वजनिक संस्थानों के साथ हुई गलतियों के सुधार जैसे विषय महत्त्वपूर्ण थे।[37]

इस घोषणा-पत्र का विरोध कार्यकारी समिति के समाजवादी सदस्यों ने नहीं किया था, बल्कि आचार्य नरेंद्र देव जैसे प्रमुख समाजवादी नेता ने तो इसे क्रांतिकारी घोषणा-पत्र बताया था।[38] कार्यकारी समिति में जवाहरलाल के पूर्व आलोचक इस घोषणा-पत्र से बहुत खुश थे। राजगोपालाचारी ने गांधी को लिखा था कि वे जवाहरलाल की कार्य-प्रणाली से बहुत उत्साहित थे। पटेल तो और भी मुखर थे— "हम इस समय बहुत अच्छा कार्य कर रहे हैं। मुझे वर्ष 1932 के पहले की कार्यकारी समिति की बैठकों की अनुकूलता याद आ रही है। यह बैठक औपचारिक सभा न होकर एक पारिवारिक बैठक की तरह रही है।''मैं जवाहरलाल की प्रशंसा कर सकता हूँ। उन्होंने बहुत ही बेहतर कार्य किया है और मोमबत्ती के दोनों सिरों पर रोशनी जलाई है। हमें उनके दृष्टिकोण के साथ सामंजस्य बनाने में थोड़ी भी कठिनाई नहीं हुई थी। मुझे लगता है कि वे भी संतुष्ट हैं।[39] कांग्रेस की राजनीति में जवाहरलाल का उत्साह इस वजह से कम नहीं हुआ कि उन्हें कार्यकारी समिति में गांधी के आदमी के रूप में सीमित कर दिया गया था। यदि वे वाकई असंतुष्ट या दुःखी होते, तब इस बारे में किसी निजी या सार्वजनिक रूप से इस पर चर्चा हुई होती।

जवाहरलाल ने स्वयं को चुनावी अभियान में पूरी तरह से झोंक दिया था। उन्होंने सारे ग्रामीण भारत की यात्रा ट्रेन, हवाई जहाज, कार, साइकिल, बैलगाड़ी, स्टीमर, ऊँट या घोड़े पर बैठकर या फिर पैदल की थी। उन्हें चारों ओर भारी जन-समर्थन भी मिला था। लाल बहादुर शास्त्री, जो आगे चलकर प्रधानमंत्री भी बने थे, ने जवाहरलाल की भीड़ को याद करते हुए कहा था कि जवाहरलाल को लोगों के कंधों से होकर गुजरना पड़ा था और बाद में उन्हें इसका अफसोस भी हुआ कि वे

उस समय जूता पहने हुए थे।[40] जवाहरलाल की लोकप्रियता पर सवाल नहीं उठ सकता है। यदि जवाहरलाल ने भारत को उस रूप में नहीं ढूँढ़ा होता, तब भारत के लोग उन्हें ढूँढ़ लेते। इस अभियान को याद करते हए उन्होंने लिखा—"अभी वे इसके मध्य में ही थे कि इस उत्साह में अप्रत्याशित वृद्धि हुई थी और प्रत्येक व्यक्ति इसमें सराबोर था।...मैंने एक भारी भीड़ को आकर्षित किया है और मुझमें एक आश्चर्यजनक उत्साह उत्पन्न हुआ है। इसकी थोड़ी वजह मेरी व्यक्तिगत लोकप्रियता है; परंतु व्यापक स्तर पर मुझे लगता है कि इसकी वजह कांग्रेस का प्रभाव और प्रतिष्ठा ही है। अपने भाषणों में उन्होंने किसी व्यक्तिगत प्रत्याशी का संदर्भ नहीं दिया था। वे लोगों के द्वारा भारत की समस्याओं जैसे—गरीबी, कर्ज और विदेशी शासन का सामना करने पर ही बोलते थे। उन्होंने स्वतंत्रता प्राप्त करने के संघर्ष के अलावा कोई वायदा नहीं किया था। उनके चुनावी अभियान की सूचनाएँ देनेवाले एक अंग्रेज अधिकारी ने जुलाई 1936 में लिखा था कि "जवाहरलाल मेरे द्वारा भारत में सुने जानेवाले सबसे आकर्षक वक्ता हैं।"[42]

चुनाव अभियान के मध्य में ही दिसंबर 1936 को फैजपुर में हुए कांग्रेस अधिवेशन में जवाहरलाल कांग्रेस अध्यक्ष के रूप में पुनः चुन लिये गए थे। यह चुनाव निर्विरोध नहीं था। अध्यक्ष के रूप में दोबारा चुने जाने को इच्छुक जवाहरलाल को देखकर हताश भाव से पटेल ने गांधी के सचिव महादेव देसाई को पत्र लिखा था—"दूल्हा राजकुमार एक ही बार में अधिक-से-अधिक कन्याओं से विवाह करने के लिए तैयार है।"[43] उन्हीं की वजह से गांधी ने राजगोपालाचारी को पत्र लिखा कि "सरदार आपको काँटे का ताज पहनाने के लिए व्याकुल हैं।" जब राजगोपालाचारी तैयार नहीं हुए, तब पटेल ने गोविंद बल्लभ पंत के नाम का परामर्श दिया और कहा, "जहाँ तक मेरा सवाल है, यदि जवाहरलाल बने रहते हैं, तब मैं छोड़ दूँगा।" पटेल जवाहरलाल के पद पर चुनाव लड़ना चाहते थे। जे.बी. कृपलानी के अनुसार, जब जवाहरलाल ने गांधी से अध्यक्ष पद के लिए पुनः बने रहने हेतु चुनाव लड़ने के लिए कहा, तब वे वहीं थे; क्योंकि आठ महीने के समय कांग्रेस को पुनर्जीवित करने के लिए काफी कम समय था और इसीलिए वे एक कार्यकाल और चाहते थे। गांधी ने उन्हें जवाब दिया कि देखेंगे कि वे इस मामले में क्या कर सकते थे। तब गांधी ने पटेल को चुनाव न लड़ने के लिए बाध्य किया।[44]

शायद इसी वजह से जवाहरलाल ने अपने अध्यक्षीय संबोधन में समाजवाद जैसे विषय को छोड़ दिया था, सिवाय इसके कि इससे भारत की समस्याओं को समझने में सहायता मिलेगी। किंतु यह भी स्पष्ट था कि कांग्रेस भारत में समाजवाद

के लिए नहीं, बल्कि लोकतंत्र के लिए संघर्ष कर रही थी। यह भी महत्त्वपूर्ण था कि उन्होंने अपने संबोधन में सुभाष का भी जिक्र किया था, "पिछली कांग्रेस के तुरंत बाद ही मुझे कार्यकारी समिति की घोषणा करनी पड़ी थी और मैंने उसमें सुभाषचंद्र बोस का नाम शामिल किया था। किंतु आपको पता ही है कि बंबई आने पर उन्हें किस तरह से हमसे दूर कर दिया गया और बीमारी के बावजूद उन्हें नजरबंद रखा गया है। मेरी समिति उनके परामर्श की कमी महसूस कर रही है और मैंने पूरे साल अपने साथी की कमी महसूस की है।"[45] इस अंतिम वाक्य से सन् 1936 में इन दोनों ही व्यक्तियों के बीच के संबंधों का पता चलता है।

इस चुनाव में कांग्रेस ने बहुत ही बेहतर परिणाम दिए। उसने 1,585 सीटों में से 1,161 सीटों पर चुनाव लड़ा और 716 पर जीत हासिल की थी। ग्यारह प्रांतों में से छह में उसे स्पष्ट बहुमत और तीन में वह सबसे बड़ी पार्टी के रूप में उभरी थी। इन चुनाव परिणामों की प्रतिक्रिया-स्वरूप जवाहरलाल ने आत्मविश्वास के साथ स्टेफोर्ड क्रिप्स को लिखा—"यह सारा अभियान और चुनाव देश में व्याप्त साम्राज्यवाद के खिलाफ उत्पन्न भावना की प्रतिक्रिया है। इसने लोगों के बीच वर्गभेद को भी स्पष्ट कर दिया है। बड़े जमींदार और अन्य स्वार्थी लोग हमारे खिलाफ थे; पर वे सभी कांग्रेस की बाढ़ में बह गए और उनके सबसे बड़े विरोधी उनके असामी ही थे।"[46] दूसरे स्पष्ट शब्दों में आधिकारिक स्वीकृति को अब और अधिक टाला नहीं जा सकता था। इस मामले में जवाहरलाल के पक्ष में बहुत ही कम लोग थे और उन्हें पार्टी के मिजाज को समझने में उनसे गलती हुई थी। लगता था कि लखनऊ अधिवेशन के बाद कांग्रेस के लोगों की सोच में बदलाव आ जाएगा। 28 सितंबर, 1936 को उन्होंने कृष्ण मेनन को लिखा कि आधिकारिक स्वीकृति के मसले पर सारे भारत में एक बड़ा बदलाव आ चुका है। लखनऊ कांग्रेस के समय मंत्रियों की स्वीकृति बहुत नगण्य थी। आज यह प्रस्ताव बहुत ही संदेहास्पद स्थिति में है।[47]

चुनाव परिणाम के तुरंत बाद ही जवाहरलाल के त्रुटिपूर्ण आकलन से उन्हें अवगत करा दिया गया था। कांग्रेस के विजयी प्रत्याशियों की बैठक बुलाई गई। जवाहरलाल को लगता था कि चुने गए सदस्यों की इस बैठक का उद्‌देश्य उन्हें कांग्रेस के कार्यक्रमों से अवगत कराना था, जिसमें संविधान सभा के लिए कार्य एवं संघीय कार्य में रुकावट हेतु भारत सरकार के कानून से संघर्ष था।[48] इस बैठक से पहले कांग्रेस के सदस्यों में मंत्रालय बनाने और कार्यालय सँभालने के लिए काफी वार्त्ताएँ हुईं और इसीलिए जवाहरलाल को उन्हें अध्यक्ष के रूप में संबोधित

करना पड़ा कि, "हम यहाँ कार्यालय का लाभ लेने के लिए नहीं आए हैं, बल्कि बड़ी और विस्तृत चीजें हमारे लाखों लोगों को प्रभावित करेंगी।"[49] इस सभा के संबोधन में उन्होंने जोर देकर कहा था कि, "हमारे लिए चुनाव जीतना एक छोटी चीज है। हम यहाँ अपने लोगों की स्वतंत्रता के लिए जीतकर आए हैं।" जो लोग चुनकर आए थे, उन्हें उन्होंने लोगों के अभिमत का संदेश सुनाया था, "उन लोगों ने ब्रिटिश साम्राज्यवाद को छोड़कर जाने के लिए सूचना दी है। इस संविधान को हमारी संविधान सभा के लिए मैदान छोड़कर चले जाना चाहिए।"[50] जवाहरलाल को पूरा यकीन था कि कार्यालय को स्वीकार करते ही कांग्रेस के लोग अपने मूल लक्ष्य से भटक जाएँगे।

उनके शब्द अनसुने कर दिए गए। कांग्रेस मुख्यालय से इसकी प्रादेशिक शाखाओं को एक पत्रक जारी किया गया, जिसमें कार्यालय स्वीकृति के बारे में उनके विचार माँगे गए थे। अठारह लोगों में से तेरह व्यक्ति कार्यालय स्वीकार करने के पक्ष में थे। कांग्रेस नेताओं में से सी. राजगोपालाचारी और राजेंद्र प्रसाद जैसे लोग इसके पक्ष में थे और पटेल की भी इस मामले में स्वीकृति थी। वे कांग्रेस के विधायकों तथा उन व्यापारियों की मानसिकता को समझते थे, जिन्होंने चुनाव में आर्थिक सहायता की थी।[51] कार्यकारी समिति ने भी इसी सुर में सुर मिलाते हुए कहा कि कांग्रेस का मुख्य उद्देश्य कानून से लड़ना और उसे खत्म करना है।

जवाहरलाल इस स्थिति से पूरी तरह से निरुत्साहित थे। इस बैठक के तुरंत बाद ही वे साम्यवादी नेता एम.एन. राय के कमरे में घुसे और निढाल होकर बिस्तर पर करीब-करीब रोने की स्थिति में गिर पड़े और कहा, "मैं त्यागपत्र दे दूँगा।"

राय ने पूछा, "क्यों? क्या उन्होंने आपके घोषणा-पत्र को अस्वीकार कर दिया है?"

उनका जवाब था, "नहीं, उन्होंने इसे पूरा स्वीकार कर लिया है और इसमें गांधीजी का एक छोटा सा पैरा भी शामिल है, जो बाकी अध्यादेश को नाकाबिल साबित करता है।"[52]

गांधी ने 30 मार्च, 1937 को प्रेस के सामने स्वीकार किया था कि वे ही कांग्रेस के प्रस्ताव के कार्यालय स्वीकृति के नियम के एकमात्र लेखक थे।[53]

जवाहरलाल एक बार फिर इस्तीफा देने के कगार पर थे; पर उन्होंने ऐसा किया नहीं। वे कांग्रेस में बँटवारा नहीं चाहते थे। उनके लक्ष्य और दृष्टिकोण स्पष्ट थे, "हमारा कार्य अपने संसाधनों को इकट्ठा करना; जहाँ तक संभव हो, आपसी मतभेदों को दूर करना और मतभेद होने पर भी आपस में एक-दूसरे को बरदाश्त

करना है; क्योंकि भारत की स्वतंत्रता के मुद्दे पर हमारा एक विस्तृत समझौता है। हमने अतीत में भी ऐसा ही किया है और कांग्रेस का मजबूत ढाँचा तैयार किया है।''[54] उन्होंने स्वयं को कांग्रेस के एक सिपाही के रूप में ही देखा था। यह भी ध्यान देने योग्य है कि अपने मतभेदों के बावजूद कांग्रेस के नेतृत्व ने उन्हें त्यागपत्र नहीं देने दिया तथा चुनाव अभियान के दौरान जवाहरलाल का राजनीतिक कद काफी बढ़ चुका था। पटेल और राजेंद्र प्रसाद जैसे लोग भी उनसे पूरी तरह से अलग नहीं होना चाहते थे। राजेंद्र प्रसाद ने पटेल को लिखा था—''नेहरू के साथ ऐसा कुछ भी नहीं होना चाहिए, जो उन्हें हमसे दूर कर दे।''[55] हालाँकि जवाहरलाल और गांधी के बीच एक बंधन था, एक ऐसा बंधन, जिससे काफी तनाव भी पैदा होता था। इन सभी कारकों ने जवाहरलाल और कांग्रेस को मिला रखा था।

जवाहरलाल की प्रतिक्रिया कांग्रेस के मामलों में पीछे हटने वाली थी। जब वे कांग्रेस के साथ तालमेल नहीं बैठा पा रहे थे,[56] तब सुभाष का स्वास्थ्य डलहौजी में सुधर रहा था। डलहौजी से सुभाष ने कलकत्ता में होनेवाली अखिल भारतीय कांग्रेस कमेटी की बैठक को रोकने के लिए कांग्रेस को पत्र भेजा था। इसका अर्थ यह है कि कुछ महत्त्वपूर्ण नेता, जैसे गांधी और जवाहरलाल, शरत बोस के ही घर में ठहरेंगे। यह बैठक अक्तूबर 1937 में होने वाली थी। कलकत्ता की इस बैठक में तय हुए बहुत से मामलों में से एक का सुभाष पर सीधा असर था। इसमें यह तय हुआ कि गुजरात के हरिपुरा में होनेवाले कांग्रेस के अगले अधिवेशन की अध्यक्षता सुभाष करेंगे। यह निर्णय संदेह रहित नहीं था। गांधी ने 1 नवंबर, 1937 को पटेल को लिखा था—''मैंने देखा है कि सुभाष पूरी तरह से भरोसेमंद नहीं हैं; परंतु उनके अलावा और कोई भी अध्यक्ष नहीं हो सकता है।''[57]

यह समझना कठिन है कि सन् 1937 में गांधी को ऐसा क्यों लगता था कि सुभाष के सिवा और कोई व्यक्ति कांग्रेस का अध्यक्ष नहीं हो सकता था। क्या उनका आशय यह था कि जवाहरलाल को दोबारा अध्यक्ष पद के लिए चुने जाने के बाद सुभाष की अब और अधिक अनदेखी नहीं की जा सकती थी? या फिर उन्हें लगता था कि अपनी सारी कमियों के बावजूद सुभाष ने राष्ट्र-हित में बहुत कष्ट सहे हैं और एक लोकप्रिय नेता का कद हासिल कर लिया है तथा उन्हें अध्यक्ष नहीं बनाना चाहिए था? इसमें और भी व्यावहारिक वजहें थीं; क्योंकि राजेंद्र प्रसाद, पटेल और राजगोपालाचारी, यानी सभी क्षमतावान् लोग मंत्रालय बनाने में व्यस्त थे। यह स्पष्ट नहीं है कि गांधी इस विषय पर किससे वार्त्ता करते। आगामी अध्यक्ष पद के विकल्प के लिए उनके और गांधी के बीच किसी तरह के पत्र-व्यवहार

नहीं हैं। इस विकल्प से कुछ हताशा अवश्य ही उत्पन्न हुई थी। राजगोपालाचारी ने मद्रास के गवर्नर लॉर्ड एरस्काइन से कहा था कि "बोस का चयन एक भारी भूल थी।" मगर राजगोपालाचारी बहुत परेशान नहीं थे, क्योंकि उन्हें यकीन था कि कार्यकारी समिति का दक्षिणपंथी बहुसंख्यक वर्ग सुभाष की सक्रियताओं पर सीधा नियंत्रण रखेगा।[58] गांधी ने जवाहरलाल से जिस तरह से इसे 'काँटों का ताज' कहा था, उससे कुछ अलग हटकर उन्होंने सुभाष को उपहार नहीं दिया था। सुभाष को स्वस्थ न देखकर उन्हें पार्टी के थका देनेवाले कार्यभार सँभालने से पहले ही गांधी ने उन्हें यूरोप जाकर आराम करने का परामर्श दिया था।

इस तरह सुभाष नवंबर 1937 में वापस ऑस्ट्रिया चले गए। राजनीतिक और वैयक्तिक दोनों ही रूपों में उनके लिए अब यह ऑस्ट्रिया बदल चुका था। वैयक्तिक रूप से वे उसी महिला के पास वापस लौटकर आए थे, जिससे उन्होंने प्रेम किया था और अब दिसंबर 1937 में गुप्त रूप से विवाह करने वाले थे। राजनीतिक रूप से ऑस्ट्रिया का संपूर्ण वातावरण जर्मनी के नाजी तंत्र और ऑस्ट्रिया की नाजी सक्रियताओं के प्रभाव में आ चुका था। लगभग वर्ष 1937 का आधा समय बीतने के बाद जब सुभाष साल्जबर्ग के पास बैडगैस्टेइन में रहने पहुँचे थे, तभी ऑस्ट्रिया के बारे में हिटलर की भावना स्पष्ट थी। हिटलर ने ऑस्ट्रिया की तरफ बढ़कर संकट पैदा करने की घोषणा कई बार की थी और 1938 की शुरुआत में उसके इरादे कार्यरूप में बदल चुके थे। ऑस्ट्रिया में नाजियों ने लगातार आंदोलन जारी रखा।[59] विएना सेमिटिज्म की खिलाफत का मंच बना रहा। विएना में नाजियों का प्रभाव यहूदियों के खिलाफ चरम पर था और ऑस्ट्रिया भी इससे अछूता नहीं था। ऑस्ट्रिया पर वास्तविक नियंत्रण से पहले यहूदियों का दमन शुरू हो चुका था; मगर यह स्थिति बाद में और भी भयावह हो गई थी।[60] फिर भी, सुभाष के लेखन और वार्त्ता में कहीं भी इसका संकेत नहीं मिलता है कि ऑस्ट्रिया के हालात कैसे थे। वे इन घटनाओं से अनभिज्ञ नहीं थे। यह सच है कि सेमिटिज्म के खिलाफ न बोलना संभव था, परंतु इसके खिलाफ न सुनना संभव नहीं था।[61] क्या सुभाष एमिली की सुरक्षा के लिए चुप थे?

इस सवाल का जवाब निश्चित रूप से 'हाँ' में नहीं दिया जा सकता है, क्योंकि सुभाष ने बैडगैस्टेइन के अपने प्रवास के दौरान अपना समय दूसरी पुस्तक यानी आत्मकथा लिखने की कोशिश में लगाया था। वे अपनी उस पुस्तक को पूरी नहीं कर सके और उसका अधूरा भाग 'एन इंडियन पिलग्रिम' के रूप में प्रकाशित हुआ। जैसा कि इस पुस्तक के शीर्षक से ही पता चलता है, यह उनकी

पहली पुस्तक की अपेक्षा अधिक आत्म-विश्लेषक थी। इस पुस्तक से लेखक के मानसिक और आध्यात्मिक विकास का भी पता चलता है।[62] इस दबाव के अतिरिक्त सुभाष ने ऑस्ट्रिया में देखे और सुने दमन से अपने मस्तिष्क को दूर रखा था। यहूदियों के दमन और यूरोप के हिस्सों में सर्वसत्तावादी उद्‌भव की छाप का उनके लेखन में अभाव उनके सैद्धांतिक और बौद्धिक विकास में कहीं नजर नहीं आता है। फिर भी, सन् 1933 में अपनी जर्मनी यात्रा में वे भारतीयों के प्रति नस्लीय पूर्वग्रहों के प्रति अधिक संवेदनशील थे।

सुभाष के अपने लेखन में इन दोनों सवालों के संतोषजनक जवाब नहीं मिलते हैं। पहला कि उन्होंने अपने जीवन की इस परिस्थिति में अपनी जीवनी लिखने का इरादा क्यों किया था और दूसरा, उन्होंने इसे इतनी जल्दबाजी में क्यों लिखा, जिसके दस अध्याय उन्होंने दस दिनों में ही लिख दिए थे, जबकि इन दिनों यानी दिसंबर 1937 में वे बैडगैस्टेइन में ही थे। पहले सवाल के संदर्भ में एक इतिहासकार ने लिखा है कि चूँकि गांधी और जवाहरलाल अपनी जीवनियाँ लिख चुके थे और इससे सुभाष को भी अपने बौद्धिक विकास तथा अपनी आत्मकथा के बारे में लिखने की प्रेरणा मिली थी। यह भी हो सकता है कि जवाहरलाल की जीवनी पढ़ने के बाद सुभाष को अपने समकक्ष व्यक्ति की भाँति अपनी कहानी बताने की चाहत हुई, जो कि उनसे काफी भिन्न थी। इस जीवनी की जल्दबाजी की वजह संभवतः यह थी कि सुभाष को लगता था कि एक बार भारत वापस लौटकर कांग्रेस अध्यक्ष के रूप में कार्य करने पर उन्हें इसके लेखन के लिए समय नहीं मिलेगा। उन्होंने बैडगैस्टेइन के अपने समय का अधिक-से-अधिक उपयोग इसे लिखकर समाप्त करने में इस्तेमाल किया। उसके बाद के जीवन ने उन्हें इतना वक्त नहीं दिया कि वे वापस अपनी पांडुलिपि को पूरा कर पाते। शायद इसीलिए उन्होंने ऑस्ट्रिया के अपने संक्षिप्त प्रवास के दौरान इसे लिखा भी था।

'एन इंडियन पिलग्रिम' नामक इस पुस्तक में सुभाष के वयस्क होने तक के वर्षों, कटक, कलकत्ता और कैंब्रिज तक की शिक्षा का उल्लेख है तथा ये संस्मरण उनके आई.सी.एस. के इस्तीफे के बाद तुरंत ही रुक भी जाते हैं। इसका एक अध्याय 'माई फेथ (दार्शनिक)' भी है। सुभाष की इस पुस्तक की योजना काफी बेहतर थी। इसकी मूल पांडुलिपि के प्रथम पृष्ठ में उन्होंने इसकी रूपरेखा बनाई थी। इससे यह स्पष्ट है कि उन्होंने सन् 1937 में अपनी पुस्तक लिखने से पहले ही अपनी जीवन कथा की सीमा तय कर रखी थी। उनका यह क्रमबद्ध जीवनी लेखन उनकी योजना के अनुसार था, जिसके तीन अध्याय माई फेथ (दार्शनिक), माई

फेथ (राजनीतिक) और माई फेथ (आर्थिक) थे।[63] उन्होंने पूर्वी भारत के बारे में भी लिखा और कांग्रेस ने इसे उनके दार्शनिक भाव के रूप में ही देखा। इस अध्याय में उन्होंने यह भी स्पष्ट किया कि वे किस तरह से शंकराचार्य के माया के सिद्धांत से दूर हो चुके थे। उनकी चाहत भारतीय दर्शन की अन्य शाखाओं की तरफ मुड़ गई थी। उन्हें लगता था कि मानव बुद्धि की अपनी सीमाएँ हैं[64] और इससे ईश्वर को समझ पाना असंभव है। सुभाष ने अपने दृष्टिकोण को एक विनम्र अनीश्वरवादी के रूप में व्यक्त किया था। इससे यह आशय निकलता है कि वे सिर्फ विश्वास के आधार पर मानने के लिए तैयार नहीं थे और वे इसे सिर्फ नासमझ कहकर नकार नहीं सके थे, जिसके अनुभव का बहुत से लोगों ने अतीत में दावा भी किया था।[65] इस तरह से उन्होंने एक सापेक्षवादी स्थिति को स्वीकार किया, ''सत्य, जैसा कि हम जानते हैं, पूर्ण नहीं बल्कि सापेक्ष है। यह हमारी सामान्य बौद्धिक संरचना के सापेक्ष है तथा यह अलग-अलग व्यक्तियों के भिन्न-भिन्न गुणों के रूप में भी है तथा समय के साथ उसी व्यक्ति में परिवर्तित भी होता है।''[66] इस आधार पर सुभाष वास्तविकता की स्थिति को नकार नहीं सके। उन्होंने इस विषय पर तीन निष्कर्ष दिए—प्रथम, वास्तविकता का एक उद्देश्यात्मक अस्तित्व होता है और यह एक भ्रम नहीं है; दूसरा, वास्तविकता गतिशील और परिवर्तित होनेवाली तथा कभी स्थिर नहीं होती है और तीसरा एवं सबसे महत्त्वपूर्ण तथ्य है कि वास्तविकता एक ऐसी आत्मा है, जो काल और अंतरिक्ष के द्वारा चेतना-संपन्न उद्देश्य के साथ कार्यरत रहती है।[67]

सुभाष ने स्वयं से भी प्रश्न किया है, ''मैं आत्मा में क्यों विश्वास करता हूँ?'' उनका तात्कालिक जवाब जटिल नहीं था। उन्होंने लिखा कि उनका आत्मा में विश्वास इसलिए है, क्योंकि यह एक व्यावहारिक आवश्यकता है। मेरी प्रकृति को इसकी जरूरत है। उन्होंने इसे अपने जीवन में पहचानते हुए लिखा कि ''यह एक निरंतर उद्देश्य की प्रक्रिया है।'' वे यह मानने के लिए तैयार नहीं थे कि वे केवल अणुओं का एक समूह हैं और वास्तविकता केवल अणुओं का आकस्मिक संयोजन है। उन्हें यकीन था कि यह रचना शाश्वत बलों का शाश्वत खेल है, यानी ईश्वरीय खेल। किंतु इससे भी आत्मा की प्रकृति का उत्तर नहीं मिलता और यही वास्तविकता है। सुभाष ने इसका जवाब श्री रामकृष्ण परमहंस की उस कथा से दिया, जिसमें एक अंधा व्यक्ति एक हाथी का वर्णन करने की कोशिश करता है। इस कहानी से सुभाष इस निष्कर्ष पर पहुँचे थे कि वास्तविकता की अधिकतर अवधारणाएँ सच हैं; परंतु थोड़ी-बहुत। मगर तलाश का बिंदु तो अधिकतम सत्य का ही है। सुभाष के अनुसार, ''वास्तविकता का सार प्रेम था और यही मानव जीवन का आवश्यक सिद्धांत है।''[68]

इस प्रकार सुभाष अपने दार्शनिक विश्वास के मूल तक पहुँच चुके थे। अब यह बहस का सवाल है कि सुभाष अपने निजी जीवन के प्रेम यानी एमिली शेंकल के साथ भावनात्मक संबंधों में कहाँ तक पहुँचे थे। दूसरा ध्यान देने का विषय है कि सुभाष के इस लेखन में दर्शन को लेकर जवाहरलाल से भिन्नता नजर आती है। जवाहरलाल ने अपनी जीवनी में सत्य की प्रकृति और वास्तविकता तथा अपने जीवन के दार्शनिक आधार को व्यक्त करने की कोशिश नहीं की है। इस अंतर का कारण संभवत: उनकी शिक्षा का आधार रहा होगा, क्योंकि सुभाष ने दर्शन-शास्त्र पढ़ा था और जवाहरलाल प्राकृतिक विज्ञान के छात्र थे। जवाहरलाल के लेखन में तात्कालिकता और उनके आसपास होनेवाली घटनाओं का वर्णन है, जबकि सुभाष तात्कालिकता से परे जाकर लिखते हैं। सुभाष ने शायद स्वयं को एक तीर्थयात्री या फिर ऐसे जिज्ञासु के रूप में प्रस्तुत किया था, जो कि उस चट्टानी पथरीले रास्ते से स्वयं को अलग नहीं कर सकता था; क्योंकि उसे पता था कि सत्य उसी पहाड़ी पर स्थित है।[69] सुभाष को विश्वास था कि उनके जीवन का एक उद्देश्य था, परंतु वे नियति के सवालों से बच नहीं सके। उन्होंने लिखा—"व्यक्ति को अपने जीवन के संक्षिप्त समय के अनुभवों से होकर गुजरना पड़ता है।...यदि हम एक विचार स्वीकार कर लेते हैं, तब हमें स्वयं को इसे पूरी तरह से समर्पित कर देना होगा और इसे हमारे संपूर्ण जीवन को परिवर्तित करने की अनुमति प्रदान करनी होगी।"[70] मातृभूमि के लिए बलिदान करने के विचार ने सुभाष की पहचान और भविष्य दोनों को ही जकड़ लिया था। इसका उद्‌देश्य और इसकी रूपरेखा प्रेम के द्वारा ही तय की गई थी। अपने दार्शनिक विश्वास के द्वारा संचालित उनका जीवन उनके द्वारा लिये गए निर्णयों से कितना दूर था!

सुभाष 23 जनवरी, 1938 यानी अपने इकतालीसवें जन्म-दिवस पर भारत लौट आए। उन्होंने हरिपुरा में कांग्रेस अध्यक्ष के रूप में अपने काम को सँभालने की तैयारी शुरू कर दी थी। वे 11 फरवरी को ट्रेन से हरिपुरा के लिए चल दिए और दो दिनों में ही अपना अध्यक्षीय भाषण भी लिखा। वे बारदोली पहुँचे और फिर वहाँ से कार द्वारा हरिपुर ले जाए गए। कांग्रेस का यह अधिवेशन काफी भव्य था, उन्हें इक्कीस सफेद बैलों की गाड़ी में ले जाया गया। यह बैलगाड़ी वहाँ के एक स्थानीय महाराजा और एक किसान ने उपलब्ध कराई थी, जो सत्याग्रह आंदोलन में अपनी संपूर्ण संपत्ति लुटा चुका था और वही इस गाड़ी को चला रहा था। अध्यक्ष के रूप में देखा जाए तो सन् 1929 में लाहौर अधिवेशन में अध्यक्ष के रूप में जवाहरलाल सफेद घोड़े पर आए थे।

सुभाष का अध्यक्षीय संबोधन बहुत ही महत्त्वपूर्ण था और कांग्रेस में दिया गया उनका सबसे लंबा भाषण भी था।[71] उन्होंने दो साल पहले जवाहरलाल के लखनऊ अधिवेशन के अध्यक्षीय संबोधन में 'कामरेड' शब्द की जगह पारंपरिक रूप से 'मि. चेयरमैन और फ्रैंड्स' कहकर संबोधन किया था। लेनिन के उद्धरण के बाद ऐसा कोई भी भ्रम दूर हो गया था, जिससे यह पता चलता कि सुभाष के सुधारवादी होने में संदेह था। लेनिन का उद्धरण ब्रिटिश साम्राज्य की विवेचना के संदर्भ में सुभाष ने कांग्रेस के लोगों के सम्मुख पेश किया था। उनके अनुसार, ब्रिटिश साम्राज्य स्वयं-शासित देशों का समूह तथा आंशिक स्वयं-शासित आश्रित राज्य एवं एकतंत्रीय शासित उपनिवेश है। यह एक ऐसी सत्ता है, जिसका अपने ही तनाव से टूटना निश्चित है। ब्रिटिश साम्राज्य के सामने स्वयं ही स्वतंत्र राष्ट्रों के संघों में परिवर्तित होने की चुनौती है; मगर यह तभी संभव है, जब ब्रिटेन के लोग स्वयं के घरों में स्वतंत्र होंगे और जब ब्रिटेन समाजवादी राष्ट्र बनेगा। सुभाष ने उपनिवेशीय और पूँजीपति शासन वर्ग से इसे जोड़ा था। ब्रिटेन के उपनिवेशों से उद्धार स्वतंत्रता की प्रक्रिया के समान ही थी।

इसके बाद सुभाष ने 'बाँटो और राज करो' वाली नीति अपनाई, जो ब्रिटेन भारत में इस्तेमाल कर चुका था। इससे भारत के प्रति व्हाइटहॉल हमेशा से ही संदेहास्पद रहा; किंतु यह नीति शासन के लिए हमेशा से फायदेमंद नहीं रही। इसकी विवेचना करते हुए सुभाष ने कहा, "क्या ब्रिटेन भारत में हिंदुओं और मुसलमानों को संतुष्ट रखेगा? क्या वह फिलिस्तीन में यहूदी और अरब के लोगों का समर्थन करेगा? या फिर इराक में कुर्द या अरब का पक्ष लेगा? क्या वह मिस्र में किंग का समर्थन करेगा? ये सभी विभाजन ब्रिटिश साम्राज्य के लिए तनाव उत्पन्न करेंगे।"

भारत की तरफ मुड़ते हुए सुभाष ने यहाँ के अल्पसंख्यकों की समस्याओं पर भी ध्यान दिया। वे राष्ट्रवाद के मौलिक सिद्धांतों के समाधान पर भी आने में उत्सुक थे। भारत में सांप्रदायिक वर्गों के रूप में आर्थिक और राजनीतिक रुचियों को लेकर मन-मुटाव था। इसके लिए धार्मिक मामलों में 'जियो और जीने दो' की नीति तथा आर्थिक व राजनीतिक मामलों में समझदारी की जरूरत थी। उन्होंने अन्य अल्पसंख्यक वर्गों की स्थिति पर भी ध्यान आकर्षित किया; क्योंकि मुसलमानों की समस्याओं को महत्त्व देने पर वे अकसर छूट जाती हैं। उन्होंने कहा कि कांग्रेस सभी भारतीयों के आर्थिक और राजनीतिक अधिकारों के लिए खड़ी थी।

सन् 1938 में ही सुभाष की आँखों में राजनीतिक स्वतंत्रता की चमक थी। उन्हें यकीन था कि राजनीतिक शक्ति हासिल करने के बाद समाजवादी रूपरेखा

के अनुसार राष्ट्रीय पुनर्रचना बन सकेगी। इसका आशय यह था कि धनिकों की कीमत पर निर्धनों को लाभ होगा। हालाँकि कांग्रेस कुछ मामलों में जैसे—विवेक, धर्म, संस्कृति और विभिन्न भाषाई क्षेत्रों में दखलंदाजी नहीं करने में यकीन रखती थी। इसीलिए मुसलमानों को भारत को स्वतंत्रता मिलने से भय नहीं था; बल्कि सुभाष ने मुसलमानों को यकीन दिलाया कि उन्हें हर हाल में फायदा होगा। उन्होंने स्वतंत्रता हासिल करने की रूपरेखा भी तैयार कर ली थी और इसमें संदेह नहीं है कि उनके मस्तिष्क में मुख्य राष्ट्रीय समस्याओं, जैसे—गरीबी उन्मूलन, अशिक्षा, रोग और वैज्ञानिक उत्पादन एवं वितरण का समाधान समाजवादी विचारधारा से ही था। देश केंद्रीय सरकार के द्वारा संयोजित होगा तथा इससे अल्पसंख्यक समुदायों को भय नहीं होगा तथा प्रांतों को सांस्कृतिक व सरकारी मामलों में स्वतंत्रता होगी।

उन्होंने एक आम बोलचाल की भाषा तथा शिक्षा नीति पर भी ध्यान आकृष्ट किया था। आम बोलचाल की भाषा पर उन्होंने कहा कि यह हिंदी और उर्दू की मिली-जुली भाषा होगी, क्योंकि दोनों में भेद सिर्फ बनावटी है। उन्होंने रोमन लिपि की भी वकालत की और इसे सन् 1934 में अपनी तुर्की यात्रा के बाद एक जरूरत बताया, क्योंकि इससे बाकी दुनिया को समझने में आसानी होगी। आर्थिक पुनर्गठन के लिए उन्होंने योजना आयोग की स्थापना की वकालत की थी, जो यह तय करेगी कि किस भारतीय उद्योग को पुनर्जीवित करना है। किंतु आगे का रास्ता औद्योगिकीकरण से ही संभव था। आधुनिक औद्योगिकीकरण अपने साथ बहुत सी बुराइयों को भी लेकर आया था; पर यदि हम चाहें भी तो औद्योगिक युग से पीछे जाने की बात गांधी के दृष्टिकोण को दरशाता है। सुभाष चाहते थे कि योजना आयोग एक ऐसी व्यापक योजना का परामर्श दे, जिसमें हमारे संपूर्ण कृषि एवं औद्योगिक तंत्र का उत्पादन और अनुकूलन समाहित हो। इसके लिए अतिरिक्त पूँजी की भी आवश्यकता पड़ेगी, जो कि अतिरिक्त ऋण और मुद्रास्फीति से ली जाएगी। सुभाष के विचारों में आर्थिक स्थिति की स्पष्ट रूपरेखा थी। वे चाहते थे कि एक बार राजनीतिक ताकत हासिल होने के बाद राष्ट्र आर्थिक रूप से आत्मनिर्भर बने।

उनके इस कथन में दो तथ्य महत्त्वपूर्ण थे। पहला औद्योगिकीकरण की प्राथमिकता के अलावा उन्होंने गांधी के दृष्टिकोण और उनके कामों की आलोचना के रूप में कुछ नहीं कहा था। वास्तव में, भविष्य के राजनीतिक कार्यों के बारे में सुभाष ने कहा कि "मुझे विश्वास है कि यह पद्धति सत्याग्रह, अहिंसक असहयोग, जिसमें नागरिक अवज्ञा भी शामिल है, पर आधारित होना चाहिए। इस पद्धति का निष्क्रिय विरोध कहना सही नहीं होगा। जहाँ तक मैं समझता हूँ, सत्याग्रह निष्क्रिय

विरोध नहीं है, बल्कि सक्रिय प्रतिरोध है और इसके साथ अहिंसा भी शामिल होनी चाहिए।'' वर्ष 1938 की शुरुआत में राजनीतिक स्वतंत्रता के लिए सुभाष का रास्ता गांधी की पद्धति से ही निर्धारित होता था। उन्हें इन पद्धतियों में किसी भी तरह का संदेह नहीं था। उन्होंने स्वयं को संघर्ष के लिए गांधी की पद्धति के एक समर्पित कांग्रेसी के रूप में ही प्रस्तुत किया था; परंतु विएना के वर्ष 1930 के शुरुआती काल में वे गांधी और उनकी पद्धतियों के कठोर आलोचक थे।

दूसरा महत्त्वपूर्ण बिंदु, जिस पर सुभाष ने जोर दिया था कि भारत के स्वतंत्र होने पर इसके राष्ट्रीय पुनर्गठन के लक्ष्य का माध्यम सिर्फ समाजवाद ही हो सकता है। समाजवाद पर उनका दृष्टिकोण और उसकी आवश्यकता पर सैद्धांतिक रूप से उनका विचार जवाहरलाल के सन् 1936 में पेश किए गए विचारों से अधिक ठोस थे। जवाहरलाल के विचारों से कांग्रेस के नेताओं, जैसे—सरदार पटेल, राजेंद्र प्रसाद, राजगोपालाचारी और पूँजीपति वर्ग के सदस्यों में असंतुष्टि का भाव था; किंतु सुभाष के विचारों से इस तरह की कोई भावना प्रकट नहीं हुई थी। वाकई सुभाष और पटेल के बीच तनाव न होना ध्यान देने योग्य है और हरिपुरा में सहमति की यही भावना भी नजर आई थी।[72]

इस सर्वसम्मति में अनबन तब आई, जब कार्यकारी समिति का गठन गांधी एवं पटेल की सहायता से हुआ और इनमें से कोई भी समाजवादी नहीं था। सुभाष इसमें सहमति के लिए झुकते हुए मालूम पड़े। जवाहरलाल ने इस बारे में लगभग एक साल बाद सुभाष को पत्र में लिखा—''आपने कार्यकारी समिति में पूरी तरह से निष्क्रिय भावना अपनाई।…वास्तव में, आपने एक अध्यक्ष के बजाय प्रवक्ता की तरह कार्य किया।''[73] कांग्रेस के एक नाखुश मुख्यमंत्री एन.बी. खरे ने सुभाष को महात्मा गांधी के हाथों की कठपुतली बताया।[74]

हरिपुरा और इसके बाद का साल एक कांग्रेसी के रूप में सुभाष के लिए बहुत महत्त्वपूर्ण था। उन्होंने हरिपुरा में रखे अपने प्रस्तावों पर कठिन परिश्रम किया। उन्होंने बंबई में एक सभा की, जिसमें कांग्रेस के मंत्रालय के प्रमुख और कार्यकारी समिति के सदस्य भारत में औद्योगिक पुनर्गठन एवं कांग्रेस-शासित प्रांतों के समन्वय पर चर्चा के लिए इकट्ठा हुए थे।[75] उस समय के वैज्ञानिक-खासतौर से मेघनाद साहा भी उपस्थित थे। उन्होंने भारत के भविष्य के बारे में स्पष्ट रूप से पूछा, ''क्या यह वापस ग्रामीण जीवन की तरफ जा रहा है या फिर औद्योगिक राष्ट्र की तरफ? साहा का सवाल गांधी के विचारों पर सुभाष के दृष्टिकोण के लिए था। सुभाष ने बिना शरमाए ही इस प्रश्न का जवाब दिया कि सभी कांग्रेसी इस सवाल

से सहमत नही हैं, परंतु आनेवाली पीढ़ी औद्योगिकीकरण के पक्ष में है। गरीबी की समस्या के समाधान के लिए औद्योगिकीकरण जरूरी है। हालाँकि सुभाष के अनुसार, आगामी पीढ़ी समाजवाद को राष्ट्रीय पुनर्गठन के आधार पर पूर्व नियोजित औद्योगिकीकरण के बारे में सोच रही थी।[76] सुभाष ने कार्यकारी समिति की बैठक के बाद कांग्रेस-शासित प्रांतों के उद्योग मंत्रियों की सभा को भी संबोधित किया था। अपने भाषण में उन्होंने श्रोताओं को यकीन दिलाया था कि कुटीर उद्योगों और बड़े स्तर के उद्योगों में किसी भी तरह का टकराव नहीं होगा। उन्होंने कहा कि वे कुटीर उद्योगों को विकास के साथ-साथ औद्योगिकीकरण के लिए भी तैयार करें।[77] सुभाष की आर्थिक नीति से यह स्पष्ट है कि वे औद्योगिकीकरण के खिलाफ गांधी के दृष्टिकोण पर भी नियंत्रण बनाए हुए थे।

सन् 1936-37, यानी जवाहरलाल के अध्यक्षीय काल, में सुभाष ज्यादातर देश से बाहर या फिर जेल में ही थे। दूसरी तरफ सुभाष जब हरिपुरा में पेश किए गए अपने अध्यक्षीय घोषणा-पत्र को पूरा करने की कोशिश कर रहे थे, तब जवाहरलाल यूरोप में थे। कांग्रेस द्वारा कार्यकारी समिति के निर्णय को स्वीकार करने के मामले में जब द्वंद्व हो रहा था और जवाहरलाल अध्यक्ष के रूप में अपने अंतिम महीनों में पार्टी की रोजमर्रा की सक्रियताओं से पीछे हट गए थे। हरिपुरा में उनपर मुख्य सचिव बनने का भी दबाव था; परंतु उन्होंने कार्यकारी समिति से बाहर रहने का निर्णय किया था।[78] वे दुःखी और हताशा की स्थिति में थे। उन्होंने लंदन में अपने एक मित्र जाल नौरोजी से कहा था कि वे वापस लौटने की शीघ्रता में नहीं हैं। यह एक नीरस देश है।[79] यूरोप ने उन्हें इशारे से बुलाया और वे जून 1937 में कुछ आराम और प्रसन्नता के साथ चल दिए। अपनी इस यात्रा के बारे में उन्होंने टैगोर को लिखा कि "यह एक विचित्र सी समस्याओंवाली दुनिया है; पर मैं इसके साथ कुछ हद तक चलना चाहता हूँ, क्योंकि मैं अस्वाभाविक घटनाक्रम पसंद करता हूँ और उसमें भाग लेने का आनंद भी उठाता हूँ।"[80]

यूरोप के इस प्रयास ने फासीवाद के खिलाफ जवाहरलाल की प्रतिबद्धता को सुदृढ किया था और ब्रिटेन में लेबर पार्टी के नेताओं के साथ उनके संवाद को एक मौका भी दिया था। जब वे भारत में थे, तभी स्पेन के गृह युद्ध ने उनका ध्यान आकर्षित किया था। उन्होंने मैड्रिड के द्वार को मानव स्वतंत्रता के प्रतीक के रूप में देखा था।[81] ग्रेट ब्रिटेन जाते समय वे स्पेन की रिपब्लिकन सरकार के मुख्य अतिथि के रूप में स्पेन भी गए थे। यह उनके लिए एक तीर्थ-यात्रा की तरह था। लंदन में वे लॉर्ड लिनलिथगो से भी मिले थे, जिन्होंने भारत में पिछले साल उनसे

मिलने से मना कर दिया था। भारत के प्रांतों में कांग्रेस के कार्यालय सँभालने के बाद लिनलिथगो जवाहरलाल और गांधी से मुलाकात करने में बहुत उत्सुक थे। चूँकि अंडमान में भारतीय कैदी भूख हड़ताल पर थे, इसलिए जवाहरलाल ने उनसे मिलने से मना कर दिया था; मगर वर्ष 1938 के मध्य तक जब हड़ताल खत्म हो गई और वाइसराय भारत से बाहर थे, तब जवाहरलाल को उनसे मिलने में आपत्ति नहीं थी। उन्होंने आम वार्त्ता में लिनलिथगो से कहा कि "भारत के स्वतंत्र होने से पहले मैं इंग्लैंड को अपने दस साल दे चुका हूँ।"[82] और जब जवाहरलाल वहाँ से चल रहे थे, तब लिनलिथगो ने कहा कि "एक लंबी दूरी ने हम लोगों को अलग कर दिया है। अब हम एक-दूसरे को इसके आर-पार से देखेंगे।"[83]

जवाहरलाल की महत्त्वपूर्ण मुलाकात वहाँ की लेबर पार्टी के कुछ नेताओं के साथ हुई थी। क्लीमेंट एटली वहाँ नए-नए लेबर पार्टी के नेता बने थे और वे भारत की संवैधानिक समस्या पर एक नया दृष्टिकोण अपनाने के खिलाफ नहीं थे। स्टेफोर्ड क्रिप्स, जिनके जवाहरलाल के साथ पत्र-व्यवहार की मित्रता थी, भी एटली से वैचारिक सहमति रखते थे। सन् 1938 में जून के आखिरी सप्ताह में जवाहरलाल और इंदिरा क्रिप्स के साथ उनके देश और ग्लूसेस्टरशायर के घर में भी ठहरे थे। उन मेहमानों में हेरॉल्ड लास्की, एन्यूरिन बेवन और एटली भी थे। वहाँ का माहौल बहुत ही सौहार्दपूर्ण और अनौपचारिक था तथा सत्ता-हस्तांतरण पर चर्चा के अनुसार, इसका भविष्य अब दूर नहीं था। लेबर पार्टी के नेताओं ने नेहरू और अन्य कांग्रेसी नेताओं की एक प्रमुख माँग स्वीकार कर ली थी कि भारत को चयनित विधायी सभा के आधार पर एक नए संविधान को बनाने की अनुमति मिलनी चाहिए। इसमें दो शर्तों पर छूट का प्रावधान था—अल्पसंख्यकों का पृथक् प्रतिनिधित्व और उन राज्यों से प्रतिनिधियों का चुनाव, जो कि इस पद्धति को स्वीकार कर लें। एक बार जब संविधान बन गया, तब इसमें एक और संधि जोड़ी गई कि स्वतंत्र भारत सरकार को उस संधि पर हस्ताक्षर करना होगा, जो कि आगामी पंद्रह वर्षों तक ब्रिटिश सुरक्षा की गारंटी देगा।[84] इस प्रकार जब सुभाष भारत में स्वतंत्रता-प्राप्ति के बाद राष्ट्रीय पुनर्गठन की तैयारी कर रहे थे, तब जवाहरलाल ब्रिटेन में सरलतापूर्वक सत्ता-हस्तांतरण की भूमि बना रहे थे।

जवाहरलाल समय पर वीजा न मिल पाने के कारण सोवियत संघ न जा सके। वे म्यूनिख एक व्यक्तिगत यात्री के रूप में गए और उन्होंने नाजी सरकार के जर्मनी में अतिथि के रूप में आने के आमंत्रण को अस्वीकार कर दिया। यूरोप के कई मंचों से जवाहरलाल ने फासीवाद और नाजीवाद का स्पष्ट विरोध किया था। प्राग में

उन्होंने हिटलर का विरोध करके चेक सरकार के प्रति अपनी सहानुभूति प्रदर्शित की थी। वे हिटलर के प्रति फ्रांस और ब्रिटेन की सरकारों के सुरक्षात्मक रवैए से खुश नहीं थे। उन्होंने अक्तूबर में नेशनल हेरॉल्ड में लिखा—"यह चकोस्लोवाकिया का जर्मनी के द्वारा बलात्कार था, जिसे फ्रांस और इंग्लैंड ने बलपूर्वक नीचे गिरा रखा था।"[85] फासीवाद और नाजीवाद के खिलाफ उनके विचार बहुत ही स्पष्ट थे। उन्होंने कांग्रेस कार्यकारी समिति को एक प्रस्ताव जारी करने के लिए कहा, जिसमें यूरोप के लोकतंत्र के समर्थकों के प्रति सहानुभूति और नाजियों के दमन की कोशिश की भर्त्सना हो।[86]

जवाहरलाल जब यूरोप में थे, तब उन्होंने जे.बी. कृपलानी से विनम्रतापूर्वक सुभाष की शिकायत की थी कि सुभाष ने उन्हें पत्र तक नहीं लिखा।[87] जब वे भारत आए, तब सुभाष ने उन्हें गर्मजोशी से लिखा था कि "आपको आश्चर्य होगा कि मैं कितना विचित्र व्यक्ति हूँ कि मैंने आपके किसी पत्र का जवाब नहीं दिया। यह सही है कि वे सभी पत्र मुझे मिले, हालाँकि"आप इसका अंदाजा नहीं लगा सकते कि मैंने इन महीनों में आपकी कितनी कमी महसूस की है।"[88] सुभाष और जवाहरलाल दोनों ही भारत का भविष्य समाजवाद के विचार की रोशनी में ही देखते थे। इसीलिए दोनों ने स्वतंत्र राष्ट्र के आर्थिक विकास की योजनाओं के लिए भरपूर प्रयास किया। इस बारे में सुभाष ने अपने अध्यक्षीय संबोधन में भी कहा था कि वे दोनों मिलकर घोषणा-पत्र के इस हिस्से को पूरा करें। जब जवाहरलाल यूरोप से वापस लौटे, तब सुभाष ने उन्हें राष्ट्रीय योजना समिति के अध्यक्ष पद के लिए आमंत्रित किया, "इसकी सफलता के लिए आपको इसमें होना चाहिए।"[89] एक मित्र के इस निर्णय पर जवाहरलाल ने लिखा—"जहाँ तक योजना समिति का संबंध है, मैं इससे अवश्य जुड़ जाऊँगा, क्योंकि मैं योजना में बहुत रुचि रखता हूँ।"[90]

औद्योगिकीकरण और योजना पर जवाहरलाल एवं सुभाष में पूर्ण सहमति थी। 17 दिसंबर, 1938 को बंबई में राष्ट्रीय योजना समिति के उद्घाटन समारोह में सुभाष ने योजना समिति के कार्यों से पैदा होनेवाले इस भय को समाप्त कर दिया, जिसमें कुटीर उद्योगों और सन् 1921 से चल रहे खादी उद्योग पर खतरा आएगा। सुभाष ने मशीन पर आधारित उद्योगों, ऊर्जा और परिवहन एवं संचार के विकास पर बल दिया।[91] समिति का अध्यक्ष पद सँभालते ही जवाहरलाल ने भी इन्हीं विषयों को दोहराया था। उन्होंने कहा कि कांग्रेस के कार्यक्रम में बड़े उद्योगों के विकास से दूर हटना नहीं है। उन्होंने सन् 1931 के लाहौर के कांग्रेस अधिवेशन और 1934 की कार्यकारिणी समिति में कई अध्यादेश पारित किए, जिनमें व्यापक स्तर के उद्योगों की

खिलाफत नहीं थी। कराची में जवाहरलाल ने तय किया था कि राज्य अपने प्रमुख उद्योगों, सेवाओं, खनिज संसाधन, रेलवे, जल मार्ग और परिवहन पर अपना स्वयं नियंत्रण करेंगे। उन्होंने महसूस किया था कि योजना समिति का काम भारत में बड़े स्तर के उद्योगों को प्रोत्साहित करना है। उनके अनुसार, ऐसी कोई भी योजना नहीं हो सकती, जिसमें बड़े उद्योगों की योजना शामिल न हो; मगर यह करते हुए कमेटी को स्मरण रखना होगा कि कांग्रेस की नीति कुटीर उद्योगों को बढ़ावा देना है।[92]

सुभाष द्वारा सौंपी गई राष्ट्रीय योजना समिति के काम को जवाहरलाल ने बखूबी अंजाम दिया;[93] पर यह काम श्रमसाध्य और समयसाध्य था। हालाँकि इस काम ने वर्ष 1939 के मध्य में दोनों के बीच थोड़ा तनाव भी उत्पन्न कर दिया था। इन तनाव की मूल वजह एच.वी. कामत थे, जो सन् 1938 में भारतीय सिविल सेवा से त्यागपत्र देकर राष्ट्रीय योजना समिति के सचिव का कार्यभार सँभाल रहे थे। कुछ सदस्यों ने शिकायत की थी कि कामत विवादास्पद राजनीतिक मामलों में आक्रामक ढंग से भाग ले रहे थे। जवाहरलाल ने इस विषय पर ध्यान आकर्षित किया कि समिति के सचिवों को अति विवादास्पद मुद्दों पर जनता के बीच संवाद या बयानबाजी से बचना चाहिए। समिति ने भी महसूस किया था कि कामत को विवादास्पद राजनीति में हिस्सा नहीं लेना चाहिए था; परंतु कामत इस स्थिति को स्वीकार करने के लिए तैयार नहीं थे। जवाहरलाल ने सुभाष को इस स्थिति और अपनी अध्यक्षता के बारे में सूचित किया कि यदि कामत कमेटी के द्वारा तय शर्तों को भी नहीं स्वीकार करते हैं, तब उन्हें इससे इस्तीफा देना होगा, जो कि कामत ने 22 जून, 1939 को दे भी दिया। जवाहरलाल ने सुभाष को इसकी सूचना दे दी थी, क्योंकि सुभाष कामत में रुचि रखते थे।[94] सुभाष ने इस संघर्ष में जवाहरलाल को जुलाई के आरंभ में पत्र लिखा था कि जवाहरलाल द्वारा उठाई गई आपत्तियाँ अन्य सदस्यों की न होकर सिर्फ उन्हीं की थीं। उन्होंने जवाहरलाल के ऊपर एक खास दृष्टिकोण रखने की वजह से कामत से छुटकारा पाने का आरोप भी लगाया। इसके जवाब में जवाहरलाल ने लिखा—"आपने मेरे ऊपर एक खास दृष्टिकोण का आरोप लगाया, जो न तो मेरे और न ही आप पर सही हैं।" कामत के संदर्भ में वे लिखते हैं कि "कामत कांग्रेस पार्टी या अन्य राजनीतिक दलों के प्रति कैसा दृष्टिकोण रखते हैं, यह मेरे लिए तब तक महत्त्वहीन है, जब तक कि वे आक्रामक ढंग से प्रकट नहीं होते हैं और योजना समिति के काम में अवरोध नहीं उत्पन्न करते हैं।"[95] कामत में सुभाष की रुचि तब और भी स्पष्ट हो गई, जब कामत सन् 1939 में फॉरवर्ड ब्लॉक के मुख्य सचिव बने थे।[96]

वैसे, जवाहरलाल और सुभाष दोनों ही एक मुद्दे पर समान रुचि रखते थे। वे सांप्रदायिक भावनाओं को दूर करना चाहते थे। दोनों ही हिंदुओं और मुसलमानों के बीच सौहार्द स्थापित करना चाहते थे। इसके लिए उन्होंने मुहम्मद अली जिन्ना के साथ वार्त्ता भी की थी, जो वर्ष 1930 के मध्य तक स्वयं को भारत के मुसलमानों के एकमात्र प्रवक्ता के रूप में समझते थे। सुभाष ने अपना कार्यालय सँभालने के तुरंत बाद ही जिन्ना से 14 मई, 1938 को उनके मालाबार स्थित घर में जाकर मुलाकात की थी। यह मुलाकात मैत्रीपूर्ण मगर परिणामहीन थी। इसकी शुरुआत जिन्ना के इस परामर्श से हुई कि कांग्रेस और मुसलिम लीग की स्थिति स्पष्ट होनी चाहिए। जिन्ना ने इन दोनों ही संगठनों के बारे में अपने दृष्टिकोण रखे थे, जिसमें मुसलिम लीग भारत के मुसलमानों का प्रतिनिधित्व करनेवाला आधिकारिक संगठन था और कांग्रेस हिंदू विचारधारा का। सुभाष के अनुसार, जिन्ना का इस बिंदु पर बल देना कांग्रेस को स्वीकार नहीं था। जिन्ना को अपनी एक टिप्पणी में सुभाष ने लिखा था कि कांग्रेस एक समुदाय का प्रतिनिधित्व नहीं करती थी। इसके द्वार सभी समुदायों के लिए खुले थे और सभी भारतीय, जो इसकी नीतियों और पद्धति से सहमत थे, उनका यह स्वागत करती थी। उन्होंने कहा कि कांग्रेस यदि सिर्फ एक समुदाय हिंदुओं का प्रतिनिधित्व करे, तब यह सांप्रदायिक संगठन बन जाएगी।[98]

किंतु जिन्ना अपने इरादे, यानी मुसलिम लीग को मुसलमानों और कांग्रेस को हिंदुओं का प्रतिनिधित्व करनेवाला संगठन मानने पर अड़े थे।[99] अक्तूबर 1938 में सुभाष ने जवाहरलाल से शिकायत की थी कि जिन्ना कुतर्की और दुराग्रही हैं।[100] इस प्रकार इस वार्त्ता का जन्म अभी-अभी हुआ ही था। जवाहरलाल ने जब दिसंबर 1938 में जिन्ना से पत्र-व्यवहार किया, तब उन्हें भी इसी तरह के दुराग्रह का सामना करना पड़ा था। एक तरफ तो जिन्ना ने हिंदुओं और मुसलमानों के बीच अलग-अलग सामूहिक मोरचे की भावना व्यक्त की थी[101] और दूसरी तरफ स्पष्ट किया था कि जब तक कांग्रेस मुसलिम लीग को भारत के मुसलमानों का आधिकारिक प्रतिनिधित्व स्वीकार करने के लिए तैयार नहीं होगी, तब तक हिंदू-मुसलमान मुद्दे पर समझौता वार्त्ता संभव नहीं थी।[102] इस प्रकार जिन्ना ने कांग्रेस के दो नेताओं के लिए अपने दरवाजे बंद कर दिए थे, जिन्होंने यह मानने से इनकार कर दिया था कि कांग्रेस हिंदुओं का संगठन थी।

सुभाष को एक अन्य मुद्दे पर गांधी के हठ का भी सामना करना पड़ा था। बंगाल में सन् 1937 के चुनावों के बाद कांग्रेस विपक्ष में आ चुकी थी; मगर बोस बंधुओं के नेतृत्व में कांग्रेस ने कुछ अलग तरह की संभावनाओं की शुरुआत

की। बंगाल के पूर्व मुख्यमंत्री और कृषक प्रजा पार्टी के नेता फजलुल हक अपने गठबंधन मंत्रालय के कार्यों से नाखुश थे।[103] उन्हीं दिनों बंगाल कांग्रेस में मौलिक सुधारवादी प्रक्रिया चल रही थी और जिसकी वजह पार्टी के प्रांतीय नेतृत्व के द्वारा रणनीतिक फेर-बदल था।[104] बोस बंधु कांग्रेस और कृषक प्रजा पार्टी तथा अनुसूचित जाति के गठबंधन में उत्सुक थे;[105] मगर इसकी संभावना गांधी ने वर्धा में बैठकर बीच में ही समाप्त कर दी थी। 18 दिसंबर, 1938 को उन्होंने सुभाष को पत्र लिखा, जिसे जी.डी. बिरला कलकत्ता लेकर आए थे। गांधी ने लिखा—''मैं पूरी हठधर्मिता के साथ यह पत्र लिख रहा हूँ, जबकि मौलाना साहेब, नलिनी बाबू और घनश्याम दास इसे सुन भी रहे हैं (मौलाना आजाद, नलिनी सरकार और जी.डी. बिरला)। हमने बंगाल के मंत्रालय के संदर्भ में गंभीर चर्चा की है। मुझे यकीन है कि हमें मंत्रालय को बाहर करने का उद्देश्य नहीं रखना चाहिए। हमें इस परिवर्तन से लाभ नहीं होगा और संभवत: हम कांग्रेस के लोगों को इसमें शामिल करके बहुत नुकसान में भी रहेंगे। इसीलिए मेरे अनुसार तुलनात्मक प्रशासनिक शुद्धता को बनाए रखने का सर्वोत्तम तरीका गांधी तथा तयशुदा कार्यक्रम एवं नीतियों की निरंतरता का उद्देश्य और सुधार वर्तमान मंत्रालय के द्वारा संचालित होने देना चाहिए।''[106]

इस पत्र से सुभाष को एक धक्का लगा था। उन्होंने गांधी को पत्र लिखा कि इस विषय पर हुई उनकी बहुत सी चर्चाओं के बाद उन्हें लगता था कि गांधी बंगाल के गठबंधनवाले विचार से सहमत होंगे; किंतु गांधी ने अपने दृष्टिकोण को पूरी तरह से बदल दिया था और सुभाष को अंदाज था कि इसे उन्होंने आजाद, बिरला और सरकार के साथ वार्त्ता करने के बाद ही किया था। सुभाष ने गांधी को स्पष्ट कर दिया था कि जो लोग बंगाल में कांग्रेस का संगठन चलाने के वास्तविक जिम्मेदार थे, उनके बजाय गांधी ने उपर्युक्त तीनों व्यक्तियों के दृष्टिकोण को महत्त्व दिया था। गांधी का निर्णय बिना बोस बंधुओं से बात किए ही स्वेच्छा से लिया गया था। सुभाष को लगता था कि गांधी के द्वारा वकालत की गई नीति पूरी तरह से गलत थी और वे इसके साझेदार नहीं होंगे। उन्होंने तर्क दिया था कि कांग्रेस के अधिक मंत्रालयों के बढ़ने से कांग्रेस की ताकत बढ़ेगी और इससे ब्रिटिश सरकार की स्थिति कमजोर होगी। बंगाल में गठबंधन मंत्रालय का गठन, जिसका कांग्रेस एक हिस्सा थी, सुभाष की एक व्यावहारिक राजनीति थी; मगर गांधी के विरोध करने की वजहें स्पष्ट नहीं थीं। उनपर सरकार और बिरला का अधिक प्रभाव था। उन दोनों को ही बंगाल में मौलिक रूप से परिवर्तित कांग्रेस से भय था। सुभाष ने यह स्पष्ट कर दिया था कि ''यदि गांधी अपने निर्णय को नहीं बदलते हैं,[107] तब

उन्हें अपनी स्थिति पर विशेष रूप से ध्यान देना होगा।'' गांधी को दिए इस स्पष्ट संदेश से एक संकट की घड़ी के आगमन की सूचना आ रही थी। जवाहरलाल अपने भावनात्मक और वैयक्तिक लगाव के कारण गांधी के द्वारा उनका पूरी तरह से विरोध करने के बावजूद उनके प्रति समर्पण कर देते थे, किंतु सुभाष को सीमा से अधिक नहीं दबाया जा सकता था। वे गांधी का सम्मान करते थे; पर इसमें कुछ शर्तें भी शामिल थीं। सुभाष के प्रथम अध्यक्षीय काल में ही गांधी और उनके बीच असंतुष्टि के बीज पनप चुके थे। सुभाष स्वयं को दूसरे कार्यकाल के अध्यक्ष पद के लिए भी चाहते थे। सुभाष के साथ जवाहरलाल की मित्रता के रूप में उनकी इस चाहत ने एक नाटकीय तथा दु:खद प्रभाव छोड़ा था। सुभाष अपने जीवन में दोबारा कह सकते थे कि ''साँचा ढाला जा चुका है।''

संदर्भ

1. नेहरू को पत्र 4 सितंबर, 1935 गांधी, कलेक्टेड वर्क्स, खंड-61, पृ. 385
2. उपरोक्त पुस्तक नेहरू को पत्र, 12 सितंबर, 1935, पृ. 406
3. उपरोक्त पुस्तक नेहरू को पत्र 22 सितंबर, 1935, पृ. 438
4. नेहरू का पत्र गांधी के नाम, 20 सितंबर, 1935, टुगेदर दे फॉण्ट : गांधी-नेहरू कॉरसपांडेंस 1921-1948, उमा आयंगार एवं ललिता जकारिया, पृ. 242-244
5. गांधी का पत्र नेहरू के नाम, 20 सितंबर, 1935, उपरोक्त पुस्तक, पृ. 242
6. राजगोपालाचारी का पत्र राजेंद्र प्रसाद के नाम, 7 फरवरी, 1936, सोम, डिफरेंसेस विदइन कनसेंनसस, पृ. 174
7. अगले अध्यक्ष के लिए मतदान, 1936, एआईसीसी पेपर्स फाइल नं. 17
7. नेहरू का पत्र 22 सितंबर, 1935, गांधी, कलेक्टेड वर्क्स, खंड-61, पृ. 438
8. नेहरू को पत्र 22 सितंबर, 1935, गांधी, कलेक्टेड वर्क्स, खंड-61, पृ. 438
9. राजेंद्र प्रसाद को पत्र 20 नवंबर, 1935, नेहरू, सलेक्टेड वर्क्स, खंड-7, पृ. 43
10. लिलिंथगो का पत्र जीटलैंड के नाम, 21 दिसंबर, 1939, सुमित सरकार, मॉडर्न इंडिया 1858-1947 (दिल्ली, 1983), पृ. 338
11. ग्लैडस्टोन का पत्र नॉर्थब्रूक को, 15 अक्तूबर, 1872, गोपाल, जवाहरलाल नेहरू, खंड-1, पृ. 13
12. उपरोक्त पुस्तक, खंड-1, पृ. 202
13. नेहरू सलेक्टेड वर्क्स, खंड-7, पृ. 170-95
14. उपरोक्त पुस्तक, खंड-7, पृ. 176
15. गांधी का पत्र अगाधा हैरीसन के नाम, 30 अप्रैल, 1936 जवाहरलाल नेहरू, ए बंच ऑफ ओल्ड लेटर्स, पृ. 182
16. गांधी का पत्र नेहरू के लिए, 25 मई, 1936, टुगेदर दे फॉण्ट, पृ. 278

17. गांधी का पत्र अगाधा हैरीसन को, 30 अप्रैल, 1936, जवाहरलाल नेहरू, ए बंच ऑफ ओल्ड लेटर्स, पृ. 182
18. राजमोहन गांधी, पटेल : ए लाईफ (अहमदाबाद, 1991) पृ. 353
19. उपरोक्त पुस्तक, पृ. 254
20. जवाहरलाल नेहरू, बंच ऑफ ओल्ड लेटर्स, पृ. 190
21. नेहरू को पत्र, 8 जुलाई, 1936, टुगेदर दे फौट, पृ. 287
22. नेहरू का पत्र गांधी के नाम, 5 जुलाई, 1936, उपरोक्त पुस्तक, 283
23. उपरोक्त पुस्तक, 284
24. बिपिन चंद्रा, नेशनलिज्म एंड कोलोनिलज्म इन मॉर्डन इंडिया, दिल्ली, 1979, पृ. 187
25. नेहरू सलेक्टेड वर्क्स, खंड-7, पृ. 280-84
26. उपरोक्त पुस्तक, फासीवादी मानसिकता, पृ. 263
27. जी.डी. बिड़ला का पत्र वालचंद हीराचंद के नाम, 26 मई, 1936, पुरुषोत्तमदास ठाकुरदास पेपर्स फाईल नं. 177
28. उपरोक्त पुस्तक
29. ठाकुरदास को बिड़ला का पत्र 20 अप्रैल, 1936 उपरोक्त पुस्तक
30. उपरोक्त पुस्तक
31. उपरोक्त पुस्तक
32. नेहरू सलेक्टेड वर्क्स, खंड-7, पृ. 214, उपरोक्त पुस्तक, पृ. 288
33. गांधी का पत्र अगाथा हैरीसन 30 अप्रैल, 1936 जवाहरलाल नेहरू, बंच ऑफ ओल्ड लेटर्स, पृ. 182
34. बिड़ला का पत्र ठाकुरदास को, 20 अप्रैल, 1936, पुरुषोत्तमदास पेपर्स, फाईल नं. 177
35. सुगाता बोस, हिज मेजेस्टीस ओपोनेंट, पृ. 115
36. उपरोक्त पुस्तक
37 नेहरू सलेक्टेड वर्क्स, खंड-7 पृ. 459
38. गोपाल, जवाहरलाल नेहरू खंड-1 पृ. 214
39. उपरोक्त पुस्तक, पृ. 215
40. ए स्टडी ऑफ नेहरू, आर. जकारिया, पृ. 150, गोपाल, जवाहरलाल नेहरू, खंड-1, पृ. 215
41. नेहरू सलेक्टेड वर्क्स, खंड-7, पृ. 350
42. गोपाल, जवाहरलाल नेहरू, खंड-1, पृ. 216
43. महादेव देसाई को पटेल का पत्र, 15 नवंबर, 1936, राजमोहन गांधी, पटेल, पृ. 256
44. उपरोक्त पुस्तक, पृ. 256
45. अध्यक्षीय संबोधन, 27 दिसंबर, 1936, नेहरू सलेक्टेड वर्क्स, खंड-7, पृ. 598
46. स्टैफोर्ड क्रिप्स को पत्र, 22 फरवरी, 1937, नेहरू सलेक्टेड वर्क्स, खंड-8, पृ. 31-34
47. कृष्णा मेनन को पत्र 28 सितंबर, 1936 नेहरू सलेक्टेड वर्क्स, खंड-7, पृ. 470
48. क्रिप्स को पत्र, 22 फरवरी, 1937, नेहरू सलेक्टेड वर्क्स, खंड-8, पृ. 33

49. उपरोक्त पुस्तक, खंड-8, पृ. 57
50. उपरोक्त पुस्तक, पृ. 60-71
51. सोम, डिफरेंसेस विदिन कनसेंनसस, पृ. 185
52. गोपाल, जवाहरलाल नेहरू, खंड-1, पृ. 218
53. टुगेदर दे फौट, पृ. 299
54. नेहरू सलेक्टेड वर्क्स, खंड-7, पृ. 591
55. पटेल को राजेंद्र प्रसाद का पत्र 6 दिसंबर, 1937, सोम डिफरेंसेस विदइन कानसेनसस, पृ. 191
56. गोपाल, जवाहर नेहरू, खंड-1, अध्याय 15
57. पटेल को पत्र 1 नवंबर, 1937, गांधी कलेक्टेड वर्क्स, खंड-66, पृ. 284
58. इर्स्किन का पत्र लिंलिंथगो के नाम, 19 जनवरी, 1938, टुअर्डस फ्रीडम : डाक्यूमेंट्स ऑन मूवमेंट फॉर इंडिपेंडेंस इन इंडिया, 1938, बासुदेव चटर्जी (दिल्ली 1936) पृ. 25
59. केरशा, हिटलर 1936-45, नेमसिस (लंदन, 2000), पृ. 66-79
60. उपरोक्त पुस्तक, पृ. 84
61. एडमंड डी वाल, द हेयर विद एंबर आईस : ए हिडन इनहेरीटेंस (लंदन 2010), पृ. 207
62. गार्डन, ब्रदर्स अगेंस्ट द राज, पृ. 342
63. सुगाता बोस, हिज मेजेस्टीज ओपोनेंट, पृ. 128
64. एन इंडियन पिलिग्रिम, पृ. 119
64. उपरोक्त पुस्तक, पृ. 120
65. उपरोक्त पुस्तक
67. उपरोक्त पुस्तक, पृ. 121
68. उपरोक्त पुस्तक, पृ. 121-23
69. रंजीत गुहा, 'नेशनलिज्म एंड ट्रायल्स ऑफ बिकमिंग', पृ. 522
70. एन इंडियन पिलिग्रिम, पृ. 20
71. नेताजी : कलेक्टेड वर्क्स, खंड-9, पृ. 3-30
72. राजमोहन गांधी, पटेल पृ. 265
73. बोस को पत्र, 4 फरवरी, 1939, नेहरू सलेक्टेड वर्क्स, खंड-9, पृ. 482
74. गार्डन, ब्रदर्स अगेंस्ट द राज, पृ. 357
75. सुगाता बोस, हिज मेजेस्टीस ओपोनेंट, पृ. 144
76. नेताजी: कलेक्टेड वर्क्स, खंड-9, पृ. 43
77. भारत की औद्योगिक समस्या, 2 अक्तूबर, 1938, उपरोक्त पुस्तक, पृ. 48
79. गोपाल, जवाहर नेहरू, खंड-1, पृ.233
80. गोपाल, जवाहरलाल नेहरू, खंड-1, पृ. 233
81. नेहरू सलेक्टेड वर्क्स, खंड-8, पृ. 700

82. गोपाल, जवाहरलाल नेहरू, खंड-1, पृ. 236-37
83. उपरोक्त पुस्तक, खंड-9, पृ. 98
84. आर.जे. मूर, इस्केप फ्राम इंपायर : द एटली गवर्नमेंट एंड द इंडियन प्रॉब्लम (ऑक्सफोर्ड, 1983), पृ. 6, द क्रिप्स वरशन : द लाईफ ऑफ सर स्टफोर्ड क्रिप्स 1889-1952, पृ. 118
85. गोपाल, जवाहरलाल नेहरू, खंड-1, पृ. 238
86. कृपलानी को पत्र, 30 अगस्त, 1938, नेहरू : सलेक्टेड वर्क्स, खंड-9, पृ. 117
87. उपरोक्त पुस्तक, पृ. 129
88. नेहरू को पत्र, 19 अक्तूबर, 1938 नेताजी : कलेक्टेड वर्क्स, खंड-9, पृ. 183
89. उपरोक्त पुस्तक
90. अनिल कुमार चंदा को पत्र, 1 दिसंबर, 1938, नेहरू : सलेक्टेड वर्क्स, खंड-9, पृ. 367
91. नेताजी : कलेक्टेड वर्क्स, खंड-9, पृ. 62
92. जवाहरलाल नेहरू पेपर्स, फाईल नं. 135
93. बोस को पत्र 21 जून, 1939, नेहरू सलेक्टेड वर्क्स, खंड-9, पृ. 397
94. उपरोक्त पुस्तक, पृ. 397
95. बोस को पत्र 11 जुलाई, 1939, उपरोक्त पुस्तक, पृ. 401
96. उपरोक्त पुस्तक, पृ. 397
97. नेताजी : कलेक्टेड वर्क्स, खंड-9, पृ. 110
98. उपरोक्त पुस्तक
99. बोस और जिन्ना के बीच पत्राचार, नेताजी : कलेक्टेड वर्क्स, खंड-9, पृ. 110-22
100. नेहरू को पत्र, 19 अक्तूबर, 1938, उपरोक्त पुस्तक, पृ. 183
101. नेहरू को जिन्ना का पत्र, 17 मार्च, 1938, जवाहरलाल नेहरू, ए बंच ऑफ ओल्ड लेटर्स, पृ. 279
102. उपरोक्त पुस्तक, पृ. 414
103. पार्था चटर्जी, बंगाल 1920-1947 : द लैंड क्वेचन (कलकत्ता, 1984) पृ. 253
104. उपरोक्त पुस्तक, पृ. 172-77
105. गार्डन, ब्रदर्स अगेंस्ट द राज, पृ. 367
106. बोस को पत्र 18 दिसंबर, 1938, गांधी कलेक्टेड वर्क्स, खंड-68, पृ. 218
107. गांधी को पत्र 21 दिसंबर, 1938, नेताजी : कलेक्टेड वर्क्स, खंड-, पृ. 122-26

❑

6

मित्रता का अंत

वर्ष 1936 के अंत में जब जवाहरलाल ने अध्यक्ष पद के दूसरे कार्यकाल के लिए इच्छा जाहिर की थी, तब उन्होंने गांधी से कहा था कि एक कार्यकाल का समय उनके लिए पार्टी को पुनर्जीवित करने के लिए काफी कम था।[1] जब सुभाष ने कांग्रेस के दूसरे कार्यकाल के नेता के रूप में इरादा किया था, तब शायद उनके मन में भी यही विचार रहा हो। हालाँकि वे संगठन के अंदर अपनी लोकप्रियता को लेकर चिंतित थे। अपनी पत्नी को उन्होंने लिखा था—"इसमें संदेह है कि मैं आगामी वर्ष के लिए अध्यक्ष के रूप में दुबारा चुना जाऊँगा। बहुत से लोगों को मुझसे जलन होती है।"[2] वैसे सुभाष के आगामी कार्यकाल के अध्यक्ष पद की उम्मीदवारी के विरोध की यही एक अकेली और महत्त्वपूर्ण वजह नहीं हो सकती थी; क्योंकि एक व्यक्ति, जो उनसे गंभीर रूप से नाखुश थे, वह थे वल्लभभाई पटेल।

सुभाष और पटेल के बीच के तनावपूर्ण संबंधों की वजह के पीछे उनके भाई विट्ठलभाई की वसीयत थी। विट्ठलभाई की सन् 1933 में विएना में मृत्यु हो गई थी और उनकी बीमारी के दौरान सुभाष ने उनकी बहुत सेवा की थी। विट्ठलभाई ने अपनी वसीयत में अपनी तीन-चौथाई जागीर सुभाष के नाम भारत में राजनीतिक उत्थान और खासतौर से अन्य देशों में भारत के लिए प्रचार कार्य के लिए सौंप दी थी। वल्लभभाई ने उस वसीयत को वास्तविक मानने से इनकार कर दिया था। हरिपुरा में मिलनसारिता के दौरान सुभाष इस संपत्ति को पटेल के परामर्श के अनुसार कांग्रेस की एक खास समिति को सौंपने के लिए तैयार हो गए थे; परंतु उस समिति के गठन को लेकर उनमें मतभेद हो गया था। वह मामला न्यायालय

तक जा पहुँचा और सुभाष बंबई हाई कोर्ट में उस मुकदमे को हार गए। उस संपत्ति से वल्लभभाई ने विट्ठलभाई मेमोरियल ट्रस्ट की स्थापना की और उस जागीर से एक पैसा न लेने का उसके सभी कानूनी वारिसों से वायदा भी लिया।[3]

यह स्पष्ट नहीं है कि सुभाष के कांग्रेस अध्यक्ष के रूप में पटेल के ऊपर उपर्युक्त घटना का कितना प्रभाव था, परंतु उन्होंने जुलाई 1938 में राजेंद्र प्रसाद को तब पत्र लिखा, जब वे बीमार थे—"जवाहरलाल पिछले चार महीनों से विदेश में हैं। आप छह महीनों से बाहर हैं और हमें ऐसे अध्यक्ष के साथ काम करना पड़ रहा है, जिन्हें अपने काम की जानकारी नहीं है।"[4] इस कठोर वाक्य का इस तथ्य से अवश्य संबंध है कि सुभाष जबकि देश भर में यात्राएँ कर रहे थे, परंतु उनके पास कार्यकारी समिति से बात करने के लिए समय नहीं था। कांग्रेस के आधिकारिक इतिहास में उनकी इस ऊर्जा की प्रशंसा की गई थी; परंतु यह भी कहा गया कि "सुभाष बाबू कांग्रेस में चुप रहनेवाले अध्यक्षों में से एक थे। अपने अध्यक्षीय काल के दौरान कार्यकारी समिति में पूरे एक साल में उनका बोलना उँगलियों पर गिना जा सकता है।"[5]

त्रिपुरी में होनेवाले आगामी अधिवेशन के लिए गांधी की पहली पसंद अबुल कलाम आजाद थे, क्योंकि गांधी को लगता था कि कांग्रेस के मुखिया के रूप में एक मुसलमान चेहरा सांप्रदायिक स्थिति को आसानी से सँभाल सकता था। वास्तव में, बारदोली में हुई कार्यकारी समिति की बैठक में आजाद के नाम की घोषणा हुई थी और आजाद ने इसका विरोध भी नहीं किया था; पर बाद में उन्होंने अपना नाम वापस ले लिया था।[6] वे सुभाष के खिलाफ चुनाव नहीं लड़ना चाहते थे, क्योंकि दोनों ही कलकत्ता से आते थे और जहाँ सुभाष की लोकप्रियता अधिक थी तथा तेजी से बढ़ भी रही थी। आजाद के नाम वापस ले लेने के बाद गांधी ने नेहरू को पत्र लिखा—"मौलाना साहब काँटों का ताज नहीं चाहते हैं। यदि आप दोबारा कोशिश करना चाहते हैं, तब कृपया कर सकते हैं। यदि आप नहीं करेंगे और सुभाष सुनेंगे नहीं, तब पट्टाभि ही एकमात्र विकल्प मालूम पड़ते हैं।"[7] जवाहरलाल की फिर से अध्यक्ष बनने की इच्छा नहीं थी और सीतारामैया एक अनिच्छुक प्रतिभागी थे। उनके अनुसार, उनसे यह भी नहीं पूछा गया कि क्या वे प्रतिभागी बनना चाहते भी थे।[8]

सुभाष की दूसरी बार अध्यक्ष बनने की चाहत को टैगोर ने भी सहयोग दिया और कहा कि वे इस पद के लिए आधुनिक विचारधारा का व्यक्ति चाहते हैं। उनकी राय में कांग्रेस के उच्च पद के सिर्फ जवाहरलाल और सुभाष ही आधुनिक

विचारधारावाले व्यक्ति थे। चूँकि जवाहरलाल योजना समिति के अध्यक्ष थे,[9] इसलिए टैगोर इस पद के लिए सुभाष को चाहते थे। जवाहरलाल ने टैगोर को दिए जवाब में सुभाष के दूसरे कार्यकाल का जिक्र नहीं किया था। इसकी वजह इस पत्र- व्यवहार का समय काल भी हो सकता था, क्योंकि नवंबर-दिसंबर 1938 में सुभाष की उम्मीदवारी पर विरोध नहीं उत्पन्न हुआ था। मगर उन्होंने पत्र में लिखा कि, ''गुरुदेव कांग्रेस अध्यक्ष में अधिक संलग्न मालूम पड़ रहे हैं, जबकि पिछले कुछ समय से कांग्रेस अध्यक्ष के द्वारा कोई भी महत्त्वपूर्ण नीति तय नहीं की जा सकी है। इसी वजह से मैं एक अध्यक्ष के रूप में अप्रसन्न भी था और अब इस निष्कर्ष पर पहुँचा हूँ कि मैं बिना कार्यालय के अधिक उपयोगी रहूँगा। वास्तविक समस्याओं का हल कांग्रेस के अध्यक्ष पद से दूरी बनाकर ही किया जा सकता है।''[10] टैगोर ने गांधी को भी लिखा था कि ''सुभाष को दूसरे कार्यकाल का भी अवसर मिलना चाहिए।'' गांधी ने टैगोर को जवाब में लिखा कि ''उनके विचार से, यदि सुभाष बंगाल को भ्रष्टाचार से मुक्त करना चाहते हैं, तब उन्हें अध्यक्ष पद से मुक्त रहना चाहिए।''[11] जनवरी 1939 में टैगोर ने सुभाष को पत्र लिखा था कि उन्हें इसके लिए अनुरोध किया जा रहा है कि वे सार्वजनिक रूप से सुभाष को अध्यक्ष बनाने के लिए अपने समर्थन की भावना व्यक्त करें; परंतु चूँकि वे स्वयं को राजनीति से दूर रहनेवाले व्यक्ति के रूप में देखते हैं, इसलिए उन्हें अपनी भावनाएँ व्यक्त करने से अधिक का अधिकार नहीं है।'' वे यह कार्य गांधी और जवाहरलाल को पत्र लिखकर कर चुके हैं।[12]

आजाद के द्वारा स्वयं को पीछे खींचने के बाद सुभाष ने 21 जनवरी को एक बयान जारी किया। इसके प्रत्युत्तर में कांग्रेस कार्यकारी समिति की तरफ से सुभाष की उम्मीदवारी के खिलाफ एक जवाब भी आया। पटेल ने जवाहरलाल को बताया कि यह संयुक्त बयान गांधी के जोर देने पर ही जारी किया गया था।[13] जवाहरलाल ने इस संयुक्त बयान पर हस्ताक्षर करने में अपनी असमर्थता का तार भेज दिया था। उन्होंने यह स्वीकार किया कि सुभाष को नहीं खड़ा होना चाहिए; परंतु संयुक्त बयान से कठिनाइयाँ और सिद्धांतों पर सवाल उठेंगे।[14] गांधी ने जवाहरलाल के मना करने पर पटेल से अपनी निराशा व्यक्त की और पटेल ने उसे बाद में जवाहरलाल को बताया भी था।[15] जवाहरलाल ने 26 जनवरी को उसी दिन, जिस दिन उन्होंने संयुक्त बयान पर हस्ताक्षर करने से मना किया था, अपनी तरफ से एक सार्वजनिक बयान जारी किया था।

जवाहरलाल के इस बयान को एक अन्य संदर्भ में भी देखा गया था। यह

बयान सुभाष के द्वारा 21 जनवरी को प्रेस को दिए बयान के बाद आया था। इसमें सुभाष ने कहा था कि "यह मुद्दा निजी न होकर नीतियों और कार्यक्रमों के बारे में था।" उनके अनुसार, "भारत में साम्राज्यवाद के खिलाफ संघर्ष ने नए विचारों, सिद्धांतों, समस्याओं और कार्यक्रमों को जन्म दिया है। लोगों की धारणाएँ लगातार परिवर्तित हो रही हैं कि अन्य स्वतंत्र देशों की तरह भारत में भी अध्यक्ष का चुनाव निश्चित समस्याओं और कार्यक्रमों के आधार पर होना चाहिए, ताकि इस चुनाव में मुद्दों का स्पष्टीकरण हो सके।" सुभाष को लगता था कि इन परिस्थितियों में होने वाला चुनाव इच्छा-रहित चीज नहीं हो सकती थी।

हालाँकि इस बयान में सुभाष ने किसी नीति या कार्यक्रम के बारे में नहीं बताया था, बल्कि उन्होंने संघीय शासन पर संभावित संघर्ष की बात की थी।[16] इसके जवाब में कार्यकारी समिति के छह सदस्यों और वल्लभभाई पटेल का एक संयुक्त बयान भी आया था। उसमें कहा गया कि वे सभी लोग सुभाष के संघ शासन के विरोध के साथ हैं तथा यह विरोध कांग्रेस की नीतियों का एक हिस्सा था। उन्होंने यह भी कहा कि "कांग्रेस की नीति और कार्यक्रम इसके आनेवाले अध्यक्षों से तय नहीं हैं।" इस बयान में यह स्पष्ट कर दिया गया था कि कांग्रेस अध्यक्ष की स्थिति कार्यकारी समिति के सचिव के समतुल्य थी तथा कांग्रेस की नीतियाँ और कार्यक्रम जब कांग्रेस के द्वारा तय नहीं होंगी, तब कार्यकारी समिति तय करेगी। इसके हस्ताक्षरकर्ताओं के अनुसार अध्यक्ष का पद अति सम्मानित है, क्योंकि अध्यक्ष एक संवैधानिक एकतंत्र तथा राष्ट्र की एकता को प्रस्तुत करता है और इसका प्रतीक है।" इस बयान में दुःख के साथ कहा गया कि आजाद ने चुनाव लड़ने से अपना नाम वापस लेकर सुभाष को अपने निर्णय पर पुनः विचार करने और सीतारामैया को बिना चुनाव लड़े ही जीतने की अनुमति प्रदान की है।[17]

सुभाष ने 25 जनवरी को कार्यकारी समिति के अन्य सदस्यों एवं पटेल के इस बयान का दोबारा जवाब दिया था। उनके अनुसार, जब दो सहकर्मी चुनाव लड़ रहे हों, तब कार्यकारी समिति को किसी एक की तरफदारी करना उचित नहीं है। सबसे महत्त्वपूर्ण विषय पर उन्होंने कहा कि सीतारामैया की उम्मीदवारी पर कार्यकारी समिति में चर्चा तक नहीं हुई थी और समिति ने मौलाना आजाद को उम्मीदवार के रूप में चुना था। सुभाष ने यह स्वीकार किया कि वे इसके उम्मीदवार नहीं होना चाहते थे; पर बहुत से प्रांतों के मित्रों और समर्थकों के बाध्य करने पर वे इसके लिए राजी हुए थे और यदि वास्तविक संघ शासन विरोधी, जैसे आचार्य नरेंद्र देव, अध्यक्ष पद के लिए तैयार हो जाते हैं, तब वे अपना नाम वापस ले लेंगे।

सुभाष का सबसे अधिक विरोध अध्यक्ष की स्थिति को लेकर था। उन्होंने तर्क दिया कि कांग्रेस अध्यक्ष की स्थिति एक वैधानिक एकतंत्रीय शासक के रूप में होना पूरी तरह से त्रुटिपूर्ण है। उनके अनुसार, इसका अध्यक्ष ब्रिटेन के प्रधानमंत्री या फिर अमेरिका के राष्ट्रपति की भाँति होना चाहिए, जो अपना स्वयं का मंत्रालय मनोनीत करता है। उन्होंने यह भी कहा कि कांग्रेस का दक्षिणपंथ संघ शासन पर ब्रिटिश सरकार के साथ समझौता करने की प्रक्रिया में था। इस स्थिति में इसके अध्यक्ष को हृदय से संघ शासन का विरोधी होना चाहिए।[18]

जब जवाहरलाल ने 26 जनवरी को अल्मोड़ा से अपना बयान जारी किया था, तब तक उन्होंने कार्यकारी समिति के सदस्यों के द्वारा दिए गए बयान तथा सुभाष के दूसरे बयान को नहीं देखा था। उन्होंने 21 जनवरी को दिए गए सुभाष के पहले बयान को ही पढ़ा था। जवाहरलाल ने कहा कि अध्यक्षीय चुनाव के महत्त्व के बावजूद यह उनके लिए उतना महत्त्वपूर्ण नहीं है, जितना कि कांग्रेस की नीति और कार्यक्रम। इस प्रकार इसकी नीतियाँ और कार्यक्रम इससे अलग अस्तित्व रखते हैं। उन्होंने यह भी कहा कि नीतियों का पालन करने में एक अध्यक्ष अलग तरह से व्यवहार कर सकता है। मेरे विचार से कांग्रेस का अध्यक्ष केवल एक प्रवक्ता नहीं है। जवाहरलाल ने यह स्पष्ट कर दिया कि वे चुनाव के खिलाफ नहीं थे, क्योंकि इससे नीतियाँ और कार्यक्रम से संबंधित मसलों को स्पष्ट करने में सहायता मिलेगी; किंतु उन्होंने यह भी कहा कि चुनावों में जिन अलग कार्यक्रमों का द्वंद्व हो, उन्हें अमल में आना चाहिए। जवाहरलाल ने महसूस किया कि इसका संबंध केवल संघ शासन के लिए था और अन्य मुद्दों पर बहस नहीं हुई थी। यहाँ तक कि संघ शासन पर भी जवाहरलाल ने कहा था कि उन्हें किसी द्वंद्व की जानकारी नहीं थी। उनके अनुसार, इस विषय पर कांग्रेस का दृष्टिकोण स्पष्ट था। जवाहरलाल के अनुसार किसी भी कांग्रेसी के लिए संघ शासन से समझौते का विचार भी भयावह था। उन्होंने माना कि कांग्रेस के भीतर बहुत से द्वंद्व थे, परंतु इनका संघ शासन और चुनाव के परिणामों से कुछ भी लेना-देना नहीं था। उन्हें लगता था कि अंतरराष्ट्रीय परिस्थितियों के कारण भारत शीघ्र ही संकट का सामना करने वाला था, इसलिए वे इन परिस्थितियों का सामना करने के लिए कांग्रेस के भीतर स्पष्टता चाहते थे। उन्होंने इसीलिए सुभाष से कहा था कि सुभाष को पुनः चुनाव के लिए नहीं तैयार होना चाहिए। उनके अनुसार, अध्यक्ष पद सँभालने के बाद उनकी और सुभाष की कार्यक्षमता में कमी आएगी।[19]

इस संदर्भ में पटेल, राजेंद्र प्रसाद और सीतारामैया के भी बयान आए थे। उन

सभी ने संघ शासन पर ब्रिटिश सरकार के साथ समझौते की संभावना से इनकार किया था। उन्होंने कहा कि इस संबंध में कांग्रेस अपनी नीतियों और अध्यादेशों से बँधी हुई है। सुभाष ने चुनाव से पहले दो और बयान जारी किए थे; परंतु उनमें से किसी भी कांग्रेस के नेता, जिन्हें वे दक्षिणपंथी कहते थे, पर ब्रिटिश संघ शासन के साथ समझौता करने का आरोप नहीं लगाया गया था। 29 जनवरी को इसी वातावरण में अध्यक्ष पद का चुनाव संपन्न हो गया। इस चुनाव परिणाम में सुभाष को 1,580 और सीतारामैया को 1,377 वोट मिले थे। सुभाष को सबसे अधिक वोट बंगाल, मैसूर, पंजाब, उत्तर प्रदेश और मद्रास से मिले थे। इस प्रकार उन्हें स्पष्ट बहुमत प्राप्त हुआ था।

सुभाष की इस विजय पर गांधी की प्रतिक्रिया में शालीनता का अभाव था। सार्वजनिक रूप से उन्होंने कहा कि चूँकि उन्होंने सीतारामैया को इस चुनाव से बाहर न रहने के लिए बाध्य किया था, इसलिए उनकी यह हार उनसे अधिक मेरी है। यद्यपि वे सुभाष के घोषणा-पत्र के तर्कों और उनके तथ्यों का समर्थन नहीं करते थे, फिर भी सुभाष की जीत से खुश थे। उन्होंने कहा कि इस चुनाव ने सुभाष को समरूपी मंत्रालय बनाने और बिना किसी बाधा के अपने कार्यक्रमों को लागू करने का अवसर प्रदान किया है। सुभाष को बधाई देते हुए उन्होंने यह भी कहा कि आखिरकार सुभाष बाबू इस देश के दुश्मन नहीं हैं और उन्होंने इसके लिए कष्ट भी सहे हैं। उन्होंने इसके साथ ही कहा कि ''सुभाष की अपनी राय में उनकी नीति और कार्यक्रम काफी प्रगतिशील और साहसपूर्ण हैं।''[20] सुभाष ने यह स्वीकार किया था कि उन्हें गांधी के पत्र से तकलीफ पहुँची थी, खासतौर से जब उन्होंने इस हार को अपनी हार की तरह लिया था। सुभाष ने बहुत ही स्पष्ट रूप से कहा था कि इसके प्रतिनिधियों को गांधी के पक्ष या विपक्ष में मतदान करने के लिए नहीं बुलाया गया था। गांधी के साथ अपने संबंधों के विषय में उन्होंने स्वीकार किया कि सार्वजनिक प्रश्नों पर उनका मतभेद था; पर गांधी के लिए उनके मन में बहुत सम्मान था। बहुत ही स्पष्ट रूप से उन्होंने यह भी कहा कि ''मेरा उद्देश्य उनके विश्वास को जीतना है और मेरे लिए यह सबसे दुःखद होगा कि मैं अन्य लोगों का यकीन जीतने में सफल हो जाऊँ और भारत के सबसे महान् व्यक्ति का विश्वास जीतने में असफल हो जाऊँ।''[21]

जवाहरलाल और सुभाष की मुलाकात फरवरी की शुरुआत में शांतिनिकेतन में हुई थी और उनके बीच लगभग एक घंटे तक बातें भी हुईं। इस वार्त्ता का रिकॉर्ड किसी भी अखबार में नहीं मिलता है; परंतु इन दोनों के बीच हुए पत्राचारों से

इसका संदर्भ निकाला जा सकता है। जवाहरलाल ने 4 फरवरी को पत्र में लिखा था कि उनकी वार्त्ता स्थिति को स्पष्ट करने में असफल रही। उन्होंने सुभाष से यह स्वीकार किया कि वे उनके भविष्य के कार्यों के प्रति निश्चित नहीं हैं, क्योंकि वे सुभाष की कांग्रेस को लेकर चाहतों के बारे में पूरी तरह से भ्रमित हैं। उन्होंने यह भी कहा कि सुभाष के अध्यक्षीय काल के दौरान हमारे द्वारा वामपंथी, दक्षिणपंथी, संघ शासन आदि किसी भी विषय पर चर्चा नहीं की गई थी। (जवाहरलाल द्वारा लिखा गया शब्द 'हमारे द्वारा'—सुभाष और उनके बीच या कार्यकारी समिति के बीच स्पष्ट नहीं है।) उन्होंने सुभाष के द्वारा इस्तेमाल किए गए शब्दों 'वामपंथ' और 'दक्षिणपंथ' को पूरी तरह गलत और भ्रामक कहा। सुभाष के द्वारा इस्तेमाल शब्दों के अर्थ से आशय यह था कि गांधी और जो लोग गांधी का विरोध करते थे, वे वामपंथी थे। जवाहरलाल ने कठोर टिप्पणी करते हुए कहा कि पुराना कांग्रेस नेतृत्व राजनीति में वामपंथ की कसौटी नहीं है। यदि संघ शासन पर सवालों की प्रतिक्रिया वामपंथ या अन्य किसी का पैमाना था, तब सुभाष को इस मामले पर कार्यकारी समिति में चर्चा करनी चाहिए थी और इस विषय पर प्रतिक्रिया जानने के लिए प्रस्ताव लाना चाहिए था। बिना किसी समुचित वार्त्ता के ही सुभाष ने अपने सहकर्मियों पर सामूहिक रूप से पीछे हटनेवाला अभियोग लगाया।

जवाहरलाल ने अन्य मुद्दों, जैसे—राज्यों, हिंदू-मुसलमान, किसानों, श्रमिकों, विदेश नीतियों पर सवाल उठाए और यह भी जानना चाहा कि इन विषयों पर सुभाष का अपने सहकर्मियों से किस तरह का मतभेद है। जवाहरलाल ने कार्यकारी समिति के गठन को समस्याओं से भरा हुआ अनुमान लगाया और इस उलझन से बाहर निकलने के बेहतर तरीके के लिए सुभाष से स्पष्ट लिखित टिप्पणी माँगी। इस टिप्पणी के आधार पर चर्चा और उनकी स्थिति स्पष्ट हो सकती थी। उन्होंने ब्रिटिश सरकार को दी जानेवाली चेतावनी के संदर्भ में सुभाष के परामर्श के बारे में पूछा था कि वे इस बारे में क्या करना चाहते थे और वे इसके बाद क्या करेंगे? जवाहरलाल ने यह माना था कि उन्हें यह विचार बिल्कुल ही अच्छा नहीं लगा था। उन्होंने उस पत्र को यह कहते हुए समाप्त किया कि सार्वजनिक मामलों में सहकर्मियों के बीच विश्वास एवं स्पष्टवादिता होनी चाहिए और उन्होंने सुभाष से यही आशा भी की थी।[22]

इस पत्र की प्राप्ति के बारे में लिखे सुभाष के छोटे से पत्र से पता चलता है कि उन्होंने जवाहरलाल की टिप्पणी को महत्त्व दिया और महसूस किया कि उन्होंने उनकी कमियों के बारे में बताया था।[23] इससे यह अंदाज निकालना उचित नहीं था,

क्योंकि जवाहरलाल ने सुभाष पर व्यक्तिगत टिप्पणी नहीं की थी, बल्कि नीतियों और भविष्य की योजनाओं तथा चुनाव के दौरान उठाई गई समस्याओं पर सुभाष के समाधान के बारे में जानना चाहा था। जवाहरलाल के पत्र में सुभाष की स्थिति को लेकर उनके मन में भ्रम था और वे इसे ही स्पष्ट करना चाहते थे। गांधी को लिखे अपने पत्र में जवाहरलाल ने व्यक्तियों के बजाय नीतियों पर केंद्रित करने की आवश्यकता पर बल दिया था। गांधी ने कार्यकारी समिति से त्यागपत्र देने की अपनी इच्छा के बारे में लिखा था और इसके जवाब में उन्होंने लिखा कि "मैं दूसरों को परामर्श नहीं दे सकता हूँ; पर मैं ऐसी कोई वजह नहीं देखता हूँ कि मुझे त्यागपत्र देना चाहिए। यहाँ तक कि यदि सुभाष भी मुझसे त्यागपत्र देने के लिए कहते तो भी यह मुझे स्पष्ट नहीं है कि इस स्थिति में मुझे क्या करना चाहिए। वाकई सुभाष की इस नीति को आगे लाने में स्थिति स्पष्ट होनी चाहिए। कोई भी उनके कार्य में बाधा नहीं बनेगा; पर हमारे सामने यह सवाल व्यक्तिगत नहीं है। वे व्यक्तियों से परे हैं। मेरे विचार से, इस समय हमें सुभाष के साथ-साथ अन्य व्यक्तियों के बारे में सोचना छोड़कर समस्याओं पर ध्यान केंद्रित करना चाहिए।"[24]

सुभाष की जीत के तुरंत बाद गांधी को लिखे जवाहरलाल के पत्र से यह स्पष्ट है कि गांधी ने कार्यकारी समिति को छोड़ने का विचार बना लिया था। 8 फरवरी, 1939 को पटेल ने राजेंद्र प्रसाद को लिखा कि हमारे लिए बोस के साथ काम करना असंभव है; क्योंकि वे स्वतंत्र होकर काम करना चाहते हैं।[25] गांधी को लिखे जवाहरलाल के पत्र के बावजूद 22 फरवरी को वर्धा में कार्यकारी समिति में कुछ इसी तरह की चीज हुई थी। सुभाष बीमारी की वजह से इस बैठक में शामिल होने में असमर्थ थे और इस बैठक को स्थगित करने के लिए लिखा था। गांधी के आदेश पर कार्यकारी समिति के अन्य सदस्यों और पटेल ने जवाहरलाल एवं शरत बोस को छोड़कर इस्तीफा दे दिया था। सुभाष ने अपनी तरफ से इस विवाद को टालने की भरसक कोशिश की थी। वे इस मामले पर वार्त्ता करने गांधी के पास वर्धा पहुँचे थे, मगर 15 फरवरी को हुई इस वार्त्ता में कोई समाधान नहीं निकला। इस विषय पर सुभाष को एम.एन. राय ने उनके दाँव-पेंच के लिए चेतावनी भी दी थी और उनकी विजय के बाद उन्हें पत्र भी लिखा कि सीतारामैया की हार पर गांधी का बयान 'युद्ध की घोषणा' करने जैसा नहीं था। उन्होंने कहा कि यह युद्ध गांधी के ही तरीके, जिसे असहयोग कहते हैं, के रूप में ही है।[26] उन्होंने सुभाष को गांधी के नेतृत्व को पराजित करने की चुनौती देने के लिए कहा था। सुभाष के मन में इस तरह की कोई भावना नहीं थी, अन्यथा वे गांधी से मुलाकात करने

15 फरवरी को वर्धा क्यों जाते। किंतु यह भी स्पष्ट है कि सुभाष के अपने मन में भी स्थिति स्पष्ट नहीं थी। उन्होंने अपनी पत्नी को विएना एक पत्र जर्मन भाषा में लिखा था, जिसका अनुवाद प्रस्तुत है—"मुझे नहीं पता कि भविष्य में मुझे क्या करना चाहिए। कृपया मुझे बताओ कि मुझे क्या करना चाहिए।"[27]

कांग्रेस की कार्यकारी समिति के सदस्यों के इस्तीफे पर जवाहरलाल की प्रतिक्रिया कुछ अस्पष्ट थी। वे उन लोगों की तरफ नहीं थे, जिन्होंने इस्तीफा दिया था और न ही वे सुभाष से सहमत थे। इसीलिए उन्होंने सामूहिक रूप से इस्तीफा नहीं दिया, मगर अलग से दे दिया था। इसीलिए उन्होंने न तो गांधी, न उनके समूह और न ही सुभाष को खुश किया था। यहाँ तक कि उन्होंने स्वयं को भी खुश नहीं किया था। अपनी बेचैनी और नाराजगी के बारे में उन्होंने 'नेशनल हेरॉल्ड' में तीन किस्तों का एक लेख लिखा है। वे अपनी स्थिति के विरोधाभासों से परिचित थे। उन्होंने लिखा कि "अखबार कहता है कि मैंने कार्यकारी समिति से इस्तीफा दे दिया है। यह पूरी तरह से सही नहीं है, हालाँकि काफी हद तक सही भी है। जब समिति के पंद्रह में से बारह सदस्यों ने त्यागपत्र दे दिया था, तब समिति ऐसी चीज कुछ बची नहीं थी। अब बचा हुआ भाग यही कर सकता था। इस स्थिति ने मुझे ऐसा करने को प्रेरित किया था; जबकि मैं अपने सहयोगियों से बहुत से मायनों में मतभेद रखता हूँ।" उन्होंने कार्यकारी समिति के व्यवहार के प्रति असंतुष्टि के बारे में भी लिखा और उनका निर्णय समिति से बाहर रहने तथा अपने ढंग से काम करने की चाहत के रूप में सामने आया। उन्होंने यह स्वीकार किया कि उनके और उन बारह त्यागपत्र देनेवाले सदस्यों के बीच दूरी बढ़ चुकी थी तथा आगामी तीन वर्षों तक वे कार्यकारिणी के सदस्य के रूप में नहीं रहे। इससे यह पता चलता है कि जवाहरलाल सुभाष की तुलना में कांग्रेस के नेतृत्व से खुश नहीं थे। उनके और समिति से त्यागपत्र देनेवाले उन बारह सदस्यों के बीच की दूरी का असर यह था कि संगठन में कार्यकारी समिति की बैठक के बाद वे बारह लोग दो कारों में बैठकर वर्धा के लिए चले गए तथा जवाहरलाल एवं कृपलानी के पास वर्धा जाने के लिए पैदल के अलावा और कोई सहारा नहीं था।

जवाहरलाल को लगता था कि कार्यकारी समिति के सदस्यों पर दोषारोपण करना गांधी पर चोट करने जैसा था, क्योंकि वे ही कार्यकारी समिति के परामर्शदाता और मार्गदर्शक थे; इसीलिए उनके सामने सिवाय त्यागपत्र के और कोई विकल्प नहीं था। उन्होंने इस वास्तविकता का भी छिद्रान्वेषण किया कि कार्यकारी समिति को सुभाष के द्वारा सामान्य ढंग से भी समाहित किए जाने की अनुमति नहीं मिली,

क्योंकि सुभाष ने बीमार होने की वजह से गांधी को कार्यकारी समिति की बैठक को स्थगित करने के लिए कहा था। इसलिए जवाहरलाल के अनुसार, समिति को भंग करने की प्रक्रिया भी नहीं की गई। कार्यकारी समिति के दैनिक कामों को रोकने के सुभाष के निर्णय में कार्यकारी समिति में अविश्वास प्रस्ताव लाकर बाधा डाली गई थी। नए अध्यक्ष के प्रति व्यक्तिगत निष्ठा संगठन के प्रति निष्ठा पर हावी हो गई थी।

जवाहरलाल ने कांग्रेस संगठन में नियंत्रण की इच्छा में गतिरोध देखा। उन्होंने कांग्रेस हाई कमान के प्रति अधिकारवादी प्रकृति के खिलाफ उठी प्रतिक्रिया पर ध्यान दिया था; पर उन्होंने यह भी कहा कि नए नेतृत्व में पहले से अधिक अधिकारवादी प्रवृत्ति है। जवाहरलाल को मौलिक सुधारवादी नीतियों से कोई समस्या नहीं थी, चाहे वे इससे सहमत थे या नहीं थे, परंतु अधिकारवाद से संबंधित अतिवादी नारों की प्रवृत्ति गलत थी। यह इसलिए गलत है, क्योंकि यह लोगों को सोचने पर मजबूर करती है कि कठोर भाषा और शोर क्रियाओं का विकल्प है। यह खतरनाक इसलिए है कि उग्र अतिवादी नारे लोगों को मोहित करते हैं और उनके आवरण में अधिकारवाद घिरा रहता है। जवाहरलाल अपने पाठकों के मन में संदेह नहीं छोड़ते हैं कि उनके मन में फासीवाद की भावना जन्म ले चुकी थी और इसका पता उनके उद्धरण से चलता है, जिसमें उन्होंने कहा था, ''यूरोप में एक विचित्र घटना घटी और हमारी आँखों के सामने ही लोकतंत्र की गर्वीली इमारत ढह गई।...''[28]

कांग्रेस के संगठन के नियंत्रण के संबंध में जवाहरलाल का आकलन बहुत ही तीक्ष्ण एवं न्यायोचित था। शायद उनका यह दृष्टिकोण कांग्रेस आलाकमान के साथ उनके अनुभवों की वजह से हुआ था। कार्यकारी समिति से बहुमत में लोगों को त्यागपत्र देते देखकर उन्हें याद आ गया होगा कि जब वे सन् 1936 में लखनऊ के दौरान अध्यक्ष थे, तब इनमें से बहुत से लोगों ने त्यागपत्र दे दिया था; क्योंकि इनका जवाहरलाल के विचारों से मतभेद था। वैसे, सुभाष के मामले में स्थिति थोड़ी जटिल जरूर थी, पर मूल मुद्दा विचारों और कार्यक्रम में विरोध का ही था। हालाँकि जवाहरलाल का सुभाष के साथ वैचारिक अंतर बढ़ रहा था, मगर फिर भी उन्हें उनके साथ समानुभूति अवश्य महसूस हुई होगी। जब सुभाष ने जवाहरलाल से उनके इस्तीफे के बारे में पूछा, तब उन्होंने बहुत ही रूखा-सा जवाब दिया कि वे औपचारिक रूप से इस्तीफा देकर स्थिति को और जटिल नहीं बनाना चाहते हैं। इन परिस्थितियों में समिति काम नहीं कर सकती है। ''किंतु इसके अलावा इन परिस्थितियों में मुझे लगता है कि मैं आपकी कोई सहायता नहीं कर सकता हूँ।''[29] अंतिम वाक्य में उनका क्षोभ स्पष्ट नजर आता है।

सन् 1936 में जवाहरलाल अध्यक्ष पद से इस्तीफा देने के बारे में काफी गंभीरता से सोच रहे थे; परंतु उन्होंने ऐसा नहीं किया, क्योंकि वे जानते थे कि इसके गंभीर परिणाम होंगे। उनका गांधी के साथ एक लगाव भी था। सीतारामैया की हार के बाद सुभाष की अकेले पड़ जाने की प्रतिक्रिया पर उन्हें आश्चर्य हुआ होगा। उन्हें पता था कि सुभाष ने गांधी के साथ अपने लगाव के बारे में किसी से नहीं कहा था। उन्हें सुभाष के बारे में पूर्वानुमान भी हुआ होगा, जिसमें उन पर आनेवाली परेशानी, बीमारी और गांधी का अनशन पर चले जाना भी था।[30]

सुभाष ने डॉक्टरों की आज्ञा न मानते हुए बढ़ते हुए बुखार में ही नर्मदा के पास त्रिपुरी तक यात्रा की थी। गांधी ने इन दिनों यानी 10 और 12 मार्च को होनेवाले सत्र में हिस्सा नहीं लिया, क्योंकि वे गुजरात में उपवास पर थे;[31] मगर उनके लोग, जिन्होंने कार्यकारी समिति से त्यागपत्र दिया था, वे सभी वहाँ मौजूद थे। यहाँ की स्थिति तब और भी स्पष्ट हो गई, जब गोविंदबल्लभ पंत ने एक प्रस्ताव पेश किया, जिसके अनुसार, कांग्रेस गांधी की नीतियों के साथ दृढतापूर्वक खड़ी थी। इसने कार्यकारी समिति के पिछले एक साल के कार्यों के साथ विश्वास भी व्यक्त किया था तथा अध्यक्ष से गांधी की इच्छाओं के अनुसार कार्यकारी समिति को नामित करने का भी अनुरोध किया था।[32] सुभाष जिस वामपंथ का प्रतिनिधित्व करने का दावा करते थे, उसका सहयोग प्राप्त करने में पूरी तरह से असफल रहे। कांग्रेस के भीतर के सबसे बड़े वामपंथ समूह ने अलग रहने का निश्चय किया था। कुछ अन्य वामपंथियों ने इस प्रस्ताव में सुधार लाने की बात कही थी; पर वे असफल रहे। गांधी के समर्थक प्रस्ताव के समर्थन में बहुत ही मजबूती से बोले थे। राजगोपालाचारी, जिन्होंने पंत के इस प्रस्ताव की रूपरेखा तैयार की थी, बोले, "यहाँ दो नाव हैं—एक पुरानी नाव है" जिसके नाविक महात्मा गांधी हैं। दूसरे व्यक्ति के पास नई नाव है। महात्मा गांधी एक जाँचे-परखे नाविक हैं, जोकि आपको सुरक्षित पहुँचा सकते हैं। यदि आप दूसरी नाव में जाते हैं, जिसके बारे में मुझे पता है कि उसमें छेद है और हम सब डूब जाएँगे तथा नर्मदा नदी काफी गहरी है। नया नाविक कहता है, 'यदि तुम मेरी नाव में नहीं आते हो, तब कम-से-कम इसे अपनी नाव से बाँध लो।' परंतु यह असंभव है, क्योंकि हम छेदवाली नाव के साथ अपनी नाव बाँध नहीं सकते, अन्यथा हम सब डूब जाएँगे।"[33]

पंत का प्रस्ताव पारित हो गया। इस वजह से स्थिति अजीब सी हो गई थी। वे एक ऐसे चुने हुए अध्यक्ष थे, जो गांधी की इच्छाओं को मानने के लिए बाध्य थे, जिन्होंने सीतारामैया की हार को अपनी निजी हार मान लिया था। राजगोपालाचारी

के शब्दों से उनकी और उनके समूह की कठोरता का अंदाज लगता है। इसका पता इस तथ्य से भी लगता है, जब शरत बोस ने पटेल से कहा कि सुभाष और उनके समर्थक इस प्रस्ताव में थोड़ा फेर-बदल हो जाने के बाद इसका समर्थन कर देंगे;[34] परंतु पटेल का उन्हें कोई जवाब नहीं मिला। शरत बोस ने गांधी से शिकायत भी की थी कि पटेल इस प्रस्ताव में एक शब्द का भी परिवर्तन नहीं चाहते हैं। पटेल और उनके समूह के पास इस गतिरोध को दूर करने का एक ही समाधान था—सुभाष अपनी नई नाव को छोड़कर गांधी के सहयोगी बन जाएँ। किंतु इन दुराग्रहों ने सुभाष को गांधी के साथ किसी महान् मार्ग की तलाश से विचलित नहीं किया। उन्होंने धनबाद के पास एक स्थान पर अपने स्वास्थ्य-लाभ के दौरान भी पत्रों के द्वारा इस प्रस्ताव को जारी रखा।

गांधी के साथ अपने मतभेदों को दूर करने की कोशिश में उन्होंने जवाहरलाल को भी मार्च के आखिर में लगभग 27 पन्नों का एक लंबा पत्र लिखा था। इस पत्र से यह समझना कठिन था कि उनके संबंधों में तेजी से गिरावट आ रही थी। इस पत्र के पहले पैराग्राफ में सुभाष ने लिखा—"मुझे महसूस होता है कि पिछले कुछ समय से आप मुझे नापसंद करने लगे हैं। मैं ऐसा इसलिए कह रहा हूँ कि मैंने देखा है कि आप मेरे खिलाफ उठाए जानेवाले विषयों में बहुत उत्साहित रहते हैं। मेरे पक्ष में जो कुछ भी कहा जा सकता है, आप उसकी अनदेखी करते हैं।" पत्र के बाद की स्थिति इसे और भी स्पष्ट करती है। सुभाष ने कहा कि वे सन् 1937 में जब जेल से बाहर आए हैं, उनके मन में जवाहरलाल के प्रति निजी और सार्वजनिक जीवन में बहुत ही सम्मान है। "मैंने आपको राजनीतिक रूप से एक बड़े भाई और नेता के रूप में देखा है और अकसर ही आपका परामर्श भी चाहा है; परंतु परामर्श प्राप्त करने के मामले में आप अस्पष्ट और अप्रतिबद्ध रहे हैं।" यह पत्र आगे जाकर जवाहरलाल के खिलाफ एक निंदा-भाषण के रूप में परिवर्तित हो गया और इसमें कई उन घटनाक्रमों का भी जिक्र आया, जहाँ सुभाष को अपने इस राजनीतिक बड़े भाई के दुर्व्यवहार और गलत ढंग से समझे जाने एवं उपेक्षा का शिकार होना पड़ा था। उनकी शैली बहुत ही कठोर और तीक्ष्ण थी।

उदाहरणस्वरूप जवाहरलाल का 26 जनवरी को एक बयान आया था, जिसमें उन्होंने कहा था कि चर्चाएँ व्यक्तित्वों पर न होकर नीतियों और कार्यक्रमों पर होनी चाहिए। इस पर सुभाष ने लिखा—"क्या आपको ऐसा नहीं लगता है कि आप कुछ ख़ास लोगों के मामले में ही हमसे चाहते हैं कि हम लोगों को भूल जाएँ? जब सुभाष बोस चुनाव में दोबारा खड़े होते हैं, तब आप व्यक्तित्वों की अनदेखी

करके सिद्धांतों के महत्त्व की बात करते हैं; पर जब मौलाना आजाद चुनाव के लिए दोबारा खड़े होते हैं, तब आप उनके गुणगान में एक लंबा पत्र लिखने में नहीं हिचकिचाते हैं। जब सुभाष बोस बनाम सरदार पटेल या अन्य लोगों का मामला आता है, तब सुभाष बोस को व्यक्तिगत मुद्दों को स्पष्ट करना चाहिए। जब शरत बोस त्रिपुरी में कुछ चीजों के खिलाफ शिकायत करते हैं, तब वे आपके अनुसार व्यक्तिगत सवाल उठाते हैं और उन्हें कार्यक्रम और सिद्धांतों पर ही केंद्रित रहना चाहिए।'' सुभाष बहुत से मामलों में जवाहरलाल की अस्थिरता और एक ही साथ दो घोड़ों की सवारी वाली नीति पर हताश थे।

अपने इस पत्र में सुभाष ने वाकई व्यक्तित्वों के विवाद पर प्रकाश डाला था, जिसमें बोस बंधु और जवाहरलाल एवं कांग्रेस आलाकमान की खिलाफत की थी। सुभाष इस तथ्य से वाकिफ थे कि उन्होंने एक अत्यंत ही रूखा पत्र लिखा था। उन्होंने यह कहते हुए इसे खत्म किया कि ''यदि मैंने कठोर भाषा का इस्तेमाल किया या फिर आपकी भावनाओं को चोट पहुँचाई, तब कृपया मुझे क्षमा करें। आपने स्वयं ही कहा था कि स्पष्टवादिता से बेहतर कुछ नहीं होता है, इसलिए मैंने स्पष्ट होने की कोशिश की है। इसीलिए शायद निष्ठुर स्पष्टवादी हो गया हूँ।''[35] कांग्रेस को पूरी तरह से घेरते हुए सुभाष ने जवाहरलाल की तरफ समर्थन के लिए देखा था और जब स्थिति नहीं बनी, तब सुभाष ने आलोचना का विकल्प चुन लिया था। अपने वास्तविक विरोधी पर चोट कर पाने में असमर्थ होने पर उन्होंने उस व्यक्ति पर प्रहार किया, जो कभी उनका बहुत नजदीकी था और जिसने उनका साथ उस विषम परिस्थितियों में छोड़ दिया था।

जवाहरलाल को लिखे अपने पत्र में अपनी सारी वजहों के बावजूद इसमें एक पैरा ऐसा भी था, जिससे पाठकों को थोड़ी परेशानी हो सकती थी। सुभाष 22 फरवरी को कार्यकारी समिति के 12 सदस्यों के इस्तीफे के बाद जवाहरलाल के बयान से बहुत क्षुब्ध थे।[36] उन्होंने कहा कि आपका बयान आपके अनुकूल न होकर बहुत ही कठोर था। सुभाष ने लिखा कि कार्यकारी समिति के जिन सदस्यों ने त्यागपत्र दिया था, उन्होंने उनके खिलाफ एक भी कठोर शब्द का इस्तेमाल नहीं किया था; परंतु जवाहरलाल का बयान बिल्कुल ही भिन्न था और सुभाष के पास इसे व्यक्त करने के लिए कठोर भाषा के अतिरिक्त कोई शब्द नहीं थे।[37] आज जवाहरलाल के बयान को पढ़कर यह अनुमान लगाना मुश्किल है कि सुभाष इससे इतना परेशान क्यों हो गए थे। वे जवाहरलाल से उनकी स्थिति की असफलता से क्षुब्ध हो सकते थे, पर उनके बयान में ऐसा कुछ भी नहीं था।

सुभाष के शब्दों की तुलना में जवाहरलाल का जवाब संयमित और शांत था। उन्होंने सुभाष को उनकी स्पष्टवादिता के लिए धन्यवाद दिया और कहा, "स्पष्टवादिता अकसर पीड़ा देती है; परंतु जब लोगों को साथ काम करना है, तब यह जरूरी भी होती है।" इससे यह पता लगता है कि अपने सभी मतभेदों के बावजूद जवाहरलाल अप्रैल 1939 में सुभाष को अपना सहकर्मी बनाने को इच्छुक थे। अपने पत्र की शुरुआत में उन्होंने सुभाष के अभियोग और उनकी असफलताओं के बारे में लिखा था। इसके जवाब में जवाहरलाल ने कहा, "यह बहुत कठिन और हताशाजनक है; पर जहाँ तक उनकी असफलताओं का संबंध है, वे यह मानते हैं कि उन्हें रखना उनका दुर्भाग्य था।" उन्होंने सुभाष का आभार प्रकट किया और लिखा कि मेरे मन में आपके प्रति सम्मान और लगाव है, हालाँकि कभी-कभी मैं आपके किए कामों को पसंद नहीं करता हूँ कि आपने इन्हें क्यों किया था।" शेष पत्र में जवाहरलाल ने सुभाष के उठाए बिंदुओं का पैरा-दर-पैरा खंडन किया है।

सुभाष और जवाहरलाल के बीच बढ़ते मतभेदों की स्पष्टता इस पत्र के दो पहलुओं से पता चलती है। जवाहरलाल ने लिखा था, "इन दिनों यूरोप में पिछले कुछ वर्षों ने वामपंथी विचारधारा या सिद्धांतों की स्पष्टता के बिना ही वामपंथी नारों का प्रचलन बढ़ा है। यह फासीवाद की तरफ ले जाता है।...इस तरह की संभावना भारत में भी हो रही है और इसने मेरे मन को व्यथित भी किया है। वास्तविकता यह है कि अंतरराष्ट्रीय मामलों में आपका दृष्टिकोण मुझसे अलग है और जर्मनी के नाजीवाद या इटली के फासीवाद की मेरी निंदा का पूरी तरह से समर्थन भी नहीं करने से मुझे परेशानी हुई तथा संपूर्ण परिदृश्य को देखते हुए मुझे आपकी उस दिशा की तरफ चाहत नहीं है, जिस तरफ आप हमें ले जाना चाहते थे।" इसके साथ ही जवाहरलाल ने इस पर टिप्पणी की, "जीवन के प्रति हमारा दृष्टिकोण और हम स्वभाव से भिन्न हैं तथा इसकी समस्याएँ भी समान नहीं हैं। जीवन के प्रति अपने दृष्टिकोण को व्यक्त करते हुए जवाहरलाल ने पत्र के जवाब में अंत में लिखा—"मैं एक असंतुष्ट व्यक्ति हूँ, जो स्वयं से और दुनिया से असंतुष्ट है और वह जिस दुनिया में रहता है, वह उसे पसंद नहीं करती है।"[38] इन दोनों महत्त्वपूर्ण बिंदुओं से इन दोनों ही व्यक्तियों के अलग-अलग मार्गों का पता चलता है।

इस वार्ता के दौरान सुभाष एक कार्यकारी समिति के गठन में व्यस्त थे और इसके लिए वे गांधी का समर्थन व सहमति चाहते थे। गांधी को लिखे अपने पहले पत्र में सुभाष ने उनसे पूछा था कि कार्यकारी समिति के गठन के बारे में उनकी

क्या धारणा है और यदि गांधी कमेटी में समरूपता चाहते हैं, तब यह स्पष्ट है कि एक तरफ मेरे जैसे लोग और दूसरी तरफ सरदार पटेल एवं अन्य लोग एक ही समिति में नहीं रह सकते हैं। यदि समिति समरूप नहीं होने जा रही थी, तब सुभाष का परामर्श था कि वे और पटेल अलग-अलग सात-सात लोगों के नाम सुझाएँगे। इसके अतिरिक्त, उन्होंने गांधी से पूछा कि वे उन्हें अध्यक्ष के रूप में किस तरह से काम करते देखना चाहते थे? उन्होंने गांधी को याद दिलाया कि 15 फरवरी को जब वे वर्धा में उनसे मिले थे, तब गांधी ने उनसे कहा था कि "मैं आपके दृष्टिकोण को स्वेच्छा से स्वीकार कर लूँ, अन्यथा स्वयं को तुच्छ समझना वास्तव में आत्म-दमन होगा और जिसकी आप स्वीकृति नहीं दे सकते थे।" सुभाष ने लिखा कि "उनके सामने दो विकल्प थे—या तो वे स्वयं को तुच्छ समझते या फिर अपनी सत्यनिष्ठा पर टिके रहते।" उन्होंने पूछा कि क्या गांधी उन्हें एक छद्म अध्यक्ष के रूप में देखना चाहते थे?[39] चार दिनों के बाद सुभाष ने अपने एक और पत्र के माध्यम से गांधी से अनुरोध किया था कि वे सच्चे पक्षपातहीन बनें और दोनों ही दलों का विश्वास प्राप्त करें तथा नेतृत्व करें। उन्होंने गांधी से कहा कि "आपने हमारे सामने दो ही विकल्प छोड़े हैं कि या तो आप कार्यकारी समिति के गठन में हमारे दृष्टिकोण को समाहित करें या फिर अपने दृष्टिकोण पर बने रहें। यदि आप दूसरा विकल्प चुनते हैं।" तब सुभाष ने गांधी को चेतावनी दी कि "हम अलग-अलग रास्तों पर जा सकते हैं।"[40]

गांधी ने सुभाष के द्वारा उठाए गए किसी भी सवाल का जवाब नहीं दिया, परंतु उन्होंने मध्य फरवरी में वर्धा में हुई बात को दोहेरा दिया था कि चूँकि मौलिक रूप से मतभेद हैं, इसलिए संयुक्त समिति का गठन नुकसानदेह होगा। उन्होंने सुभाष को कमेटी के सदस्यों के विकल्प के बारे में मुक्त रहने के लिए कहा था, क्योंकि सुभाष को लगता था कि पंत का प्रस्ताव उनके अधिकार-क्षेत्र के बाहर था। उन्होंने सुभाष को यकीन दिलाया कि यदि वे बहुमत में होंगे, तब गांधीवादी उनके लिए अवरोध नहीं बनेंगे; परंतु यदि वे स्पष्ट बहुमत में होंगे, तब वे स्वयं को दबा नहीं सकते हैं। यदि सुभाष को अध्यक्ष के रूप में कार्य करना पड़ता, तब उनके हाथ खुले होने चाहिए थे। गांधी के अनुसार, देश की स्थिति के लिए कोई भी बीच का मार्ग स्वीकार्य नहीं था।[41] गांधी ने अप्रत्यक्ष रूप से सुभाष के सामने उनकी अपनी कार्यकारी समिति के गठन तथा कांग्रेस के भीतर अपनी शक्ति सिद्ध करने की चुनौती दे दी थी।

कार्यकारी समिति के गठन के संदर्भ में इसमें आगे भी पत्राचार हुए थे। गांधी

चाहते थे कि सुभाष अपनी समिति का नामकरण कर लें; परंतु सुभाष ने इसे बिना गांधी के परामर्श के करने से मना कर दिया था। किंतु सुभाष ने उन्हें सावधान भी किया कि यदि इनमें बँटवारा होगा, तब एक गृहयुद्ध हो जाएगा। उन्होंने गांधी को कांग्रेस के बारे में अपनी योजना से भी अवगत कराया कि अंतरराष्ट्रीय स्थिति के साथ-साथ हमारे अपने देश की स्थिति ने मुझे आठ महीने पहले ही विश्वास दिला दिया था कि 'पूर्ण स्वराज' पर बल देने का समय आ चुका है। उन्हें इस बात का पूरा यकीन था कि यदि इस आंदोलन को शुरू कर दिया जाए, तब तो भारत में पूर्ण स्वराज अधिक-से-अधिक आठ महीनों में मिल जाएगा। उन्होंने कहा कि दुर्भाग्य से गांधी उनके विचारों से सहमत नहीं हुए। परंतु सुभाष गांधी से इस आंदोलन का नेतृत्व करने का आग्रह करते रहे। इसके साथ ही उन्होंने यह भी कहा कि "यदि आपको लगता है कि कोई दूसरा अध्यक्ष इस लड़ाई को बेहतर तरीकों से लड़ सकता है, तब मैं खुशी से अलग हटने के लिए तैयार हूँ।"[42]

बहुत सी दलीलों, पत्रों और टेलीग्राम के बावजूद उन दोनों के बीच कार्यकारी समिति के गठन को लेकर कोई समझौता नहीं हो पाया था। गांधी ने सुभाष को अपनी स्वयं की कार्यकारी समिति बनाने और अपने कार्यक्रमों की रूपरेखा बनाकर अखिल भारतीय कांग्रेस कमेटी के सामने रखने का परामर्श दिया था; परंतु इस परिस्थिति के सुभाष के आकलन से वे पूरी तरह से असहमत थे। उन्होंने लिखा कि "मैं अहिंसक जन-आंदोलन का वातावरण नहीं देख रहा हूँ। बिना किसी प्रभावी समर्थन के चेतावनी का कोई मतलब नहीं है।...मुझे पूरा यकीन है कि वर्तमान कांग्रेस बेहतर परिणाम और सविनय अवज्ञा आंदोलन को भी एक अच्छा रूप नहीं दे सकती।" उन्होंने यह भी कहा कि "यदि आपका पूर्वानुमान सही है, तब मेरी कोई उपयोगिता नहीं है और मैं सत्याग्रह के मुखिया के रूप में बाहर हूँ।"[43] क्या गांधी का यह अंतिम आत्मनिंदा का वाक्य सुभाष को कांग्रेस के एक नेता के रूप में उनकी अवज्ञा करने की छुपी हुई चुनौती थी? इससे यह भी लगता है कि गांधी और सुभाष जब जन-आंदोलन के बारे में बोलते थे, तब वे पूरी तरह से भिन्न थे। गांधी ने इस बारे में मई 1939 में एक साक्षात्कार में कहा था, "मैं जिस रूप में सत्याग्रह को लेता हूँ, सुभाष का आशय उससे भिन्न है।"[44]

चूँकि जवाहरलाल को गांधी एवं बोस के बीच के पत्र-व्यवहारों के बारे में पता था तथा गांधी उन्हें सभी पत्र भेजा भी करते थे, इसलिए उन्होंने गांधी को अप्रैल के मध्य में पत्र लिखा कि उन्हें लगता था कि इस विचार-प्रवाह में एक गतिरोध आ चुका है और उन्हें इसका कोई रास्ता नहीं नजर आ रहा था। उन्होंने यह भी

स्वीकार किया कि वे उस दुर्भाग्यशाली व्यक्ति की तरह हैं, जो किसी भी दृष्टिकोण से सहमत नहीं है···और इसीलिए वे चुप हैं। परंतु परिस्थितियाँ उन्हें इससे दूर हटने की अनुमति नहीं देती हैं, क्योंकि मुद्दा बहुत गंभीर है और इसके परिणामों का अवलोकन दुःखद है। जवाहरलाल ने गांधी को स्पष्ट परामर्श दिया, "जब तक आप अपने ऊपर एक बड़ी जिम्मेदारी नहीं लेंगे, तब तक मुझे इसका समाधान नहीं दिखता है। आपको आगे बढ़कर नेतृत्व करना होगा और आप घटनाओं के हो जाने का इंतजार नहीं कर सकते हैं। सुभाष कई बार असफल हो चुके हैं, परंतु उनमें मित्रवत् दृष्टिकोण के नुकसान का खतरा है। मुझे पूरा यकीन है कि यदि आप इसके लिए तैयार होंगे, तब आपको रास्ता मिल सकेगा।" जवाहरलाल यहाँ गांधी को परामर्श देते हुए नजर आ रहे हैं और उनके अंतिम वाक्य से पता चलता है कि गांधी समस्या के समाधान पर पर्याप्त प्रयास नहीं कर रहे थे। दूसरा दृष्टिकोण यह भी है कि सुभाष के कठोर पत्र के बावजूद जवाहरलाल के मन में सुभाष के प्रति अच्छी भावना थी।

इसके अतिरिक्त, सुभाष की बीमारी में जवाहरलाल उन्हें देखने जीलगोरा भी गए थे।[46] उन्हें पता था कि उनकी इस यात्रा से किसी भी तरह का समाधान नहीं होगा, फिर भी वे सुभाष को देखने पहुँचे थे। उन्होंने सुभाष से भी अपनी यही भावना व्यक्त की थी।[47] सुभाष और जवाहरलाल के बीच घंटों तक बातें हुईं।[48] जवाहरलाल ने इस बारे में गांधी को तार भी भेजा था—"स्थिति के नियंत्रण के लिए आपका निर्देशन आवश्यक है। आशा है, आप स्वस्थ होंगे।"[49] यही बात उन्होंने उस दिन पत्र में भी लिखी थी। उन्होंने गांधी से इस गतिरोध को अखिल भारतीय कांग्रेस कमेटी की बैठक से पहले समाप्त करने का अनुरोध किया; क्योंकि गांधी ही ऐसे व्यक्ति थे, जो इसे कर सकते थे। इस प्रस्ताव को प्रभावशाली बनाने के लिए उन्होंने बताया कि परेशानियों की आक्रामकता को कम करना संभव था। जवाहरलाल ने गांधी से कहा, "जहाँ तक कार्यक्रम का सवाल है, इसमें सुभाष और अन्य लोगों का मतभेद स्पष्ट है; परंतु व्यावहारिक रूप से यह भी स्पष्ट है कि हमारे कार्यक्रम और दृष्टिकोण में कोई फर्क नहीं आएगा, यदि कार्यकारी समिति का गठन आपकी इच्छाओं से हो और इसके कार्यक्रम आपके मार्गदर्शन में हों।···मैंने सुभाष से समझा है कि वे भी इससे बिना किसी विरोध के सहमत थे; बल्कि उन्हें भी लगता है कि इस समय यही आवश्यक है। वे अकसर विचित्र व्यवहार करते हैं और उनके बयान समस्याएँ उत्पन्न करते हैं। हालाँकि यह चीज इसे कम करेगी।[50] उसी दिन उन्होंने इस बारे में आजाद को भी पत्र लिखा कि "सुभाष के साथ उनकी

वार्त्ता मित्रवत् और स्पष्ट थी।'' कार्यकारी समिति के गठन की मुख्य समस्या के बारे में जवाहरलाल ने लिखा था—''मुझे पूरा विश्वास है कि सिर्फ एक ही चीज सुभाष के द्वारा हो सकती है कि वे कार्यकारी समिति का गठन पूरी तरह से गांधी पर छोड़ दें और उनके सहयोग का वायदा करें...मेरे परामर्श पर सुभाष सहमत थे, पर मैं वाकई नहीं जानता हूँ कि उनके मन में क्या है।''[51]

जवाहरलाल की उम्मीद बेकार सिद्ध हुई। गांधी ने जवाहरलाल की सूचना का जवाब नहीं दिया। 19 अप्रैल को जब जवाहरलाल की गांधी से मुलाकात हुई, गांधी ने सुभाष को तार भेजा, जिसमें लिखा था—''आपके पत्र के बहुत से परामर्शों के बावजूद मैं इस आपसी अविश्वास और संदेह के वातावरण में पंत के प्रस्ताव की शर्तों को मानने में असहाय हूँ। मुझे अभी भी लगता है कि आपको साहसपूर्वक समिति का गठन करना चाहिए। आप जो दृष्टिकोण रखते हैं, उसके साथ यह अन्याय होगा।'' यह स्पष्ट नहीं है कि गांधी के द्वारा भेजे गए तार की जानकारी उन्हें थी या नहीं। गांधी ने स्पष्टतः अपना विचार नहीं बदला और उन्होंने सुभाष से कार्यकारी समिति के गठन के लिए कहा था।[52] इसका एक कारण यह भी हो सकता है कि वे पंत के प्रस्ताव से भी असहमत रहे होंगे।[53] 29 अप्रैल को होनेवाली अखिल भारतीय कांग्रेस कमेटी की बैठक से पहले गांधी और सुभाष की मुलाकात 27-28 अप्रैल को कलकत्ता के पास सोदेपुर में हुई थी। किंतु यह वार्त्ता भी बेअसर रही। 29 अप्रैल को गांधी ने सुभाष को लिखा—''आपसे किंतु पंत के प्रस्ताव के अनुसार कार्यकारी समिति के गठन के लिए पूछा था।...मैं इसमें पूरी तरह से असमर्थ हूँ। इस बारे में बहुत कुछ त्रिपुरी में हो चुका है। आपका दृष्टिकोण और बहुत से सदस्यों में मौलिक मतभेद हैं। मुझे लगता है कि मैंने गठन किया, तब यह आप पर इसे थोपना होगा। मैं इस विषय पर आपके साथ पत्रों के माध्यम से एक लंबी वार्त्ता कर चुका हूँ। इन तीन दिनों में हुई आपके साथ वार्त्ता मेरे दृष्टिकोण को परिवर्तित न कर सकी। इस स्थिति में आप अपनी स्वयं की समिति बनाने के लिए स्वतंत्र हैं।''[54]

इस प्रकार अखिल भारतीय कांग्रेस कमेटी की बैठक में सुभाष की स्थिति अजीब थी; क्योंकि वे एक ऐसे अध्यक्ष थे, जिसकी कार्यकारी समिति नहीं थी। उन्हें महसूस हुआ कि यह स्थिति तर्कसंगत नहीं थी। विकल्पहीनता की इस स्थिति में सुभाष ने एक सम्मानजनक काम किया। उन्होंने अपना त्यागपत्र दे दिया। कांग्रेस को दिया उनका बयान बहुत ही छोटा था, क्योंकि गांधी का पत्र बैठक शुरू होने के ठीक पहले यानी 29 अप्रैल को ही मिला था। उनका बयान बहुत ही संयमित

और बिना किसी अभियोग के ही था। इसमें सिर्फ उनके कार्यकारी समिति न गठित कर पाने की असफलता के तथ्यों का ही जिक्र था।''[55]

सुभाष के त्यागपत्र में महत्त्वपूर्ण बात ध्यान देने योग्य यह थी कि इसका संबंध जवाहरलाल से था। जवाहरलाल ने सुभाष को त्यागपत्र को वापस लेने के लिए अखिल भारतीय कांग्रेस कमेटी में एक प्रस्ताव पेश किया। जवाहरलाल को लगता था कि बीच मार्ग में घोड़ों को बदलना समझदारी नहीं थी। वे चाहते थे कि पिछली कार्यकारी समिति को अपना कार्य जारी रखना चाहिए और जो दो पद बीमारी एवं जेल की वजह से रिक्त हुए थे, उन्हें सुभाष के द्वारा भरा जाना चाहिए। उन्होंने सभी सदस्यों से पुरानी बातें भूलकर आगे की ओर देखने का अनुरोध किया। सुभाष और गांधी के बीच जो भी हुआ, इसके बावजूद जवाहरलाल ने दृढतापूर्वक कहा कि ''महात्मा गांधी और श्री सुभाष चंद्र बोस के बीच सिद्धांतों पर मतभेद नहीं है, बल्कि वे बहुत ही सतही स्तर पर ही हैं।''[56] हालाँकि सुभाष अपना त्यागपत्र तब तक वापस लेने को इच्छुक नहीं थे, जब तक कि अखिल भारतीय कांग्रेस कमेटी उनके दृष्टिकोण वाली संयुक्त समिति के गठन पर विचार न कर ले, तत्पश्चात् जवाहरलाल ने अपना प्रस्ताव वापस ले लिया। इस प्रकार सुभाष ने कांग्रेस अध्यक्ष का पद छोड़ दिया और उनकी जगह राजेंद्र प्रसाद ने ले ली थी। सुभाष और जवाहरलाल दोनों ने ही राजेंद्र प्रसाद द्वारा गठित समिति के अंतर्गत कार्य करने से मना कर दिया था।

जवाहरलाल ने अपने एक युवा मित्र वी.के. कृष्ण मेनन को अपने एक निजी पत्र में कलकत्ता में हुई घटनाओं से उपजे अपने असंतोष के बारे में लिखा था। उनके अनुसार, ''जहाँ तक कलकत्ता की बैठक का संबंध था, इसमें सुभाष साथ-साथ काम करने के इच्छुक तथा सहयोग की भावना बनाए हुए थे; परंतु उनके खिलाफ बहुत अधिक पूर्वग्रह एवं संदेह बना हुआ था और कुछ लोग उनके साथ काम करने में कठिनाई महसूस कर रहे थे।''[57] जवाहरलाल की सहानुभूति सुभाष के साथ थी। वे शायद अखिल भारतीय कांग्रेस कमेटी के परिणाम से निराश हुए होंगे, क्योंकि जब वे अप्रैल के मध्य में सुभाष को देखने गए थे, तब उन्होंने गांधी से सुभाष को अध्यक्ष के रूप में स्वीकार करने का अनुरोध करते हुए लिखा था—''उन्हें बाहर करने की कोशिश मुझे एक बहुत ही गलत कदम लगता है।''[58] कलकत्ता अधिवेशन की वजह से उनमें उपजे असंतोष का पता इस तथ्य से लगता है कि इसके बाद 27 जुलाई तक उनके और गांधी के बीच किसी भी तरह का पत्र-व्यवहार नहीं हुआ था।

सुभाष को पुनः चुनाव में उत्पन्न विरोध, त्रिपुरी में पंत का प्रस्ताव, गांधी की जिद और अखिल भारतीय कांग्रेस कमेटी के कलकत्ता अधिवेशन की घटनाओं का आपसी संबंध नजर आता है। जवाहरलाल को संभवतः अपने अनुभवों से पहले गांधी और उनके लोगों की सोच और व्यवहार के बारे में पता था, इसलिए उन्होंने गांधी को सुभाष को अध्यक्ष पद से हटाने की त्रुटि के बारे में अपने विचार लिखे थे। गांधी भी नैतिक मूल्यों के आधार पर यही चाहते थे कि सुभाष पूरी तरह से स्वतंत्र होकर अपनी कार्यकारी समिति का गठन करें। गांधी इससे अनभिज्ञ नहीं हो सकते थे कि सुभाष वास्तव में पंत के उस प्रस्ताव से बँधे हुए थे, जिसे गांधी के नजदीकी सहयोगियों ने तैयार किया था और जो पारित भी हो गया था। सुभाष पूरी तरह से कांग्रेस के वरिष्ठ समूह के द्वारा घेर लिये गए थे और उन्हें मात भी दे दी गई थी।

इस घटनाक्रम में गांधी अपनी नैतिक स्थिति के बावजूद एक बुरी स्थिति जैसे क्षुद्र और चालबाजी भरे अविश्वसनीय राजनेता के रूप में उभरकर सामने आए थे। एक स्तर पर तो गांधी–सुभाष के इस आकलन कि भारत ब्रिटेन को चेतावनी देने व जन–आंदोलन की स्थिति पर आ चुका है, पर पूरी तरह से असहमत थे तथा दूसरी तरफ कांग्रेस पर नियंत्रण का भी सवाल था। यहाँ गांधी उन लोगों की भावनाओं की अनदेखी नहीं कर सकते थे, जो राजनीतिक रूप से उनके निकट थे और उनकी गांधी में पूरी निष्ठा थी। इन लोगों में सुभाष और उनके दृष्टिकोण के प्रति वैर–भाव था और इसीलिए वे एक साथ भी थे। वे सभी इस तथ्य से परिचित थे कि गांधी जवाहरलाल की तुलना में सुभाष से कम प्रभावित थे। सन् 1936 में ये लोग जवाहरलाल के गांधी के साथ बने भावनात्मक जुड़ाव पर निर्भर थे, ताकि वे उन्हें साध सकें; परंतु सुभाष के साथ इसकी सुनिश्चितता नहीं थी। अपने मतभेदों के बावजूद जवाहरलाल गांधी के प्रति आदर व श्रद्धा का भाव रखते जबकि सुभाष के दृष्टिकोण को लेकर उनके व्यक्तित्व के रूप में एक खतरा हमेशा बना रहता था। इसमें कुछ हद तक जी.डी. बिरला की भी मौजूदगी थी। गांधी और उनके सहयोगियों पर बिरला के प्रभाव के बारे में ठीक–ठीक कहना कठिन है, पर वे काफी निकट थे तथा वामपंथ के विरोध में उनका झुकाव स्पष्ट था। इस संदर्भ में यह भी कहा गया है कि जब गांधी ने पटेल से कलकत्ता में हो रही अखिल भारतीय कांग्रेस कमेटी की बैठक में भाग लेने से मना कर दिया था, तब उन्होंने अपने इस निर्णय को बिरला को बताया था।[59]

वैसे, यह सभी को पता था कि सुभाष एम.एन. राय के अनुसार चलेंगे और गांधी तथा कांग्रेस के नेतृत्व का विरोध करेंगे; परंतु अप्रैल 1939 में उन्हें लगा कि

वे यह करने की स्थिति में नहीं थे, हालाँकि अखिल भारतीय कांग्रेस कमेटी में उत्पन्न घटनाक्रमों ने उन्हें उसी तरफ ढकेल दिया था। इस अधिवेशन का परिणाम सुभाष के लिए परेशानी भरा था। वे कलकत्ता और बंगाल के एक करिश्माई नेता बन चुके थे। त्रिपुरी और कलकत्ता अधिवेशन की घटनाओं ने उनकी लोकप्रियता को एक मोड़ पर ला दिया था। सेंट्रल कलकत्ता के वेलिंगटन स्क्वायर में चल रही अखिल भारतीय कांग्रेस कमेटी की बैठक में एक भारी भीड़ इकट्ठा हो चुकी थी। जैसे ही सुभाष के इस्तीफे की खबर फैली, वह भीड़ क्रुद्ध हो गई और सुभाष को अपने समर्थकों की नाराजगी से बचाकर कुछ कांग्रेस नेताओं को सुरक्षित पहुँचाना भी पड़ा था।

सुभाष के लिए वह पत्र सबसे अधिक संतोषजनक था, जब उन्हें टैगोर का एक हमदर्दी भरा संदेश मिला था। टैगोर ने लिखा था—"इस अति उत्तेजनात्मक स्थिति में आपने जिस गौरव और धैर्य का प्रदर्शन किया है, उसने मेरे मन में आपके नेतृत्व के प्रति सम्मान और प्रशंसा बढ़ाई है। ठीक यही भाव बंगाल को अपने आत्मसम्मान के लिए बनाए रखना होगा, ताकि आपकी मौजूदा पराजय को हमेशा बनी रहनेवाली विजय में परिवर्तित करने में आसानी हो।"[60] उन्होंने जनवरी 1939 में सुभाष को 'देशनायक' का संबोधन दिया था। इसी भावना के साथ सुभाष ने एमिली को पत्र लिखा कि "मैंने त्यागपत्र देकर कुछ भी खोया नहीं है। वास्तव में, अब मैं और भी अधिक लोकप्रिय हो गया हूँ।"[61] अपने अगले पत्र में उन्होंने लिखा कि "भारत एक विचित्र जगह है। यहाँ लोगों को प्यार शक्ति प्राप्त करने पर नहीं, बल्कि शक्ति छोड़ने पर मिलती है। उदाहरण के लिए, लाहौर में पिछली बार की तुलना में मेरा अधिक गर्मजोशी से स्वागत हुआ है।"[62]

अपने त्यागपत्र के बाद जैसा कि जवाहरलाल को पूर्वानुमान था,[63] सुभाष ने फॉरवर्ड ब्लॉक का गठन करना शुरू कर दिया था। यह कांग्रेस के भीतर एक ऐसा मंच था, जहाँ सभी मौलिक सुधारवादी लोग एकत्रित हुए थे। यह एक ऐसा मंच था, जो कांग्रेस के दक्षिणपंथ से किसी तरह का समझौता नहीं करेगा।[64] किंतु सुभाष जिस तरह की एकता चाहते थे, वह यहाँ नहीं थी, क्योंकि सभी वामपंथी समूह और दल अपनी अलग पहचान रखना चाहते थे। अंततः वे सभी वामपंथी संयुक्त समिति को मंच बनाने के लिए तैयार हो गए और सुभाष को उसका अध्यक्ष बना दिया गया था। सुभाष इतने पर ही नहीं रुके। उन्होंने देश भर में ब्रिटिश शासन के खिलाफत अभियान के लिए समर्थन जुटाने हेतु यात्रा भी की थी।

सुभाष की गति को कम करने की कोशिश में अखिल भारतीय कांग्रेस कमेटी

ने दो प्रस्ताव पारित किए—एक के अनुसार बिना पार्टी नेतृत्व की पूर्व अनुमति के कांग्रेस के सदस्य सत्याग्रह में भाग नहीं ले सकते थे। दूसरे के अनुसार, इसने प्रांतीय मंत्रियों को प्रांतीय दलों से आदेश लेने से मुक्त कर दिया था। सुभाष और वाम संयुक्त समिति ने इन दो प्रस्तावों के द्वारा कांग्रेस के भीतर लोकतंत्र को वश में करने के कदमों के रूप में देखा और तब इसने 9 जुलाई को पार्टी हाई कमान द्वारा लागू इन अध्यादेशों के खिलाफ विरोध-दिवस मनाया। सुभाष ने बंबई में इस विरोध सभा का नेतृत्व किया था। कांग्रेस कार्यकारी समिति ने उनपर वापस चोट करते हुए पार्टी अनुशासन को भंग करने के आरोप में तीन वर्षों तक उन्हें कांग्रेस के किसी भी प्रभावशाली कार्यालय को सँभालने पर प्रतिबंध लगा दिया था। इतना प्रतिबंध होने पर भी सुभाष ने कांग्रेस के प्रति अपनी निष्ठा छोड़ने से मना कर दिया था। अगस्त माह में उन्होंने घोषणा की थी, "मैं पूर्व से भी अधिक लगाव के साथ कांग्रेस के साथ जुड़ा रहूँगा और राष्ट्र के एक सेवक के रूप में देश व कांग्रेस की सेवा करता रहूँगा।" किंतु उनकी यह निष्ठा आलोचना-मुक्त नहीं थी। इसी बयान के साथ उन्होंने यह भी कहा, "यह निर्णय उचित एकता की प्रक्रिया का तार्किक परिणाम है, जो कि पिछले कुछ वर्षों से चल रहा है।...कार्यकारी समिति के कार्यों ने कांग्रेस के वर्तमान बहुमत के वास्तविक चरित्र को उजागर करने का काम किया है।"[65] यह बिल्कुल ही स्पष्ट था कि कांग्रेस के भीतर सुभाष के राजनीतिक कॅरियर का अंत आ चुका था।

सुभाष द्वारा गठित फॉरवर्ड ब्लॉक और इन दोनों अध्यादेशों की उनकी खिलाफत जवाहरलाल की सहानुभूति प्राप्त करने में असफल रही। फॉरवर्ड ब्लॉक के गठन पर उन्होंने कहा कि "वे इसे सहमति नहीं देते हैं और इसे बहुत महत्त्व भी नहीं देते हैं।" इसके साथ ही उन्होंने यह भी कहा कि किसी भी सक्रिय संगठन में मतभेद हो सकते हैं, परंतु ये मतभेद व्यक्तियों के साथ भ्रमित नहीं होने चाहिए। यह स्थिति देश-हित में नहीं होगी।"[66] 'नेशनल हेरॉल्ड' में लिखे अपने एक लंबे लेख में उन्होंने फॉरवर्ड ब्लॉक के गठन के आकलन पर विस्तार से लिखा—"फॉरवर्ड ब्लॉक एक नकारात्मक समूह से अधिक कुछ नहीं है, जिसका पूरा गठन वर्तमान कांग्रेस के नियंत्रण या व्यक्तियों के खिलाफ व नापसंदगी पर आधारित है। इसमें निश्चित सिद्धांतों पर आधारित सकारात्मक नीति का अभाव है।" जवाहरलाल के अनुसार, फॉरवर्ड ब्लॉक की खुली नीति में खतरे थे, जैसे—"काफी संभव है कि इसमें फासीवादी और सांप्रदायिक तत्त्वों का प्रवेश हो और वे कांग्रेस और इसकी फासीवादी-विरोधी नीतियों के खिलाफ अपनी काररवाई जारी रखें। जब यह स्थिति आएगी, तब सुभाष बाबू इसका सामना कैसे करेंगे ? हमें याद रखना चाहिए कि यूरोप

में फासीवाद मौलिक सुधारवादी नारों और वाक्यों के आवरण में ही विकसित हुआ था।...यूरोप का हालिया इतिहास हमारे लिए एक शिक्षा है, जिसकी हमें अनदेखी नहीं करनी चाहिए।''[67] जवाहरलाल ने इन दोनों प्रस्तावों के खिलाफ सुभाष के विरोध की आलोचना की थी। उन्होंने कहा कि इस तरह के विरोध नुकसानदेह हैं और पार्टी के भीतर गुटबंदी को बढ़ावा देते हैं। वे सुभाष के इस दृष्टिकोण से सहमत नहीं थे कि यह प्रस्ताव लोकतंत्र की मूल अवधारणा में हस्तक्षेप करते हैं। उन्होंने लिखा—''लोकतंत्र से यह आशय नहीं है कि किसी को उसकी मनमानी करने का अधिकार मिल जाता है। कांग्रेस एक विशेष पंथ और उद्देश्य के साथ लोकतांत्रिक है। यह इसके किसी भी सदस्य को एक ऐसे विरोध को जारी रखने का अधिकार नहीं दे सकती है, जो इसके सिद्धांतों को नुकसान पहुँचाए।''[68]

जवाहरलाल की आलोचना विशेष तौर पर फॉरवर्ड ब्लॉक को लेकर थी और इससे सुभाष को परेशानी हुई थी। सुभाष ने लिखा—''मैं पंडितजी से पूछना चाहूँगा कि फॉरवर्ड ब्लॉक के कार्यक्रम में उन्हें कहाँ अवसरवाद या फासीवाद नज़र आया? मैं उनसे यह भी जानना चाहूँगा कि फॉरवर्ड ब्लॉक के कौन से सदस्य अवसरवादी या फासीवादी हैं।...मैं ऐसे अवसरवादियों को कहूँगा कि वे खरगोश के साथ दौड़ते हैं और कुत्ते के साथ मिलकर शिकार करते हैं। ऐसे लोग वामपंथी होने का नाटक करते हैं और दक्षिणपंथी की तरह व्यवहार करते हैं। ऐसे लोगों को फासीवादी कहा जाएगा, जो लोग कांग्रेस के भीतर और बाहर फासीवाद के खिलाफ संघर्ष कर रहे हैं या वे लोग फासिस्ट कहे जाएँगे, जो मौजूदा तानाशाही 'हाई कमान' का सहयोग समरूप कार्यकारी समिति में खुलेआम या चुपचाप शामिल होकर कर रहे हैं और उनके प्रस्तावों को तैयार कर रहे हैं।''[69]

इस प्रकार, यह जवाहरलाल पर सीधा प्रहार और उनकी सत्यनिष्ठा एवं बौद्धिकता पर कलंक लगाने जैसा था। जवाहरलाल इस पर उत्तेजित नहीं हुए और इंगित किया कि उन्होंने फॉरवर्ड ब्लॉक को कभी भी फासीवादी या अवसरवादी संगठन नहीं कहा था। उन्होंने स्वीकार किया कि चूँकि फॉरवर्ड ब्लॉक के पास किसी तरह की स्पष्ट नीति का अभाव था, इसलिए इसमें अवसरवादी तत्त्वों के अनधिकृत प्रवेश का खतरा अधिक था। उन्होंने यह भी कहा कि पूर्व में फासीवादी संगठनों ने अपनी शुरुआती स्थिति में समाजवादी नारों का भी इस्तेमाल किया था। सुभाष की आलोचना पर टिप्पणी करते हुए जवाहरलाल ने कहा कि वे व्यक्तिगत आलोचना की कठोरतापूर्वक निंदा करते हैं और मैं हमेशा इससे बचने की कोशिश करता हूँ। सार्वजनिक जीवन में हमें आपस में सद्भावना रखनी चाहिए, जब तक कि तथ्य

और परिस्थितियाँ हमें बाध्य न करें या यह सार्वजनिक हित में हो। मुझे यकीन है कि हमारी सारी आलोचना व्यक्तियों पर न होकर नीतियों पर आधारित होगी।''[70]

सार्वजनिक जीवन के इस कटु विवाद ने वाकई सुभाष और जवाहरलाल के संबंधों में तनाव उत्पन्न कर दिया था। जुलाई 1939 में राष्ट्रीय योजना समिति के एच.वी. कामत के कार्यकाल के दौरान जवाहरलाल ने एक संक्षिप्त पत्र लिखा था, जिसके शब्द कुछ इस प्रकार थे—''माफ करिए, मुझे लगता है कि आपको मुझे समझने में कठिनाई हो रही है और शायद यह कोशिश भी करने लायक नहीं है।''[71] इन दो वाक्यों से सुभाष के साथ जवाहरलाल की मित्रता की समाप्ति का संकेत मिलता है। इसके बाद इन दोनों ने आपस में एक-दूसरे को पत्र नहीं लिखा। वास्तविकता यह है कि इन दोनों के बीच के न होते पत्र-व्यवहार को वर्ष 1939 के मध्य में दुनिया और भारत में होनेवाले तेज घटनाक्रमों पर उनकी मन:स्थिति और इसमें उनकी संलिप्तता से विवेचित भी किया जा सकता है। राजनीतिक मतभेदों ने व्यक्तिगत बंधन को महत्त्वहीन बना दिया था। मित्रता की समाप्ति का अपना एक समय था और इसे पूरी तरह की निराशा से विवेचित नहीं किया जा सकता था।

त्रिपुरी की घटना के तुरंत बाद जब उनके और गांधी के बीच तीव्र पत्राचार और तार का आदान-प्रदान हो रहा था, तब सुभाष ने अपने एक भतीजे को पत्र लिखा था—''पंडित नेहरू से अधिक व्यक्तिगत रूप में मुझे किसी ने भी नुकसान या कठिन परिस्थिति में नहीं डाला है। यदि वे हमारे साथ होते, तब हमारे पास बहुत कुछ होता। यहाँ तक कि उनकी तटस्थता भी शायद हमें बहुमत प्रदान करती। परंतु वे त्रिपुरी में पुराने संरक्षकों के साथ ही थे।[72] उनके खुले प्रचार ने मेरा उन 12 सदस्यों की क्रियाशीलता से अधिक नुकसान किया है।'' जवाहरलाल के प्रति सुभाष की अस्थिरता और अस्पष्ट सोच का पता तब चलता है, जब उन्होंने इस पत्र को अपने भतीजे को ठीक दो दिन पहले जवाहरलाल को जीलगोरा में आकर उन्हें देखने से पहले ही लिखा था। सुभाष इस कठिन परिस्थिति में उस व्यक्ति से परामर्श क्यों लेना चाहते थे, जिसने उन्हें सबसे अधिक कष्ट दिया था, यह एक रहस्य है। जवाहरलाल ने कई वर्षों बाद त्रिपुरी की घटना का स्मरण करते हुए यह स्वीकार किया था कि उन्होंने सुभाष को तब निराश किया था, जब सुभाष जो करने की कोशिश कर रहे थे, वे उससे सहमत थे।''[73]

सुभाष के अपने भतीजे को लिखे पत्र से पता चलता है कि उनके और जवाहरलाल के बीच के संबंधों की समाप्ति की मूल वजह त्रिपुरी की घटना के बाद जवाहरलाल का कांग्रेस के पुराने संरक्षक से संबंध-विच्छेद में असफलता ही थी।

वैसे यह आकलन अनुचित प्रतीत होता है, क्योंकि जवाहरलाल ने स्पष्ट कर दिया था कि वे कार्यकारी समिति के अपने सहकर्मियों के दृष्टिकोण से सहमत नहीं थे। यह बात उन्होंने अपने लेखन और सार्वजनिक रूप से भी व्यक्त की थी। इसी वजह से उन्होंने सामूहिक त्यागपत्र में अपने हस्ताक्षर नहीं किए थे। उन्होंने कार्यकारी समिति को उसके हाल पर ही छोड़ दिया था, क्योंकि उनके विचार से इस्तीफों के बाद यह निष्क्रिय हो चुकी थी। किंतु उन्होंने सुभाष के बयानों और कार्यों के साथ मेल नहीं किया था। उन्होंने सुभाष को परामर्श दिया था कि वे कार्यकारी समिति के कुछ सदस्यों की सत्यनिष्ठा पर लगाए अभियोग को वापस लें, जिसमें कहा गया था कि कुछ सदस्य गुपचुप तरीके से ब्रिटिश सरकार के साथ संघीय शासन के मुद्दों पर कार्य करने की कोशिश कर रहे थे। जब तक सुभाष ऐसा न करते, जवाहरलाल उनकी सहायता नहीं कर सकते थे। अपनी इन शर्तों के बावजूद साक्ष्यों से पता चलता है कि जवाहरलाल ने बार-बार गांधी से इस अवरोध को दूर करने की जिम्मेदारी लेने का अनुरोध किया था। उन्हें पूरा यकीन था कि केवल गांधी ही इसे कर सकते थे और सुभाष को अध्यक्ष पद छोड़ने से भी रोक सकते थे। उन्होंने गांधी से यहाँ तक कहा कि वे इस मामले में पर्याप्त प्रयास नहीं कर रहे थे। जवाहरलाल सुभाष के इस संदेह के बारे में जानते थे कि वे सुभाष के हित के खिलाफ काम कर रहे थे। कृष्ण मेनन को जवाहरलाल ने लिखा है कि ''सुभाष त्रुटिपूर्ण ढंग से इस निष्कर्ष पर पहुँचे हैं कि मैं परदे के पीछे से उनके खिलाफ डोर खींच रहा हूँ। वास्तव में, मैंने उनके साथ खड़े होने और वरिष्ठ नेताओं के उनके प्रति विरोध करने का भरपूर प्रयास किया है।''[74]

सुभाष को शायद यह उम्मीद थी कि जवाहरलाल पूरी तरह से उनके पक्ष में रहेंगे। सुभाष की यह उम्मीद मिथ्या साबित हुई, क्योंकि जवाहरलाल इस स्थिति को साधारण रूप में नहीं देख रहे थे। उन्होंने सुभाष को बार-बार कहा कि यह संघर्ष कांग्रेस के भीतर दक्षिण और वामपंथ का है। यह भी संभव है कि कांग्रेस के भीतर जवाहरलाल की संलिप्तता की सुभाष ने अनदेखी की हो। सन् 1936 में जब वे अध्यक्ष थे, तब जवाहरलाल ने गांधी के आदेश पर कार्यकारी समिति से इस्तीफा दे दिया था और अपने लिए नाराजगी पैदा कर दी थी। परिणामतः सुभाष के साथ मतभेद होने पर भी जवाहरलाल ने विद्रोह नहीं किया और कांग्रेस के भीतर उन लोगों के साथ काम करने का विकल्प चुना, जो लोग इसे चला रहे थे।

इस विकल्प के दो आधार थे, जो जवाहरलाल के लिए बहुत महत्त्वपूर्ण थे। पहला, उनकी गांधी के साथ निकटता थी और दूसरा, उन्हें ऐसा नहीं लगता था

कि भारत में गांधी के अलावा और कोई था, जो भारत के लोगों का नेतृत्व कर सकता था। गांधी को उन्होंने व्यक्तिगत रूप से देखा था और यह भी महसूस किया था कि गांधी के साथ उनके मतभेद थे और वे उन्हें एक पिता के रूप में देखते थे तथा 'बापू' पुकारते भी थे। यही वह वजह थी, जो उन्हें गांधी और कांग्रेस से अलग होने से रोकती थी। जवाहरलाल का यही दृष्टिकोण एक जननेता के रूप में उनकी कमियों की वजह था और उनकी अपनी भावनात्मक दुर्बलता ने उन्हें गांधी के बिना अपने जीवन के बारे में सोचने से रोक रखा था। जवाहरलाल संभवत: इस तथ्य से परिचित थे और बाद में उन्होंने माना भी कि उन्होंने सुभाष को निराश किया था। किंतु वे अपने लगाव और मानसिकता के आगे असहाय थे। सुभाष जवाहरलाल की इस स्थिति से अवगत नहीं थे। उन्होंने वर्ष 1930 की शुरुआत में विएना में ध्यान दिया था कि जवाहरलाल का मन व मस्तिष्क उन्हें अलग-अलग दिशाओं में खींच रहा था। उनका हृदय गांधी की तरफ खींचता था। सुभाष के पास इस तरह की भावना के लिए बहुत कम समय था। उन्होंने राजनीति के यथार्थ को देखा था, जहाँ व्यक्ति बेहतर-से-बेहतर करना चाहता था।

जवाहरलाल ने अपने संबंध-विच्छेद के गंभीर कारण बताए थे। उन्होंने सुभाष को अप्रैल 1939 में लिखा था कि उन दोनों के बीच जीवन के दृष्टिकोण और स्वभाव में बहुत फर्क है। हालाँकि इसमें कितना विरोधाभास नजर आता है कि सुभाष का दृष्टिकोण जवाहरलाल की तुलना में गांधी के अधिक अनुकूल था।[75] उन्होंने सुनिश्चितता के भाव के साथ जो रास्ता चुना था, वह गांधी के साथ बँटा भी था। इनमें से किसी में भी जवाहरलाल की तरह आत्म-संदेह और आत्म-तलाश की स्थिति नहीं थी। संभवत: जब सुभाष ने आई.सी.एस. में न जाने का फैसला किया था, तभी से उनके अपने मिशन का विचार उनके मन में था। उनमें आत्म-बलिदान की भावना थी। गांधी की सत्य की खोज के प्रति अपनी स्वयं की प्रतिबद्धता थी और जिससे उन्होंने अपनी राजनीतिक सक्रियताओं को अलग नहीं किया था। उन्हें हमेशा अपने अंतर की अवाज पर विश्वास था।[76] गांधी और सुभाष दोनों के ही स्वभाव में धर्मनिष्ठा थी; पर वह किसी संकीर्णता या पंथ के अर्थ में नहीं, बल्कि इसमें मानव जीवन और मानव इतिहास की गहरी समझ थी। इन तथ्यों का पता सुभाष की पुस्तक 'एन इंडियन पिलग्रिम' और गांधी की जीवनी तथा उनके अन्य लेखन से लगता है।

जवाहरलाल के बौद्धिक पथ के मूल अलग थे। जैसा कि उन्होंने अपनी जीवनी में भी लिखा है कि उन्हें आसानी से आध्यात्मिकता और धर्म की तरफ नहीं ले जाया जा सकता था। उनके गांधी तथा कमला के साथ वैचारिक मतभेद की एक वजह यह

भी थी। वे अपने मार्ग के बारे में बहुत निश्चित नहीं थे और हमेशा आत्मावलोकन की बेचैनी में रहते थे। उनके व्यक्तित्व के ये कारक उन्हें अकसर द्वंद्व और ढुलमुल स्थिति में रखते थे। गांधी और सुभाष दोनों को ही यकीन था कि उनकी राजनीति ने सक्रियता का एक उद्देश्य प्रदान किया था। सुभाष ने 28 मार्च, 1939 को जवाहरलाल को कठोर भाषा में पत्र लिखा था—"हमारी एकता सक्रियता के लिए होनी चाहिए, न कि निष्क्रियता के लिए।"[77] जवाहरलाल अकसर ही सुभाष जैसे लोगों पर खीज जाते थे, जो अपनी अधीरता के गुणों से संपन्न थे।

जवाहरलाल और सुभाष के स्वभाव का अंतर सन् 1935-36 में लिखी उनकी पुस्तकों 'दि इंडियन स्ट्रगल' और 'एन ऑटोबायोग्राफी' के चौथे अध्याय में वर्णित है। एक में तीव्रता, सुनिश्चितता और आक्रामकता तथा दूसरे में प्रदर्शन न करने की भावना, कम करके व्यक्त करना और शायद अधिक दयालुता भी थी। सुभाष की तीक्ष्णता अकसर जवाहरलाल को अरुचिकर लगती थी। सुभाष का स्वयं को पुनः चुनाव के लिए तैयार करना उन्हें शायद दिल से पसंद नहीं आया था।[78] उन्होंने सुभाष से इस बारे में बहुत ही विनम्रता से कहा था, "मुझे लगता है कि आप पुनः चुनाव में उतरने के लिए बहुत उत्सुक हैं। राजनीतिक रूप से यह गलत नहीं है और आप इसके लिए पूर्ण उपयुक्त भी हैं; परंतु मेरी परेशानी का कारण है कि आपकी स्थिति इसमें कहीं अधिक ऊपर है।" जवाहरलाल को लगता था कि सुभाष अनावश्यक चुनाव लड़कर कांग्रेस के नेतृत्व में द्वंद्व उत्पन्न कर रहे थे। यूरोप में आसन्न युद्ध की हालत से एक अंतरराष्ट्रीय संकट की स्थिति बनी हुई थी और इस समय कांग्रेस के लिए आंतरिक द्वंद्व को बरदाश्त करना कठिन था। उन्हें लगता था कि इस समय देश को एक विश्वसनीयता और गुटबंदी-रहित नेतृत्व की आवश्यकता थी और इसे सिर्फ गांधी ही दे सकते थे। उन्हें एक तरह की हताशा और भय ने घेर रखा था कि सुभाष क्षेत्रीय ताकतों और आशाओं के शिकार हो रहे थे। कृष्ण मेनन को अप्रैल की शुरुआत में ही उन्होंने लिखा था—"जब सुभाष बंगाल के एक प्रतीक की तरह बन चुके हैं, तब उनसे इस बारे में बहस करना असंभव है।"[79]

सुभाष ने वास्तव में बंगालियों की राजनीतिक चेतना, जिसमें टैगोर भी शामिल थे, पर कब्जा कर लिया था। उन्नीसवीं सदी के आखिर में बंगाल में सशस्त्र क्रांतिकारियों का बहुत ही सम्मान था, जो अकेले या छोटे-छोटे समूहों में ब्रिटिश ताकत से लोहा लेते थे और यही विचार-प्रवाह एवं कार्य गांधी और उनके अहिंसक संघर्ष के समर्थकों के नेतृत्व को स्वीकार नहीं कर सके थे। गांधीवादी नेतृत्व को न मानने के सुभाष के निर्णय को बंगाल में बहुत प्रशंसा भी मिली थी।

उन्हें एक ऐसे नेता के रूप में देखा गया, जो एक वैकल्पिक नेता बन सकते थे। वैसे यह हो तो नहीं सका, पर यह सुभाष के लिए ऐसी परेशानी थी, जिसे वह अपने भाग्य के रूप में देखते थे।

जब सुभाष चुनाव के लिए दुबारा मैदान में उतरे, तब कांग्रेस के भीतर के वामपंथी समूह से उन्हें एक बड़े समर्थन की भी उम्मीद थी। उन्होंने अध्यक्ष पद के संघर्ष में वाम और दक्षिणपंथ की लड़ाई भी देखी थी; मगर त्रिपुरी में उन्हें सभी वामपंथी समूहों का समर्थन नहीं मिला था। उन्हें पंत के प्रस्ताव के समय चर्चा में बहुमत के उनके अभियान पर कांग्रेस सोशलिस्ट पार्टी की तटस्थता से एक बड़ा धक्का पहुँचा था।[80] उन्हें यकीन था कि कांग्रेस सोशलिस्ट पार्टी के समर्थन से उन्हें बहुमत मिलेगा; पर यह शायद एक झूठी आशा थी और मौलाना आजाद ने इसे एक फिजूल की जबरदस्ती बताई थी।[81] पंत के प्रस्ताव के बाद स्पष्ट हो गया कि यह गांधी को एक चुनौती थी। तब सुभाष के बहुत से सहयोगियों, जैसे कांग्रेस सोशलिस्ट पार्टी, ने अपनी स्थिति का आकलन किया। जयप्रकाश नारायण ने इस स्थिति के बारे में कुछ बेहतर आकलन किया था, ''यह सारा मुद्दा कुछ इस तरह से है कि पंत के प्रस्ताव की स्वीकृति गांधीवादी नेतृत्व का समर्थन है और इसके विरोध का अर्थ वैकल्पिक नेतृत्व की वकालत करना है। समाजवादी दिशा ने दोनों का ही विरोध किया था।''[82] कांग्रेस के वामपंथी समूह में गांधीवादी नेतृत्व के खिलाफ उतावलेपन में संघर्ष बनाए न रखने का विचार उत्पन्न होने लगा था। राम मनोहर लोहिया ने मार्च 1939 में अपनी भावना कुछ इस तरह व्यक्त की, ''कांग्रेस के वामपंथी समूह को दक्षिणपंथ के मौजूदा नेतृत्त के बिकल्प तैयार करने की इच्छा नहीं करनी चाहिए। इनमें अभी भारत के भविष्य को नियंत्रित करने की शक्ति नहीं है तथा भविष्य में भी वे इसे करने की आशा नहीं कर सकते हैं। दक्षिणपंथी कांग्रेस के नेताओं का सीधा विरोध सिर्फ आंतरिक द्वंद्व उत्पन्न करेगा।'' जयप्रकाश नारायण का भी यही दृष्टिकोण था।[83] सुभाष के अति आशावाद ने उनके समर्थन का सही आकलन नहीं किया था या दूसरे शब्दों में कहा जाए तो उनसे कांग्रेस की नब्ज समझने और अपने समर्थकों के बारे में भी अनुमान लगाने में गलती हुई थी। वे बिना सहगान के ही हीरो बनने चल दिए थे।

जवाहरलाल ने सुभाष को पत्र में गांधी के साथ उनके संबंध-विच्छेद के भय और वामपंथ के प्रति उनकी कमजोरी के बारे में लिखा था—''चुनाव में आपके खड़े होने की दो खास वजहों से मैं इसके खिलाफ था। इसका आशय गांधी के साथ संबंध-विच्छेद की परिस्थितियों का जन्म था, जो मैं नहीं चाहता था। (मैं इस

विषय के विस्तार में नहीं जाना चाहता हूँ, पर यह हुआ।) इसका आशय वास्तविक वामपंथ की पराजय भी थी। वामपंथ की अपनी ताकत स्वयं इस जिम्मेदारी को उठाने की नहीं थी और जब कांग्रेस के साथ वास्तविक संघर्ष होगा, तब यह हारेगी और इसकी कांग्रेस के खिलाफ प्रतिक्रिया होगी। मैं सोचता था कि आप पट्टाभि से चुनाव जीत जाएँगे; पर मुझे संदेह था कि आप गांधीवादी कांग्रेस को अपने साथ ले चल पाएँगे।'' सुभाष के कार्यों और बयानों से यह स्पष्ट है कि उन्हें कांग्रेस के भीतर अपनी स्थिति को लेकर संदेह नहीं था। यहाँ तक कि अपनी हार के बाद भी उन्होंने इसकी जिम्मेदारी कांग्रेस सोशलिस्ट पार्टी की तटस्थता और कुछ रणनीतिक बड़ी गलतियों को ही दी थी। सुभाष के दृष्टिकोण और पराजय के उनके आकलन में जो तथ्य निकलकर आया, वह था उनकी राजनीतिक चेतना की तीव्रता, जिसका लंबे समय से उनकी प्रगति में विशेष योगदान था।[84] सुभाष को पूर्ण विश्वास था कि उनका अपना व्यक्तित्व और बलिदान उन्हें अपने चारों तरफ फैली परेशानियों पर विजय दिलाएगा। यहाँ नेतृत्व का लक्ष्य वास्तविकता पर हावी था।

अपने मतभेदों के बावजूद जवाहरलाल ने सुभाष को अंतरराष्ट्रीय स्थितियों पर उनकी विशेष समझ, खासतौर से इटली के घटनाक्रम और जर्मनी के फासीवाद व नाजीवाद, के लिए लिखा था। इन शासन-तंत्रों पर सुभाष का दृष्टिकोण 22 दिसंबर, 1938 को बंबई में नाजी अधिकारी डॉ.ओ. अर्च्स से मिलने की इच्छा से स्पष्ट हो जाता है। उन्हें लगता था कि जर्मनी ही एक ऐसी ताकत है, जो ब्रिटेन को चुनौती दे सकती थी।[85] उनके अनुसार, जब ऐसा हुआ, तब भारतीय राष्ट्रवाद को भारत में ब्रिटिश शासन के खिलाफ चोट करने का उचित अवसर होगा। फासीवाद और नाजीवाद से जवाहरलाल का विरोध राजनीतिक स्थिति की वजह से नहीं बनाया गया था, बल्कि यह स्पष्ट और सैद्धांतिक था। जर्मनी और ब्रिटेन के बीच युद्ध के संदर्भ में भारत पर उनका दृष्टिकोण सुभाष से अलग और अधिक विचार-युक्त था। उन्होंने लिखा था—''फासीवादी ताकतें इंग्लैंड के साथ युद्ध में भारत के द्वारा उत्पन्न की गई स्थिति का लाभ उठा सकती हैं। जिस तरह हम साम्राज्यवादी ब्रिटेन के हाथों शोषित होना बुरा समझते हैं, हमें फासीवादी ताकतों के भी हाथों से बचना होगा। हमारी युद्ध 'विरोध' नीति स्वतंत्रता और लोकतंत्र पर आधारित तथा फासीवाद और साम्राज्यवाद के खिलाफ होनी चाहिए। फिर भी, यह थोड़ी फासीवादी नीति की तरफ झुकती हुई हो सकती थी।''[86]

इस प्रकार यह केवल त्रिपुरी का ही मामला नहीं था, जिसकी वजह से जवाहरलाल और सुभाष में राजनीतिक एवं वैयक्तिक दूरी बढ़ी थी। इस दूरी के

गहरे संदर्भ थे। अध्यक्षीय चुनाव भी इसकी एक वजह थी। उनकी राजनीतिक विचारधारा और व्यक्तियों के बारे में उनकी धारणाएँ भी भिन्न थीं। उनके जीवन का एक अंतर यह भी था कि सुभाष ने कम चले हुए मार्ग का ही चयन किया था, उन्होंने एक बार जवाहरलाल को अपनी अंतरात्मा के बारे में लिखा था, जो उनका संचालन भी करती थी कि जीवन एक बड़ा साहसिक कर्म है[87] और तब वह कितना कम जानते थे कि उनके जीवन का एक बड़ा साहसिक कर्म उन्हें किसी समय रहे अपने निकट मित्र से कितना दूर ले जाएगा।

संदर्भ

1. राजमोहन गांधी, पटेल, पृ. 257
2. एमिली को पत्र 6 दिसंबर, 1938, नेताजी : कलेक्टेड वर्क्स, खंड-7, पृ. 203
3. राजमोहन गांधी, पटेल, 236-37
4. उपरोक्त पुस्तक, पृ. 277
5. सीतारमैया, हिस्ट्री ऑफ द कांग्रेस, खंड-2 पृ. 104
6. उपरोक्त पुस्तक, पृ. 105
7. गांधी का पत्र नेहरू के नाम, 21 दिसंबर, 1938, टुगेदर दे फौट, पृ. 352
8. सीतारमैया, हिस्ट्री ऑफ द कांग्रेस, पृ. 105
9. अनिल चड्डा का पत्र नेहरू के नाम, 28 नवंबर, 1938, जवाहरलाल नेहरू, ए बंच ऑफ ओल्ड लेटर्स, पृ. 308
10. अनिल चड्डा को पत्र, 1 दिसंबर 1938, नेहरू , सलेक्टेड वर्क्स खंड-9, पृ. 367
11. नेहरू को पत्र, 24 नवंबर, 1938, गांधी, कलेक्टेड वर्क्स, खंड-68, पृ. 144
12. टैगोर का पत्र बोस के नाम, 19 जनवरी, 1939, नेताजी : कलेक्टेड वर्क्स खंड-9, पृ. 239
13. पटेल का पत्र नेहरू के नाम, 8 फरवरी, 1939, नेहरू पेपर्स, खंड-81
14. पटेल को तार, 26 जनवरी 1939, नेहरू, सलेक्टेड वर्क्स, खंड-9, पृ. 480
15. पटेल का पत्र नेहरू के नाम, 8 फरवरी, 1939, उपरोक्त पुस्तक
16. नेताजी, कलेक्टेड वर्क्स, खंड-9, पृ. 67
17. उपरोक्त पुस्तक, खंड-9, पृ. 69
18. उपरोक्त पुस्तक, पृ. 70-73
19. कांग्रेस अध्यक्षीय चुनाव : प्रेस को बयान, 26 जनवरी, 1939, नेहरू, सलेक्टेड वर्क्स, खंड-9, पृ. 477-79
20. गांधी का बयान, 31 जनवरी, 1939, नेताजी : कलेक्टेड वर्क्स खंड-9, पृ. 87
21. बोस का बयान, 4 फरवरी, 1939, उपरोक्त पुस्तक, पृ. 89
22. बोस को पत्र, 4 फरवरी, 1939, नेहरू, सलेक्टेड वर्क्स, खंड-9, पृ. 480-85

23. नेहरू को पत्र, 10 फरवरी, 1939, नेताजी : कलेक्टेड वर्क्स, खंड-9, पृ. 189
24. गांधी का पत्र नेहरू के नाम, 9 फरवरी, 1939, दे फौट, पृ. 354
25. राजमोहन गांधी, पटेल, पृ. 280
26. राय का पत्र बोस के लिए, 1 फरवरी, 1939, नेताजी : कलेक्टेड वर्क्स, खंड-9, पृ. 280-83
27. एमिली के लिए 11 फरवरी, 1939, उपरोक्त पुस्तक, खंड-7, पृ. 208
28. नेहरू सलेक्टेड वर्क्स, खंड-9, पृ. 488- 520
29. बोस को पत्र, 1 मार्च 1939, नेहरू सलेक्टेड वर्क्स, खंड-9, पृ. 520
30. उपरोक्त पुस्तक, खंड-9, पृ. 518
31. सुभाष की जीत के बाद गांधी का निर्णय सत्र में न शामिल होने का था, उन्होंने इस संदर्भ में 3 फरवरी, 1939 को नेहरू को पत्र में लिखा, 'यह चुनाव जिस ढंग से लड़ा गया, इस पर मुझे लगता है कि मैं कांग्रेस के आगामी सत्रों में शामिल न होकर ही देश की सेवा कर सकता हूँ।' टुगेदर दे फौट, पृ. 352
32. सीतारमैया, हिस्ट्री ऑफ द कांग्रेस, खंड-2, पृ. 110
33. राजमोहन गांधी, पटेल, पृ. 280
34. उपरोक्त पुस्तक
35. नेहरू को पत्र, 28 मार्च, 1939, नेताजी : कलेक्टेड वर्क्स, खंड-9, पृ. 193- 216
36. नेहरू, सलेक्टेड वर्क्स, खंड-9, पृ. 485-87
37. नेहरू को पत्र, नेताजी : कलेक्टेड वर्क्स, खंड-9, पृ. 194
38. बोस को पत्र, 3 अप्रैल, 1939, नेहरू, सलेक्टेड वर्क्स, खंड-9, पृ. 534
39. गांधी को पत्र 25 मार्च, 1939, नेताजी : कलेक्टेड वर्क्स, खंड-9, पृ. 127
40. गांधी को पत्र 29 मार्च, 1939, उपरोक्त पुस्तक, 133-34
41. गांधी का पत्र बोस के नाम, 30 मार्च, 1939, उपरोक्त पुस्तक, खंड-9, पृ. 134
42. गांधी को पत्र, 31 मार्च, 1939, उपरोक्त पुस्तक, पृ. 137-43
43. गांधी का पत्र बोस के नाम, 2 अप्रैल, 1939, उपरोक्त पुस्तक, पृ. 144-46
44. गांधी, कलेक्टेड वर्क्स, खंड, 69, पृ. 210
45. गांधी को पत्र 17 अप्रैल, 1939, नेहरू, सलेक्टेड वर्क्स, खंड-9, पृ. 553
46. बोस का पत्र नेहरू के नाम, नेताजी ; कलेक्टेड वर्क्स, खंड-9, पृ. 234
47. गांधी को पत्र, 17 अप्रैल, 1939, नेहरू सलेक्टेड वर्क्स, खंड-9, पृ. 553
48. बोस को पत्र, 17 अप्रैल, 1939, उपरोक्त पुस्तक, पृ. 557
49. गांधी के लिए नेहरू का तार, 20 अप्रैल, 1939, टुगेदर दे फौट, पृ. 365, नेहरू सलेक्टेड वर्क्स, खंड-9, पृ. 559,
50. गांधी को पत्र, 20 अप्रैल, 1939, नेहरू, सलेक्टेड वर्क्स, खंड-9, पृ. 559
51. आजाद को पत्र, 20 अप्रैल, 1939, उपरोक्त पुस्तक, पृ. 561
52. गांधी का तार बोस के लिए, 19 अप्रैल, 1939, नेताजी : कलेक्टेड वर्क्स खंड 9, पृ. 177

53. गांधी का पत्र बोस के लिए, 10 अप्रैल, 1939, उपरोक्त पुस्तक, पृ. 165
54. गांधी का पत्र बोस के लिए, 29 अप्रैल, 1939, नेताजी : कलेक्टेड वर्क्स पृ. 181
55. उपरोक्त पुस्तक, पृ. 107
56. बोस से त्याग-पत्र वापस लेने का अनुरोध, 29 अप्रैल, 1939, नेहरू, सलेक्टेड वर्क्स, खंड-9, पृ. 562
57. कृष्णा मेनन को पत्र 4 मई, 1939, उपरोक्त पुस्तक, पृ. 570
58. गांधी को पत्र, 17 अप्रैल, 1939, उपरोक्त पुस्तक, पृ. 554
59. बिड़ला को तार, 25 अप्रैल, 1939, गांधी, कलेक्टेड वर्क्स, खंड-69, पृ. 173
60. नेताजी : कलेक्टेड वर्क्स, खंड-9, पृ. 109, गांधी, कलेक्टेड वर्क्स, खंड-69, पृ. 99
62. एमिली को पत्र 14 मई, 1939, नेताजी : कलेक्टेड वर्क्स, खंड-7, पृ. 212
63. कृष्णा मेनन को पत्र, 4 मई, 1939, नेहरू, सलेक्टेड वर्क्स, खंड-9, पृ. 570
64. नेताजी : कलेक्टेड वर्क्स, खंड-10, पृ. 1-4
65. उपरोक्त पुस्तक, पृ. 7-8
66. नेहरू सलेक्टेड वर्क्स खंड-9, पृ. 574
67. उपरोक्त पुस्तक, पृ. 575
68. उपरोक्त पुस्तक, पृ. 582, 585
69. नेहरू सलेक्टेड वर्क्स, खंड-9, पृ. 595, नेताजी : कलेक्टेड वर्क्स, खंड-10, पृ. 10-13
70. उपरोक्त पुस्तक, पृ. 594
71. बोस को पत्र, 11 जुलाई, 1939, नेहरू सलेक्टेड वर्क्स, खंड-9, पृ. 401
72. अमिया बोस को पत्र, 17 अप्रैल, 1939, नेताजी : कलेक्टेड वर्क्स, खंड-9, पृ. 288,
73. सुगाता बोस, हिज मेजेस्टीस ओपोनेंट, पृ. 162
74. कृष्णा मेनन को पत्र, 4 अप्रैल, 1939, नेहरू सलेक्टेड वर्क्स, खंड-9, पृ. 550
75. एस. गोपाल, 'ट्रेडीशन एंड डिसेंट : द पराडॉक्सेस ऑफ सुभाष बोस,
76. रामचंद्र गुहा, गांधी बिफोर इंडिया (दिल्ली, 2013)
77. नेहरू को पत्र, 28 मार्च, 1939, नेताजी : कलेक्टेड वर्क्स, खंड-9, पृ. 203
78. नेहरू को पत्र, 28 मार्च, 1939, उपरोक्त पुस्तक
79. कृष्णा मेनन को पत्र, 4 अप्रैल, 1939, उपरोक्त पुस्तक, खंड-9, पृ. 550
80. नेताजी : कलेक्टेड वर्क्स, खंड-9, पृ. 128
81. नेहरू को पत्र, 17 अप्रैल, 1939, नेहरू पेपर्स, खंड-5
82. सोम, डिफरेंसेस विदइन कानसेनसस, पृ. 250
83. उपरोक्त पुस्तक, पृ. 250
84. अमिया बोस को पत्र, 17 अप्रैल, 1939, नेताजी : कलेक्टेड वर्क्स, खंड-9, पृ. 288
85. गार्डन ब्रदर्स अगेंस्ट द राज, पृ. 370
86. नेहरू सलेक्टेड वर्क्स, खंड-9, पृ. 578
87. नेहरू को पत्र, 28 मार्च, 1939, नेताजी : कलेक्टेड वर्क्स खंड-9, पृ. 218

❑

7
पुनः मित्रता

सितंबर 1939 में पोलैंड में जर्मनी के टैंकों के प्रवेश ने सुदूर भारत के इतिहास पर भी अपना असर डाला था। भारत के राजनेताओं, खासतौर से जवाहरलाल और सुभाष, को वर्ष की शुरुआत से ही यह आशंका थी कि यूरोप जल्दी ही युद्ध में पड़ने वाला था। 3 सितंबर को सुभाष जब मद्रास में एक बड़ी जनसभा को संबोधित कर रहे थे, तब उन्होंने यूरोप के युद्ध के बारे में सुना था। ब्रिटेन की जर्मनी के साथ युद्ध की घोषणा पर सुभाष की पहली प्रतिक्रिया थी कि भारत के स्वतंत्रता आंदोलन में इस अवसर का लाभ किस तरह से उठाया जा सकता था। इस युद्ध में शामिल मुद्दों से उनका कोई संबंध नहीं था। उन्होंने सोचा कि यह भारत के लिए एक सुनहरा अवसर है।[1] जिस समय युद्ध शुरू हुआ, जवाहरलाल चीन में थे। वे 7 सितंबर को भारत लौटे और तब उन्हें पता चला कि वाइसराय लिनलिथगो से गांधी की मुलाकात हो चुकी थी। उन्होंने वाइसराय को सूचित कर दिया था कि उनकी सहानुभूति फ्रांस व ब्रिटेन के साथ थी और इस तथ्य पर उन्होंने खेद भी व्यक्त किया कि हिटलर ईश्वर को नहीं, बल्कि क्रूर ताकतों को ही मानता है।[2]

जवाहरलाल यूरोप में हो रहे बड़े हथियारों के द्वंद्व के लिए मानसिक रूप से तैयार थे; पर उन्होंने गांधी की तरह अपनी प्रतिक्रिया नहीं दिखाई थी। उनकी प्रतिक्रिया भावनात्मक होने के बजाय आकलन-युक्त थी। उनके जीवनी लेखक एस. गोपाल के अनुसार, उन्होंने कांग्रेस की प्रतिक्रिया युद्ध संकट के रूप में की थी।[3] जवाहरलाल चैंबरलेन की तुष्टीकरण की नीति के कठोर आलोचक थे। उनके अनुसार फासीवाद और साम्राज्यवाद आपस में गुँथे हुए थे और वे दोनों के विरोधी थे तथा कांग्रेस से भी यही चाहते थे। यूरोप में फासीवाद पर उन्होंने लिखा था कि

"यह भारत में साम्राज्यवादी ब्रिटेन के द्वारा लाया जा रहा है।...युद्ध की स्थिति में हम साम्राज्यवाद की सहायता नहीं करेंगे और जर्मनी या इटली शक्ति हासिल करें, यह भी हमारी चाहत नहीं है।"[4] उन्होंने यह भी कहा कि "भारतीय लोगों को युद्ध पर अपने दृष्टिकोण रखने का अधिकार है और वे अपने ऊपर थोपे गए किसी भी निर्णय का विरोध करने के लिए कृतसंकल्प हैं।"[5] युद्ध समाप्त होने के बाद एक भाषण में उन्होंने कहा, "केवल आजाद भारत ही यह तय करेगा कि वह युद्ध में भाग लेगा या नहीं। हम इस बात की सुनिश्चितता चाहते हैं कि यह युद्ध लोकतंत्र के जिन सिद्धांतों, आजादी और आत्मदृढता के लिए लड़ा जा रहा है, वे भारत में भी लागू होंगे।...पराधीन भारत ब्रिटेन की सहायता नहीं कर सकता है। हम अपनी सरकार पर नियंत्रण चाहते हैं और जब हम स्वतंत्र होंगे, तब हम लोकतंत्र की सहायता कर सकते हैं।"[6]

उपर्युक्त बयानों से यह पता चलता है कि भारत के इस युद्ध में भाग लेने का निर्णय वाइसराय लिनलिथगो का था। उसने किसी भी भारतीय बड़े नेता या प्रांतीय मंत्री से इस संदर्भ में परामर्श नहीं लिया था। युद्ध में भारत को जबरदस्ती खींचे जाने के विषय को लेकर 9 सितंबर को वर्धा में कांग्रेस कार्यकारिणी समिति की बैठक तीन दिनों के लिए चली थी। सुभाष इस बैठक में विशेष रूप से गए थे और संभवत: यह उनकी और जवाहरलाल की एक साथ आखिरी बैठक थी।

इस मामले में सुभाष की स्थिति स्पष्ट थी। इस युद्ध ने भारत की स्वतंत्रता के सविनय अवज्ञा आंदोलन को शुरू करने का एक बेहतर अवसर दे दिया था। जबकि कांग्रेस का नेतृत्व इसके लिए तैयार नहीं था। कार्यकारी समिति के प्रस्ताव में जवाहरलाल के द्वारा तैयार प्रस्ताव की झलक थी। उन्होंने थोड़े से अंतर के साथ दो प्रस्ताव तैयार किए थे और इस बैठक ने दोनों को मिलाकर स्वीकार कर लिया था। इस प्रस्ताव में ब्रिटिश सरकार को लोकतंत्र और साम्राज्यवाद पर अपनी स्थिति स्पष्ट करने को कहा गया था और इसके आने तक कांग्रेस ने अपना अंतिम निर्णय स्थगित कर दिया था; किंतु समिति ने समय के महत्त्व पर बल दिया था।

इस प्रस्ताव को सुभाष ने अस्वीकार कर दिया और इसे शब्दों के एक लंबे जाल के अतिरिक्त कुछ नहीं बताया, जिसमें सार का पूरी तरह से अभाव था—"वाइसराय ने कांग्रेस की स्थिति और माँगों पर ध्यान न देते हुए इसे बहुत ही कम गंभीरता से लिया।[7] उन्होंने कांग्रेस के दृष्टिकोण को नेहरू की विदेश नीति की अपरिपक्व जानकारी के रूप में तथा अंतरराष्ट्रीय स्तर पर अव्यावहारिकता के रूप में लिया था।"[8] उन्हें लगा कि कांग्रेस इस सहयोगी युद्ध प्रयासों में हिस्सेदार बनने

की इच्छुक नहीं थी। फासीवाद और नाजीवाद के प्रति अरुचि होने के साथ ही जवाहरलाल ब्रिटिश सरकार से कुछ रियायत चाहते थे, जो भारत और कांग्रेस को हिटलर तथा मुसोलिनी के खिलाफ लड़ने के लिए प्रेरित कर रही थी। इस विषय पर गांधी के परामर्श से उन्होंने वाइसराय लिनलिथगो को अक्तूबर 1939 में एक पत्र लिखा—"यह पत्र वर्धा जाते समय ट्रेन में लिखा गया है, इसलिए लंबा हो गया है; परंतु मैं इसमें कुछ शब्द जोड़ते हुए आपको बताना चाहता हूँ कि भारत और इंग्लैंड के बीच चल रहे एक लंबे द्वंद्व को समाप्त होना चाहिए और इन्हें आपस में एक-दूसरे का सहयोग करना चाहिए। मुझे लगता है कि यह युद्ध अपनी विभीषिका के साथ हमारे देश के लिए यह अवसर लाया है और यदि हम इसका लाभ उठाने में असमर्थ हों, तब यह दुःखद और पीड़ादायक होगा।"[9]

यहाँ तक कि सुभाष जवाहरलाल के द्वारा वाइसराय को लिखे इस पत्र के बारे में भी अनभिज्ञ थे और इस पत्र में लिखे कांग्रेस के प्रस्ताव पर अपनी भावना व्यक्त करने के लिए भी उनके पास समय नहीं था। उन्हें पूरा यकीन था कि कांग्रेस ब्रिटिश सरकार से कुछ समझौता चाह रही थी। इसके साथ ही उन्होंने कांग्रेस की नीतियों की कठोर शब्दों में आलोचना भी की थी। उन्होंने लिखा था कि "यदि उन्हें कार्यकारी समिति के दृष्टिकोण की व्याख्या करनी हो तो वे इसे कुछ इस रूप में पढ़ेंगे, वे हमें यदि लात मारकर भगाते भी रहेंगे, तब भी हम उनके तलवे चाटेंगे··· कार्यकारी समिति का प्रस्ताव सिर्फ शब्द बाहुल्य, आँखों में धूल झोंकना और इस देश के सीधे-सादे लोगों को धोखा देना है।···ब्रिटिश साम्राज्यवाद दक्षिणपंथियों की तुलना में वामपंथियों की बड़ी दुश्मन है।"[10] वर्ष 1939 के आखिर से लेकर 1940 के आरंभ तक वे कांग्रेस पर लगातार अपने प्रहार करते रहे। सुभाष के इस तरह से बोलने ने जवाहरलाल को भी क्षुब्ध कर दिया था। सार्वजनिक रूप से उन्होंने सुभाष के विरोध में कुछ नहीं कहा, पर वैयक्तिक वातावरण में वे स्वयं को रोक न सके। कृष्ण मेनन को उन्होंने लिखा—"सुभाष वाकई कांग्रेस के विरोध में कार्य कर रहे हैं। यह बहुत ही दुर्भाग्यपूर्ण है, परंतु ऐसा है।···वे कांग्रेस के बारे में बहुत अनर्गल बातें बोलते हैं।···सुभाष बोस के दिमाग में वामपंथ और दक्षिणपंथ के अतिरिक्त और कोई विचार नहीं है। वे जो कहते हैं, उसमें बहुत कम समझदारी की चीजें हैं।"[11] जवाहरलाल किसी के लिए इस तरह की भाषा के आदी नहीं थे, इसलिए उनके ये शब्द उनकी नाराजगी और सुभाष के साथ उनकी राजनीतिक व वैयक्तिक दूरी के रूप में ही लिये जा सकते हैं।

ब्रिटिश नीति के संशोधन के मामले में लिनलिथगो के द्वारा मना कर दिए

जाने ने जवाहरलाल की अपनी टाल-मटोलवाली स्थिति में परिवर्तन आ गया था। कार्यकारी समिति के सामने कांग्रेस के मंत्रियों के सीधे इस्तीफे के अलावा और कोई रास्ता नहीं बचा था। कांग्रेस ने मुसलिम लीग से संपर्क करने का निश्चय किया, जो खुद ही स्वतंत्रता के विचारों के प्रति समर्पित थी और जिसे लिनलिथगो ने दृढतापूर्वक वापस लौटा दिया था। इस घटना के अगले ही दिन जवाहरलाल ने जिन्ना को पत्र लिखा—"मैं आपसे पूरी तरह से सहमत हूँ कि अब तक हिंदू-मुसलमान समस्या का समाधान सौहार्दपूर्ण ढंग से नहीं हो सका है। मैं स्वयं पर शर्मिंदा और हताश हूँ कि अब तक मैं इस समस्या के समाधान में पर्याप्त सहयोग कर पाने में नाकाबिल रहा हूँ। इस मामले में आपके सामने यह स्वीकार करता हूँ कि मैं अपना आत्मविश्वास खो चुका हूँ। हालाँकि मैं साधारणतया ऐसा करता नहीं हूँ, परंतु पिछले दो-तीन वर्षों ने मुझ पर बहुत अधिक असर डाला है। मेरा मस्तिष्क एक तरफ जाता है और मेरी अधिकतर इच्छाएँ मुझे दूसरी तरफ ले जाती हैं। इसलिए इन समस्याओं एवं इनके परिणामों पर सोचने व समझने के बावजूद मैं इसमें स्वयं को बाहरी पाता हूँ। वैसे, हिचकिचाहट होते हुए भी यह मेरी कोशिश के रास्ते में नहीं आएगा और मैं इसका समाधान अवश्य प्राप्त कर लूँगा। आपकी सदिच्छा और मुसलिम लीग में एक हैसियत होने के कारण लोगों का यह मानना है कि यह आपके लिए कठिन नहीं है। मैं आपको पूरी ईमानदारी के साथ यकीन दिलाना चाहता हूँ कि कार्यकारिणी समिति के सभी सदस्य इस स्थिति का समाधान ढूँढ़ने के इच्छुक हैं।"[12]

इस पत्र के बाद जवाहरलाल, गांधी और राजेंद्र प्रसाद जिन्ना से दिल्ली में मिले। हालाँकि इस मुलाकात से कुछ भी फायदा नहीं हुआ; पर जवाहरलाल को लगता था कि जिन्ना संतुष्ट थे। उन्होंने बहुत ही आशा से लिखा था—"भारत की प्रगति में सांप्रदायिक असहयोग एक बाधा है।...यह वास्तविकता और समझदारी को धुँधला करता है। आज की सबसे बड़ी हकीकत ब्रिटेन का युद्ध की तरफ जाना है और जो अधिक-से-अधिक साम्राज्यवादी बन रहा है और अपने युद्ध की घोषणा में इसके लिए उनको मना करना स्पष्ट है।"[13]

जवाहरलाल की दिल्ली की इस बैठक के संदर्भ में जिन्ना ने उन्हें एक महीने बाद पत्र लिखा था कि "कांग्रेस और मुसलिम लीग के बीच तब तक किसी तरह की वार्त्ता सफल नहीं हो सकती, जब तक कि कांग्रेस मुसलिम लीग को भारत के मुसलमानों के संगठन के प्रतिनिधि की तरह व्यवहार न करना शुरू कर दे।"[14] इसके जवाब में जवाहरलाल ने लिखा था—"यदि आपकी इच्छा है कि हम लीग

को बाकी सभी से हटाकर मुसलमानों के प्रतिनिधि के एकमात्र संगठन के रूप में मान लें, तब हम यह स्वीकार करने में असमर्थ हैं।''[15]

इस प्रकार ब्रिटिश सरकार और मुसलिम लीग के बीच समझौते के दरवाजे बंद हो चुके थे। कांग्रेस के मंत्रालयों ने इस्तीफा दे दिया था, पर आगे के रास्ते अनिश्चित थे। गांधी ने ब्रिटिश सरकार को सहयोग न देने की कांग्रेस की स्थिति को बनाए रखा था; पर वे युद्ध के दौरान ब्रिटिश सरकार को परेशान नहीं करना चाहते थे। कार्यकारी समिति भी इसी दिशा में चली और उसने 22 दिसंबर को अपने दो प्रस्तावों में अहिंसा एवं सकारात्मक कार्यक्रम तथा सम्मानजनक समझौते की प्रतिबद्धता पर बल दिया।

जवाहरलाल एक बार फिर अपने चारों तरफ चल रही स्थिति से पूरी तरह से असंगत हो चुके थे। वे गांधी से इस मामले में सहमत थे कि उनके दृष्टिकोण और जीवन की समस्याओं के प्रति उनकी समझ में मौलिक रूप से भिन्नता थी। उन्होंने यह भी कहा कि ''मेरा यह दृष्टिकोण मेरे आंतरिक संघर्षों के बाद ही उपजा है; पर मैं यह नहीं कह सकता हूँ कि मुझमें परिवर्तन की प्रक्रिया या विकास अब रुक चुका है। यदि मैं जीवन में कुछ भी सकारात्मक करना चाहता हूँ, तब जहाँ तक संभव हो, मुझे अपने में सच्चाई रखनी होगी। मैंने स्वयं को दूसरों के अनुकूल बनाने की भरसक कोशिश की है, खासतौर से आपके अर्थ में; परंतु मुझे इसमें बहुत कम सफलता मिली। जहाँ तक कार्यकारी समिति का प्रश्न है, आप जानते ही हैं कि मैं इसके लिए कितना उपयुक्त साबित हो चुका हूँ। यह मेरा दुर्भाग्य है कि मैं ऐसी कोई और जगह नहीं पाता हूँ कि जहाँ मैं उपयुक्त हो पाता। जो कुछ हो रहा है, उसे नापसंद करता हुआ मैं बहुत ही अकेलेपन एवं टूटे हुए मन से कार्य कर रहा हूँ। विकल्पहीनता के अभाव में मुझे लगता है कि मुझे यह भूमिका अदा करनी ही चाहिए; परंतु जो कुछ हो रहा है, उसकी जिम्मेदारी से मैं भाग नहीं सकता और जब मेरा रोम-रोम कार्य के लिए पुकार रहा है, तब मैं इसे छोड़ भी नहीं सकता हूँ।''[16] सन् 1939 में क्रिसमस के दिन जवाहरलाल ने दार्शनिक भाव के साथ बौद्धिक निर्लिप्तता के साथ लिखा कि हम सभी को अंधकार की घाटी से होकर गुजरना ही होगा।''[17]

कांग्रेस के प्रस्तावों ने सुभाष को उत्तेजित कर दिया था। उन्होंने वर्ष 1939 के आखिर में जवाहरलाल पर हलका प्रहार करते हुए लिखा—''ईमानदारीपूर्वक गांधी के मार्ग पर चलना ही उचित होगा, हालाँकि यह त्रुटिपूर्ण भी हो सकता है। लंबे-लंबे प्रस्ताव, आला वाक्य, वामपंथ की वकालत, खोखले भाषण, लड़ाकू बातों

की निरंतरता, नई दुनिया की व्यवस्था के बारंबार संदर्भ, जिनकी आवश्यकता भी नहीं थी; किंतु यह सभी कुछ धूल में मिल जाएगा और साम्राज्यवाद किसी बाहरी आक्रमण से नहीं, बल्कि अपने ही वजन से दबकर नष्ट हो जाएगा।'' कार्यकारी समिति के प्रस्तावों का उपहास करते हुए उन्होंने कहा, ''कांग्रेस कार्यकारी समिति के आदेशानुसार हमें सूत कातना होगा और स्वराज का रास्ता भी तैयार करना होगा।''[18] अंततः सुभाष ने स्वयं ही निर्णय लेने का तय किया।

सुभाष के इन दिनों के भाषणों से उनके द्वारा निर्धारित दिशा का पता चलता है। सन् 1940 में अखिल भारतीय छात्र सभा को संबोधित करते हुए उन्होंने सक्रियता का आह्वान करते हुए कहा था, ''मैं आपसे अनुरोध करता हूँ कि अपने संघर्ष के लिए कमर कसकर तैयार हो जाएँ। संघर्ष आ रहा है।...स्वतंत्रता उन्हें ही मिलती है, जो साहस करते हैं और इसके लिए कार्य करते हैं। हम सभी के लिए साहस और कार्य करने का समय आ चुका है। इन विषम परिस्थितियों में हममें से किसी को भी पीछे न हटने दें। इस परिस्थिति में मैं इटली के मशहूर जनरल का प्रेरणादायी वाक्य याद दिला रहा हूँ, जो उन्होंने क्रांति के दौरान अपने समर्थकों को दिया था, 'यदि तुम मेरा अनुसरण करोगे, तब मैं तुम्हें भूख, प्यास, तकलीफें, जबरदस्ती पद-यात्राएँ और मृत्यु दूँगा।' इन शब्दों को अपने कानों में बजने दो और आगे बढ़ने के लिए इनसे प्रेरणा लेकर साहस और कर्म करो। केवल तभी हमें विजय और स्वराज हासिल होगा।''[19]

सुभाष ने अपने भविष्य के भाषणों के विषय जैसे—बलिदान, साहस, कर्म और वीरता पहले से ही तय कर रखे थे। सुभाष को प्रेरणा-स्रोत के लिए गांधीवाद के एक वैकल्पिक नेतृत्व की चाहत थी। इन दिनों यूरोप में युद्ध की स्थिति उन्हें उत्तेजना प्रदान करती मालूम पड़ती थी। उन्होंने मार्च 1940 में लिखा—''ऐसा मालूम पड़ता है कि आधुनिक युद्ध संग्राम में गति और गतिमान स्थिति वाकई एक महत्त्वपूर्ण कारक है। एक पुरानी कहावत है कि अच्छी शुरुआत ही आधा कार्य समाप्त कर देती है। इन दिनों व्यक्ति को इसे परिवर्तित कर देना चाहिए कि शीघ्र शुरुआत ही आधा कार्य कर देती है। जर्मनी इस शिक्षा को कर्तव्यनिष्ठा और नियमनिष्ठा से अपना रहा है। चाहे राइनलैंड की सैन्य विजय हो या चेकोस्लोवाकिया हो या फिर पोलैंड की विजय और स्कैंडिनेविया की उपलब्धियाँ हों—सभी कुछ तीव्रता से हुआ है। यह रणनीति एक लंबी योजना और पूरी तैयारी के साथ हुई है। नाजी जर्मनी विस्तृत योजना बनाने और पूरी तैयारी करने में माहिर रहे हैं। जर्मन फासीवादी या साम्राज्यवादी, निर्दयी हो सकते हैं, पर

उनकी पूर्वनियोजित कार्यप्रणाली, नियमनिष्ठता और त्वरित काररवाई सराहनीय है। क्या उनके इन गुणों को बेहतर कारणों को प्रोत्साहित करने में इस्तेमाल नहीं किया जा सकता है ?''[20] सुभाष की योजनाओं में नाजियों के कुछ पहलू थे, जो प्रशंसनीय और अनुकरणीय थे।

मार्च 1940 में रामगढ़ में जब कांग्रेस का अधिवेशन चल रहा था, तभी सुभाष ने इसी स्थान पर अखिल भारतीय असहयोग सभा का भी आयोजन किया था। उन्होंने उस सभा को संबोधित किया और श्रोताओं को विलंब होने से पहले ही त्वरित काररवाई के लिए कहा था। उन्होंने लेनिन और मुसोलिनी का उदाहरण देते हुए कहा कि इन नेताओं ने अपने देशों में अवसरों का लाभ उठाया और निर्णयात्मक कदम उठाए थे। उन्होंने इस सभा की समाप्ति 'इनकलाब जिंदाबाद' से की थी, जो शीघ्र ही उनकी पहचान के साथ जुड़ गया था।

अपने अलंकार-युक्त भाषणों के बावजूद सुभाष ने गांधी से मुलाकात करना नहीं छोड़ा था। जून में वे गांधी से मिलने वर्धा गए और यही वह आखिरी मुलाकात थी, जब वे गांधी से मिले थे। मगर यह मुलाकात बेअसर रही। वैसे ऐसा न होने की उम्मीद नहीं थी, क्योंकि सुभाष के बारे में गांधी के विचार काफी कठोर थे। जनवरी 1940 में उन्होंने लिखा था—''मेरा प्रेम यदि गुलाब की पँखुड़ी की भाँति कोमल है तो यह पत्थर से भी कठोर हो सकता है। मेरी पत्नी को इसकी कठोरता का अनुभव है। मेरा बड़ा बेटा इसका अनुभव अभी भी कर रहा है। मैंने सुभाष बाबू को हमेशा अपने बेटे के रूप में ही देखा है; मगर मेरे विश्वास को चोट पहुँची है।''[21] गांधी का अंतिम वाक्य उनके व्यवहार को दरशाता है। यह तो सुभाष ही थे, जिन्हें पीड़ा पहुँची थी। दिसंबर 1939 में जब टैगोर ने गांधी को तार भेजकर अनुरोध किया था कि वे सुभाष के ऊपर से प्रतिबंध हटा लें, तब गांधी ने जवाब दिया था कि वे सुभाष को अनुशासित रहने का परामर्श दें।[22] गांधी ने जनवरी में टैगोर के तार का हवाला देते हुए सी.एफ. एंड्रयूज को पत्र लिखा था कि ''मुझे महसूस होता है कि सुभाष परिवार के एक बिगड़े हुए बच्चे की तरह व्यवहार कर रहे हैं। उनके साथ समझौता करने का एक ही तरीका है और वह है उनकी आँखें खोलना। मुझे पूरा यकीन है कि गुरुदेव के लिए इस मामले को सँभालना काफी जटिल है।''[23]

सुभाष ने सन् 1940 की गरमियों में काररवाई के बारे में कहते हुए डलहौजी स्क्वायर से हॉलवेल की प्रतिमा को हटाने के लिए आंदोलन चलाया।[24] इस आंदोलन की घोषणा उन्होंने ढाका में की थी। वे नए सहयोगियों की तलाश कर रहे थे और कलकत्ता निगम में मुसलिम लीग के साथ उन्होंने सीटों का समझौता

किया। हॉलवेल की प्रतिमा का संबंध सिराजुद्दौला के समय की कुख्यात घटना से था और इस मुद्दे पर हिंदू व मुसलमानों का सहयोग भी मिल सकता था। उन्होंने 3 जुलाई को इस आंदोलन की घोषणा सिराजुद्दौला दिवस के रूप में की थी और इसे नवाब की स्मृति पर एक कलंक के रूप में लिया था।[25] आंदोलन शुरू होने के एक दिन पहले ही सुभाष को भारत सुरक्षा कानून के तहत बिना किसी अभियोग के ही गिरफ्तार करके प्रेसीडेंसी जेल में बंद कर दिया गया। यह सुभाष की अंतिम जेलयात्रा और उनके जीवन के विलक्षण पहलू की शुरुआत भी थी।

सुभाष ने कैदी होने के बावजूद ब्रिटिश प्रभुता को चुनौती देना नहीं रोका। नवंबर 1940 के आखिर में उन्होंने भूख हड़ताल की और कहा, "मुझे रिहा करो, नहीं तो मैं जीना छोड़ दूँगा।" अपने आमरण अनशन से कुछ दिनों पहले गांधी को संलग्न करते हुए उन्होंने एक पत्र लिखा, जिसे उन्होंने अपना 'राजनीतिक दस्तावेज' कहा था। तेरह पृष्ठों का यह पत्र उन्होंने अपने हाथों से बंगाल के मुख्यमंत्री और राज्यपाल को संबोधित करते हुए लिखा था। इस पत्र में उन्होंने गैर-कानूनी और अन्यायपूर्ण ढंग से स्वयं को बंदी बनाए जाने के साथ विवेक और जीवन के उद्देश्य के बारे में भी लिखा था। सुभाष ने लिखा कि उनके लिए इससे बड़ी संतुष्टि और कुछ नहीं हो सकती कि वे सिद्धांतों के लिए जिएँ और मरें तथा आगामी पीढ़ी उनसे प्रेरणा हासिल करे। उन्होंने कहा कि "जीवन की सबसे बड़ी उपलब्धि और क्या हो सकती है, जिसमें उद्देश्य के लिए शांतिपूर्ण आत्मोत्सर्ग हो तथा इसके लिए व्यक्ति को मर जाना चाहिए, ताकि राष्ट्र जीवित रह सके। आज मुझे मर जाना चाहिए, ताकि भारत को स्वतंत्रता और गौरव प्राप्त हो।"[26] इस प्रकार सुभाष पुनः बलिदान और स्वतंत्रता के गुँथे हुए अपने विषय पर वापस लौटे और यही उनके भविष्य की क्रियाशीलता तथा उनके जीवन का प्रमुख तत्त्व था।

बंगाल सरकार को जेल में सुभाष की मृत्यु होने के भयावह परिणाम का अंदाज था, इसलिए उनके भूख-हड़ताल शुरू करने के एक ही हफ्ते के भीतर उन्हें रिहा कर दिया गया था। उन्हें एंबुलेंस से उनके घर स्वास्थ्य-लाभ के लिए भेज भी दिया गया। अब यह स्पष्ट था कि सुभाष न तो कैद में थे और न ही उनकी जमानत हुई थी। सरकार ने सिर्फ उनके रोके जाने के आदेश को अस्थायी रूप से निरस्त कर दिया था।[27] सुभाष अपने पिता के घर एलगिन रोड पर ही नजरबंद थे और पुलिस की निगरानी में थे।

अपने इसी घर से सुरक्षा घेरे को धता बताते हुए, 16-17 जनवरी, 1941 की रात को सुभाष वहाँ से निकल भागे, जिसकी कहानी मशहूर हो चुकी है। उस साहसिक

घटना को यहाँ संक्षिप्त रूप में दोहराया जा रहा है। रात के अँधेरे में सुभाष एक पठान के वेश में अपने भतीजे शिशिर के साथ कार से धनबाद के पास बरारी पहुँचे, जहाँ उनके दूसरे भतीजे अशोक रहते थे। वहाँ से उन्होंने मुहम्मद जियाउद्दीन के नाम से यात्रा शुरू की और गोमोह स्टेशन से कालका मेल से दिल्ली जाने के लिए चढ़े। दिल्ली पहुँचकर उन्होंने फ्रंटियर मेल पकड़ी और पेशावर पहुँचे जहाँ अपने कामरेडों की मदद से वे काबुल के लिए रवाना हुए।[28] सुभाष के बच निकलने की यह कहानी एक अविश्वसनीयता और संदेह उत्पन्न करती है। सुभाष और उनके भतीजों ने किस तरह से अपने घर के चारों तरफ की पुलिस की निगरानी को बेवकूफ बनाया? बंगाल सरकार को सुभाष के गायब होने की खबर का पता 'आनंद बाजार पत्रिका' और 'हिंदुस्तान स्टैंडर्ड' के छपने के बाद ही चला। पुलिस और उनका सूचना विभाग वाकई बहुत नाकाबिल रहा होगा या फिर सरकार ने यह सोचा होगा कि सुभाष देश से बाहर उनके लिए कम परेशानी की वजह बनेंगे। यहाँ तक कि कई दशकों के बाद भी उनके बच निकलने की कई रहस्यमय कहानियाँ उनकी कथा में चमक पैदा करती हैं।

जनवरी 1941 के आखिर में सुभाष ब्रिटिश भारतीय पुलिस की पहुँच से दूर काबुल पहुँचे। काबुल में सुभाष ब्रिटिश सरकार के कानून की परिधि से अवश्य ही बाहर हो गए थे; पर क्या वे ब्रिटिश खुफिया विभाग की निगरानी से भी बाहर थे? यह सवाल वाकई महत्त्वपूर्ण है तथा इस बात के भी प्रमाण मिलते हैं कि भगतराम तलवार, जो 'रहमत खान' के छद्म नाम से वहाँ मौजूद था और उसी की सुभाष को पेशावर से काबुल और फिर बर्लिन तक पहुँचाने की महत्त्वपूर्ण भूमिका थी। वह व्यक्ति वास्तव में ब्रिटिश खुफिया सेवाओं का एक एजेंट था तथा उसका कूट नाम 'सिल्वर' था।[29] इस बात के साक्ष्य नहीं हैं कि तलवार ब्रिटिश एजेंट कब बना था; मगर इसमें संदेह नहीं है कि वह जून 1941 में हिटलर की सोवियत संघ पर चढ़ाई की सूचना ब्रिटेन को दिया करता था। इसका एक असर यह भी था कि जून 1941 के बाद जो भी खबर उसे सुभाष से प्राप्त होती थी, वह ब्रिटिश सरकार और सोवियत संघ को मिलती रहती थी। क्या तलवार यही काम काबुल में सुभाष के साथ रहते हुए भी कर रहा था? यदि वह सुभाष का निकट सहयोगी था, तब क्या उसने उनके आंदोलन के साथ समझौता किया था? यह भी महत्त्वपूर्ण है कि मार्च 1941 में ब्रिटेन के स्पेशल ऑपरेशंस एक्जीक्यूटिव (एस.ओ.ई.) इस तथ्य से परिचित थे कि सुभाष अफगानिस्तान से जर्मनी जाने वाले थे। एस.ओ.ई. ने गलत अनुमान लगाया था कि सुभाष ईरान, इराक और तुर्की से होते हुए जाएँगे; परंतु उन्हें उनके अंतिम लक्ष्य के बारे में पूरी जानकारी थी।[30]

बर्लिन सुभाष का पहला चयन नहीं था। सुभाष के काबुल पहुँचने पर तलवार जो कि उन्हीं के साथ था, ने सोवियत राजदूत से संपर्क करने की कोशिश की, पर वह असफल रहा। इसके बाद सुभाष जर्मन दूतावास में बिना आमंत्रण के ही पहुँच गए थे,[31] जहाँ उनका अच्छा स्वागत हुआ। उनकी मुलाकात वहाँ हाँस पिल्जर से हुई, जो मंत्री थे और जिनसे सुभाष ने बर्लिन से भारत को स्वतंत्र कराने के आंदोलन को प्रोत्साहित करने की अपनी योजना के बारे में बताया। सुभाष ने उनसे सोवियत संघ से होकर बर्लिन पहुँचने का अनुरोध भी किया। पिल्जर ने तत्परता दिखाई और बर्लिन तार भेजा तथा इटली के दूतावास में अपने सहयोगी को भी सूचित किया और साथ-ही-साथ सुभाष को सजग भी किया कि वे खतरे में हैं, इसलिए उन्हें जर्मन दूतावास के स्थानीय प्रतिनिधि के संपर्क में रहना चाहिए। पिल्जर का तार पाकर जर्मनी चुपचाप नहीं बैठा। वहाँ के सचिव अर्नस्ट वॉन वीजसेकर ने उनके बारे में संक्षिप्त जानकारी माँगी। यह जानकारी 2 फरवरी तक तैयार हो गई और काफी स्पष्ट भी थी। इसमें जर्मनी के प्रति सुभाष का दृष्टिकोण भी बताया गया था। इसके अनुसार, बोस ने भारत के संदर्भ में जर्मनी का स्पष्ट राजनीतिक दृष्टिकोण माँगा था और इसके न होने पर खुलेआम अपनी निराशा जताई थी। उनके बारे में लिखी टिप्पणी में लेखक ने किसी भी तरह की हिचकिचाहट नहीं दिखाई, ''सुभाष एक व्यर्थ और उकसानेवाले व्यक्ति हैं। वे विपक्ष के लिए संलिप्त रहना चाहते हैं।''[32] सुभाष के बारे में पिल्जर की प्रतिक्रिया भी उनके अनुकूल नहीं थी। उन्होंने चेतावनी दी थी कि कुछ घटनाओं से पता चलता है कि सुभाष ने ब्रिटेन के लिए काम किया है। उन्होंने यह भी कहा कि सुभाष की तरफ से एक भारतीय भी उनके पास आया था, जिसके संबंध ब्रिटिश दूतावास से भी थे।[33] यदि यह संदेशवाहक तलवार था, तब इसकी पूरी संभावना और पिल्जर का पूर्वानुमान था कि उसका संदेह पक्का था।

वीजसेकर ने काबुल दूतावास को सूचित कर दिया था कि यदि सोवियत संघ सुभाष को यात्रा वीजा दे दे तो वे जर्मनी की यात्रा कर सकते थे। ''नाजी-सोवियत समझौते के तहत यह संभव था कि इस तरह के यात्रा दस्तावेज की अनुमति दी जा सकती थी।'' सुभाष को बर्लिन तक ले जाने का निर्णय संभवतः जर्मन विदेश विभाग के प्रयासों से ही संभव था।[34] एक तकलीफदेह इंतजार के बाद सुभाष 18 मार्च, 1941 को काबुल से मॉस्को चल दिए, जहाँ से उन्हें बर्लिन जाना था। वे 31 मार्च को मॉस्को पहुँचे और उसी दिन बर्लिन के लिए रवाना हुए। बर्लिन पहुँचने के तीन दिनों के बाद उन्होंने एमिली को अपना पहला पत्र लिखा, जो 4-6 जुलाई 1939 के बीच लिखा था।[35]

सुभाष स्वयं को नाजी जर्मनी के नजदीक उनका सहयोग पाने की स्थिति में देखते हैं। सन् 1940 में जवाहरलाल की मानसिक और वैचारिक स्थिति से वैसे वह काफी दूर था। फासीवाद और नाजीवाद को लेकर उनकी कठोर आलोचना की जाती रही तथा जब नाजी सैनिक पश्चिमी यूरोप में फैले तब विरोध और भी बढ़ा। उन्होंने इस स्थिति को आशंका की नजर से देखा तथा नाजी-सोवियत समझौते एवं सोवियत रूस के फिनलैंड पर आक्रमण को देखकर उन्हें निराशा भी हुई। उनके जीवनी लेखक एस. गोपाल ने रूस की असफलता को लेकर एक टिप्पणी भी की थी कि एक देश, जिसकी जवाहरलाल ने प्रशंसा की थी, वह अपनी भर्त्सना से ऊपर अपने साधन रखता है और नैतिकता के महत्त्व के लिए उसे सावधान भी किया था। इस प्रकार, वे गांधी के अधिक नजदीक थे। कांग्रेस के मंत्रियों के त्यागपत्र के बाद गांधीवादी सक्रियता-युक्त कार्यक्रम में जवाहरलाल की स्वीकृति उनका अगला कदम था। वास्तव में, सन् 1940 में चार साल के अंतराल के बाद जवाहरलाल ने स्वयं ही चरखा काता था।[36]

जवाहरलाल भारत की स्वतंत्रता के प्रति अपनी प्रतिबद्धता और ब्रिटेन के लिए अपनी सहानुभूति के द्वंद्व के बीच स्वयं को पाते थे; क्योंकि ब्रिटेन लोकतंत्र पर नाजीवाद के आक्रमण के खिलाफ युद्ध कर रहा था। उन्होंने सन् 1940 में अपनी दुविधा की स्थिति में राजेंद्र प्रसाद को एक पत्र में लिखा था—"यह सच है कि ब्रिटेन के वर्तमान साम्राज्यवाद की तुलना में नाजीवाद बुरा है, हालाँकि इनमें किसी मौलिक अंतर को लेकर मुझे संदेह है; किंतु नाजीवाद बुरा है, इसलिए हमें ब्रिटेन के प्रभुत्व को तरजीह देनी चाहिए। यह वाकई एक खतरनाक सिद्धांत है। इसका अर्थ यह है कि हम ऐसे असहाय लोग हैं, जिनके पास मालिक तो है, परंतु मालिक चुनने का विकल्प नहीं है। अपने आडंबर को दूर करते हुए हम ब्रिटिश शासन के मौलिक आधार को स्वीकार करते हैं।...हम स्वतंत्रता के लिए खड़े हैं और कोई भी विदेशी ताकत, जो हम पर प्रभुत्व जमाना चाहती है, हम उसका विरोध करेंगे।"[37] चूँकि जवाहरलाल द्वितीय विश्व युद्ध के प्रारंभिक वर्षों को देख चुके थे और अक्तूबर 1940 में तेरह महीनों तक जेल में भी थे, इसलिए वे अपनी इस समझ से पीछे नहीं हटे। द्वितीय विश्व युद्ध के दौरान सुभाष की क्रियाशीलता पर इनका अनुभव अधिक महत्त्वपूर्ण हो जाता है। जेल से बाहर आने के तुरंत बाद ही पर्ल हार्बर पर जापानी आक्रमण पर आशंका जताते हुए एक भाषण में कहा था कि यह युद्ध भारत में भी फैल सकता था।[38] उनका यह भय थाई सरकार के उस निर्णय पर था, जिसमें जापानी सैनिकों को अपने क्षेत्र से गुजरने की अनुमति प्रदान

की गई थी। इससे जापानियों को दक्षिण पूर्व एशिया—मलाया और सिंगापुर तथा बर्मा पर आक्रमण का आधार मिल जाता तथा भारत के पूर्वी सीमा क्षेत्र पर युद्ध आरंभ हो जाता।

युद्ध की इस स्थिति ने कांग्रेस की स्थिति में परिवर्तन ला दिया था। इस समय ब्रिटिश नीति में परिवर्तन के लिए इंतजार का सवाल नहीं था। महत्त्वपूर्ण मुद्दा यह था कि यदि जापानी भारत के क्षेत्र में प्रवेश कर जाते और इसके कुछ हिस्से में बम वर्षा करते, तब कांग्रेस क्या करती। सन् 1941 में क्रिसमस के लिए कांग्रेस कार्यकारी समिति की बारदोली में बैठक हुई। वहाँ राजगोपालाचारी के नेतृत्व में समिति ने दुनिया की एक नई स्थिति का आकलन करते हुए जापान के आक्रमण का अहिंसक रूप से विरोध कर पाने की अपनी असंभव स्थिति को स्वीकार कर लिया था। कांग्रेस ने भारत की स्वतंत्रता की घोषणा की शर्तों पर युद्ध प्रयासों में सहयोग देने का विचार किया। बारदोली के प्रस्ताव ने कार्यकारी समिति में विभाजन की स्थिति पैदा कर दी थी। जवाहरलाल, आजाद और राजगोपालाचारी ब्रिटेन को सशर्त सहयोग देने पर राजी थे; पर पटेल और राजेंद्र प्रसाद इसके विरोध में थे, क्योंकि उनके विचार से इसमें हिंसा की स्थिति अपरिहार्य थी। पटेल और प्रसाद गांधी का अनुसरण कर रहे थे, जिन्होंने महत्त्वपूर्ण ढंग से विरोध किया था तथा वर्ष के अंत में आजाद को लिखा कि उन्हें कांग्रेस में व्यक्तिगत सत्याग्रह का नेतृत्व करने के लिए मुक्त कर दें, क्योंकि वे बारदोली प्रस्ताव के खिलाफ थे। कार्यकारी समिति ने उनके पीछे हटने के प्रस्ताव को मान लिया था।

जवाहरलाल एक बार पुनः गांधी से विरोध की स्थिति में आ गए और अपनी स्थिति को स्पष्ट करने उनके पास पहुँचे, "भारत के संघर्ष के पिछले बीस वर्षों में मैंने अहिंसा के सिद्धांतों का पूरी तरह से पालन किया है; परंतु दुनिया की स्थिति को देखते हुए एक राजनीतिज्ञ के लिए यह बहुत कठिन है। इसीलिए यदि आवश्यकता पड़ी, तब मैं अहिंसा का सिद्धांत छोड़ भी सकता हूँ।...भारत अहिंसा के कारण डरपोक नहीं हो सकता, क्योंकि हमारी नजरों में कायरता से बुरा और कुछ नहीं है। महात्माजी ने एक बार कहा था कि लोगों को अपने अधिकारों के लिए अहिंसक तरीके से लड़ना चाहिए; परंतु जब वे असफल हो अपनी शक्ति खो देते हैं, तब उन्हें तलवार के साथ युद्ध करना चाहिए।" जवाहरलाल ने अपने भाषण में कहा था कि "गांधी और कांग्रेस का रास्ता पृथक् नहीं है।"[39] यह भी एक वास्तविकता है कि जवाहरलाल का गांधी के साथ बंधन बहुत ही मजबूत था और गांधी ने 15 जनवरी, 1942 को जवाहरलाल को अपना चयनित उत्तराधिकारी कहा था। 15

जनवरी को वर्धा में अखिल भारतीय कांग्रेस कमेटी की बैठक में गांधी ने घोषणा की थी, "कुछ लोगों ने कहा कि पं. जवाहरलाल और मैं अलग-अलग थे। हमें अलग करने के लिए वैचारिक मतभेदों से भी अधिक कुछ होना चाहिए। हम जिस पल से सहकर्मी बने, हमारे तीन वैचारिक मतभेद तभी से हैं। फिर भी, मैं कुछ वर्षों पहले कह चुका हूँ और अभी भी कहता हूँ कि न तो राजाजी, न ही सरदार वल्लभभाई, बल्कि जवाहरलाल मेरे उत्तराधिकारी होंगे। आप छड़ी मारकर पानी अलग नहीं कर सकते हैं। हमें अलग करना कठिन है।...जब मैं चला जाऊँगा, तब वे मेरी भाषा बोलेंगे।"[40]

दुनिया में चल रही उथल-पुथल के बावजूद जवाहरलाल का जीवन एक पूर्वानुमानित पथ पर चल रहा था। दूसरी तरफ, जर्मनी में सुभाष का जीवन भी काफी उथल-पुथल भरा था। हालाँकि उनके जीवन में शांति का भी एक नखलिस्तान था और वह था उनका एवं एमिली का साथ। एमिली भी बर्लिन आ चुकी थीं और अब वे साथ-साथ ही थे। मगर सुभाष की राजनीतिक योजना उनके सामने कई अवरोध खड़ा कर रही थी। अप्रैल 1941 में हिटलर की ताकत यूरोप में अपने चरम पर थी। उसकी सैन्य-शक्ति ने ब्रिटेन और सोवियत संघ को छोड़कर अपना प्रभुत्व स्थापित कर लिया था। अप्रैल की शुरुआत में वारमैश ने यूरोप में ब्रिटेन के दो सहयोगियों यूगोस्लाविया और ग्रीस पर चढ़ाई कर दी थी। उत्तर अफ्रीका में जनरल इर्विन रोमेल ने अपनी आक्रामकता की शुरुआत कर दी थी तथा ब्रिटिश सैनिकों को लीबिया के रेगिस्तान से पीछे हटने के लिए बाध्य कर दिया था। सुभाष ने जर्मनी के अंडर-सेक्रेटरी वोरमैन से भी बात की थी और उन्हें परामर्श दिया था कि स्वतंत्र भारत सरकार बर्लिन में स्थापित होगी। आश्चर्य यह था कि वोरमैन ने भारत को आजाद करने के लिए 1,00,000 जर्मन सैनिकों को भारत भेजने की बात कही थी।[41] वोरमैन के सामने यह स्पष्ट था कि सुभाष के उद्देश्य और जर्मनी की प्राथमिकताओं में असंगतता थी। सुभाष को लगता था कि जर्मनी ब्रिटिश साम्राज्य को समाप्त करना चाहता था। उन्हें संभवत: इसका अनुमान नहीं था कि हिटलर की प्राथमिकता में इस समय ब्रिटिश साम्राज्य नहीं था। वह उस समय पूरी तरह से ऑपरेशन बारबरोसा यानी सोवियत संघ पर चढ़ाई की योजना में था। हिटलर को यकीन था कि रूस पर हासिल की गई त्वरित विजय ब्रिटेन को युद्ध से बाहर कर देगी। वर्ष 1941 की शुरुआत में यही उसका उद्देश्य था। नाजी नेतृत्व का एक महत्त्वपूर्ण हिस्सा, जो शायद हिटलर को भी शामिल कर सकता था, वह वर्ष 1940-41 के दौरान ब्रिटेन के साथ

शांति समझौते के विरोध में नहीं था। साक्ष्य स्वरूप रुडोल्फ हेस शांति का प्रस्ताव लेकर स्कॉटलैंड भी गए थे।[42]

इन परिस्थितियों के बावजूद जब हिटलर को भारत सरकार के निर्वासन का प्रस्ताव सुभाष से मिला, तब उसकी प्रतिक्रिया सकारात्मक थी। इस बारे में 2 मई को जोसेफ गोएबल्स ने बताया कि वह गंभीरता से सोच रहे थे।[43] हिटलर के नजदीकी लोगों को जो जानकारियाँ थीं, सुभाष उनसे अनभिज्ञ हो सकते थे। इस बारे में उन्हें जर्मनी के विदेश विभाग से मिली तटस्थता का भी अनुभव हुआ था। जर्मनी के विदेश मंत्री रिबेनट्रॉप के साथ हुई सुभाष की मुलाकात में भारत सरकार के निर्वासन और भारत के युद्धबंदियों के प्रशिक्षण की वार्त्ता नहीं हुई थी; जबकि भारत को स्वतंत्र कराने में सुभाष के यही प्रमुख मुद्दे थे। गांधी के संदर्भ में रिबेनट्रॉप के विचार जानकर भी सुभाष को हताशा हुई। ध्रुवीय ताकतों और भारत के बीच सहयोग की योजना पर सुभाष ने एक ज्ञापन लिखा, जिसमें उन्होंने गांधी का नाम नहीं लिया तथा गांधी को 'समझौतेवाला व्यक्ति' कहकर नकार दिया और उन्हें अंग्रेजों के मुँह पर दरवाजा न बंद करनेवाला व्यक्ति बताया। किंतु रिबेनट्रॉप को इस आलंकारिक भाषा से बेवकूफ नहीं बनाया जा सका। उसने गांधी को हमेशा एक महत्त्वपूर्ण व्यक्ति बताया तथा उनके सत्याग्रह को आसानी से नकारनेवाला भी बताया।[44]

मई की शुरुआत में सुभाष ने जर्मनी के विदेश कार्यालय के लिए भारत की स्वतंत्रता की घोषणा की जरूरत पर बल देते हुए एक विस्तृत टिप्पणी तैयार की थी। इस टिप्पणी में उन्होंने कहा कि भारत में सोवियत की तरफ एक बड़ी भावना होने के बावजूद यह माना गया था कि केवल ध्रुवीय शक्तियाँ (जिसमें सोवियत नहीं है) ही भारत को आजाद करा सकती थीं।[45] चूँकि सुभाष को भारत पर घोषणा-पत्र तैयार करने के लिए कहा गया था, इसलिए उनकी इस टिप्पणी का स्वागत भी हुआ था। सुभाष ने इस बारे में बहुत ही स्पष्टता से लिखा था—"जर्मनी भारत के लोगों की पूर्ण स्वतंत्रता के अपरिहार्य अधिकार को समझता है और वह भारत के लोगों को एक नई व्यवस्था स्थापित करने की सुनिश्चितता प्रदान करता है, जिसका आशय आत्मनिर्भर और आजाद भारत से है।...भारत के लोगों को तय करना है कि वे किस तरह की सरकार रखना चाहते हैं।जर्मनी भारत के लोगों को उनके स्वतंत्रता के प्रयास की हार्दिक बधाई देता है तथा उन्हें इसके लिए सहयोग देने की घोषणा करता है, जिसमें उन्हें अपनी आजादी शीघ्र हासिल हो।"[46]

जर्मनी के विदेश विभाग ने इस प्रारूप को बिना किसी परिवर्तन के ही मान

लिया था और 10 मई को हिटलर ने भारत की स्वतंत्रता पर सुभाष के अनुरोध को सहमति प्रदान कर दी थी। मई 1941 में ही सुभाष ने अति आशावाद के साथ तलवार को एक संदेश भेजा था, जिसमें लिखा था कि अंतरराष्ट्रीय राजनीतिक परिप्रेक्ष्य में बड़ी घटनाएँ घटने वाली हैं, जो ब्रिटिश साम्राज्यवाद को उखाड़ फेंकेंगी।...मुझे उम्मीद है कि एक पखवारे के भीतर ही ध्रुवीय ताकतें भारत की आजादी के संदर्भ में एक खुली घोषणा करने वाली हैं।[47]

सुभाष जिस घोषणा का बेसब्री से इंतजार कर रहे थे, वह एक बार ही नहीं बल्कि दो बार 24 मई और फिर 6 सितंबर को स्थगित कर दी गई थी और उसने सुभाष को काफी हताश भी किया। एक तरह से सुभाष का मजाक उड़ाते हुए रिबेनट्रॉप ने वोरमैन को जर्मनी की घोषणा के प्रति प्रतिबद्धता की सुनिश्चितता के लिए सुभाष को सूचित करने के लिए कहा था।[48] सुभाष के द्वारा पेश किए गए प्रारूप के लगभग एक साल बाद यानी 25 मई, 1942 को रिबेनट्रॉप हिटलर को घोषणा-पत्र जारी करने के लिए लिख रहे थे। सुभाष की हताशा की सिर्फ यही, यानी इस घोषणा-पत्र का जारी न होना, एक बड़ी वजह थी। जून 1941 में जब वे इटली पहुँच रहे थे, तब उन्हें अपनी योजना पर इसके विपरीत प्रभाव पड़ने का पता चल चुका था। सुभाष को पता चल चुका था कि जर्मनी ने 22 तारीख को सोवियत रूस पर आक्रमण कर दिया था। वह जान चुके थे कि भारत में सोवियत संघ के समर्थन में विचार बदल चुके थे। उन्होंने 5 जुलाई को इटली से वोरमैन को लिखा—"मेरी योजनाओं का अब पूरा होना मुझे अस्पष्ट-सा लगता है तथा परिस्थितियाँ भी बदल चुकी हैं और मुझे लगता है कि मेरे बर्लिन जल्दी लौटने से कुछ लाभ नहीं होगा।...पूरब में घटी इन नई परिस्थितियों की मेरे देश में प्रतिक्रिया आपकी सरकार के अनुकूल नहीं है।" माह के मध्य में बर्लिन वापस लौटकर उन्होंने वोरमैन से कहा कि "भारतीयों के द्वारा जर्मनी को एक आक्रामक और एक अन्य साम्राज्यवादी ताकत के रूप में देखा जा रहा था। भारत में जर्मन सैनिकों के जाने को ब्रिटिश शासन के विकल्प के रूप में ही देखा जाएगा।"[49]

सुभाष को एक धक्का तब और लगा, जब सन् 1941 में अगस्त के मध्य में अमेरिका के राष्ट्रपति फ्रैंकलिन रूजवेल्ट और ब्रिटिश प्रधानमंत्री विंस्टन चर्चिल ने एक संयुक्त घोषणा-पत्र जारी किया, जिसमें कहा गया था कि "दोनों देश अपने देशों की सरकार चुनने के अधिकार का सम्मान करेंगे तथा वे उन लोगों को प्रभुता-संपन्न अधिकारों तथा स्वयं शासन को हासिल करने में सहायता करेंगे, जिन्हें बलपूर्वक इससे वंचित किया जा रहा है।"[50]

सुभाष के लिए इस स्थिति ने जर्मनी के घोषणा-पत्र की अनुपस्थिति को और भी कठिन बना दिया था। वे देख रहे थे कि चर्चिल-रूजवेल्ट के संयुक्त घोषणा-पत्र का भारत में स्वागत किया जाएगा। संभवतः अब इस विचार की शुरुआत हो चुकी थी कि नाजी जर्मनी में सुभाष की मौजूदगी उनके राजनीतिक उद्देश्य और महत्त्वाकांक्षा के लिए निरर्थक थी। खासतौर से नवंबर 1941 में यह आधिकारिक रूप से पता चल गया था कि वे बर्लिन में ही थे, मगर उनके लिए अपनी इन परिस्थितियों से मुक्त हो पाना आसान नहीं था।

वे बर्लिन में आराम से आश्रय प्राप्त कर चुके थे। वहाँ के विदेश विभाग ने उन्हें आरामदेह घर, रसोइया, माली और शोफर-युक्त कार तथा रियायत पर पेट्रोल की भी व्यवस्था की थी। वे वहाँ पूरी तरह से आजाद भारत केंद्र के कार्यों में संलग्न थे, जो जर्मनी में रह रहे उन भारतीयों को सहायता प्रदान करता था, जो भारत को स्वतंत्र कराने की दिशा में कार्यरत थे। मगर यहाँ की सक्रियताएँ सुभाष की उन भव्य योजनाओं से मेल नहीं खाती थीं, जो उन्होंने भारत को आजाद कराने के लिए बनाई थीं। व्यक्तिगत रूप से सुभाष का जर्मनी में रुकने का एकमात्र उद्देश्य हिटलर के साथ मुलाकात थी। उनकी यह मुलाकात मई 1942 में हुई थी; मगर तब तक युद्ध की परिस्थितियाँ काफी बदल चुकी थीं। जापान ने पर्ल हार्बर पर बम बरसा दिया था तथा अमेरिका भी युद्ध में उतर चुका था और नाजी जर्मनी ने रूस पर निर्दयतापूर्वक आक्रमण कर दिया था।

सुभाष ने हिटलर को एक 'पुराना क्रांतिकारी' कहकर संबोधित किया था तथा कहा था कि वे इस अवसर को हमेशा याद रखेंगे। हिटलर ने सुभाष से कहा था कि जर्मनी और भारत दोनों ही निर्दयी विरोधियों से लड़ रहे हैं और इसमें सोवियत रूस भी शामिल है। भारत के घोषणा-पत्र के संदर्भ में हिटलर ने कहा था कि वह युद्ध को एक राजनेता की तरह नहीं, बल्कि एक सैनिक की तरह लड़ रहा है तथा वह झूठे उपदेश और अपनी स्वयं की प्रभावशीलता की क्षमता से परे किसी तरह की सुनिश्चितता नहीं देना चाहता है। हिटलर ने सुभाष को जापान पर निर्भरता तथा भारत के नजदीक पहुँचने का परामर्श दिया था कि केवल आंतरिक विद्रोह जिसमें बाहरी दबाव ही भारत की आजादी की सुनिश्चितता है। उसने जापान को आश्चर्यजनक रूप से तेजी से आगे बढ़नेवाला तथा सुभाष पर शीघ्रता से जापान पहुँचकर उसके साथ समझौता करने के लिए प्रभावित किया था। इसके साथ ही हिटलर ने सुभाष को जापान हवाई मार्ग से न जाकर जापानी पनडुब्बी से जाने के लिए कहा, जो गरमी में जर्मनी अधिकृत फ्रांस पहुँचने वाली थी।[51]

इस तरह सुभाष की नई साहसिक यात्रा की तैयारी शुरू हो चुकी थी, जिसमें उन्होंने यूरोप से जापान तक की यात्रा हिंद महासागर में पनडुब्बियों को बदलते हुए की थी।[52] सुभाष फरवरी 1943 में जर्मनी से खाली हाथ चल पड़े थे। उनका यह प्रवास उन्हें लाभ न दिला सका।[53] इसने उन्हें ध्रुवीय ताकतों के एक सहयोगी तथा नाजियों के साथ एक आरामदेह स्थिति में रखा था। सुभाष नाजी शासन से सहायता पाने की अपनी कोशिश की स्वाभाविक अनुपयुक्तता से परिचित थे। इस बारे में बर्लिन में जब उनके एक सहयोगी गिरिजा मुखर्जी ने उनसे पूछा था, तब उन्होंने जवाब दिया था कि यह एक रणनीतिक समझौता है और वे नाजियों के मित्र कभी भी नहीं थे। उन्होंने यह भी कहा कि जब ब्रिटेन सोवियत संघ के साथ अपने सैद्धांतिक विरोध के बावजूद समझौता कर सकता था, तब भारतीय राष्ट्रवाद भी संदेहास्पद मार्गवाली सरकारों की सहायता ले सकता था। उन्होंने कहा, "यह सच है कि हममें और नाजियों में किसी तरह की समानता नहीं है; मगर हमें उनसे सहायता लेने में क्या हर्ज है, जबकि वे हमारे काम और विचारधारा को प्रभावित नहीं करेंगे।...यूरोप में जर्मनी के लोगों ने जो भी किया, हमें उससे मतलब नहीं है। हम न तो उनकी खिलाफत और न ही उनके समर्थन में कुछ कहेंगे।"[54]

ब्रिटिश-सोवियत गठबंधन के साथ उनकी अपनी स्थिति की तुलना अनुभवहीनता से भरी हुई थी। युद्ध के दौरान स्टालिन और चर्चिल दोनों ने ही अपने बनाए गठबंधन से लाभ प्राप्त किया था। दोनों ही पार्टियों की पारस्परिकता ने उन्हें आपसी लाभ दिलाया था। इस प्रकार, सुभाष के द्वारा नाजी जर्मनी के साथ रणनीतिक संबंधवाली बात असंगत थी। इसमें दोनों को ही लाभ नहीं मिला था; क्योंकि हिटलर की रणनीति सुभाष के अनुकूल नहीं थी। इस प्रकार, सुभाष भारत की स्वतंत्रता के लिए जर्मनी का घोषणा-पत्र भी हासिल नहीं कर सके थे। अतः यह एक परिणामहीन समझौता था। यहाँ सुभाष को कुछ निजी लाभ अवश्य हुए थे और इसके लिए नाजी सरकार की मेहमाननवाजी, एमिली का साथ और कुछ समय तक घरेलू कृपा भी मेहरबान थी।

सुभाष के साथ नाजियों के व्यवहार पर भी कुछ तथ्य महत्त्वपूर्ण हैं; जैसे नाजी सरकार अपने अंतरजातीय विवाहों के खिलाफ कानूनों के बारे में जानी जाती रही, पर सुभाष और एमिली के संबंधों में उसने किसी भी तरह का हस्तक्षेप नहीं किया था। वैसे यह विश्वास करना कठिन है कि उन्हें सुभाष और एमिली के विवाह या फिर उनके पति-पत्नी के रूप में साथ रहने के बारे में पता नहीं था। नाजी अपने विरोध को बरदाश्त न करने के लिए जाने जाते थे; पर जर्मन अधिकारियों के साथ

सुभाष की वार्त्ताओं, यहाँ तक कि रिबेनट्रॉप के साथ भी वे अपनी असहमति जाहिर करने में जरा भी हिचकिचाते नहीं थे और इसके लिए उन्हें कभी दोषी भी नहीं माना गया। प्रत्येक बैठक, जिसमें सुभाष को अधिकृत रूप से शामिल होने के लिए कहा जाता था, में सुभाष को सम्मान प्राप्त होता था तथा वहाँ यदि इटली और जापान के प्रतिनिधि मौजूद होते थे, तब सुभाष को जर्मनी की तरफ बैठाया जाता था। यह भी संभव है कि उनकी इस मेहमाननवाजी ने उन्हें नाजियों के द्वारा किए जा रहे अत्याचार पर शांत कर दिया था; परंतु वे इससे अनजान नहीं रहे होंगे,[55] साथ ही उनके दिमाग में एमिली की सुरक्षा भी रही होगी।

इस बारे में सुभाष की गिरिजा मुखर्जी से की गई वार्त्ता भी महत्त्वपूर्ण है, जिसमें उन्होंने कहा था, "जर्मनी के लोग यूरोप में जो भी करते हैं, हमें इससे कुछ मतलब नहीं है।" सुभाष केवल आत्मकेंद्रित रूप से ही सोच रहे थे। वे सिर्फ भारत की स्वतंत्रता चाहते थे। यह दृष्टिकोण महान् होने के साथ-साथ दूरदर्शिताहीन भी था। इसी दृष्टिकोण ने एक ऐसे व्यक्ति की रचना की थी, जिसने अपने दार्शनिक दस्तावेज में लिखा था कि यह प्रेम ही था, जिसने उनके जीवन को मानव इतिहास के अति दमनकारी शासन के प्रति सहयोग की चाहत पैदा की थी। इसने उन्हें अपने देश को स्वतंत्र कराने के लिए उस शासन के पास सहायता लेने के लिए भेजा, जिसने यूरोप की आजादी का दमन किया था।

सुभाष का इस बार यूरोप छोड़ना उनके पहले के प्रस्थान से अधिक तकलीफदेह था। वे अपने पीछे अपनी पत्नी को ही नहीं, बल्कि दो महीने की छोटी बच्ची को भी छोड़ रहे थे। उन्हें शायद इस बात का भी अंदेशा था कि वे अब उन्हें दुबारा न देख पाएँ। एशिया के अपने इन खतरों और अनिश्चितताओं से भरी यात्रा के बारे में उन्होंने अपने बड़े भाई शरत को लिखा था—"आज मैं पुनः खतरे के रास्ते पर चलने जा रहा हूँ।...हो सकता है कि मैं इस सड़क का अंतिम सिरा न देख सकूँ। यदि मेरा सामना ऐसे किसी खतरे से होता है, तब मैं इस जीवन में आपको आगे का समाचार न दे सकूँगा। इसलिए मैं अपना समाचार यहाँ छोड़ रहा हूँ। यह आप तक समय से पहुँच जाएगा। मैंने यहाँ शादी कर ली है और मेरी एक बेटी भी है। मेरी गैर-मौजूदगी में आप मेरी पत्नी और बेटी को अपना वही स्नेह दीजिएगा, जो आपने मुझे दिया है।"[56] उन्होंने अब सभी कुछ नियति के हवाले कर दिया था।

जिस समय सुभाष अपनी परिणामहीन चाहतों के साथ जर्मनी में मौजूद थे, उस समय जवाहरलाल ब्रिटिश सरकार के एक अनुपयोगी कार्यक्रम में संलिप्त थे। इतिहासकारों ने इस स्थिति को 'क्रिप्स मिशन' का नाम दिया है। मार्च 1942 में

स्टैफोर्ड क्रिप्स के भारत आने से पहले यहाँ शासन और कांग्रेस निष्क्रिय स्थिति में थे। कांग्रेस और जवाहरलाल के दृष्टिकोण से सत्याग्रह आंदोलन वापस हो चुका था, ताकि ब्रिटिश सरकार परेशान न हो; परंतु इसका अर्थ यह नहीं था कि व्यवहार की कठोरता कम हो चुकी थी। जवाहरलाल ने इस बारे में एक पत्र में लिखा था—"यह युद्ध हमारा युद्ध नहीं है। किंतु आप यह नहीं समझते हैं कि इस युद्ध में ब्रिटेन दूसरी तरफ है।"[57]कांग्रेस के अनुसार, यदि ब्रिटेन स्वतंत्रता देने का वायदा करता तब वह इस युद्ध में सहयोग करने के लिए था; पर ब्रिटेन ने इसका उपहास उड़ाया।" जवाहरलाल ने अपने देशवासियों से विदेशी सेना के सामने आत्मसमर्पण न करने का अनुरोध किया था और आजादी के लिए सुभाष के किसी बाह्य देश से सहायता के संदर्भ में उन्होंने कलकत्ता में दिए अपने एक वक्तव्य में कहा, "आपको बाहरी सहायता के लिए नहीं ताकना चाहिए। आपको अपनी आजादी के लिए सिर्फ अपनी ताकत का भरोसा करना चाहिए। भारत के इतिहास के पन्ने इस वास्तविकता को बताते हैं कि बाहरी देशों की सहायता की चाहत ने भारत को गुलामी दे दी है। जापान और जर्मनी की साम्राज्यवादी कहानी से आप अनभिज्ञ नहीं हैं।...चाहे जो भी हो, भारत किसी भी आक्रमणकारी के सामने अपना सिर नहीं झुकाएगा।"[58]

जैसे ही जापानी सैनिक दक्षिण-पूर्व एशिया में फैले और उनकी भारत पर चढ़ाई सन्निकट थी, ब्रिटिश सरकार ने भारत की नीतियों में थोड़े सुधारात्मक परिवर्तन किए, ताकि भारत बचाव कर सके। एटली ने किसी प्रभावशाली व्यक्ति को भारत में समझौते के लिए भारत भेजने का विचार बनाया।[59] यहाँ तक कि चर्चिल भी इस विचार के खिलाफ नहीं थे। इस जिम्मेदारी के लिए क्रिप्स को लॉर्ड प्रिवी मुहर के साथ नियुक्त किया गया तथा उन्हें युद्ध मंत्रालय का एक प्रभावशाली सदस्य भी बनाया गया। भारतीय नेताओं के साथ समझौते के लिए क्रिप्स के द्वारा प्रस्तुत प्रस्ताव में शामिल चरणों के अनुसार, "भारत में स्वयं शासन की शीघ्र संभावना शुरू होनी चाहिए। भारत एक स्वतंत्र राष्ट्र के रूप में माना जाएगा, जो युद्धोपरांत विधायी गठन के बाद कार्य करेगा तथा इसका संबंध किसी प्रांत को इसको न स्वीकार करने के अधिकार से होगा। युद्ध के त्वरित प्रयासों के लिए यह प्रस्ताव दरशाता है कि ब्रिटिश शासन की जिम्मेदारी के अनुसार भारतीय जनसंख्या का मुख्य वर्ग अपने राष्ट्र के परामर्शदाताओं के माध्यम से इसे व्यवहार में लाएगा।"[60] इस पर चर्चिल की निराशाजनक प्रतिक्रिया उपयुक्त थी। उसने कहा, "हम भारत का बचाव करने के लिए युद्ध का त्याग कर चुके हैं। यदि हम इसमें सफल होते हैं तो हम बाहर कर दिए जाएँगे।"[61]

क्रिप्स के भारत जाने और इन प्रस्तावों के पीछे के बनावटी उद्‌देश्यों के बारे में वह स्वयं भी स्पष्ट नहीं थे। भारत सरकार के सचिव एमिरी ने लिनलिथगो को क्रिप्स के जाने के लगभग दस दिनों पहले लिखा था कि योजना तैयार की जा चुकी है और यह सार्वजनिक रूप से घोषित करने के लिए अनुपयुक्त है तथा इसे प्रारंभ करने से रोका जा सकता है। अतः उन्होंने महसूस किया कि इसका एक ही तरीका है कि इसकी वार्त्ता के लिए किसी को भेजा जाए कि भारतीय इसके निष्कर्ष के लिए किस हद तक तैयार हैं। एमिरी के अनुसार, कांग्रेस को आशा थी कि ब्रिटिश सरकार अपने अनुकूल और राजाओं तथा मुसलमानों के खिलाफ़ कुछ कदम उठाएगी। कांग्रेस को किसी ऐसे व्यक्ति के द्वारा स्पष्ट शब्दों में बताना होगा कि उनका खेल खत्म हो गया है और उन्हें अल्पसंख्यकों के साथ समझौते के रास्ते ढूँढ़ने होंगे या फिर भारत के विभाजन का सामना करना होगा। उन्होंने यह भी कहा कि "किसी ऐसे व्यक्ति को भेजना जरूरी होगा, जो वामपंथी तथा नेहरू और कांग्रेस के बहुत नजदीक हो।...परिणामतः दोनों को सफल होना चाहिए तथा असफलता की स्थिति में सरकार पर हम दोषारोपण करेंगे।"[82] इस प्रकार क्रिप्स जब भारत आए, तब यह भूल चुके थे कि एमिरी और चर्चिल को उनके असफल होने की उम्मीद थी।[63]

क्रिप्स मिशन की शुरुआत त्रुटिपूर्ण ढंग से हुई तथा गांधी ने उनके प्रस्ताव को अस्वीकार कर दिया था।[64] उन्होंने क्रिप्स से मुलाकात के बाद 27 मार्च, 1942 को पत्र लिखा था कि "मैं इस प्रस्ताव को अस्वीकार करने का स्पष्ट विचार रखता हूँ।" उनके द्वारा दिए गए इस प्रस्ताव के महत्त्व का अंदाज इसी से लगता है कि संदेश पाने के बाद उन्होंने इसे रात 2 बजे ही इसका जवाब लिखा था।[65] गांधी ने अपने पत्र में जवाहरलाल को परामर्श दिया था कि इस मामले पर वे राजगोपालाचारी के साथ चर्चा कर लें, क्योंकि राजगोपालाचारी क्रिप्स के प्रस्ताव के पक्ष में थे। क्रिप्स को उन्होंने स्पष्ट रूप से कहा था कि "यदि आपको यही प्रस्ताव लाना था, तब आप आए क्यों? यदि भारत के लिए आपका यही प्रस्ताव है, तब आप वापस घर चले जाइए।"[66] जवाहरलाल और मौलाना आजाद भारत की सुरक्षा के लिए सहयोग की घोषणा में इच्छुक थे; परंतु इसमें इस तरह का समझौता नहीं था, क्योंकि लिनलिथगो और सैन्य प्रमुख वावेल भारतीयों को सुरक्षा के मामले पर आलोचनात्मक रूप से कहने देने की अनुमति प्रदान करने के पक्ष में नहीं थे। इस प्रकार क्रिप्स का प्रस्ताव निष्प्राण हो गया। क्रिप्स के मसले पर जवाहरलाल ने कहा कि "कांग्रेस या तो सभी कुछ चाहती है या फिर कुछ नहीं। खून और आँसू

की दी जानेवाली हमारी कीमत कुछ लोगों के लिए नहीं, बल्कि एक बड़ी संख्या के लोगों के लिए है। हम इसका स्वाद मलाया और बर्मा में पहले ही चख चुके हैं; मगर हमारा समय आ चुका है और हम सर स्टैफोर्ड क्रिप्स के साथ वार्त्ता में रियायत की सीमा पार कर चुके हैं। हम इस पीड़ा का सामूहिक रूप से सामना करने के लिए तैयार थे। हमारी तरफ से ब्रिटिश सरकार के पास कोई नहीं जा रहा है; क्योंकि हम जानते हैं कि उनकी तरफ से जो भी वार्त्ता करने आएगा, वह हमारे साथ पहले की ही तरह व्यवहार करेगा।''[67]

बर्लिन से सुभाष ने क्रिप्स से इसी तरह की भावना व्यक्त की थी और क्रिप्स को साम्राज्यवादियों की तरफ से व्यवहार करने का दोषी ठहराया था तथा भारतीयों से इस प्रस्ताव का विरोध करने के लिए कहा था।[68] जर्मनी में सुभाष को जापान की तरफ से प्रोत्साहन मिला था कि भारत भारतीयों के लिए है।[69]

सुभाष अपनी जोखिम भरी पनडुब्बी यात्रा के बाद सुमात्रा के उत्तरी तट सबंग पर उतरे और फिर वहाँ से हवाई यात्रा के द्वारा टोकियो पहुँचे तथा इंपीरियल होटल में रुके थे। जुलाई 1943 में वे सिंगापुर में थे तथा यहीं से उन्होंने दक्षिण-पूर्व एशिया में मौजूद 20 लाख भारतीयों को संचालित करने की योजना बनाई थी।

सुभाष के भारत से गायब होने से लेकर सिंगापुर पहुँचने तक युद्ध में एक नाटकीय परिवर्तन आ चुका था। वर्ष 1941 की शुरुआत में नाजी यूरोप में विएना कब्जे में कर रहे थे; परंतु 1943 में सोवियत रूस में उन्हें कड़े विरोध का सामना करना पड़ा तथा परिस्थितियाँ बदल गईं और अमेरिका जापान पर चढ़ाई कर चुका था। केवल दक्षिण-पूर्व एशिया में ही जापानी सेना सत्ता में थी। सुभाष ने इसी क्षेत्र को संचालन के लिए चुना, ताकि यहीं से वे भारत की आजादी की सेना का नेतृत्व कर सकें। उन्होंने इंडियन नेशनल आर्मी को पुनर्जीवित किया, जिसका गठन फरवरी 1942 में ब्रिटिश सेना के द्वारा जापान में समर्पण करने के बाद ही हुआ था। सुभाष अपने पास हस्तलिखित कैलेंडर रखते थे, जिसमें वे महत्त्वपूर्ण तिथियाँ नोट करते थे। इसमें उन्होंने जुलाई 1943 में 'कार्य आरंभ' लिखा। यहीं से उनके जीवन के महत्त्वपूर्ण काल की शुरुआत हुई।

भारत में इस समय परिस्थिति आजादी के लिए पुकार रही थी। क्रिप्स मिशन की असफलता ने कांग्रेस के पास ब्रिटिश सरकार से टकराव के अलावा और कोई विकल्प नहीं छोड़ा था। सन् 1942 में 'भारत छोड़ो' आंदोलन की शुरुआत हो चुकी थी। परिणामतः कांग्रेस के सभी प्रमुख नेता गिरफ्तार कर लिये गए थे। जवाहरलाल जैसे लोग लंबे समय तक के लिए ब्रिटिश जेलों में बंद थे। अब तक भारत सन्

1857 के विद्रोह के बाद से ब्रिटेन के खिलाफ उठे विद्रोहों के दमन का गवाह रह चुका था। जब सुभाष ने दक्षिण-पूर्व एशिया में 'आजाद हिंद आंदोलन' शुरू किया था, तब भारत में राष्ट्रवादी शक्तियाँ अस्त-व्यस्त और अस्थायी रूप से असफल हो रही थीं। बंगाल, जहाँ से सुभाष आते थे, मानव-जनित अकाल का सामना कर रहा था। भारतीयों को नैतिक बल बढ़ानेवाले की आवश्यकता थी। इसी समय सुभाष ने अपने रेडियो संदेश से यह कार्य पूरा किया, 'मैं सुभाष चंद बोल रहा हूँ' की आवाज लोगों की प्रेरणा बनी और इसने अनगिनत भारतीयों के दिलों में अपनी जगह बनाई। यह एक हीरो की आवाज थी और भारत को इस समय एक हीरो की जरूरत थी।

जब सुभाष ने भारत को आजाद कराने के मिशन को देखा, तब उन्हें अपने हीरो होने के एहसास को और भी मजबूती मिली। सिंगापुर में अपने एक भाषण के दौरान उन्होंने कहा, "भारत के बाहर रहनेवाले भारतीय, खासतौर से पूर्वी एशिया के भारतीय, एक ऐसी ताकत के रूप में संगठित होने जा रहे हैं, जो भारत में मौजूद ब्रिटिश सेना पर मजबूती से आक्रमण करेंगे। हमारे ऐसा करने से एक क्रांति का उदय होगा, जिसमें भारत के नागरिक ही नहीं, बल्कि ब्रिटिश सेना के झंडे तले रहनेवाले भारतीय सैनिक भी भाग लेंगे। जब ब्रिटिश सरकार पर भारत के भीतर और बाहर दोनों तरफ से आक्रमण होगा, तभी भारत के लोगों को आजादी मिलेगी।"[70] सुभाष की योजना जापान के प्रधानमंत्री के बिना शर्त समझौते के वायदे पर निर्भर थी। प्रधानमंत्री हिदेकी तोजो ने 16 जून, 1943 को घोषणा की थी कि जापान भारत की स्वतंत्रता के लिए हरसंभव सहायता करेगा, जिसमें बर्मा से भारत में सैन्य प्रवेश भी शामिल था और इसमें सुभाष की ताकत भी एक हिस्सा होगी।"[71]

जुलाई 1943 से सुभाष का जीवन सक्रियताओं के भँवर में पड़ गया था, जिसमें सैनिकों की भरती, प्रशिक्षण, वित्त-व्यवस्था, योजनाएँ और दक्षिण-पूर्व एशिया में यात्राएँ भी शामिल थीं।[72] इस समय उनकी लोकप्रियता अपने चरम पर थी और अपने भाषण से उन्होंने हजारों लोगों को प्रभावित किया था। कांग्रेस के एक नेता की भूमिका को नकारते हुए उन्होंने सन् 1943-44 में अपनी क्षमता का पूर्ण प्रदर्शन किया। अपनी युवावस्था से ही वे सैन्य शक्ति से प्रभावित थे और उन्होंने एक सैन्य नेता के रूप में वरदी के साथ इस भूमिका को निभाया था।

सुभाष के द्वारा चलाए गए इस आंदोलन के कुछ खास पहलू भी हैं, जिसमें उनके साथ जो भी आया, उसने उनसे एक सत्यनिष्ठा भी प्राप्त की। उनके साथ शामिल होनेवालों ने हमेशा उनके करिश्माई व्यक्तित्व और उनकी गर्मजोशी के बारे में बताया। उनके लिए सुभाष एक महान् व्यक्ति थे। उनके अनुभवों के बारे

में पूछने पर कि अपनी तमाम तकलीफों के बदले में उन्हें क्या मिला, उन लोगों जवाब था कि नेताजी ने मुझे गले लगाया था।[73] नेताजी के साथ जुड़नेवाले सभी स्त्री- पुरुषों के द्वारा उनको समर्पित आदर और सम्मान का यह भाव अतुलनीय है। दूसरा पहलू 'स्त्री' शब्द से है। सुभाष ने रानी झाँसी के नाम से एक स्त्री सेना का भी गठन किया था। इससे सुभाष के स्त्रियों के प्रति समानता के भाव का भी पता चलता है। यहाँ तक कि पीछे हटने के समय भी उनका पूरा ध्यान रानी झाँसी रेजीमेंट की महिलाओं की सुरक्षा की तरफ था।

सुभाष ने अपनी अन्य सैन्य टुकड़ियों का नाम गांधी, नेहरू और आजाद रखा था। अतीत में घटी घटनाओं के बावजूद सुभाष स्वयं को कांग्रेस की परंपरा से अलग नहीं रखना चाहते थे। वे अभी भी कांग्रेस को भारतीय राष्ट्रवाद के सिद्धांत के मुख्य वाहक के रूप में देख रहे थे तथा स्वयं को इससे जोड़े रखना चाहते थे। उन्होंने अपने आंदोलन को कांग्रेस के एक तावीज के रूप में रखा था। 6 जुलाई, 1944 को इंफाल में मिली अपनी विजय और युद्ध के दौरान उन्होंने गांधी से रेडियो पर सीधे संदेश दिया था। गांधी को 'राष्ट्रपिता' के नाम से संबोधित करते हुए उन्होंने कहा, भारत की आजादी के इस पावन युद्ध में हम आपका आशीर्वाद चाहते हैं।''[74] भारत की आजादी की तलाश में त्रिपुरी के विवाद भुलाए जा चुके थे। सुभाष राजनीतिक व रणनीतिक रूप से गांधी की इच्छा और सहयोग के महत्त्व से अनभिज्ञ नहीं थे। वे जानते थे कि इंडियन नेशनल आर्मी के एक बार भारत में प्रवेश कर जाने पर इसे कांग्रेस और कांग्रेस के समर्थकों की जरूरत पड़ेगी। देश पर बाहर से चढ़ाई को देश के भीतर के आंदोलन की भी सहायता की जरूरत थी। अगस्त 1942 के बाद भी गांधी के साथ जेल में सुभाष इस पर बल नहीं दे सके थे कि गांधी अंग्रेजों की तुष्टीकरण चाहते थे।

सुभाष ने अपनी सेना के गठन में इसे सभी तरह के धर्मों और जातियों के वर्गीकरण से मुक्त रखा था। इसमें प्रत्येक व्यक्ति स्वतंत्रता की लड़ाई का योद्धा था, इसलिए समान भी था। एक बार किसी अवसर पर सुभाष ने सिंगापुर में चेट्टियार मंदिर के पुजारियों का आमंत्रण उनकी भेदभाववाली नीतियों के कारण अस्वीकार कर दिया था। वे वहाँ जाने के लिए तभी राजी हुए, जब वह समारोह सभी जातियों के लिए स्वतंत्र कर दिया गया तथा वे उसमें अपने दो मुसलमान साथियों के साथ शामिल हुए थे।[75] सुभाष आंतरिक रूप से धार्मिक विश्वास रखते थे; पर सार्वजनिक जीवन में उन्होंने अपने इस धार्मिक विश्वास को हावी नहीं होने दिया।

सुभाष की कल्पना-दृष्टि के अनुसार उन्होंने घोषणा की थी, ''भारत के

आजाद होने पर यहाँ धार्मिक स्वतंत्रता, समान अधिकार और नागरिकों को समान अवसरों की सुनिश्चितता होगी।" इसमें घोषणा की गई थी कि "सारे राष्ट्र की समृद्धि और खुशहाली के लिए प्रयास होंगे तथा अतीत की विदेशी सरकार के द्वारा लागू किए गए धूर्ततापूर्ण अंतर को सुधारा जाएगा।"[76]

आजाद हिंद फौज के सैनिकों की संख्या 50,000 बढ़ जाने के बाद सुभाष ने अक्तूबर 1943 में सिंगापुर में ही आजाद हिंद की अस्थायी सरकार के गठन की घोषणा कर दी थी। इसके साथ ही 23–24 अक्तूबर को आजाद हिंद फौज की अस्थायी सरकार ने ब्रिटेन और अमेरिका के खिलाफ युद्ध की घोषणा कर दी थी। इस सरकार को नौ ध्रुवीय या ध्रुवीय राष्ट्रों के सहयोग की भी पहचान मिल चुकी थी। केवल मलाया में ही 30,000 भारतीयों ने राष्ट्रभक्ति की लिखित शपथ ली थी। नवंबर के आखिर में भारत की तरफ कूच करने की योजना भी बन चुकी थी।

7 जनवरी, 1944 को सुभाष ने अस्थायी सरकार का मुख्य कार्यालय सिंगापुर से रंगून स्थानांतरित कर दिया था। जापान सरकार ने जनवरी में भारत पर आक्रमण करने की योजना बना ली थी; किंतु जापानियों और आजाद हिंद फौज के उद्देश्य भिन्न थे। जापानी बर्मा को ब्रिटेन से स्वतंत्र कराना चाहते थे, जबकि आजाद हिंद फौज का उद्देश्य भारत में नागरिक आंदोलन को उभारना था। सुभाष ने इसी पर बल देते हुए 8 जनवरी को कहा, "देश के भीतर की कारररवाई का बाहर की कारररवाई से सामंजस्य होना चाहिए।"[77] आजाद हिंद फौज का मुख्य सैन्य संचालन क्षेत्र इंफाल था, जो 8 मार्च को शुरू हुआ था। इंफाल की घटनाओं से उत्साहित होकर सुभाष ने अपना मुख्यालय रंगून से हटाकर मांडले के पास एक गाँव में स्थानांतरित कर दिया था। उन्हें उम्मीद थी कि आजाद हिंद फौज भारतीय क्षेत्रों को आजाद करा लेगी और इसी उम्मीद पर उन्होंने इन क्षेत्रों के प्रशासन की जिम्मेदारी अस्थायी सरकार को सौंपने की योजना बना ली थी।

सुभाष का यह आशावाद निराधार नहीं था कि अप्रैल 1944 में आजाद हिंद फौज और जापानी सेना इंफाल एवं कोहिमा पर कब्जा प्राप्त कर लेंगी। वास्तव में, शौकत अली मलिक के नेतृत्व में आजाद हिंद फौज ने इंफाल से कुछ मील दक्षिण-पूर्व यानी मोइरांग में भारतीय झंडा फहरा दिया था। ब्रिटिश सेना, जो संख्या और हवाई शक्ति में बेहतर थी, उसे जापानी कमांडर मुतागुची से सामना करना पड़ा और जिसने सुभाष के परामर्श के खिलाफ जाकर आक्रमण किया। मई के महीने में मानसून के जल्दी आने की वजह से यह क्षेत्र कीचड़मय हो गया, जिसके कारण यह लड़ाई एक छोटी-मोटी मुठभेड़ बनकर रह गई थी। इस प्रकार आजाद

हिंद फौज की आक्रामकता अपनी बहादुरी के बाद ठहर गई थी। सुभाष की यह प्रसन्नता तब क्षुब्धता में बदल गई, जब 10 जुलाई, 1944 को उन्हें जापानियों ने सूचित किया कि इंफाल में उनकी स्थिति सामना करने की नहीं है और उन्होंने सेना को पीछे हटने का आदेश दे दिया है। इसका अर्थ आजाद हिंद फौज का भी पीछे हटना था। सुभाष ने इंफाल में अपने आक्रमण की असफलता की घोषणा 21 अगस्त, 1944 को रंगून से की थी।[78]

युद्ध में सेना के पीछे हटने के दौरान आजाद हिंद फौज के सैनिकों की असहनीय पीड़ा ने सुभाष को बहुत प्रभावित किया। उनके मानवीय गुणों का पता अपने साथियों की तकलीफ के समय उनकी सुरक्षा और चिकित्सा की भावना से भी पता चलता है। वे उनकी तकलीफों में उनके साथ पैदल चलते थे। युद्ध के परिणाम ने स्थिति को और भी विकट कर दिया था। मई 1945 में जर्मनी ने आत्मसमर्पण और जापान ने अगस्त में संधि-पत्र पर हस्ताक्षर कर दिए थे। सुभाष की स्थिति सहयोगी-विहीन हो चुकी थी, पर उन्होंने हौसला नहीं छोड़ा था। जब सहयोगी सेनाओं ने अपना संचालन दक्षिण-पूर्व एशिया में आरंभ किया, तब पराजय की वास्तविक स्थिति ने सुभाष के स्वयं के भविष्य और सुरक्षा को भी खतरे में डाल दिया था। सुभाष ने दक्षिण-पूर्व एशिया से बचकर निकलने के लिए अगस्त 1945 के मध्य में बैंकॉक से साइगॉन और ताईपेई होते हुए टोकियो के लिए उड़ान भरी थी। ताईपेई से उड़ान भरते ही जहाज दुर्घटनाग्रस्त हो गया और उसमें सुभाष की गंभीर रूप से जलकर मृत्यु हो गई।[79]

जिस समय सुभाष के जीवन में अति उथल-पुथल थी, उस समय जवाहरलाल का जीवन काल नीरस था। इसकी मुख्य वजह थी कि वे 9 अगस्त, 1942 से 15 जून, 1945 तक जेल में थे, जो उनका जेल में बिताया गया सबसे लंबा समय, यानी 1040 दिनों का था। अपनी इस नजरबंदी से पूर्व उनके फासीवाद के खिलाफ दृष्टिकोण में मजबूती आ चुकी थी, क्योंकि वे भारत में ब्रिटिश शासन के खिलाफ थे। उन्हें लगता था कि भारत का जीवन ब्रिटिश शासन की समाप्ति पर ही निर्भर था। यदि कांग्रेस ब्रिटिश शासन को हताश करने के लिए कुछ नहीं करने की नीति जारी रखेगी, तब यहाँ के लोगों का हौसला टूट जाएगा और तब भारत या जापानी आक्रामकता के साथ लड़ने पर विपरीत प्रभाव पड़ेगा। इसका विपरीत भाव भी सही था कि ब्रिटिश शासन का विरोध भारतीयों को जापानियों के विरोध के लिए भी तैयार करेगा। यूपी कांग्रेस कमेटी में बोलते हुए जवाहरलाल ने कहा था, ''वैयक्तिक रूप से मैं दासता से इतना दुःखी हूँ कि अराजकता का जोखिम भी

उठाने के लिए तैयार हूँ।[80] जब ब्रिटिश शासन ने तमाम वार्त्ताओं के बावजूद भारत छोड़ने से इनकार कर दिया, तब गांधी और कांग्रेस ने भी इसके खिलाफ होना तय कर लिया था। 8 अगस्त, 1942 को भारत छोड़ो आंदोलन की घोषणा हो गई और 9 अगस्त की सुबह कांग्रेस के नेता जेल भेज दिए गए। जवाहरलाल ने जेल के भीतर से ही सन् 1857 के बाद एक बड़ा आंदोलन देखा। वे जेल से अब एक भ्रम-मुक्त व्यक्ति के रूप में बाहर आए तथा सन् 1945 की गरमियों में किसी व्यक्ति ने उनके बारे में महसूस करते हुए लिखा—"मैंने उनके भीतर एक पीड़ा महसूस की। वे एक जिज्ञासु की भाँति ईमानदारी से अपने मार्ग तलाशते हुए प्रसन्न थे; परंतु इसमें बाधाएँ भी थीं।"[81]

जब जवाहरलाल इस तरह की मन:स्थिति में थे, तभी उन्हें सुभाष की मृत्यु की सूचना प्राप्त हुई। एक सूचना के अनुसार, जब उन्हें सुभाष की मृत्यु की खबर मिली, तब उनकी आँखों में आँसू आ गए और उन्होंने कहा कि "सुभाष एक वीर योद्धा की भाँति सभी तरह की पीड़ा से मुक्त हो गए।" उन्होंने यह भी कहा कि हालाँकि वे सुभाष से सहमत नहीं थे, परंतु भारत की आजादी के संदर्भ में उनकी ईमानदारी पर उन्हें संदेह नहीं था।[82] जवाहरलाल अपने उस सहकर्मी और मित्र के लिए रो पड़े, जिसके साथ उन्होंने भारत की आजादी के संघर्ष में हिस्सेदारी निभाई थी। उनके मतभेद अपने सहकर्मी की यादों की भावना को न हटा सके। ठीक इसी तरह सुभाष ने भी जवाहरलाल के नाम पर अपनी सैन्य टुकड़ी का नामकरण किया था। उनके बीच आपसी साझेदारी भी कम न थी।

जवाहरलाल ने ब्रिटिश सरकार द्वारा गिरफ्तार आजाद हिंद फौज के कैदियों को राष्ट्रदोह से बचाकर सुभाष के प्रति अपनी भावना व्यक्त की थी। हालाँकि जवाहरलाल आजाद हिंद फौज के तरीकों से सहमत नहीं थे, फिर भी उनके मन में इन व्यक्तियों की देशभक्ति को लेकर संदेह नहीं था। इन व्यक्तियों ने अपने देश की आजादी के लिए संघर्ष किया था, इसलिए उन्हें देशद्रोही कहना नैतिक रूप से गलत था। जवाहरलाल ने आजाद हिंद फौज के लोगों, उनकी औरतों तथा आश्रितों की सहायता के लिए संगठन की स्थापना की तथा उनकी सुरक्षा के लिए वकीलों की एक समिति का भी गठन किया। जब ब्रिटिश सरकार ने लाल किले में उन पर जन-अदालत चलाने का निर्णय लिया, तब जवाहरलाल ने अपना कानूनी गाउन धारण करके उनका बचाव किया था।[83] युद्ध के दौरान सुभाष और आजाद हिंद फौज की खबरें सेंसर होने की वजह से भारत में प्रसारित नहीं की जा सकी थीं। युद्ध की समाप्ति पर आजाद हिंद फौज का मुकदमा और सुभाष की खबरें सभी

जगह फैल गई थीं। इन खबरों ने सुभाष और आजाद हिंद फौज के सैनिकों को भारत की जनता की नजरों में हीरो बना दिया था। राजनीतिक रूप से इस लोकप्रिय भावना को सामने रखना जवाहरलाल के लिए बेहतर था; पर इसमें संदेह नहीं है कि स्वर्ग में सुभाष की आत्मा जवाहरलाल को आजाद हिंद फौज का बचाव करते देखकर मुसकराती होगी और अपने पूर्व मित्र के कार्यों की प्रशंसा भी करती होगी।

भारतीय जन-आंदोलन में फैली एक जनश्रुति के अनुसार, खासतौर से बंगाल में, यह आम धारणा है कि भारतीय राष्ट्रीय आंदोलन में सुभाष और जवाहरलाल एक-दूसरे के लिए गड्ढे तैयार करते थे। उनके आपसी विरोध के संबंधों में जवाहरलाल की विजय को सुभाष की आकस्मिक मृत्यु के रूप में देखा जाता रहा है। एक अतिवादी दृष्टिकोण यह भी है कि यदि सुभाष जीवित रहते, तब वह स्वतंत्र भारत के प्रधानमंत्री पद के प्रबल दावेदार होते तथा वे जवाहरलाल के द्वारा नेतृत्व किए गए भारत को किसी अन्य दिशा में ले गए होते। उनके आपसी मतभेद को सुभाष के अपने भतीजे को त्रिपुरी के बाद लिखे वक्तव्य से भी हवा मिलती है, जिसके अनुसार—जवाहरलाल से अधिक उनका और किसी ने भी नुकसान नहीं किया है। पिछले अध्याय में यह भी जिक्र है कि उसी समय सुभाष ने अपने भतीजे से जवाहरलाल की शिकायत करते हुए भावना व्यक्त की थी कि उन्होंने जवाहरलाल को इस परिस्थिति के बारे में चर्चा करने के लिए आमंत्रित किया था। जवाहरलाल प्रतिक्रिया-स्वरूप सुभाष को मना नहीं कर सके, पर वे लगातार गांधी से इस मुद्दे पर मध्यस्थता करने का अनुरोध करते रहे। इस तथ्य से उनके आपसी संबंधों में किसी भी तरह की कटुता या दुश्मनी का पता नहीं चलता है।

इनके आपसी विरोध का उदाहरण एक अन्य घटनाक्रम के माध्यम से दिया जाता रहा है, जब जवाहरलाल ने अप्रैल 1942 में कहा था, "हिटलर और जापान को नरक में चले जाना चाहिए। मेरी यह नीति है कि मैं उनसे अंतिम समय तक लड़ूँगा। यदि सुभाष चंद्र बोस और उनकी पार्टी जापान के साथ भारत आती है, तब मैं उनके साथ भी लड़ूँगा। हालाँकि नेकी में ही सही, मि. बोस ने बहुत गलत काम किया है। हिटलर और जापान प्रतिक्रियावादी शक्तियाँ हैं और उनकी विजय का अर्थ है—दुनिया में प्रतिक्रियावादी ताकतों की विजय।"[84] इस बयान से सुभाष पर किसी भी तरह का व्यक्तिगत आक्षेप नहीं नजर आता है। जवाहरलाल ने सुभाष के द्वारा ध्रुवीय ताकतों की सहायता लेने के निर्णय पर उन पर सैद्धांतिक और राजनीतिक विचार व्यक्त किए थे। उन्हें सुभाष की नेकनीयती पर संदेह नहीं

था। जवाहरलाल के इस बयान को उन्हीं दिनों के उनके एक और बयान के साथ जोड़कर देखना चाहिए, "मुझे सुभाष की ईमानदारी पर संदेह नहीं है। मुझे लगता है कि वे जिस निष्कर्ष पर पहुँचे हैं, वह गलत है; परंतु उनके अनुसार यह भारत के लिए बेहतर है। हम कई सालों पहले एक-दूसरे से अलग हो चुके हैं और तभी से हम एक-दूसरे से दूर हो रहे हैं और आज काफी दूर हो चुके हैं। पुरानी मित्रता के लिहाज से यह अच्छा नहीं है तथा मैं उनके उद्देश्यों को भी चुनौती नहीं दे पा रहा हूँ और उनके खिलाफ भी नहीं कहता हूँ; किंतु मुझे लगता है कि उन्होंने जो मार्ग चुना है, वह पूरी तरह से गलत है। यह एक ऐसा मार्ग है, जिसे मैं अस्वीकार ही नहीं करता, बल्कि इसका विरोध भी करता हूँ; क्योंकि बाहर से आनेवाली शक्ति जापान के नियंत्रण में ही रहेगी। भारतीय जनमानस के लिए मनोवैज्ञानिक रूप से यह गलत होगा कि वह किसी बाहरी ताकत के द्वारा आजाद कराया जाए।"[85]

जवाहरलाल ने दो चीजें बिल्कुल ही स्पष्ट कर दी थीं। एक तो उन्होंने सुभाष के साथ अपने पिछले संबंधों के बारे में, जिसमें वे व्यक्तिगत रूप से उनके खिलाफ कुछ भी कहना नहीं चाहते थे और दूसरा, उनके मन में सुभाष के इरादों और लक्ष्य को लेकर किसी भी तरह का संदेह नहीं था। सुभाष के साथ उनका विरोध सिर्फ राजनीतिक धरातल पर ही था। वे जर्मनी और जापान को आक्रामक साम्राज्यवादी ताकतों के रूप में ही देखते थे तथा उन्हें लगता था कि भारत को आजादी इन ताकतों के सहारे नहीं प्राप्त करनी चाहिए।

सन् 1942 में जवाहरलाल के द्वारा सुभाष के राजनीतिक विचारों और क्रिया-कलापों के बारे में जो कुछ भी कहा गया था, वह उनका अंतिम आकलन नहीं था। सन् 1946 में सुभाष के जन्म-दिवस पर जवाहरलाल ने अपने विचार व्यक्त किए थे, "सुभाष बोस और मैं पच्चीस वर्षों तक आजादी के संघर्ष में साथ-साथ थे… हमारे संबंधों में एक बड़ा लगाव था। मैं उन्हें हमेशा अपना छोटा भाई मानता था। यह एक खुला रहस्य है कि हम दोनों में कई बार राजनीतिक मतभेद हुए थे; किंतु मैंने आजादी की लड़ाई में उनकी बहादुरी पर कभी संदेह नहीं किया।" उन्होंने यह भी स्वीकार किया कि आजाद हिंद फौज के संबंध में किसी विचारधारा पर आने से पहले उन्होंने इंतजार किया था। "मैं आज भी नहीं समझ सका हूँ कि मुझे इस संकट की घड़ी में क्या करना चाहिए।…नेताजी ने जिस तरह से इस संकट का सामना किया है, वह प्रशंसनीय है। यदि मैं उनकी जगह होता, तब शायद मैं भी वही करता।" उन्होंने सुभाष को श्रद्धांजलि उसी तरह से दी, जिस दृढता से उन्होंने जापान के प्रयास का विरोध किया था और आजाद हिंद फौज को अपने यहाँ पूर्ण

सांप्रदायिक एकता और सामंजस्य बनाने की प्रशंसा की थी। जवाहरलाल ने किसी अन्य देश की सहायता से आजादी हासिल न करने की वकालत की थी।[86] यहाँ तक कि सन् 1942 में गांधी के कहने पर कि ध्रुवीय ताकतों के जीतने पर विजयी जापान भारत से किसी तरह की माँग नहीं करेगा, जवाहरलाल का गांधी से विरोध सर्वविदित है।[87]

जवाहरलाल और सुभाष का राजनीतिक विरोध मौलिक रूप से फासीवाद को लेकर था। जवाहरलाल ने यूरोप में इसके उदय से ही इसे महसूस किया था। उन्होंने लोकतांत्रिक स्वतंत्रता पर इसके खतरे के बारे में पढ़ा था और इसका विरोध अपने लेखन में खुलकर किया था। इसका जिक्र उनकी युवा पुत्री को लिखे उनके पत्रों में भी मिलता है। सुभाष ने उनके इस विद्वेष में कभी भी हिस्सेदारी नहीं की थी। वे मुसोलिनी को अपने समय के एक महान् व्यक्ति के रूप में देखते थे। वे उससे कई बार मिले थे और परामर्श भी दिया था। वे मुसोलिनी से इस हद तक प्रभावित थे कि उन्होंने गांधी के दांडी मार्च की तुलना मुसोलिनी के रोम के मार्च से की थी, जबकि मुसोलिनी उस मार्च में शामिल नहीं हुआ था। सुभाष फासीवाद को अनुशासन और कुशलता के आंदोलन के रूप में देखते थे। उन्होंने इस विषय पर तर्क भी दिए थे कि भविष्य के भारत को साम्यवाद और फासीवाद के मिश्रण को ही अपनाना होगा। सुभाष का युवावस्था से ही सेना के प्रति आकर्षण था और इसी वजह से सैन्य शासन के प्रति उनका लगाव भी नजर आया था। सुभाष के द्वारा जर्मनी के नाजियों या इटली के फासीवाद की आलोचना कभी भी सुनने को नहीं मिली। उन्होंने दक्षिण-पूर्व एशिया में जापान का भी आलोचनात्मक अवलोकन नहीं किया था। सुभाष ने दर्शनशास्त्र पढ़ा था और निजी जीवन में वे एक धार्मिक व्यक्ति थे; परंतु उन्होंने अपने महान् लक्ष्य के लिए उन सत्ताओं का सहयोग लेने में किसी तरह की नैतिक समस्या को आड़े नहीं आने दिया, जो लोग मानवीयता के खिलाफ खड़े थे।

यदि त्रिपुरी संकट नहीं भी होता और सुभाष कांग्रेस में होते, तब भी जवाहरलाल और सुभाष के परस्पर विरोधी दृष्टिकोण की वजह से उनमें संघर्ष अवश्य होता। अतीत की तरफ देखें तो लगता है कि सुभाष ध्रुवीय शक्तियों की सहायता लेने के विकल्प के लिए बाध्य कर दिए गए थे। हरिपुरा में उन्होंने स्पष्ट रूप से कहा था कि, "मैं एक पल के लिए किसी बाहरी देश की सहायता की उम्मीद नहीं रखता हूँ।"[88] गांधी के नेतृत्व के खिलाफ एक विद्रोही के रूप में कांग्रेस से बाहर निकलकर उन्होंने बाहरी सहायता चाही थी। इसी ने फासीवाद के प्रति उनके दृष्टिकोण को बढ़ाया और इसी वजह से जवाहरलाल से उनका वैचारिक विरोध भी रहा।

जवाहरलाल और सुभाष के संबंधों के बीच गांधी की छाया थी। गांधी के प्रति दोनों ही आदर का भाव रखते थे; पर भारतीय राष्ट्रीय आंदोलन के एक निर्विवाद नेता के रूप में उनका सम्मान का दृष्टिकोण भिन्न-भिन्न था। सुभाष गांधी को चुनौती न दे सकनेवाली स्थिति के रूप में नहीं देखते थे। वर्ष 1930 के मध्य में उन्हें लगता था कि राष्ट्रीय आंदोलन में गांधीवाद का काल समाप्त हो चुका था। ब्रिटिश शासन के विरुद्ध संघर्ष के लिए युवा और नए तरीके ही वक्त की माँग थे। उन्हें लगता था कि यदि जवाहरलाल गांधी के सम्मेलन से मुक्त हो जाएँ, तब वे दोनों साथ मिलकर एक बेहतर नेतृत्व देने की स्थिति में होंगे। गांधी से सुभाष की पहली मुलाकात में ही उनका गांधी के प्रति संशयवाद का दृष्टिकोण बन चुका था। उन्होंने गांधी के प्रति अपने राजनीतिक और सैद्धांतिक विचारों का पूरी तरह से समर्पण नहीं किया था। यहाँ तक कि उन्होंने अपने लेखन में भी उनके अहिंसा के दृष्टिकोण को छोड़कर अपनी सहमति को भी स्पष्ट किया था। गांधी के अहिंसक आंदोलन की उपलब्धियों को महत्त्व देते हुए भी उन्हें लगता था कि भारत से ब्रिटिश शासन को उखाड़ फेंकने के लिए थोड़ा हिंसात्मक रूप आवश्यक था।

हालाँकि जब सुभाष भारत से ब्रिटिश शासन को हटाने के लिए दक्षिण-पूर्व एशिया में संघर्षरत थे, तब उन्होंने गांधी की प्रशंसा की थी। वहाँ उन्होंने गांधी को 'राष्ट्रपिता' कहकर संबोधित किया और अंग्रेजों को भारत से निकालने के लिए उनका आशीर्वाद माँगा था। गांधी ने इसके बदले में उन्हें अपने उस बेटे के रूप में पुकारा, जो दुर्भाग्य से खो गया था[87] और जिसने एक अलग नाव में चलने का चयन किया था।[90] जनवरी 1947 में सुभाष के पचासवें जन्म दिवस पर उन्हें श्रद्धांजलि भी प्रस्तुत की थी।[91] इस प्रकार गांधी के साथ सुभाष का संबंध प्रेम, आदर और प्रशंसा से वंचित नहीं था। सुभाष ने उस व्यक्ति के सम्मुख बिना सवालवाली आज्ञाकारिता प्रस्तुत करने से मना कर दिया था, जिन्हें संपूर्ण राष्ट्र 'महात्मा' कहकर पुकारता था। सुभाष का विद्रोही व्यक्तित्व उनकी युवावस्था से ही नजर आता है। अपने माता-पिता और सामाजिक उम्मीदों के खिलाफ उनका आई.सी.एस को नकारना इसका प्रमाण है। उनकी यही भावना गांधी के साथ उनके व्यवहार में भी थी।

गांधी के साथ जवाहरलाल के संबंध एक स्तर पर बहुत स्पष्ट और दूसरे में अर्थभेद-युक्त नजर आते थे। कांग्रेस के भीतर उनके अतिरिक्त और कोई भी नेता नहीं था, जो गांधी का विरोध करता और दूसरी तरफ गांधी के साथ उनकी विशेष विश्वसनीयता भी थी। जवाहरलाल ने अपनी जीवनी में गांधी के 'हिंद स्वराज' में प्रस्तुत उनके दृष्टिकोण की आलोचना में भी लिखा है। उनके अनुसार, यह मत पूरी

तरह से त्रुटिपूर्ण, नुकसानदेह और इसे हासिल करना असंभव था।[92] इस मुद्दे पर दोनों के मतभेद भारत के स्वतंत्र होने तक बने रहे।[93] ऐसे अवसर कई बार आए, जब उन दोनों में तर्क-वितर्क हुए और मतभेद बना रहा। फिर भी, जवाहरलाल जानते थे कि भारत में गांधी की तरह और कोई नहीं था तथा दूसरा कोई भी व्यक्ति भारत की जनता के इतने नजदीक भी नहीं था। वही एक व्यक्ति थे, जो उसकी धड़कन समझते भी थे। सन् 1930 में जेल से ही जवाहरलाल ने गांधी को पत्र में लिखा— ''मैं आपको एक नए भारत के लिए धन्यवाद देता हूँ, जिसकी रचना आपने अपने जादुई स्पर्श से की है। मैं नहीं जानता हूँ इसका भविष्य क्या होगा; परंतु अतीत ने इसे रहने लायक बना दिया है तथा हमारा नीरस अस्तित्व एक वीरगाथा में परिवर्तित हो चुका है।''[94]

जवाहरलाल के पास अपने इस आकलन से पीछे हटने की कोई वजह नहीं थी। अपनी पुस्तक 'द डिस्कवरी ऑफ इंडिया' में उन्होंने लिखा है—''गांधी ताजा हवा के एक ऐसे शक्तिशाली झोंके थे, जिन्होंने हममें एक गहरी ताजगी भर दी थी। वे एक ऐसे ज्योति-पुंज थे, जिन्होंने अँधेरे को चीरकर हमारी आँखों से परदा हटा दिया था। वे ऐसे बवंडर थे, जिन्होंने बहुत सी चीजों को तितर-बितर कर दिया था, मगर उनमें से अधिकतर चीजें लोगों के दिमाग में काम कर रही थीं। वे शिखर से नीचे कभी नहीं उतरे। वे लाखों भारतीयों के बीच से आते हुए लगते थे। वे उनकी भाषा बोलते और निरंतर रूप से उनकी परिस्थितियों पर ध्यान आकर्षित करते थे।'''चारों तरफ फैले भय के विरुद्ध गांधी की शांत और दृढता भरी आवाज उठी थी, 'डरो मत।'[95] जवाहरलाल को पता था कि न तो वे और न ही किसी अन्य नेता में गांधी का करिश्मा था, जिसने गांधी को विलक्षण बना दिया था। केवल वे ही लोगों के जीवन को विस्तृत आयाम दे सकते थे।''

संपूर्ण राजनीतिक आकलन के अतिरिक्त जवाहरलाल और गांधी के संबंधों में एक विशेष घनिष्ठता थी। गांधी जवाहरलाल के भावनात्मक मार्गदर्शक तथा पिता-तुल्य थे, जिन्हें बदले में वे प्रसन्नता और दुःख दे सकते थे। गांधी पर उनकी यह निर्भरता मोतीलाल की मृत्यु के बाद ही बढ़ी थी। जवाहरलाल के व्यक्तित्व में कुछ ऐसा था, जिसे गांधी के आश्रय और स्नेह की आवश्यकता महसूस होती थी। गांधी भी इस वास्तविकता से परिचित थे और उन्होंने सन् 1946 के आखिर में उन्हें लिखा भी था—''मैं तुम्हारे एक समझदार पिता की तरह हूँ तथा तुम्हें मोतीलालजी से कम स्नेह नहीं दूँगा।'' इसी पत्र में उन्होंने जवाहरलाल के उनके प्रति अति लगाव को भी व्यक्त किया था।[96] वैसे, जवाहरलाल गांधी के अनुचर नहीं थे; पर वे जानते थे कि गांधी के बिना वे अधूरे थे। सन् 1932 में जब उन्हें गांधी के आमरण

अनशन के बारे में पता चला,[97] तब वे एक बच्चे की भाँति सुबकने लगे थे।[98] गांधी ने जवाहरलाल को अपना वारिस माना था तथा पटेल के अनुसार, वे जवाहरलाल को किसी अन्य की तुलना में सबसे अधिक स्नेह करते थे।''[99]

गांधी के प्रति जवाहरलाल की इस समर्पित भावना को न तो सुभाष समझ सके और न ही उन्होंने इसे महत्त्व दिया। सुभाष ने अपने और देश को आजाद करने के लिए अपने इरादे के बीच किसी भी तरह के व्यक्तिगत भावनात्मक बोध को अनुमति नहीं दी थी। यहाँ तक कि उनकी माता की मृत्यु की खबर भी उन्हें दक्षिण-पूर्व एशिया में उनकी युद्ध की तैयारियों के दौरान मिली और वह भी उन्हें उनके कार्य से रोक न सकी। उन्होंने यह जानते हुए कि वे शायद अपनी पत्नी और पुत्री से दुबारा न मिल सकें, उन्हें यूरोप में छोड़ने में हिचकिचाहट नहीं दिखाई थी।[100] उनके लिए राजनीति प्रथम तथा व्यक्तिगत भावना दोयम थी।[101] इस प्रकार, सुभाष के लिए जवाहरलाल का गांधी से बार-बार मतभेद और फिर अंतिम पलों में वापस चले जाना काफी नागवार गुजरता था। इसी वजह से वे जवाहरलाल पर एक बार नाराज भी हुए थे। मगर जवाहरलाल गांधी के बिना अपना भविष्य नहीं देख पा रहे थे और यही उनके संबंधों का सीमा-बंधन था। एक व्यक्ति, जिसके लिए भारत की स्वतंत्रता से अधिक और कुछ भी मायने नहीं रखता था और दूसरा, जो अपने देश की आजादी चाहता था, मगर इसकी कोशिश उसने पराक्रमपूर्वक तथा अकसर द्वंद्व-युक्त निष्ठा के साथ की थी। जवाहरलाल और सुभाष की मित्रता में उद्देश्यों के इस विरोध की दरार ने तनाव उत्पन्न कर दिया तथा उनके जीवन अलग-अलग हो गए।

संदर्भ

1. सुभाषचंद्र बोस, द इंडियन स्ट्रगल, पृ. 379
2. प्रेस को बयान, 9 सितंबर, 1939, गांधी, कलेक्टेड वर्क्स, खंड-70, पृ. 161
3. गोपाल, जवाहरलाल नेहरू, खंड-1, पृ. 250
4. नेहरू, सलेक्टेड वर्क्स, खंड-9, पृ. 283
5. उपरोक्त पुस्तक, पृ. 294
6. नेहरू, सलेक्टेड वर्क्स, खंड-10, पृ. 184
7. नेताजी: कलेक्टेड वर्क्स, खंड-10, पृ. 36
8. लॉर्ड लिलिंथगो का पत्र जेटलैंड को, 18 सितंबर, 1939, गोपाल, जवाहरलाल नेहरू, खंड-1, पृ. 253
9. लॉर्ड लिलिंथगो को पत्र, 6 अक्तूबर, 1939, नेहरू, सलेक्टेड वर्क्स खंड-10, पृ. 170-73

10. नेताजी : कलेक्टेड वर्क्स, खंड–10, पृ. 39–42
11. कृष्णा मेनन को पत्र, 2 मार्च, 1940, नेहरू, सलेक्टेड वर्क्स, खंड–10, पृ. 343–46
12. जिन्ना को पत्र, 18 अक्तूबर, 1939, उपरोक्त पुस्तक, पृ. 359–60
13. नेहरू सलेक्टेड वर्क्स, खंड–10, पृ. 368–71
14. जिन्ना का पत्र नेहरू के नाम, 13 दिसंबर, 1939, जवाहरलाल नेहरू, ए बंच ऑफ ओल्ड लेटर्स, पृ. 414
15. जिन्ना को पत्र, 14 दिसंबर, 1939, उपरोक्त पुस्तक, पृ. 414
16. उपरोक्त पुस्तक, 378–79
17. मैडम चियांग काई शेक को पत्र, 25 दिसंबर, 1939, नेहरू, सलेक्टेड वर्क्स, खंड–10, पृ. 553–55
18. नेताजी : कलेक्टेड वर्क्स, खंड–10, पृ. 56
19. उपरोक्त पुस्तक, पृ. 58
20. उपरोक्त पुस्तक, खंड–10, पृ. 81
21. 'चरखा' 9 जनवरी, 1940, गांधी, कलेक्टेड वर्क्स, खंड–71, पृ. 94
22. टैगोर को तार, 22 दिसंबर, 1939, उपरोक्त पुस्तक, पृ. 50
23. सी.एफ .एंड्रूज को पत्र, 15 जनवरी, 1940, गांधी, कलेक्टेड वर्क्स, खंड–71, पृ. 113
24. पार्था चटर्जी, द ब्लैक होल ऑफ इंपायर : हिस्ट्री ऑफ द ग्लोबल प्रैक्टिस ऑफ पावर, (दिल्ली, 2012)
25. नेताजी : कलेक्टेड वर्क्स, खंड–10, पृ. 128
26. उपरोक्त पुस्तक, पृ. 192–98
27. हर्बट (बंगाल गवर्नर) का पत्र लिलिंथगो के नाम, 11 दिसंबर, 1940, सुगाता बोस, हिंज मेजेस्टीज ओपोनेंट, पृ. 183
28. उपरोक्त पुस्तक, पृ. 184–92
29. काल्डर वाल्टन, एंपायर ऑफ सीक्रेट्स : ब्रिटिश इंटेलीजेंस, द कोल्ड वार एंड द ट्विलाईट ऑफ एंपायर (लंदन, 2013), पृ. 51–53
30. सुगाता बोस, हिज मेजेस्टीस ओपोनेंट, पृ. 197
31. उपरोक्त पुस्तक, पृ. 195
32. जॉन कालमैन, नेताजी इन योरप (दिल्ली, 2012) पृ. 33
33. उपरोक्त पुस्तक, पृ. 33–34
34. उपरोक्त पुस्तक
35. एमिलीं को पत्र, 3 अप्रैल, 1941, नेताजी : कलेक्टेड वर्क्स, खंड–7, पृ. 216–17
36. गोपाल, जवाहरलाल नेहरू, खंड–1, पृ. 261
37. राजेंद्र प्रसाद को पत्र, 16 मई, 1940, नेहरू, सलेक्टेड वर्क्स, खंड–11, पृ. 31
38. उपरोक्त पुस्तक, खंड–12, पृ. 2
39. उपरोक्त पुस्तक, खंड–22, पृ. 61–72
40. गांधी, कलेक्टेड वर्क्स, खंड–75, पृ. 224

41. हेज, बोस इन नाजी जर्मनी, पृ. 29, कालमैन, नेताजी इन योरप, पृ. 37
42. इयान खेरशा, हिटलर 1936-45 : नेमसिस (लंदन, 2000), चेप्टर 8,
43. हेज, बोस इन नाजी जर्मनी, पृ. 38
44. उपरोक्त पुस्तक, पृ. 43
45. उपरोक्त पुस्तक, पृ. 45
46. उपरोक्त पुस्तक, पृ. 48
47. उपरोक्त पुस्तक, पृ. 49
48. उपरोक्त पुस्तक
49. उपरोक्त पुस्तक, पृ. 56, कॉलमैन, नेताजी इन योरप, पृ. 39
50. विंस्टन चर्चिल, द सेकेंड वर्ल्ड वार, खंड-3 (लंदन, 1950), पृ. 346
51. हेज, बोस इन नाजी जर्मनी, पृ. 114-16
52. सुगाता बोस, हिज मेजेस्टीज ओपोनेंट, पृ. 234-36, सुभाष ने जर्मनी की पनडुब्बी में जापान तक यात्रा की थी।
53. उपरोक्त पुस्तक, पृ. 203
54. हेज, बोस इन नाजी जर्मनी, पृ. 80
55. एलेक्जेंड्रा रिशी, फास्ट्स मेट्रोपोलिस : ए हिस्ट्री ऑफ बर्लिन (लंदन, 1998), पृ. 515
56. बोस का पत्र शरत बोस के नाम, 8 फरवरी, 1943, सुगाता बोस , हिज मेजेस्टीस ओपोनेंट, पृ. 231
57. नेहरू का पत्र ईव क्यूरी के नाम, 22 मार्च, 1942, गोपाल, जवाहरलाल नेहरू खंड-1, पृ. 276
58. नेहरू सलेक्टेड वर्क्स, खंड-12, पृ. 138
59. निकोलस मानसर्ग, द ट्रांसफर ऑफ पावर, 1942-47 (लंदन, 1970), खंड-1, पृ. 110
60. उपरोक्त पुस्तक, पृ. 266
61. उपरोक्त पुस्तक, पृ. 440
62. एमिरी का पत्र लिंलिथगो के नाम, 10 मार्च, 1942, द ट्रांसफर ऑफ पावर, खंड-1, पृ. 401
63. उपरोक्त पुस्तक, खंड-1, पृ. 394
64. गोपाल, जवाहरलाल नेहरू, खंड-1, पृ. 279
65. गांधी का पत्र नेहरू के नाम, 27 मार्च, 1942, टुगेदर दे फौट, पृ. 433
66. क्लार्क, द क्रिप्स वरशन, पृ. 301
67. नेहरू सलेक्टेड वर्क्स, खंड-12, पृ. 233
68. सुगाता बोस, हिज मेजेस्टीज ओपोनेंट, पृ. 217
69. उपरोक्त पुस्तक
70. नेताजी : कलेक्टेड वर्क्स, खंड-12, पृ. 51-54
71. सुगाता बोस, हिज मेजेस्टीज ओपोनेंट, पृ. 243

72. उपरोक्त पुस्तक
73. उपरोक्त पुस्तक, पृ. 282
74. नेताजी : कलेक्टेड वर्क्स, खंड-12, पृ. 212-222
75. सुगाता बोस, हिज मेजेस्टीज ओपोनेंट, पृ. 256
76. नेताजी : कलेक्टेड वर्क्स खंड-12 पृ. 108-120
77. सुगाता बोस, हिज मेजेस्टीज ओपोनेंट, पृ. 266
78. उपरोक्त पुस्तक
79. सुभाष के जीवनी लेखक लेनार्ड गार्डन और सुगाता बोस के अनुसार, सुभाष की मृत्यु का आधार साक्षात्कारों और उपलब्ध दस्तावेजों पर है, अतः इसमें बहुत कम संदेह है कि सुभाष की मृत्यु हवाई दुर्घटना में हुई थी, परंतु कुछ लोगों को यह स्वीकार्य नहीं है।
80. गोपाल, जवाहरलाल नेहरू, खंड-1, पृ. 292
81. उपरोक्त पुस्तक, पृ. 303,
82. नेहरू पेपर्स, फाईल नं. 184
83. गोपाल, जवाहरलाल नेहरू, खंड-1, पृ. 307
84. प्रेस को साक्षात्कार, 24 अप्रैल, 1942, नेहरू, सलेक्टेड वर्क्स, खंड-12, पृ. 262
85. उपरोक्त पुस्तक, पृ. 225
86. उपरोक्त पुस्तक, पृ. खंड-14, पृ. 373
87. गोपाल, जवाहरलाल नेहरू, खंड-1, पृ. 289
88. बोस हरिपुर में, 22 फरवरी, 1938, एआईसीसी पेपर्स फाईल नं. जी-27
89. गांधी, कलेक्टेड वर्क्स, खंड-71 पृ. 94
90. गांधी का पत्र बोस के नाम, 29 दिसंबर, 1940, नेताजी : कलेक्टेड वर्क्स, खंड-10, पृ. 155
91. सुगाता बोस, हिज मेजेस्टीज ओपोनेंट, पृ. 322
92. एन ऑटोबायोग्राफी, पृ. 510
93. गांधी का पत्र नेहरू के नाम, 5 अक्तूबर, 1945, नेहरू का पत्र गांधी के लिए, 9 अक्तूबर, 1945, टुगेदर दे फौट, पृ. 449-56
94. नेहरू का पत्र गांधी के लिए, 28 जुलाई, 1930, उपरोक्त पुस्तक, पृ. 122
95. नेहरू, द डिस्कवरी ऑफ इंडिया (कलकत्ता, 1946), पृ. 427
96. गांधी का पत्र नेहरू के नाम, 30 दिसंबर, 1946 टुगेदर दे फौट, पृ. 471
97. जेल डायरी, 22 सितंबर, 1932, नेहरू सलेक्टेड वर्क्स, खंड-5, पृ. 408
98. गोपाल, जवाहरलाल नेहरू, खंड-2, पृ. 25
99. पटेल का पत्र नेहरू के नाम, 3 जुलाई, 1939, नेहरू पेपर्स, खंड-81
100. सुगाता बोस, हिज मेजेस्टीज ओपोनेंट, पृ. 266
101. सुभाषचंद्र बोस को श्रद्धांजलि, 24 अगस्त, 1945, नेहरू, सलेक्टेड वर्क्स, खंड-14, पृ. 336

❑❑❑